Roberto Carlos

Por isso essa voz tamanha

CB027683

Jotabê Medeiros

Roberto Carlos

Por isso essa voz tamanha

todavia

*Para Gercy Volpato, que ainda espera, no sopé
de uma serra no Espírito Santo, o retorno daquela
poderosa voz que a encantou um dia*

Introdução **9**

Eu pus os meus pés no riacho e acho que nunca os tirei **15**
A esperança num programa de calouros **46**
Aquele menino da Boate Plaza **83**
Louco por você **96**
Todo mundo olhou me condenando **161**
Transviados na ponte aérea **194**
O supremo teste da vaia **241**
Calhambeque Inc. **252**
Eu amo igual **294**
Todos estão surdos **315**
O autorama da Urca **340**
É essa juventude que quer tomar o poder? **345**
Um avental de vento **368**
Cartas já não adiantam mais **375**
Quem sabe da minha vida sou eu **388**
Emociones **396**
Cinquenta anos esta noite **400**
Vestiu azul, sua sorte então mudou **406**
Uma voz na Terra Santa **411**
O último dos confinados **421**

Discografia **437**
Fontes e referências bibliográficas **475**
Índice remissivo **479**
Créditos das imagens **508**

Introdução

Em dezembro de 2003, durante uma das coletivas de imprensa anuais de Roberto Carlos, eu estava com outra centena de jornalistas no auditório de um hotel em Copacabana, no Rio, à espera da chegada do cantor. Estava na primeira fila. À minha direita, sentou-se um jornalista que, ao puxar conversa, notei que não era brasileiro, tinha um sotaque indubitavelmente norte-americano. Ele se identificou como Larry Rohter, então correspondente do diário *The New York Times*, e me contou que havia descoberto, abrindo os arquivos do jornal, que Roberto, apesar de ser provavelmente o mais popular artista da música da América Latina, não tinha sido objeto de nenhum artigo ou reportagem em seu veículo.

"Para nós, os brasileiros, Roberto é tão parte do Natal quanto o peru no Dia de Ação de Graças para vocês", brinquei. "Para muita gente aqui, a primeira memória musical que existe é a de dar ou receber um disco de Roberto Carlos como presente de Natal." Larry puxou uma caderneta e anotou o que eu disse. No dia do Natal, eu estava lendo o *New York Times* e vi que ele tinha usado minhas frases em sua reportagem, a primeira sobre o cantor naquele veículo de imprensa. É minha única citação no NYT. E era um artigo muito preciso, intitulado "Songs by a Man with Heart Mean Christmas in Brazil". "Quando Roberto Carlos começou a cantar e gravar discos aqui, Elvis Presley estava no Exército e os Beatles ainda eram conhecidos como Quarrymen", escreveu Rohter. "Quase 45 anos e 100 milhões de discos mais tarde, Roberto Carlos não apenas continua a se apresentar e compor músicas novas, como também permanece como o maior astro pop desse país louco por música."

Também em 2003, eu me dei conta de que já estava havia dezessete anos atrás da música, das histórias e das notícias que estivessem relacionadas a Roberto Carlos — desde que, por uma contingência profissional, passei a ser uma espécie de setorista do cantor. Setorista é, no jargão jornalístico, aquele repórter que cobre preferencialmente uma área por determinação de sua chefia. No começo, devo admitir que foi somente por obediência a uma ordem expressa que fui até ele. Em 3 de abril de 1986, eu trabalhava no jornal *Folha de Londrina*, no Paraná, onde iniciei a carreira, quando a chefe de reportagem me chamou: "Vá até o Hotel Bourbon. Roberto Carlos está lá esperando. Pergunte por ele na portaria, precisamos de um texto para apresentar o show que ele fará no ginásio Moringão".

No começo, pensei que era apenas um trote que estavam armando para cima de um foca. Mas a chefe de reportagem era séria. Não havia tempo nem sequer para procurar saber qual disco de Roberto estava nas paradas naquele ano: não existia ainda o Google nem a Wikipédia. Não havia também tempo suficiente para me perguntar o que eu mesmo achava de Roberto Carlos. Evidentemente, eu sabia que conhecia algumas canções dele, mas quando iniciei o exercício de cantarolá-las enquanto caminhava até o hotel, a duas quadras de distância dali, me dei conta de que sabia uma infinidade delas. Assombrosamente, eu conhecia um Roberto Carlos para cada situação sentimental da minha vida, conhecia as canções ecológicas, as moteleiras, e brincava com o coro de crianças de uma das mais famosas fazendo coro de criancinha, jocosamente.

Cheguei ao *concierge*, perguntei por Roberto, disse quem eu era e que vinha em nome da *Folha de Londrina*, e alguém, pelo telefone, me autorizou a subir. Ao tocar a campainha do quarto dele, qual não foi minha surpresa quando Roberto em pessoa abriu a porta. Não havia equipe, não havia segurança, nem assessoria de imprensa. Solícito e gentil, de calça jeans azul e camisa de algodão também azul, ele me pediu para sentar à mesa com tampo de vidro, no centro do quarto, e eu liguei o gravador. "Quando tenho tempo, faço jardinagem. Gosto de tudo que tem a ver com a natureza", ele me disse. Provavelmente, para me safar daquela situação, eu tenha lançado mão da tática Hugh Grant — aquela que ele usa para se safar dos apuros de um *junket* atrapalhado no filme *Um lugar chamado Notting Hill*, com Julia Roberts. De noite, fui ao ginásio e depois escrevi a crítica do show:

> Duas fãs atravessam o cordão de isolamento. Uma delas está abraçada a uma cesta com flores que deposita no palco, aos pés do Rei. Outra carrega um buquê. Um guarda tenta tirar o maço de flores da sua mão para colocar no palco. Ela não deixa. Roberto a vê lá de cima e recolhe o maço. Tira uma flor, a beija e a dá para a fã. Hollywood jamais faria algo assim, com tanta alma.

No ano seguinte, eu já estava em São Paulo, trabalhando no diário *O Estado de S. Paulo*, quando um dia me chamaram para pedir que eu fosse ao hotel Maksoud Plaza, pois haveria uma coletiva de imprensa de Roberto Carlos lá. "Ouvi dizer que você é especialista na obra dele", zombou o pauteiro. Eu me enrolei e cheguei à coletiva com meia hora de atraso. Para piorar, errei a porta e saí, em vez de no salão de entrevistadores, bem atrás do entrevistado. Ele virou a cabeça, me olhou, parou a coletiva e disse: "Jotabê, meu caro! Você por aqui? Entre, fique à vontade". Todos riram, eu fiquei vermelho como um pimentão, sentei e nem tive coragem de perguntar mais nada, de tão vexado.

Dali em diante, segui acompanhando Roberto em uma infinidade de ocasiões. Fiz outra entrevista tête-à-tête no seu escritório na alameda Santos, acompanhado por sua assessora de uma vida toda, Ivone Kassu (entrevista da qual me resta uma foto maravilhosa de Juvenal Pereira); fui eu quem perguntou a ele, em uma entrevista improvisada nas grades do Ginásio do Ibirapuera, se era verdade que ele era palmeirense (era verdade), além de vascaíno; fui de ônibus de Vitória a Cachoeiro de Itapemirim para cobrir a festa dos seus cinquenta anos de carreira na cidade onde nasceu, no Espírito Santo; fotografei em Santos (SP), de cima de um navio de cruzeiro, sua chegada de carro conversível para embarcar conosco para uma viagem além do horizonte; estive no Recife quando ele retomou os shows após um doloroso período de luto de mais de um ano; pude observar o tamanho de seu culto internacional em Miami; estava ao lado direito dele no Muro das Lamentações quando ele fez show em Israel e entrevistei o florista que preparou suas rosas em Tel Aviv.

Numa das inúmeras coletivas de imprensa anuais das quais participei, em 2008, num hotel de Ipanema, Roberto estava demorando muito para aparecer. Para matar o tempo, fui algumas vezes ao cafezinho e, numa delas, topei com sua assessora, Ivone Kassu. Perguntei sobre o livro que tinha acabado de sair, de Paulo Cesar de Araújo, e ela arregalou os olhos: "Pelo amor de Deus, Jotabê! Não pergunta sobre isso. Ele está tiririca da vida com esse livro, os advogados dele já estão tomando providências". Na hora da entrevista, quando eu finalmente ergui a mão para fazer uma pergunta, foi para dizer: "Roberto, você já leu a biografia que foi lançada recentemente? O que achou dela?". Não foi uma quebra de acordo, não havia acordo, e a Kassu sabia que eu jamais deixaria de perguntar algo que devesse ser perguntado (cheguei a vê-la ao fundo, meneando a cabeça de um jeito desconsolado).

Eu sempre soube que nada disso credencia alguém a escrever um livro sobre a vida e a carreira de Roberto Carlos. Ainda assim, acalentei esse sonho. Primeiro, porque se trata de uma viagem vertiginosa pelos últimos sessenta anos da cultura brasileira. A obra de Roberto permite margear a construção de um país, a edificação de uma compreensão cultural, ética, estética, sentimental. Ele colocou argamassa nas pedras fundamentais do rock nacional, articulou a sonoridade que embasou décadas de MPB, ajudou a construir o conceito de showbiz, assentou as bases da exportação da música brasileira, abriu frentes de diálogo multicultural com as línguas espanhola e inglesa, inseminou estratagemas de colaboração entre gêneros e artistas de esferas diferentes, foi pioneiro em estratégias cênicas e visuais em megashows, entre outro milhão de contribuições.

Seria preciso despertar em mim uma nova atitude de repórter para encontrar as chaves da compreensão do fenômeno, que são chaves coletivas, envolvem centenas de aportes e cruzamentos históricos. Roberto também embute, em sua tenacidade mística, a explicação do que significa o brasileiro, suas contradições fundamentais. Não se trata simplesmente de posicionar-se a favor, contra ou de modo moralista. A tarefa requeria um monumental esforço para compreender, mais do que esmiuçar. Examinando tudo com mais vagar e cuidado, é possível concluir, em primeiro lugar, que Roberto é, provavelmente, um fenômeno irrepetível, incomparável, insofismável. Sua presença na rotina social do país é maior do que costumamos admitir.

Roberto também compreendeu muito cedo aquele surrado ditado que diz que a mão que acaricia é a mesma que apedreja. No Brasil, há uma especial crueldade nisso. Ele construiu para si, progressivamente, com alguma melancolia, uma torre de marfim para se proteger da fúria dos idólatras, fortaleza que, ao mesmo tempo, lhe permite usufruir do impacto e da sedimentação de sua obra. Esse encastelamento o tornou um personagem de rara acessibilidade, mas em uma direção só: não temos como nos isolar dele. Do alto de sua casamata, continuou influindo na nossa sentimentalidade, nas nossas emoções básicas, fundamentais, distantes da pose e da elaboração meramente racional. É compreensível, então, que surjam esforços para arranhar o seu castelo inacessível, como este que estou empreendendo. E, apesar da grande experiência com que encaro esta viagem, o sentimento agora é muito parecido com aquele do repórter de Londrina que, com 23 anos, foi ao encontro de Roberto Carlos no hotel no Paraná. Um trajeto coberto por uma profusão de canções que eu nem sabia que tinham se colado de tal maneira ao meu percurso e à minha vida, mas que, de repente, como numa playlist invisível, começou a tocar enquanto eu escrevia e não parou mais.

Eu pus os meus pés no riacho
e acho que nunca os tirei

Os rios que passam pelas cidades do sul do Espírito Santo parecem ter sua velocidade aumentada pelos declives das regiões altas que cortam a paisagem sinuosa. Um dos lugares mais bem servidos de rios, córregos e pinguelas é o município de Mimoso do Sul (a 183 quilômetros de Vitória e a 60 de Cachoeiro de Itapemirim). Múltiplos cursos d'água descem de suas encostas (situadas em terras que têm altitude média de seiscentos metros) como se fossem filetes de calda doce embicando do ponto mais alto de uma fatia de bolo. O nome da cidade não é de uso corriqueiro na gramática cotidiana, tem mais apelo de marca registrada de coisas antigas, como moedores de café de ferro fundido, coisas assim, especialmente para quem tem uma memória mais remota. Mas a hidrografia sentimental da localidade de Mimoso percorre uma infinidade de nomes afortunados: Santa Glória, Bom Destino, Barra Mansa, Fortuna, Saudade e Bela Aurora são alguns dos que batizam sua diversidade fluvial. E alguns dos picos mais altos do país se localizam na região, como o Forno Grande, o Estrela D'Alva e a Pedra Azul.

Por causa dessa vocação da natureza, é compreensível que haja por ali uma infinidade de cachoeiras, de quedas-d'água e de poços naturais que convidam para se banhar sem hesitação, especialmente quando se é jovem e destemido. A Pedrinha, um afamado platô à beira do rio Muqui do Sul, pertíssimo da área urbana de Mimoso, tem sido uma dessas plataformas de temeridades juvenis desde muito tempo. Muqui é palavra indígena que significa "entre morros". Já nos anos 1940, rapagões, cocotas e molecotes adoravam se jogar daquela pedrinha do rio

Muqui, fazendo pose para fotos, desenvolvendo tribalismos sociais, aglutinando interesses. Dali daquela plataforma, os jovens se refugiaram das notícias da Segunda Guerra Mundial na década de 1940 e se jogaram nas corredeiras do rock 'n' roll na década de 1950, tudo sempre muito bem documentado por fotógrafos amadores de diversas gerações.

Adornada pelo pico dos Pontões, cuja protuberância mais elevada e independente é conhecida como Dedo de Deus, a pequena Mimoso do Sul congrega fazendões centenários, festas folclóricas e resquícios das antigas contendas dos habitantes originais, os índios puris, contra os invasores antropófagos goitacazes. Nos anos 1930 e 1940, a principal marca do progresso naquelas cidades capixabas, assim como nas do interior do Rio de Janeiro, era impressa pela presença das estações ferroviárias. Quanto mais bem-acabada a estação, de mais status desfrutava a cidade. Não era o caso de Mimoso; a sua pequena estação era de passagem, o trem da companhia Leopoldina Railway encontrava guarida mais nobre em Cachoeiro de Itapemirim. A cidade era tão pequena que, quando o trem estacionava, se houvesse aglomeração de um comício, por exemplo, os vagões dividiam o público do político em dois, separando a cidade em duas partes.

O trem que saía de Cachoeiro, com maquinistas e bilheteiros com quepes e uniformes azul-marinho, estancava preguiçosamente em Mimoso às sete da manhã. O maior fluxo de passageiros vinha de lá, mas, no verão de 1941, uma das famílias humildes de Mimoso, os Moreira Braga, estava arrumando as malas para fazer o percurso inverso, saindo em direção a Cachoeiro meio às pressas. O patriarca, Robertino Braga, tinha habilidades em serviços gerais, além de alguma especialização em consertos de relógios, mas estava sem trabalho havia algum tempo, e a mulher, a costureira Laura, apesar de incansável, não estava dando conta do sustento dos três filhos (Lauro Roberto, de nove anos; Carlos Alberto, de oito; e Norma, de seis, todos nascidos em Mimoso) com as costuras. Havia um outro agravante: Laura estava grávida de um filho temporão, inesperado, que nasceria em alguns dias. O irmão de Laura, Augusto Souza Moreira, conhecido pelo apelido de Augusto Maquinista, era um próspero funcionário da rede ferroviária em Cachoeiro e ajudava a família da maneira que podia, assim como os demais irmãos de Laura, como Francisco Moreira e a generosa enfermeira Antônia, a Antonica. Formavam uma rede de solidariedade que chegava até o Rio, com irmãos também em Niterói e na Tijuca. Como Robertino era de Alegre, perto dali, e não tinha parentes na cidade, consequentemente não contava com tantos ombros amigos para se apoiar, e o arrimo da família vinha dos parentes de Laura, que tinha se tornado mãe ainda muito jovem, com apenas dezoito anos. Laura era uma mulher de temperamento forte e a situação humilde não a tornava menos vaidosa — uma de suas marcas registradas sempre foram os óculos *"cat eye"*, semelhantes aos que as *bombshells* Audrey Hepburn e Grace Kelly imortalizaram nos anos dourados de Hollywood.

Boa parte da família da costureira era procedente do norte do município, do distrito de Santo Antônio do Muqui, antigamente conhecido como Santo Antônio das Garruchas, um lugarejo rico em folclore e com uma atmosfera plena de folguedos rurais, no qual a família costumava se abrigar em algumas das suas temporadas de maior dureza. No início de 1941, o tio Augusto Maquinista conseguiu uma boa casa e uma colocação para a família de Laura e Robertino na cidade onde vivia, a maior de todas as cidades da região, bem mais movimentada àquela altura, mais generosa em novas condições de sobrevivência. Eles não tiveram dúvidas em arrumar as coisas para a mudança.

Cachoeiro de Itapemirim, orgulhosamente chamada de Capital Secreta do Mundo, um título que revela tanto espírito de irmandade quanto senso de humor coletivo (a cidade também costuma entregar anualmente um título de Cachoeirense Ausente para seus cidadãos que vivem fora), estava de fato em ebulição. Com a condição privilegiada de entroncamento ferroviário, entre

1920 e 1940 a população da cidade crescera quase 60% — passou de 46 mil para 72 mil. A combinação de estruturação da malha ferroviária com a exploração mineral do calcário deu o tom do crescimento acelerado, distante do cenário da monocultura. O censo econômico de 1950 mostrava que a cidade tinha naquela década 214 indústrias, empregando mais do que a capital, Vitória (1875 empregos, ante 1289 de Vitória). A intuição da família Braga parecia certa, o futuro não estava mesmo pintado com as tintas da promessa em Mimoso do Sul, especialmente naquele ano em que se intensificava o declínio das oligarquias cafeicultoras no Sudeste, com reflexos no comércio dos interiores.

Muitas décadas mais tarde, a migração apressada da família Moreira Braga desataria uma disputa pouco amistosa entre Mimoso e Cachoeiro pela primazia de qual teria sido a terra em que o filho mais novo de Laura Moreira Braga teria vindo à luz. Como o bebê ainda estava na barriga da costureira em Mimoso, e a versão familiar é que teria vindo à luz já em Cachoeiro, os cidadãos locais iniciaram o debate: o que vale mais? As provisões mimosenses que nutriram o líquido amniótico do feto ou as diligentes providências da equipe da maternidade em Cachoeiro? Como toda sua família tinha raízes em Mimoso (apenas o pai vinha de mais adiante, curiosamente de Alegre, a cidade natal do cantor Paulo Sérgio, que seria o maior rival de Roberto Carlos como voz das multidões jovens uma década e meia adiante), a dúvida foi sendo alimentada ao longo dos anos, e não são raros depoimentos até mesmo de parteiras e doulas da região de Santo Antônio do Muqui, ou das Garruchas, o refúgio afetivo daquele clã, que juraram ter ajudado Laura a dar à luz seu filho caçula naquele remoto distrito de Mimoso.

A verdade é que Cachoeiro dá pouca atenção à contenda. É uma cidade muito cheia de si. O escritor cachoeirense Rubem Braga (1913-90), um dos mestres da crônica do Brasil, considerado por Antonio Candido "o mais poeta dos prosadores do modernismo", foi um dos eficientes filhos da terra ao resumir o sentimento nativo. Rubem dizia-se primeiro jornalista, depois correspondente de guerra, por fim escritor e só então diplomata (foi embaixador do Brasil no Marrocos). Mas, acima de tudo, asseverava que sua condição no mundo era a de cachoeirense. Uma vez declarou, ao receber um prêmio por sua arte de ter lapidado de tal forma a conversa fiada que a projetou ao ponto máximo da literatura: "Que relevância tem isso de ser o curió da crônica, ter elevado a crônica, como alguns dizem, de seu modesto espaço marginal para a condição de gênero literário de primeira grandeza? Isto tudo são frivolidades. Mais importante do que tudo é poder afirmar: modéstia à parte, eu sou de Cachoeiro de Itapemirim".

Durante os primeiros anos na condição de cachoeirenses, os Moreira Braga não demonstraram publicamente essa responsabilidade bairrista. Quando chegaram, tinham se passado quatro anos de uma das mais terríveis enchentes do rio Itapemirim, em 1937, quando as águas começaram a inundar primeiro as cercas, depois as bananeiras, chegando às janelas dos quartos, e não restou alternativa a não ser as famílias das margens se refugiarem nas casas mais elevadas. A residência da família Braga era na parte baixa, mas o rio não subiu mais naquele período em que viveram na casinha simples com telhado de meia-água, modestíssima, com três quartos, sala e quintal com árvores frutíferas na rua Índios Crenaques, número 13, no bairro Recanto, perto do centro e da estação ferroviária. Com um fogão a lenha novo em folha, a casa era recém-construída e ficava num bairro ainda em formação, majoritariamente residencial e sem uma só rua com calçamento. A casinha que abrigou o novo bebê de Laura ficava em um plano elevado na rua, com uma ladeira vertiginosa à frente pronta para desafiar as ganas aventureiras de moleques sem freios. Ainda muito pequeno, o garoto Roberto Carlos passou a ser chamado de Zunga pelo pai, Robertino. Era hábito do velho Robertino atribuir apelidos aparentemente sem lastro: chamava Lauro de Naim, Carlos Alberto de Gadia e Norma de Naia ou Futeza. A origem do apelido do menorzinho é imprecisa. Zunga é som de inseto, dicionarescamente falando:

algo que zumbe, silva, sibila. Descreveria a eletricidade inata do pequeno. Mas também pode ser encontrado como sinônimo de bicho-de-pé em alguns lugares de Minas Gerais. Nas línguas do mundo, é comum em Angola, na África, com proveniência do dialeto quimbundo e tendo como significado "produto de pouco valor", bugiganga.

O registro de nascimento da oficialidade legal atesta que o Zunga da musicalidade nacional nasceu em Cachoeiro no dia 19 de abril de 1941, Dia do Índio — ele sempre mencionou divertidamente a coincidência de ter nascido na rua dos Índios justo no Dia do Índio, mas coisa realmente curiosa é o batismo daquela via como rua Índios Crenaques. O líder indígena Ailton Krenak, um dos maiores ativistas do país, conta que os índios crenaques viviam principalmente no território de Minas Gerais e, entre as décadas de 1920 e 1940, o marechal Rondon os confinou na margem esquerda do rio Doce. Enxotados depois pelos criadores de gado, foram para o outro lado do rio, e alguns fugiram para as margens do rio Pancas, no Espírito Santo. Qual teria sido o motivo da reverência especial da comunidade com o grupo indígena? O fato é que durou pouco essa primazia de que desfrutaram os valorosos crenaques — em 1961, vinte anos após o nascimento de Zunga, o nome da rua foi mudado para João de Deus Madureira, passando a louvar o professor de medicina e médico sanitarista que foi pioneiro nos cuidados infantis no Espírito Santo, mas também destacou-se no ambientalismo, na medicina legal, na educação física, e seu nome batiza ainda a rodovia que vai de Cachoeiro a Vargem Alta, a 22 quilômetros dali.

O que para algumas famílias é oportunidade, para outras já é mina esgotada. Ao mesmo tempo que os Moreira Braga se estabeleciam em Cachoeiro, uma família nativa que se gabava de ancestrais que hospedaram o imperador, os Corte Imperial, rumaram em 1942 para a capital do Rio com o propósito de afinar os negócios financeiros, levando então seus filhos pequenos, entre eles o irrequieto Carlos Eduardo Corte Imperial, de sete anos, batizado Carlos por causa do personagem do romance *Os Maias*, de Eça de Queirós. Enquanto os Braga assentavam sua modéstia na província, os orgulhosos Imperial seguiam o destino de fundar um banco na metrópole, mas seus caminhos estavam predestinados a se cruzar novamente, de forma definitiva, anos mais tarde. De Cachoeiro, Imperial só preservaria com algum zelo o entusiasmo de torcedor do time local, o Estrela do Norte, mas isso apenas por causa da similaridade da camisa do Estrela com a do seu Botafogo.

Mimosense ou cachoeirense, qualquer tamanho que adquira essa reivindicação regional, o certo é que o pequeno Roberto Carlos Braga cresceu levado da breca nessa paisagem de rios encurralados por morros. Como numa profecia, o quarto dos irmãos era pintado de azul, um tipo de monocromia moral & cívica que teria grande relevância no futuro daquele caçula gorducho paparicado em sua caminha instalada perto da janela. Na sua cabeceira ficava um crucifixo — desde que aprendera a falar, o pequeno Roberto nunca dormia sem antes fazer uma oração.

Quando brincava nas imediações, na zoeira de pipa e carrinho de rolimã, Zunga costumava dar uma pausa para beber água de uma fonte natural que jorrava de uma das barrancas da rua dos Crenaques. Por causa dessa fonte, o local era conhecido como rua da Biquinha. Quando completou cinco anos, seu irmão mais velho, Lauro, já tinha catorze. Como não é comum pré-adolescentes andando com fedelhos em nenhum histórico infantojuvenil, Roberto cresceu então sem grandes histórias comuns com os irmãos. Talvez pela própria discrição espartana da família, pouco se sabe sobre os mais velhos dos meninos Moreira Braga, mas o caçula uma vez contou que o melhor violonista da família era Lauro Roberto. Lauro cultivava ainda, pré-adolescente, uma outra paixão artística: o desenho. Em 1948, desenhou todos os jogadores do time do Vasco da Gama, como o goleiro Barbosa (também da Seleção), Friaça e Dimas, além de alguns atletas do Flamengo, caso de Jaime, e enviou os desenhos para *O Globo Sportivo*, que os publicou com destaque no suplemento do jornal carioca.

Já o mano Carlos Alberto tinha talentos para trabalhos artesanais. Ajudou a fazer um carrinho de rodas de madeira, um "carro de cocão", como chamavam então essas réplicas, para o irmãozinho descer a ladeira da rua. "A gente descia o morro a toda, não via nada, só o carrinho e a terra passando debaixo da gente", contou Zunga. Roberto não se satisfazia só com as coisas sob medida para sua idade. De vez em quando, ele inventava de tentar descer a "rampa" com a bicicleta dos irmãos mais velhos, muito embora seus pés ainda não alcançassem os pedais.

Foi um tempo de grande privação. O menino Zunga, esperto, se munia de alguns truques para satisfazer alguns desejos mais excêntricos, ao menos para sua condição. Ele andava por Cachoeiro e, de vez em quando, recolhia alguma casca de fruta e guardava no bolso. Quando chegava em casa, já antevendo a resposta, pedia aos pais: "Mãe, quero comer banana!". A mãe lhe dizia que não era tempo de banana, aí ele tirava a casca do bolso para provar que era, e ela não via saída senão ir à mercearia comprar a fruta que seu astuto garoto reivindicava.

De rosto cheinho e corado, era um piá bastante determinado. E, ao contrário dos irmãos, os pais nunca usaram de castigos físicos no caçula — Robertino confessou que até tentava, mas Laura o impedia energicamente. Muito cedo, o garoto tinha desenvolvido grande fascínio pelos rios da região e costumava pescar no Itapemirim com os amigos Edinho e Francisco. Uma vez, comprou tábuas numa serraria para construir uma jangada. Quando ficou pronta, ele e os amigos a colocaram no rio Itapemirim; mas não durou muito, o bote afundou, levando o investimento e o sonho dos aprendizes de Tom Sawyer para outras barrancas. Roberto ficou dias chateado. Porém logo se encantou com um novo modelo de carro de brinquedo, uma criação exclusiva dos Moreira Braga, modelo aerodinâmico que tinha até volante e carroceria. Improvisava suas pistas nas calçadas de Cachoeiro, e sua figura indômita já ia se tornando familiar para a vizinhança toda.

O pequeno tinha todo o rio Itapemirim à disposição como um playground particular. O rio que corta Cachoeiro, e cujo nome significa, em tupi, "caminho da pedra pequena", já havia sido duro diversas vezes com a comunidade. Mas isso não o tornou malvisto — de novo é Rubem Braga quem vem em nosso socorro para dar a tônica do espírito cachoeirense em relação ao seu destino aquífero. Em "Trovões de antigamente", crônica de 1958, ele escreve:

> E às vezes o rio atravessava a rua, entrava pelo nosso portão, e me lembro que nós, os meninos, torcíamos para ele subir mais e mais. Sim, éramos a favor da enchente, ficávamos tristes de manhãzinha quando, mal saltando da cama, íamos correndo para ver que o rio baixara um palmo — aquilo era uma traição, uma fraqueza do Itapemirim.

O estuário da música brasileira tem essa ligação quase secreta, imperceptível, com os rios. É meio subliminar, porque os artistas não apregoam isso como faz, por exemplo, o blues sulista norte-americano, fincado altivamente entre os deltas do Mississippi, com expoentes como Robert Johnson e John Lee Hooker, e do Missouri, como W. C. Handy. O Subaé de Caetano Veloso clamou pela purificação, assim como o Sergimirim, "dos rios que deságuam em mim"; o riacho Ourives, em Ituaçu, celebrado por Gilberto Gil em "Um riacho, um caminho" ("Aquele riacho sempre sempre indo/ Aquele caminho sempre a me levar/ Então eu vim parar/ Parar bem aqui"); o sapo coaxante da lagoa da canoa de "Olho d'agua grande", de Hermeto Pascoal; o velho riacho de água limpinha de Milton Nascimento; ou, como cantou Belchior em "Galos, noites e quintais", o rio como símbolo de uma alegria anterior ao tempo negro da opressão e do medo. Sem esquecer, por receio de ser herético, a ligação espiritual de Luiz Gonzaga com o seu rio, o Pajeú, memória caudalosa cantada em "Riacho do Navio" e "Meu Pajeú". Em "Riacho do Navio", Gonzagão insurgia-se inclusive contra a tendência imperiosa de rumar para o gigantismo, para a metrópole, para o oceano. "Ai, se eu fosse um peixe, ao contrário do rio/ Nadava contra as águas e desse desafio/ Saía lá do mar pro riacho do Navio".

O rio Itapemirim oferecia infinitas possibilidades para as crianças de Cachoeiro, do embalo ao refluxo, do murmúrio ao trovão e da pesca aos banhos, com suas sete pontes ligando as metades da cidade em diversos pontos do curso d'água. Mas Zunga também manteve, durante toda sua vida ali, uma ligação atávica com os rios da árvore genealógica, os rios de Mimoso, a cidade de onde sua família tinha vindo. Ele costumava passar as férias na cidade, na casa da afetuosa tia Antonica, moradora na rua da Pratinha. Enquanto moleque aventuroso, frequentou também a Pedrinha de Mimoso, o platô de onde se jogam os jovens até hoje no rio Muqui, acompanhado da molecada da época, na qual se destacavam figuras conhecidas da comunidade, como Carlinhos Caçula e Elcio Rodrigues. Outros amigos de pescaria daqueles tempos, como Nélio (cujo nome era Cornélio, e que os irmãos Braga tinham como um primo), no futuro acompanhariam também as pescarias de Roberto adulto na ilha Redonda, nas proximidades da ilha Rasa (perto das ilhas Cagarras, na orla do Rio de Janeiro, visíveis da praia).

Como os irmãos mais velhos não gostassem de dar mole para o pirralho, pois tinham suas próprias atividades, então ele acabou se tornando mais e mais desenvolto na exploração dos territórios da infância cachoeirense, ao mesmo tempo que também se tornava umbilicalmente ligado à irmã, Norma, que tinha se tornado sua conselheira e mais assídua companhia. Quando Norma viajava para passar férias no Rio de Janeiro, Roberto chorava muito, a ponto de preocupar sua mãe, Laura, que o ajudava a escrever cartinhas para Norma para amenizar a saudade, e ela escrevia de volta para acalmá-lo.

Em abril de 1947, nascia na rua Moreira, 65, no bairro Independência, em Cachoeiro, numa casa sem geladeira nem fogão a gás, filho de um fabricante de tamancos e de uma professora, um outro menino cujo destino também se mostraria muitas vezes entrecruzado com o de Zunga, embora de maneira paralela, quase como uma antítese. Esse menino também deixaria marcas profundas na música brasileira: Sérgio Sampaio, que compôs e cantou um arrasa-quarteirões de 1972, "Eu quero é botar meu bloco na rua". Seus mestres iniciais na música seriam os mesmos, sua estreia seria no mesmo lugar, sua prateleira sentimental ostentaria idênticas oferendas. Sérgio, no entanto, só começaria sua carreira em 1973, aos dezesseis anos, num tempo em que as profecias sobre o conterrâneo já estavam começando a ser cumpridas. Dois filhos da terra com linhas das mãos que não se tangenciaram jamais, um destinado à assimilação e outro, à maldição.

O ano de 1947 estava sendo um período de violência e repressão política e policial no país. O general Eurico Gaspar Dutra, ocupando o mais alto cargo da República num hiato marcial, iniciava uma guerra fria antes mesmo da guerra fria propriamente dita, fechando em maio daquele ano o Partido Comunista do Brasil (PCdoB) e proibindo a criação de sindicatos livres e confederações de trabalhadores. Dutra também rompeu relações com a União Soviética e combateu o movimento operário. Os sindicalistas de Cachoeiro mandavam cartas ao líder comunista João Amazonas reclamando da repressão nas fábricas locais. Um espectro sombrio se postava acima das noções de liberdade e democracia e, mesmo na remota Cachoeiro, a demonização das utopias sociais estava em curso. Para Robertino Braga, que habitava uma esfera de estrita sobrevivência, nada disso tinha muita importância; o que o incomodava sobremaneira era a falta de dinheiro e o progressivo desgaste do seu casamento com Laura. Certa vez, Zunga lhe contou que estava com planos de pedir a Papai Noel um jipe de pedal, daqueles de lata. Acabrunhado, Robertino disse que Papai Noel andava "duro" e que provavelmente iria lhe dar um outro tipo de jipe. Deu um jipinho de papelão, que o otimismo de Zunga julgou indestrutível e o levou a sair com o frágil brinquedo pelas poças de lama do Recanto. Quando voltou, constatou desolado que o jipe de Natal estava destroçado.

Mas esses contratempos não respingavam de jeito incontornável na infância. Aos seis anos, o garoto Zunga caminhava esbanjando autoconfiança e apregoava que já queria ser grande. Dizia orgulhoso que estava namorando firme a Fifinha, filha da vizinha, de quem tinha se tornado inseparável. O menino era empreendedor, tinha um cofrinho no qual acumulava as moedas que ganhava dos pais e costumava economizar com seriedade e método. Dizia que era para se tornar homem rápido. Cachoeiro toda ia às ruas para passear, era uma marca daquele tempo. O cinema ainda era uma novidade, somente um ano antes é que tinha sido inaugurado o Cine Teatro Santo Antônio, a algumas quadras da ponte de Ferro, mas que ainda estava longe das economias da maioria dos garotos. Quando queria passear, Zunga chamava Fifinha e a irmã, pajem oficial, e seguiam para a praça Pedro Cuevas Júnior, a poucos metros da sua casa, e ali era ele quem fazia questão de pagar balas e pipocas.

Foi nessa praça que aconteceu o fato mais marcante, debatido e de consequências mais determinantes na vida do garoto (e do adulto) Roberto Carlos. Na versão mais admitida, quase uma unanimidade, conta-se que ele tinha seis anos quando foi com a amiga Fifinha assistir à irmã, Norma, desfilar na parada cívica. Era 29 de junho de 1947, Dia de São Pedro, padroeiro da cidade. Norma conta que não viu o que aconteceu, só foi reencontrar o irmão já no hospital. O que ela soube lhe foi recontado por outras testemunhas e narra o seguinte: no momento em que ela se apresentava, uma locomotiva fazia manobras no local, indo e voltando pelos trilhos que ficavam próximos. Distraído, o menino Roberto, que brincava ali com a amiga, afastara-se da área comum dos participantes da festa e foi atingido pela locomotiva.

Com o passar dos anos, esse acidente (e sua consequência imediata na vida de Roberto) passou a ser descrito, narrado e analisado por dezenas de pessoas, entre testemunhas oculares, antigos moradores de Cachoeiro, músicos, cronistas e até os filhos e netos daqueles que realmente estiveram lá. Os relatos também incluíram, mas só muito mais tarde, uma descrição da irmã do cantor, bem como a do próprio artista. "Roberto tinha seis anos e foi com a Fifinha assistir a nós. No meio da praça passava a linha do trem que o acidentou. Ele foi socorrido pelo farmacêutico e mesmo machucado não perdeu os sentidos; e quando lhe perguntavam de quem era filho, ele dizia que era do sr. Braga", afirmou Norma Braga à revista *Manchete* em meados dos anos 1960.

Em 27 de outubro de 2013, em entrevista ao *Fantástico*, o artista em pessoa quebrou seu mais ferrenho protocolo pessoal: em entrevista à então repórter Renata Vasconcellos, falou em rede nacional, de forma inédita, sobre o acidente da infância:

Pessoas têm dito que eu sou contra [as biografias não autorizadas] por causa do meu acidente. Não é isso, não. Eu, quando escrever meu livro, eu vou contar do meu acidente. Ninguém poderá contar do meu acidente melhor que eu. Ninguém poderá dizer aquilo que aconteceu com todos os detalhes que eu posso. Porque ninguém poderá dizer o que eu senti e o que eu passei. Desculpa a rima, porque isso aí só eu sei.

Roberto parecia que, enfim, descortinaria uma nova possibilidade de afastamento das zonas cinzentas das múltiplas versões que circulam sobre o fato desde 1947. Mas foi uma falsa impressão.

Não apenas o fato principal, mas os desdobramentos do que aconteceu também movimentam narrativas de todo tipo. Os detalhes de como se deu o atendimento médico naquela manhã foram sendo povoados de versões, a maioria convergente, outro tanto conflitante, e todas se tornaram, pelo tempo transcorrido, cada vez mais difíceis de ser confirmadas ou negadas. Nos anos 1990, uma controversa reportagem do jornal *Notícias Populares* localizou o provável cirurgião que atendeu o menino Roberto na Santa Casa, Romildo Gonçalves. Ele descreveu uma cirurgia complicada, mas disse que o garoto estava tranquilo, parecia não entender o que tinha acontecido. Após os procedimentos médicos, passou quatro meses fazendo os curativos diários no membro acidentado. O escritor Paulo Cesar de Araújo também descreve o acidente com minúcias no livro *Roberto Carlos em detalhes*, baseado em entrevistas cruciais, como a da amiga do cantor, Fifinha. No livro, que foi recolhido das livrarias em 2007, o nome do cirurgião é relatado pelo autor como sendo Romildo Coelho.

Uma versão conflitante foi divulgada em um jornal de Vitória (ES). O periódico ouviu José Gomes de Godoi, enfermeiro que teria dado o primeiro atendimento ao garoto na Santa Casa de Misericórdia de Cachoeiro. Esse enfermeiro chegou a garantir que o médico que teria feito a amputação de parte da perna não foi Romildo Gonçalves, mas Dulcino Monteiro de Castro, cirurgião psiquiatra que foi presidente da Santa Casa, tinha especializações diversas e fora o responsável pela construção do centro cirúrgico da instituição. O enfermeiro contou que fez o primeiro atendimento ao menino — chovia, e o garoto estava molhado, então Godoi o cobriu com um lençol e o levou para a sala de cirurgia. Foi quando chegou o médico, dr. Dulcino.

O médico que é mais comumente apontado como o responsável pela cirurgia, Romildo Gonçalves, recusou-se a comentar novamente o caso porque se dizia desapontado com o uso de suas declarações pela imprensa, e não há registros de que o dr. Dulcino tenha comentado o caso (um ano depois do acidente, o médico foi eleito prefeito de Cachoeiro de Itapemirim). A versão do enfermeiro foi confirmada por um funcionário do IBGE, Rômulo Rubens Aides, que foi amigo de Roberto na década de 1950. A reportagem do jornal *Notícias Populares* tentou obter acesso aos registros do hospital para inteirar-se dos detalhes da cirurgia, mas a operação foi numa época anterior à digitalização e, segundo o repórter que investigou, Ivan Finotti, as pastas existentes não estavam numa organização razoável que permitisse localizar algo do tipo.

O que parece unânime em quase todos os relatos é que Zunga e Fifinha estavam brincando perto do trem, que o ruído da festa impediu que os presentes pressentissem o perigo e que houve um acidente com o menino Roberto. Segundo familiares contaram mais recentemente ao periódico *Mimoso em Foco*, de Mimoso, a cidade de origem da família Moreira Braga, as crianças não se movimentavam sobre o trilho, mas tinham subido entre duas composições de um trem estacionado para brincar. Subitamente, o trem começou a se movimentar. O maquinista, Walter Sabino, assegurou-se antes de ligar a máquina de que não havia ninguém nas imediações, mas os meninos estariam escondidos entre as composições — a versão foi relatada pelo primo do artista, José Moreira. Ao notar que o trem se movimentara, Fifinha correu e pulou, mas Roberto escorregou e ficou com o pé preso no "joelho" das composições, aquele encaixe das peças de ferro que fazem o acoplamento entre os vagões. Quando o trem se movimenta, as peças se conectam e o peso do vagão inteiro fica tensionado naquela articulação. A canela do menino enganchou-se ali e teria sido imprensada. Houve gritaria para que o trem parasse, mas o som da fanfarra encobriu e demorou alguns minutos para que o maquinista brecasse a máquina. Essa versão explicaria que o dano tivesse sido localizado.

Um garoto da turma de pescarias de Zunga, Edinho, foi um dos primeiros a ver o que tinha acontecido e correu para avisar a família, enquanto um transeunte (um rapaz que trabalhava como agente de viagens na antiga Cruzeiro do Sul) se adiantou no meio da multidão para socorrer Roberto. Segundo os relatos de testemunhas fornecidos ao livro de Paulo Cesar de Araújo, o pequeno Zunga foi removido do local no automóvel de um voluntário da multidão, Renato Spínola e Castro (e não Spíndola, como diz o livro), que retirou seu paletó branco para enrodilhar o menino com ele. Mas é impossível hoje saber se foi ele quem o socorreu primeiro. Renato procurou acalmá-lo e o levou à Santa Casa de Cachoeiro, onde, nessa versão, o esperavam dois experimentados cirurgiões locais: o veterano Romildo Coelho (Romildo Gonçalves, em outros relatos) e Dalton Penedo (que também era diácono na comunidade). Coelho teria constatado que os nervos da perna tinham sido rompidos, o que parecia estancar a dor do menino, que se manteve consciente por um bom tempo antes de desmaiar. Os médicos concluíram rapidamente que seria necessária uma amputação.

Conforme estudos médicos, as fraturas dos membros inferiores estão entre as causas mais frequentes de atendimentos em traumatologia e 25% delas atingem os ossos da perna. A conduta dos traumatologistas, nos casos considerados mais graves, é a difícil e rápida decisão sobre a preservação ou amputação do membro, e uma grave lesão por esmagamento indica o que chamam de amputação primária e que pode levar mais de dois meses de recuperação. Nesse caso, é fundamental a preservação do joelho para a reabilitação, que tem importância para a estabilização dos músculos. No hospital, já sabiam do procedimento que era exigido pelo quadro de Zunga, uma praxe que impelia a preservar o máximo possível o membro direito na amputação, decepando-o um palmo abaixo do joelho (essa é também a versão recolhida por Paulo Cesar de Araújo).

O desenvolvimento da medicina nas últimas décadas permite diversos procedimentos que não eram possíveis naquela época, sobretudo numa cidade do interior como Cachoeiro. As extremidades esmagadas da perna poderiam ser recuperadas com procedimentos de cirurgia plástica e vascular, mas era um tempo diferente. Ainda assim, há certo consenso de que a decisão tomada rapidamente, além do socorro imediato, foi o que teria possibilitado a Roberto a manutenção do movimento no futuro, a mobilidade autônoma, e o ajudou a superar os desafios da construção de uma carreira musical.

O acidente comoveu a região. Os Braga tinham poucos recursos para a cirurgia, o pós-operatório e também o tratamento, mas toda a família se uniu para ajudar. Um irmão de Laura, Zito, que era enfermeiro, foi incumbido de cuidar exclusivamente do sobrinho para que a família pudesse acompanhar melhor sua recuperação. Ao receber alta, após um mês no hospital, Zunga passou a usar muletas para se locomover. Durante boa parte da infância teve de se acostumar com elas, e a família se desdobrava em esforços para que o acidente não tivesse um efeito psicológico muito grave no pequeno caçula dos Braga, que ele pudesse retomar a vida normalmente.

É curioso que o acidente tenha cimentado alguns destinos naquele Dia de São Pedro. Quando já adulta e casada, aquela amiga de Roberto na tragédia, Fifinha, cujo nome era Eunice Solino, acabou trabalhando como uma espécie de governanta para Roberto em São Paulo, a convite do amigo de uma vida inteira, e foi quem cuidou do primeiro filho do artista, Segundinho, durante um bom tempo. E Edinho, o garoto que correu para avisar a família que Zunga tinha sido atingido por um trem, era Edson Ribeiro, que também virou músico e, ao reencontrar o amigo no Rio de Janeiro, alguns anos mais tarde, terminaria se tornando parceiro na primeira composição de Roberto Carlos, "Susie" (feita em 1957 e gravada pela CBS, em 1962), além de oito de suas mais famosas canções, como "Custe o que custar" e "Aquele beijo que te dei". Quis o destino que Edson, enredado em problemas de alcoolismo na maturidade, ficasse semiesquecido pela crônica musical, mas o compositor teve um papel preponderante nos primeiros passos do garoto Zunga como artista. A partir dali, Roberto carregaria Cachoeiro consigo pelo resto da vida.

A delicadeza de Renato Spínola e Castro em seu socorro na hora do acidente acabaria tornando o rapaz muito próximo da família nos anos que se seguiram. Já adulto, Roberto o presenteava com discos de vinil autografados e o convidou para ser seu padrinho, aos 25 anos, pouco antes de se casar. Ocorre que Roberto, muito católico, não achava correto fazer planos de se casar sem que fosse batizado antes. O certificado de batismo ainda está com a família de Renato, que morreu em 1986.

Um ano após o acidente, quando Roberto completou sete anos, a mãe o matriculou no católico Colégio Jesus Cristo Rei, particular. Pontificava entre as freiras da Congregação das Irmãs de Cristo Rei a irmã Fausta Ramos, ou Fausta de Jesus Hóstia, sergipana de Japaratuba, que tinha vindo para Cachoeiro um mês após o nascimento do garoto, em 1941. Professora do menino quando ele completou oito anos, ela se afeiçoou a Roberto e se tornaria, por toda a sua vida, uma conselheira constante e amiga leal, além de guia religiosa. Zunga ficou no Cristo Rei até completar dez anos, quando as freiras então tinham dificuldades de administrar as rotinas dos meninos da escola porque achavam que eles já estavam desenvolvendo sua sexualidade e alegavam que os pais das meninas não gostavam dessa possibilidade.

Certo dia, uma freira do colégio foi até a casa do garoto para conversar com sua mãe. "Dona Laura, é preciso a senhora ter muito cuidado com esse menino. Pequeno como é, diz que a melhor distração é namorar." A mãe apenas sorriu. Mas não passou um mês e a freira voltou a sua casa: "O Robertinho não pode continuar na escola, dona Laura. Em vez de conversar sobre música, passa o tempo dizendo que é namorado da Alicinha. E o pai da menina não está gostando disso. A senhora sabe como é, todo pai é cheio dessas coisas. Não compreende que Robertinho é uma criança".

Assim, em 1950, ele iria para uma escola pública estadual, o Liceu Muniz Freire, no bairro de Coronel Borges, fundado havia pouco mais de uma década. Roberto mudou de hábitos ali, passou a ser mais compenetrado no aprendizado de música, e um dia, para surpresa dos pais, chegou em casa com o cabelo raspado, sua primeira ação francamente intempestiva.

Laura Braga adorava quando o filho cantava, achava-o especialmente afinado e talentoso. O garoto imitava Bob Nelson, o "Vaqueiro Alegre" da parada musical. Adorava as rancheiras de Nelson, especialmente a marcha "O boi Barnabé", hit no rádio em 1946, e a interpretava no quarto, de onde sua voz afinada escapava e divertia a família. Às vezes a mãe pedia que Zunga cantasse para as visitas, mas ele se intimidava e só consentia se pudesse cantar escondido atrás da porta, para ganhar confiança. Buscando animar o filho, a mãe lhe ensinou alguns acordes de violão. Laura tinha aprendido a tocar violão quando adolescente e transmitira o gosto a todos os filhos. Mas, por causa da época, achava o violão um instrumento menor, e quando decidiu deixar o filho caçula realizar o desejo de aprender música, matriculou-o no Conservatório de Música de Cachoeiro para que estudasse violino. Porém Roberto se rebelou, conseguiu pular para o piano, alcovitado pela professora Elaine Manhães, que gostou dele de cara. Elaine, que também era funcionária da Rádio Cachoeiro, adorou o menino mais arrumadinho daquela turma, com roupas sempre muito alinhadas e passadas, um pente sempre postado no bolso traseiro. Achava que era porque a mãe era costureira, mas aquilo era da própria personalidade de Zunga. Muito atento, com percepção musical acima da média, ele logo se tornou o melhor da sua turma. "Tinha ouvido absoluto, pegava todos os tons de primeira", repetia a professora ao longo dos anos. Naquele mesmo ano, ela o escalou para fechar o período de aulas com uma apresentação solo. "Nunca teve complexo, foi um menino feliz, falava com todo mundo. No dia da audição, a mãe dele dobrou a barra da calça e ele deu um show." No dia da audição final, com todas as famílias na plateia, a professora o ajudou a colocar as muletas encostadas no piano, e Roberto foi ovacionado de forma emocionante.

O garoto escolheu para tocar uma marcha americana universalmente conhecida, "Washington Post", composta por John Philip Sousa, líder de uma banda da Marinha Americana, em 1889 (largamente utilizada em salas de cinema e circos).

Roberto não deixava que a inconveniência das muletas tolhesse seus impulsos de menino e não se intimidava com a movimentação frenética dos colegas na escola. Tinha por hábito, entre outras brincadeiras, jogar futebol com os amigos do Colégio Cristo Rei. Havia um campinho no morro Faria, ao lado da rua Índios Crenaques, e ele era habitué ali. Atuava como goleiro e tinha um grande desempenho, lembrou um amigo das peladas, Rogério Franzotti. Para agradar à mãe, seguia no conservatório, mas secretamente sonhava voltar ao violão. Sua nova professora de piano, Helena Gonçalves Mignone, uma agradável senhora de modos aristocráticos que adorava tocar "Rêve d'amour", de Liszt, e mantinha em casa um centenário piano Kohler que ganhara do pai, apreciava seu domínio do instrumento, mas intuía que ele não era muito feliz naquela atividade. Roberto era um bom aluno, mostrava aptidão para as teorias musicais, o solfejo, desempenhava bem no teclado, mas de vez em quando ficava meio ausente, o que convenceu dona Helena de que o problema é que não era exatamente aquele o instrumento que ele queria dominar — essa impressão aumentou quando viu um calhambeque desenhado num dos programas de música para piano em cima da mesinha, peripécia do penteado aluno. Zunga, ainda assim, estudou piano durante quatro anos, ao mesmo tempo que não cessava de tentar convencer a mãe a levá-lo para participar dos concursos de calouros da Rádio Cachoeiro. E um dia a mãe cedeu.

Na sua primeira audição na emissora, o programa era apresentado por um radialista chamado Marques da Silva, que ficou muito impressionado com a autoconfiança do menino. Mas Roberto, que ostentava um topete de Elvis Presley e vestia roupas criadas por sua mãe, inspiradas em seu ídolo Bob Nelson, estava na verdade bem nervoso. Havia um auditório com cerca de 250 pessoas à sua frente, era sua estreia, e ele só tinha nove anos. Naquele domingo, o regional do maestro Mozart Cerqueira, que costumava acompanhar os calouros nas apresentações, estava de folga. Somente o violonista Zé Nogueira estava presente, como uma espécie de voluntário e, sozinho, acompanhou os artistas com seu violão de sete cordas. Roberto acabou levando o primeiro lugar no concurso do dia, o que se repetiu nos dois domingos seguintes. Foi aí que a Rádio Cachoeiro, sentindo o potencial do garoto, convidou-o para fazer um programa dominical. A sede ficava na rua Siqueira Lima, próximo à ponte de Ferro do Itapemirim, e o horário em que Zunga se apresentava era entre 12h30 e 12h45. A rádio ficava no segundo andar de um prédio de três andares à beira do Itapemirim. No segundo andar, duas janelas e uma porta levavam do auditório para uma varanda, da qual se podia ver a cena da *"rive gauche"* cachoeirense, um mundo boêmio do qual Roberto jamais fez parte: a praça Jerônimo Monteiro já era então um ponto de reunião dos intelectuais da região, além do Bar Alaska e do Salão de Sinuca dos Nemer, símbolos da doce vida clandestina. O Itabira Hotel alardeava em seus anúncios públicos que sua modernidade consistia em serviço de elevador e água filtrada em todos os quartos.

Nesse mesmo período, um jovem que tinha sido por um breve período locutor na Rádio Cachoeiro iniciava uma longeva carreira no cinema brasileiro com um papel no filme *Também somos irmãos*, de José Carlos Burle, e preparava-se para trocar a sua cidade por uma pensão da rua da Alfândega, no Rio de Janeiro, de onde imaginava conquistar o mundo. Embora tivesse nascido em Campos dos Goytacazes, Jece Valadão tinha vivido em Cachoeiro desde a mais tenra infância e só se definia como cachoeirense. Jece cristalizaria em breve uma imagem de vilão cínico e irresistível, de bandido de coração de ouro, uma lenda igualmente brasileira e profunda que marcaria as telas e o teatro, sempre esgrimindo a vida ao largo do Itapemirim como trunfo e vantagem.

35

O maestro Zé Nogueira, que acompanhou na estreia na rádio o pequeno calouro, também se afeiçoou a Roberto e passou a lhe dar aulas particulares de violão — contam que Zunga percorria cerca de quatro quilômetros de sua casa até a casa de seu professor Zé Nogueira. Roberto, por influência da mãe, tinha se especializado em boleros, como os do cantor espanhol radicado na Argentina Gregorio Barrios (que era conhecido como o Rei do Bolero). Sua preferida de Barrios era "Sé muy bien que vendrás". O cantor espanhol teve uma passagem muito festejada pela noite brasileira na década de 1940, cantando nos cassinos de São Vicente, de São Paulo, e nos cassinos Atlântico e Quitandinha, no Rio e em Petrópolis. Outro entre os boleros preferidos de Zunga era "Abrázame así", de Mario Clavell, ídolo argentino que fez carreira no rádio, no disco e no cinema. Mas ele também encarava uma ou outra canção em italiano, o que favoreceria, anos adiante, uma incursão pela terra de Dante. Outro número musical que mantinha no seu pequeno repertório era "La strada nel bosco" (1943), de Gino Bechi, tornada um fenômeno pelo tenor Claudio Villa, um gigante da canção e da crônica da *dolce vita* italiana que gravou cerca de 3 mil canções e vendeu 45 milhões de discos. Roberto também cantava com grande enlevo o clássico samba "Olinda, cidade eterna", do compositor e pianista Lourenço da Fonseca Barbosa, o Capiba. "Quisera ver-te/ no passado, Olinda/ Quando ainda eras cheia de ilusões."

O verão de 1951 foi agitado entre os cachoeirenses. Só se falava nela: a conterrânea mais famosa, a dançarina e ativista Luz del Fuego, codinome de Dora Vivacqua (1917-67), ou "água viva", para continuarmos no simbólico elemento básico daquela geração capixaba. Por sugestão do palhaço Cascudo (influente artista do circo, codinome do pernambucano Francisco Chagas da Costa), ela havia trocado de nome de Luz Divina para Luz del Fuego algum tempo antes. Dançava pelo imaginário do país com duas jibóias enroladas pelo corpo, dançando maxixes e maracatus (nada dos congos ou dos jongos da sua terra). "Para a sede temos a água; para a fome, o pão; para a imoralidade, a nudez", apregoava a ativista, em descompasso com a moralidade rígida do seu tempo. Luz del Fuego tinha conseguido, naquele ano, uma concessão da Marinha brasileira para fazer da ilha do Sol, na baía de Guanabara, a sede da primeira colônia de nudismo brasileira (e também sede do Partido Naturalista Brasileiro, que ela criara). A atriz Jayne Mansfield foi até lá com o marido, mas acabou barrada porque se recusava a ficar nua. O galã Steve McQueen teve um ataque histérico ao acordar com as cobras de Luz del Fuego refesteladas em sua cama. Era muito bochincho para uma temporada na província, uma cachoeirense liberada submetendo Hollywood a seus encantos e encarando o machismo nacional sozinha.

Mas, alheio a tudo que fosse glamour e brilho histórico, a pasmaceira da serra e de seus rios sinuosos desconhecia os jogos do comportamento e do nervosismo típico da cidade. No distrito de Burarama, na fazenda dos irmãos Grillo, o povo debatia o surgimento misterioso da sombra de uma ave, num penhasco, como um fenômeno inexplicável, um tipo de milagre caboclo. "Logo que o sol entra no zênite, pouco depois do meio-dia, numa cabeça de pedra, surge, como por encanto, a sombra de uma ave imensa", descreveu a publicação *Vida Doméstica*. Cinco alpinistas da própria terra, entre eles um rapaz chamado Índio do Brasil Luz, conseguiram colocar a bandeira brasileira e uma cruz no alto da pedra do Itabira, de quinhentos metros de altura, pela primeira vez. Só o rádio se interpunha entre as falácias e as lendas. No distrito de Cobiça, área rural a sete quilômetros da cidade de Cachoeiro de Itapemirim, uma garota de olhos verdes ouvia o rádio debruçada junto a uma das janelas azuis do casarão onde vivia, na Fazenda Entre Penha, no sopé das montanhas arredondadas. Cobiça era tão remota que o nome, contou um servidor do museu ferroviário há alguns anos, tinha surgido pela dificuldade que os trilhos da Leopoldina Railway enfrentaram para chegar até ali, atiçando a "cobiça" dos empreiteiros. Estava tudo no seu lugar em Cobiça quando, subitamente, uma voz nova no dial chamou a atenção da moça sonhadora. Eram aqueles quinze minutos consagradores de domingo do pequeno Roberto Carlos, no qual ele trinava no alto-falante do aparelho com o som do bolero "Amor y más amor", então um sucesso na voz do ator e cantor uruguaio Fernando Borel. A moça percebeu que a canção vinha diferente naquela manhã, tingida por uma textura infantil, profundamente íntima, levemente melancólica. A voz no rádio a encantou de tal forma que ela parou de lavar a louça e aproximou o ouvido do aparelho, hipnotizada por aquele tom infantil e cheio de autoridade ao mesmo tempo.

"Ah, eu quero ir ver esse menino!", pensou Gercy Volpato, a moça que sonhava de dia na janela da fazenda de Cobiça. Encheu-se então de uma coragem nova e imprevista: "Quero ver e é agora!". Foi para a sala e chamou uma entre as dez irmãs, Maria Leonor, a que tinha maior cumplicidade com ela, e a fez ouvir o som que saía do rádio. Leonor, que ela chamava de Lôra, sorriu com igual fascinação. Não tiveram dúvidas: sem dizer palavra, abriram os guarda-roupas e começaram a se arrumar — a sede da Rádio Cachoeiro não ficava tão longe assim, a pouco mais de uma hora de caminhada pela estrada, e talvez desse tempo de conhecer pessoalmente aquele cantorzinho; era só as duas ficarem plantadas na frente da sede. O pai, seu Hermínio, ainda tentou argumentar contrariado, mas não lhe deram ouvidos. Havia poças de águas nos buracos da estrada de terra, e, para não sujarem o vestido, elas foram evitando as carroças que passavam mais afobadas espirrando lama. Zunga cantava só quinze minutos, mas ficava até o final do programa para assistir a todo o resto. Quando finalmente saiu da sede da rádio, as irmãs Volpato viram que o garoto franzino que cantava no rádio tinha apenas nove anos de idade. Ele ficou agradavelmente surpreso em ver que já estavam ali suas primeiras fãs, postadas e arrumadinhas, esperando por ele com largos sorrisos e suave acolhimento. Parou e ficou conversando com as duas durante muito tempo, e combinaram de se encontrar ali de novo durante todas as apresentações dominicais que faria, agora já como contratado da emissora. Durante mais de setenta anos, essa ligação atávica entre aquelas duas moças da fazenda e o menino passarinho da rádio se manteria intacta, parada no tempo, como um pacto para além da mudança e do desejo.

Para o bem da verdade, a numerosa família Volpato quase inteira se dedicava a tietar astros da era do rádio. Tinham fã-clubes de Emilinha Borba e Cauby, além de uma queda por Paulo Gracindo. Eliete, Maria José, Dilma, Nadir, Joaquim, José, Vitomar, Nilo: todos se ligavam na galáxia radiofônica. Mas Gercy e Lôra criaram a devoção pelo astro ainda em gestação, Roberto Carlos, uma inovação que souberam manter com tenacidade. "Nós gostávamos tanto que acordávamos ainda com escuro para tirar leite das vacas, para poder dar tempo de ir a pé até Cachoeiro para assistir aos programas da Rádio Cachoeiro." Durante mais de trinta anos, enviaram cartões de Natal e aniversário para o ídolo a partir de sua fazenda em Cobiça.

A Rádio Cachoeiro funcionava como um núcleo de irradiação cultural. Além da programação ao vivo, com auditório, também organizava excursões de seus astros locais pela região, levando-os para cantar e tocar em feriados e festas religiosas nas cidades vizinhas. Chamavam essa turnê de Caravana Musical, jornadas que eram comandadas pelos apresentadores José Geraldo Azevedo, o Zé Nanico, e Sabra Abdala, e cujo suporte musical era dado pelo Regional de Mozart Cerqueira e seus cantores — Isaías de Azevedo, Maria Angélica Marangoni, Lita Vieira, Fuíca, Lucineide Moreira e Marly Barreto. Algumas vezes, participavam estrelas regionais, como Altemar Dutra e Raul Sampaio, além do flautista Carlos Poyares.

A trupe percorria cidades do entorno, como Alegre, Guaçuí, Marataízes e Mimoso do Sul. Roberto Carlos, o caçula da rádio, também integrava a trupe, sempre acompanhado da mãe. Foi durante essa passagem da Caravana Musical por Mimoso, num show organizado num palanque próximo à igreja Matriz, festa de celebração do aniversário da cidade, no dia 15 de julho de 1953, que a tia materna de Roberto, Antonica Moreira, a Tunica, resolveu aproveitar para tentar fazer Roberto, então com doze anos, se livrar das muletas com as quais se locomovia. Antonica organizou uma lista de contribuições para comprar uma prótese para a perna de Zunga. A primeira assinatura da lista foi do seu Dezinho, apelido do comerciante Demerval Gomes Ribeiro. Ela também recorreu ao poderoso proprietário da Fazenda Santa Marta, Lauro Lemos, na época candidato a prefeito em Mimoso. Lauro dirigia então uma propriedade rural modelo, com 180 casas de colonos e trabalhadores, chegando a produzir 30 mil arrobas de café, além de possuir quinhentas cabeças de gado. O fazendeiro tomou para si a lista ainda incompleta e disse que a tia Tunica não se preocupasse, que ele pessoalmente se responsabilizaria pelo restante que faltava para completar a aquisição, que a família ficasse tranquila. Cumpriu o combinado e, assim, foi comprada a primeira prótese de Roberto.

O pequeno cantor Zunga passou a ser mais e mais conhecido dos cachoeirenses. Havia um palanque montado na concorrida praça Jerônimo Monteiro e, volta e meia, lá estava ele cantando nas tardes de Cachoeiro. Conforme crescia, a febre Elvis pegou Roberto. Aos catorze anos, ele comprou um blusão de couro, passou a profissionalizar seu topetão, imitava o jeito de balançar dos rebeldes de *Sementes da violência*. Para engrossar sua reputação nas rádios, a família passou a usar o mesmo estratagema imortalizado no filme *Dois filhos de Francisco* pelo pai de Zezé Di Camargo e Luciano: constituíam um pequeno batalhão de colaboradores, mulheres, para ligar para a emissora de rádio e pedir que tocassem mais as canções dele em programas interativos. "Lembro-me de que, quando ele começou a cantar, a gente telefonava para as rádios, pedindo sua música. Mas ele nunca saía do nono lugar. E eu pensava: acho que o Zunga nunca vai chegar ao primeiro...", contou sua irmã, Norma.

Pouco tempo depois, Roberto Carlos foi convidado pelo jornalista nativo Joel Pinto para registrar sua voz em disco pela primeira vez. A gravação foi em um disco de acetato, em um equipamento que havia no estúdio improvisado da Radiotécnica Marconi, de José Rivelli (empresa que vendia o radiotransmissor Marconifon, "o Stradivarius do rádio"), na rua Rui Barbosa, 3, situada na parte de trás do antigo Hotel Toledo (onde hoje é o Banco do Brasil, em Cachoeiro). Tratava-se de um bolero intitulado "Deusa", composto pelo próprio Joel Pinto. Joel conseguira montar uma pequena "fábrica" e resolveu testá-la com algumas gravações domésticas, mas fez uma capa e uma produção caprichadas para Zunga e lhe deu um dos discos de presente. O precioso documento que registra essa gravação pioneira se perdeu, mas reza a lenda que Zunga ainda tem o seu guardado em casa. A letra era esta:

Deusa
Terna expressão de um louco anseio,
Sonho que eu busco em devaneio
Com quem busca uma ilusão
Anjo do céu
Que passa pela vida,
Pobre andorinha perdida
Sem ninho e proteção.

Deusa da terra
Por quem eu vivo atormentado.
Sonho de amor do passado
Ouça os lamentos meus.

Deusa
Que Deus me veja neste mundo
Para que eu tenha um segundo
Da luz dos olhos teus

Os cantores da Rádio Cachoeiro, apesar de diversos, pareciam ter um componente em comum: uma dicção especial, uma espécie de ciência modulatória que se incorporaria à tradição da música urbana carioca em pouco tempo, da poética rascante de um Sérgio Sampaio ao voo trágico de Paulo Sérgio. Com o violão como base principal, mas sem nenhum débito com a elitista bossa nova; com cacoetes da modinha popular e o vernáculo como um aríete da forma musical, eles pareciam promover uma contaminação da música de salão pela paisagem, do melodrama europeizado com pinceladas do humor de rua. "Faço no tempo soar minha sílaba", disse Caetano Veloso em uma canção feita sob medida para Roberto Carlos. É uma leitura muito acurada da especificidade do artista capixaba, também muito presente na forma de Sérgio Sampaio cantar, ou Lita Vieira, ou Marly Barreto.

O violonista Zé Nogueira, mestre tanto de Zunga quanto, mais tarde, de Sérgio Sampaio, fundou na Casa do Estudante o Conjunto Zé Nogueira, que se apresentava sempre aos domingos. A Casa do Estudante se configurou, dos anos 1950 aos 1970, como uma zona franca da intelectualidade nativa, um bunker a projetar a intelligentsia para além da província. Zé Nogueira, em seus saraus, fazia questão de ter ao seu lado o menino Roberto Carlos e Nilo Corrêa. Quando não cantava, Roberto Carlos tocava bongô e as maracas. O maestro José Nogueira recorda com detalhes: "Era um garoto caprichoso e tinha uma caderneta onde anotava atenciosamente letras, tonalidades vocálicas e posições do instrumento. Sempre cauteloso, observava se o violão estava afinado e conferia seus tons de voz". A mãe de Roberto, ciosa da saúde do filho, reclamava que ele ainda era muito jovem para manter aquela vida agitada de músico — que, no final das contas, ela pensava, não lhe traria grandes horizontes. "Naquela época fazíamos vários shows beneficentes", contou Zé Nogueira. Para bajular a mãe e conseguir sua anuência, todas as flores que Roberto ganhava de um já crescente contingente de fãs ele dava para Laura, que fazia questão de levá-las para enfeitar o altar da Catedral de São Pedro, como forma de louvor — Laura era católica tradicionalista, enquanto o marido, Robertino, professava a doutrina espírita. As duas influências seriam fundamentais no desenvolvimento das crenças espirituais do filho mais novo, que dedicaria uma de suas canções, "O homem" (1973), a um ícone do espiritismo brasileiro, o médium Chico Xavier, entre várias de ofertório à figura do Cristo tradicional dos católicos.

Esses dias inaugurais de Roberto em Cachoeiro de Itapemirim ficaram, para a crônica do futuro, cobertos com um manto de idealização e certo sabor de passado inalcançável, despidos das lembranças de rancor e tristeza, como se o que houvesse para lembrar fosse apenas o que se permitisse ser lembrado.

Os fatos mais dolorosos do período só viriam a ser abordados de forma mais franca 23 anos depois do seu acidente, numa reportagem do jornalista Carlos Lacerda na revista *Manchete*, em 1970. Carlos Lacerda, ele mesmo: o inimigo figadal de Getúlio Vargas, personagem que acabou originando o termo "lacerdismo". Que significa, grosso modo, um pensamento conservador ligeiramente tingido de paranoia, que vê conspiração por todo lado, de denuncismo persecutório.

Pois bem: Carlos Lacerda entrevistou Roberto Carlos em 1970, já no auge do prestígio artístico, em sua casa ("Zunga esteve lá em casa. Veio vestido de Roberto Carlos, de calça de veludo frappé como as que Jean Bouquin vende naquela loja louca de St. Germain"). Jean Bouquin era o estilista parisiense de quem Brigitte Bardot comprava todas as suas roupas na década de 1960. O material que saiu publicado na *Manchete*, com fotografias de Gil Pinheiro, é uma peça que propicia um duplo entendimento do espírito jornalístico de uma época e da fragilidade a que se submete o artista em face do poder quase absoluto do repórter. "Roberto Carlos, rei da Jovem Guarda, príncipe da melancolia" foi o primeiro texto público a tratar da perda da perna pelo menino Zunga, embora em trechos coalhados de imprecisões e exageros. Em 1973, o *Jornal do Brasil* chegou a cravar que Roberto teria sido arrastado pelas rodas do trem durante dez metros. Na entrevista propriamente dita, não há nenhum momento em que Roberto fale sobre o acidente, e Lacerda o descreve com as tintas do sensacional: "Que gosto de morte, que sonhos tão tristes, que pressentimentos assaltam o menino pobre que perdeu a perna debaixo do pesado trem da E. F. Vitória-Minas, que leva minério de ferro do vale do rio Doce ao porto de Vitória?". Lacerda revela que o assunto do acidente não foi comentado durante toda a entrevista, mas que mais tarde Roberto Carlos lhe enviou um recado: "Pensando até que eu não sabia que ele perdeu uma perna, mandou me dizer mais tarde: 'Não quero que ignore, pense que escondi'. Eu sabia. Mas o que ele não sabe, nem eu, é quanto isso terá influído em sua vida".

Apesar do talento do texto de Lacerda, envolvente e cheio de brilho, a abordagem pioneira do acidente com Roberto pode ter causado mais aversão do que compreensão. "Mas é de Zunga que se trata, o menino de sua mãe que, aos seis anos, durante uma festa escolar, levou um esbarro da locomotiva e perdeu uma perna, e hoje a tem toda nova, de metal polido, deve ser prateado, o que o faz coxear um pouco." O açodamento meio comiserativo de Lacerda poderia justificar a recusa do artista, nos anos futuros, em abordar o assunto — dando razão a amigos como o compositor Getúlio Côrtes, autor de um de seus maiores sucessos, "Negro gato": "Todo mundo sempre soube, mas ele nunca quis falar. Eu creio que ele está certo, isso ia atrapalhar. Tem gente que usa isso, compreende? Você não sabe o que tem de gente ruim no mundo".

Roberto Carlos só conseguiria abordar publicamente o tema do acidente 24 anos depois, quando compôs a primeira das músicas que faria sobre o acontecido. "Traumas" (1971), dele e de Erasmo Carlos, dava a entender que iria iniciar um processo de exorcismo dos fantasmas do passado: "Falou dos anjos que eu conheci/ Do delírio/ Da febre que ardia/ Do meu pequeno corpo que sofria/ Sem nada entender". Para criar a ambiência adequada à dramaticidade do contexto da música, durante um show no Canecão, a produção do seu show exibiu um telão com a imagem de uma catedral de fundo, com vitrais impactantes. Dos vitrais, aos poucos, enquanto a canção se desenrolava, escorriam umas manchas de cor avermelhada, para dar a ideia do sangue. A imagem então mudava para um teto de hospital, com as luzes passando rápido (como se uma maca estivesse sendo transportada sob elas). Então Roberto surgia no palco e cantava "Traumas". Não era uma abordagem direta, ele não conversava com o público a respeito, mas era um tipo de abraço em si mesmo, coisa que não tinha se permitido até então.

Um ano depois, em 1972, ele compôs "O divã", uma canção mais direta sobre o tema. Nela, registra até a lembrança da roupa de Renato Spínola e Castro, o rapaz que o socorreu e que o embrulhou para levar ao hospital em seu automóvel. "Relembro bem a festa, o apito/ E na multidão um grito/ O sangue no linho branco/ A paz de quem carregava/ Em seus braços quem chorava".

Finalmente, em 1978, a terceira música dedicada às memórias do acidente, "Lady Laura", um tributo à mãe e à forma como ela lidou com o problema do filho. "Tenho às vezes vontade de ser novamente um menino/ E na hora do meu desespero gritar por você/ Te pedir que me abrace e me leve de volta pra casa/ Que me conte uma história bonita e me faça dormir." Com o passar dos anos, um ritmo de naturalidade e de concordância tácita cobriu a estridência da tragédia. "A gente não fala muito disso porque se tornou natural não falar. O próprio Roberto não deixou que isso o tornasse amargurado. Em vez de ir em busca da dor, ele foi em busca da música", disse Rogério Franzotti, que foi colega de escola de Roberto no Colégio Cristo Rei e costumava jogar futebol com o menino, que se tornou um razoável goleiro mesmo após o acidente.

A esperança num programa de calouros

No início do ano de 1957, a costureira Laura Moreira Braga estava achando difícil conviver com as crises corriqueiras de ciúme do marido, Robertino, bastante mais velho que ela e levemente inseguro no relacionamento. Sempre solícita aos desejos dos jovens da prole, Laura começou a pensar em galgar um novo degrau para a família. Num daqueles verões em que o rio Itapemirim subiu muito, tornando tudo confuso na vida cotidiana, ela resolveu permitir que o filho perseguisse seu sonho de uma carreira na música no Rio de Janeiro. Para isso, a primeira providência era largar Robertino cuidando da sua relojoaria em Cachoeiro e mudar-se definitivamente para o Rio. No início, por falta de condições financeiras, só seria possível abrigar-se na casa da sua irmã, Jovina, a Dinda, no bairro Fonseca, um dos mais antigos de Niterói, onde estava vivendo sua filha, Norminha. Roberto já mantinha uma ocupada agenda de artista de rádio do interior, tinha até patrocínio das Casas Matos, então sua mudança para o Rio envolveria arranjar logo uma ocupação para ajudar nas despesas. Na ocasião, o filho mais velho dos Braga, Lauro, servia na Aeronáutica no interior de São Paulo, e Carlos Alberto também servia no Exército, mas no Rio.

Enquanto esperava a mãe aprontar a mudança em Cachoeiro, Roberto acordava todo dia já ansioso para começar seu périplo pelas rádios do Rio de Janeiro em busca de seu destino. Pouco tempo antes, quando tinha catorze anos, ele já havia peregrinado por alguns programas de rádio carioca e foi quando confessara à mãe que achava que seu futuro estava ali, que era no Rio que buscaria o êxito na vida artística. As revistas mostravam um Rio em frenética ebulição.

Não demorou, e Roberto Carlos desembarcou cheio de disposição em Niterói. Tinha feito quatro anos de piano, estudara violão com um mestre das sete cordas, tocava também um bongô honestamente, cantara em programas de auditório desde os nove anos, encarara repertórios difíceis, adultos, recitais complicados, públicos em praças abertas e auditórios fechados. Era um background bem mais encorpado do que 90% dos astros da música jovem do período exibiam como credenciais, e ele possuía um componente a mais em sua mistura: atravessava gêneros com facilidade, não tinha preconceito contra nenhum tipo de música, adorava as novidades na mesma medida em que reverenciava a tradição.

O rapaz ouvia muito a Rádio Nacional, erigida por Getúlio Vargas com a ambição de projetar o sentimento de nacionalismo de cima de uma torre de nativismo, um bunker do orgulho nacional, abarcando de Ataulfo Alves a Os Cariocas e Quatro Ases e Um Coringa. Ao popularizar uma emissora de caráter multirregional, o governo acabou produzindo uma geração letrada em música brasileira. Em sua programação, o sanfoneiro sulista Pedro Raimundo representava o Sul, Luiz Gonzaga, o Nordeste, Alvarenga e Ranchinho simbolizavam a música de Minas, e Dorival Caymmi, a Bahia (que era designada então como região Leste, não era considerada parte do Nordeste).

Roberto, criado à sombra desse amplo repertório, não era um roqueiro no sentido estrito do termo, embora seu coração juvenil devotasse grande afeto àquele mundo simbólico de lambretas e carangos que se afirmava nos estertores dos anos 1950. Por insistência da irmã, Norminha, e dos irmãos mais velhos que achavam que o irmão caçula estava perseverando numa profissão de "vagabundo", e com suporte da generosa tia Jovina, Roberto se matriculou no Científico do Colégio Brasil de Niterói. Durante um ano, alternava os chás de cadeira que tomava em programas de auditório com as aulas que mal frequentava no colégio.

"Se em Cachoeiro eu era mau aluno, em Niterói me tornei péssimo. Prova disso eram as anotações, cada vez mais constantes em minha caderneta, que não tinha mais espaço para notas vermelhas", contou Roberto. A tradicional escola onde entrou tinha um grau de exigência alto para quem estava mais preocupado em expandir seus dotes de intérprete musical do que decifrar raiz quadrada. Fundado em 1902 por João Pereira da Silva (conhecido como "João Brasil") em Itaocara e depois transferido para Niterói, o Colégio Brasil funcionou até 1985. Nele estudaram, ao longo dos anos, além de Roberto, o músico Sérgio Mendes, as cantoras Marília Medalha e Thereza Tinoco, o diretor de televisão Moacyr Deriquém e o cineasta Walter Lima Júnior. E, mais importante que todos esses para Roberto, alguém que se tornaria crucial na sua vida em anos futuros: o maestro Eduardo Lages.

A escola, inicialmente, funcionava em regime de internato e externato para rapazes, porém mais tarde foi aberta também para garotas. Ficava num belo edifício num local que abrigara o palacete de residência, em 1858, do nobre Constantino Pereira de Barros, o barão de São João de Icaraí. Descendente de um cortesão, o barão herdou as terras onde hoje estão instalados o horto, a penitenciária (em frente ao horto) e o terreno do antigo Colégio Brasil. Era um ambiente de desbotada aristocracia, mas que se agarrava à fleuma, mantinha o nariz empinado. Atualmente, daquele colégio, só resta o casarão principal em ruínas.

A situação da família Moreira Braga na cidade grande não era boa: o pai, que finalmente viera para o Rio para se juntar à família, agora trabalhava como autônomo de forma intensa, e a mãe buscava o sustento, como de hábito, na máquina de costura, noite e dia, para aguentar a barra. Roberto estava disposto a abandonar o colégio:

Então, o esquema era fazer tudo mais rápido, e a datilografia era a solução. Mas a música não saía da minha cabeça e, cada vez mais, tinha vontade de largar tudo e só cantar. Porém ainda não podia fazer isso, porque precisava ajudar em casa. Mas, um dia, mesmo sabendo que mamãe fazia questão absoluta que eu estudasse, não aguentei e disse: "Não estou dando conta. Ou estudo ou trabalho".

Roberto não esperava a reação da mãe, que ao contrário do que temia, foi compreensiva e apoiou a decisão do filho. "A escolha é sua", ela lhe disse apenas. Mas, na ética das famílias trabalhadoras de antigamente, um filho, ainda mais homem, não podia passar os dias sem uma ocupação obreira fixa. Com um amigo, o pai então arrumou para ele um emprego para datilografar ofícios no Ministério da Fazenda, e Roberto entrou para a burocracia estatal com o status de servidor nível 12, o cargo mais raso. Sua função era datilografar nas capas de cartolina dos processos os nomes e os números dos casos administrativos a serem arquivados. "Ou melhor: tocava piano na máquina de escrever. Mas tinha um chefe ótimo que me dava tempo suficiente para escrever minhas músicas", lembrou o rapaz. Quando sua carreira começou a ficar mais consistente, pediu transferência para a Rádio MEC, na qual atuou brevemente como programador de um programa de música. No total, Roberto foi funcionário público durante dois anos.

Após um longo período vivendo como hóspede na casa da tia Jovina, em Niterói, Roberto recebeu a notícia, durante um jantar, de que se mudariam para o Rio. Ele comemorou com genuína alegria a possibilidade de parar de viver chacoalhando na balsa da Cantareira, indo e voltando entre Niterói e Rio. O escritor Carlos Heitor Cony, que nasceu no Lins de Vasconcelos e no subúrbio se tornou um menino escritor existencialista encantado com Sartre, descreveu:

Eu me lembro, eu me lembro, era pequeno e perguntei a meu pai o que era "flutuante". Ele não perdeu muito tempo explicando ou definindo. Disse que flutuante era barca da Cantareira — a velha e calamitosa Companhia Cantareira de Viação Fluminense que fazia a travessia da baía, ligando o Rio a Niterói. Eram famosas as barcas da Cantareira pelos naufrágios, trombadas e adultérios que promoviam. A condição de flutuante não era exatamente a mais indicada para servir de exemplo.

A mãe de Roberto procurara e achara uma casa para alugar na zona norte do Rio. Era um sobrado numa viela pacata no Lins de Vasconcelos, subúrbio da zona norte, na rua Pelotas, 59, uma comunidade tranquila de casas de classe média entre o Méier e o Engenho de Dentro. O inconveniente era que o sobrado teria que ser dividido com uma outra família — na parte de baixo morariam os Braga, na parte de cima, um grupo familiar que nunca tinham visto antes e com quem compartilhariam banheiros e cozinha.

Lins era subúrbio, mas tinha algum verniz de vaidade; muita gente célebre nasceu ou cresceu ou passou algum tempo ali naquela zona norte: Rosemary, Yoná Magalhães, João Nogueira, Martinho da Vila. Roberto logo se sentiu à vontade no bairro e até criou o hábito de tocar violão na rua, na esquina da Pelotas com a rua Dona Romana, com as crianças do bairro como espectadoras.

O subúrbio que abrigou a família capixaba Moreira Braga ainda era apenas uma costela do Méier, não tinha grande ambição geográfica. E o Méier, desde 1954, já contava com o falado Imperator, o templo sagrado da juventude. Era o maior cinema da América Latina, com capacidade para 2800 pessoas, e que se tornara a base de atuação da galera de "transviados" jovens denominada Turma do Imperator. Com sua calçada infestada de lambretas e motocicletas Csepel, conversíveis rabo de peixe, casacos de couro, topetes armados com vaselina, copos de cuba-libre nas mãos, os rapazes e as moças disputavam pegas, brigavam com correntes e canivetes e deixavam de cabelo em pé as famílias de classe média da época.

Em um diagnóstico bem ao seu estilo implacável no clássico livro *Música popular: Um tema em debate*, o decano crítico, ensaísta e pesquisador José Ramos Tinhorão definiu assim aquele período e aquela geração:

> É de compreender, pois, que ao atingir a primeira juventude, no fim da década de 1950, essa camada uniforme de jovens da alta classe média se encontrasse aberta a todas as influências e, de certa maneira, sujeita mesmo ao atordoamento. Os resultados não se fizeram esperar. À disponibilidade intelectual, pela ausência de tradição, seguiu-se a sujeição aos padrões de cultura estrangeira, principalmente norte-americana, importada maciçamente através do rádio, do cinema, dos discos e da literatura (histórias em quadrinhos e *pocket books*). Ao atordoamento pela falta de objetivos em que fixar-se (a estrutura subdesenvolvida e escassa de oportunidades), seguiu-se a canalização das energias para as paixões violentas, os vícios ou a simples vagabundagem representada no que se convencionou chamar de "juventude transviada".

O Imperator era um investimento ousadíssimo da família de Vitor Fernandes, proprietário do Hotel Novo Mundo, no Catete. Essa mística do *grand monde* que se transportava para a pré-história da zona norte do Rio atraía gente de Lins, Cascadura, Quintino, Madureira, além de filhos de militares, industriais e burgueses emergentes para ver os filmes como *Suplício de uma saudade*, com William Holden e Jennifer Jones, o maior sucesso de bilheteria da época, e acompanhar os "pegas" de jovens rebeldes partindo da rua Dias da Cruz, 170, após a sessão. Um desses garotos era um grandão chamado Erasmo

Esteves, um astro em gestação que depois seria muito conhecido nos agitos da Tijuca. Os talentos se anunciavam nas calçadas, como o multi-homem Tony Tornado, que fazia o que chamavam de "mímica" na época, mas que uma década depois seria uma das linguagens do hip-hop, o futuro break; e imitadores que eram usinas do ritmo, como Gerson Côrtes, mais tarde Gerson King Combo.

Tony Tornado, que ainda não era o codinome de Antônio Viana Gomes, tinha chegado ao Rio com onze anos, dormia nos trens e vendia jornais, balas e engraxava sapatos na Central do Brasil. Depois de um tempo vivendo em Rio das Flores, voltou ao Rio e, com seu 1,93 metro de altura, virou atração com sua mímica de dança em programas da época, como o *Hoje É Dia de Rock*, de Jair de Taumaturgo. Foi assim que se aproximou da emergente turma do rock 'n' roll da zona norte. "Tony vivia numa pendura desgraçada", conta o compositor Getúlio Côrtes.

Todas as pontas dos estamentos sociais pareciam se amarrar na vizinhança. Por exemplo: havia uma vizinha da família Braga da rua Lins de Vasconcelos que reivindicava uma ancestralidade com Olavo Bilac, dizia-se prima-irmã do poeta. Essa senhora de passado supostamente aristocrático era uma das poucas felizes proprietárias de um piano na sala de casa, que já não mais tocava, e seus netos, como jogassem bola e fizessem saraus com os jovens músicos da área, acabavam deixando que alguns deles tocassem ali. Roberto era um dos bem-aventurados, e foi assim que conseguiu praticar um pouco o piano, na sala da vizinha.

Os trilhos da Central do Brasil e da Leopoldina atuavam na demarcação de territórios. No início dos anos 1960, a zona norte do Rio de Janeiro tinha se constituído no grande celeiro do emergente rock 'n' roll brasileiro, que era majoritariamente de origem proletária, suburbana. No bairro da Piedade, colado a Lins de Vasconcelos, viviam, de um lado da linha do trem, os irmãos Paulo César e Renato Barros, o embrião da banda Renato e seus Blue Caps (o terceiro irmão Barros, o Edinho, em carreira solo, seria um dos astros daquela cena com o nome de Ed Wilson); atravessando a linha, do outro lado, viviam os rapazes que estavam formando outro grupo pioneiro, The Fevers: Liebert e Pedrinho. Mais adiante, os irmãos Getúlio Côrtes e Gerson King Combo, esse da seara do funk e da soul music.

O Clube Oposição, na Piedade, viu nascer e tomar conta do pedaço aquele que seria o maioral da produção, da disseminação e da performance pública de música no Brasil dos anos 1960, Renato Barros. Filho de uma cantora da Rádio Nacional e de um ator de filmes da Atlântida, Renato tinha uma formação eclética, fora criado ao som das *big bands* de Tommy Dorsey e Glenn Miller e tinha inclinação natural para a guitarra, que já cortejava desde menino. "Lá em Piedade ninguém gostava de jazz. Mas minha mãe ouvia muito e assim eu conheci. E gostava. No início dos anos 1960, eu ia pro Beco das Garrafas, via Luizinho Eça, Milton Banana", lembrou o versátil Renato.

O preciosista irmão caçula de Renato, o baixista Paulo César Barros, breve se tornaria tão obcecado pela qualidade sonora quanto João Gilberto. Eles viviam na avenida Suburbana ("Até no nome da rua a gente era suburbano", brinca Paulo César), no terceiro andar de um apartamento. Quando ensaiavam, a vizinha do andar de baixo, dona Julieta, batia com uma vassoura no teto para exigir que parassem "com o barulho aí em cima".

Entretanto, no início dos anos 1960, Renato Barros, Paulo César Barros e Edinho Barros ainda não tinham, para usar uma expressão marxista, acesso aos meios de produção. Sem instrumentos, costumavam se apresentar em programas de auditório fazendo playback, fingindo que tocavam. "Estava na minha sala, na Rádio Mayrink Veiga, um grupo de amadores para se inscrever no programa *Hoje É Dia de Rock*, a fim de concorrer ao troféu fazendo… mímica", contou o apresentador e animador de auditório Jair de Taumaturgo. "E, a bem da verdade, até que não se saiu mal, pois conseguiu alcançar classificação de destaque", contou Taumaturgo, que viu nos rapazes "acentuada inclinação para a música, improvisando as mais variadas encenações para os seus números mímicos, procurando dar vida ao conteúdo dos discos".

De famílias de classe média baixa, demoraram um tempo para conseguir comprar os primeiros instrumentos. Paulo César tocava piano com dois dedos, ainda não tinha se definido pelo contrabaixo. Tudo que possuíam era "intuição artística", continuou o apresentador, "mas, de espírito valente, como acontece com todos os jovens, acharam que podiam e deviam ultrapassar o terreno da imitação para atingir um campo mais concreto, mais palpável", prosseguiu o apresentador.

O magnetismo da música cria aproximações e identificações. Não demorou muito para que o rapaz capixaba de Lins de Vasconcelos se tornasse amigo dos irmãos Barros e passasse a frequentar seu apartamento em Piedade. Eles se juntavam em passeios pelo circuito de rebeldia entre o Méier, Piedade e Lins de Vasconcelos (esse nome dinástico vem de um militar, médico major da corte). Um dos vizinhos de Roberto no Lins, a quatro quadras de sua casa, era um garoto com ganas de compositor chamado Luiz Ayrão, um jovem cujo pai, Darcy Ayrão, morrera de um aneurisma aos quarenta anos. Para ajudar no sustento da família, trabalhava como engraxate num quartel da PM e compunha desde os onze anos. Ayrão estudava na Tijuca com uma bolsa de estudos, no Instituto Lafayette, onde conhecia uns garotos que botavam banca de artistas: Tião das Marmitas, Babulina, Erasmo, Arlênio, China.

No Lins, Luiz Ayrão notou que o vizinho Roberto estava sempre num telefone público na frente de uma farmácia. "Ele chamava muito a atenção. Tinha um chuca-chuca caindo na testa, vestia camisas de cores fortes, tinha postura de astro", lembra o amigo. Mas o ídolo de Roberto então era o cantor Pat Boone, que Elvis Presley desbancou. Ele se vestia como Pat Boone. "Os colegas diziam para mim que eu devia conhecer um menino ali do bairro que tocava violão. Eu já sabia quem era: nós dois éramos os únicos que andávamos com um violão nas costas, com aquela capa de lona vagabunda. Mas a gente não se falava ainda, só se cumprimentava", contou Ayrão.

Paulo César e Renato Barros passavam de carro emprestado ali na frente da casa de Ayrão e faziam bullying com o amigo, por causa do nariz avantajado. Chamavam Ayrão de "Nariz de Ferro". Era tudo numa boa, mas as pequenas crueldades da juventude desconhecem seus ecos: Ayrão, assim que conseguiu ganhar algum dinheiro, fez uma cirurgia plástica para reduzir o nariz.

Quando completou dezessete anos, o pai do cantor, Robertino, intuindo que o rapaz não pretendia mesmo se desviar de sua meta nem de seu entorno musical, o levou para passear no largo da Carioca. Entraram numa loja de violões, e Roberto experimentou todos, demorando-se barbaramente. "Tinha um ouvido muito especial", notou o pai. Escolheu o mais caro, e o pai comprou. Era seu primeiro violão e era um instrumento mais sofisticado porque Roberto, àquela altura, estava se concentrando com obsessão no repertório de um violonista de bossa nova que fazia sua cabeça: o baiano João Gilberto. A família achava até mesmo curiosa aquela fase em que Roberto mergulhara, imitava até o jeito como João Gilberto cantava, emulava a voz do baiano. Mas o que a família não sabia é que ele tinha planos de conseguir um lugar na música glamourosa da noite com aquele novo violão.

Havia uma ponte pênsil entre a zona norte do Rio de Janeiro e a música que explodia em todos os recantos do país. Se considerarmos que nas proximidades, no Engenho de Dentro, viviam também os Golden Boys, é já o caso de procurar saber qual a água que era fornecida a essa região nos anos 1960.

Quase tudo acontecia de forma espontânea para os jovens eletrificados daqueles dias. Por exemplo: The Fevers começaram de brincadeira, de curtição, lembra o baixista Liebert, um dos fundadores ainda em atividade. Um dia, o guitarrista Pedrinho foi até a Rádio Mayrink Veiga pedir para dar uma canja no programa do Jair de Taumaturgo. O apresentador os aceitou e a partir daí eles ficaram no mundo da música para sempre — estão até hoje fazendo shows e discos.

O Rio de Janeiro era então dividido por um tipo de barreira invisível. Foi a primeira vez, por exemplo, que Liebert, embora morador do subúrbio do Rio, foi a uma praia. Com vocação de puro entretenimento, The Fevers (assim como boa parte de seus contemporâneos) começaram no métier acompanhando todos os artistas emergentes do seu tempo como banda de apoio, em apresentações e gravações. Sua levada, que tinha um tempero do grupo norte-americano Ventures, fascinou Roberto Carlos.

O recrutamento de talentos era uma experiência de pura intuição e tinha algo de mágico nela — aquilo que distinguiria os grupos aparecia do nada. Um dia, quando os Fevers saíam de um programa de auditório na TV Rio, havia um rapaz que os esperava na porta da TV com um saxofone. Mal sabia falar português, mas tinha notado pela TV que, das bandas do iê-iê-iê brasileiro, a única que não tinha saxofone era The Fevers. O nome do rapaz, que tinha vindo da Romênia para o Brasil em 1963, era Miguel Plopschi, que vira naquela efervescente cena juvenil a forma de se integrar ao novo país que sua família adotara para viver. Fez um teste, eles o admitiram, viraram um quinteto.

Bandas como essas, The Fevers, Jet Black's, Clevers (depois Os Incríveis), Youngsters e Golden Boys, contribuiriam decisivamente para os primeiros passos do jovem iê-iê-iê na escalada da década. O bairro do Lins também teve um papel preponderante no início da carreira do jovem Roberto Carlos, embora tão esquecido em obras de referência. Foi sob inspiração de uma paixão adolescente por uma garota chamada Tereza, sua vizinha no Lins, que ele compôs em 1957 sua primeira canção, "Susie" (em parceria com o cachoeirense Edson Ribeiro, aquele mesmo com quem tinha brincado nos rios de Cachoeiro e que fora chamar seus pais quando ele sofreu o acidente ferroviário, embora não haja crédito para Ribeiro no compacto).

"Tentei paquerá-la, mas não deu", Roberto contou, sobre o seu amor platônico.

"Susie" é um rock 'n' roll típico da primeira fase do gênero, turbinado por uma guitarrinha estridente e que tem aquela estratégia de declamação entre os refrões. Roberto a gravou com Astor e seu Conjunto, grupo de estúdio dos mais requisitados no período. Astor Silva, carioca do Rio Comprido, trombonista, arranjador, regente, compositor, foi um dos mais prolíficos homens-banda do país, egresso da Orquestra Tabajara de Severino Araújo. Foi diretor musical de diversas gravadoras e acompanhou de Doris Monteiro a Virginia Lane, de Garotos da Lua a Emilinha Borba e Moreira da Silva. Foi Astor Silva quem cumpriu o papel inaugural da história da música jovem brasileira: além da pioneira "Susie", lançada em 1962, ele seguiu acompanhando com seu conjunto as primeiras gravações do então iniciante cantor Roberto Carlos.

"Susie" é meio relegada, mas é uma canção de suaves evocações.

Já fiz tudo que podia para despertar sua atenção
Já peguei minha guitarra e até cantei uma canção
Já pintei minha lambreta de uma cor extravagante
Escolhi no guarda-roupa o pulôver mais berrante
E passei acelerando bem pertinho da janela
Vi alguém se aproximando e, que surpresa, era ela

Luiz Ayrão, ainda pré-adolescente no Lins de Vasconcelos, já tinha sacado rapidamente o enorme talento de intérprete do jovem vizinho capixaba. Não existia ainda nenhum plano de colaborarem, mas burilavam sons juntos e tinham destinos entrecruzados — Ayrão faria das tripas coração para estar presente no primeiro álbum de Roberto, e seguiu compondo canções para serem gravadas pelo amigo, como em 1966, quando criou o megahit "Nossa canção" (ele ainda cederia ao amigo um dos seus maiores clássicos da carreira, "Ciúme de você", em 1968).

Naquela altura, a mãe de Roberto tinha conseguido um emprego numa fábrica de roupas no Andaraí, onde morava a sua irmã enfermeira de Mimoso, Antonica. Enquanto isso, o caçula de Laura não esmorecia. Passava as semanas percorrendo os programas de calouros, como o Clube do Guri, na TV Tupi. Foi em homenagem à tia que Roberto, futuramente, fundiria duas histórias numa só canção, "Minha tia" (de 1976). Talvez uma das mais bem-acabadas composições sobre um período de persistência e suavidade na escalada profissional de Roberto.

Eu não esqueço aquele tempo e a saudade me machuca
Quando eu ficava em sua casa numa vila da Tijuca
Você sabia que eu queria ser cantor profissional
E vinha lá de Niterói pra ir à Rádio Nacional
Usando aquele antigo e tão surrado meu blusão de couro
Ia cantar minha esperança num programa de calouros

A canção era um tributo duplo: à tia Tunica e à pianista Amélia Batista Nery, a Tia Amélia, como era conhecida, pernambucana de nascimento. Tia Amélia tinha formação erudita e dominava como poucas instrumentistas a arte dos choros. Sua lenda pessoal incluía apresentações ao piano com o grande Ernesto Nazareth, um recital em Washington em 1933 para o presidente norte-americano Franklin Roosevelt, e tinha sido amiga das atrizes Greta Garbo e Shirley Temple. O poeta, compositor e diplomata Vinicius de Moraes, que a considerou uma "reencarnação de Chiquinha Gonzaga", escreveu uma crônica em sua homenagem intitulada "A bênção, Ti'Amélia". Mas contam que foi Roberto Carlos quem começou a chamá-la de Tia Amélia, quando a pianista passou a frequentar shows de auditório e chegou a acompanhá-lo em alguns recitais.

A fase de calouro de Roberto era uma via-crúcis, mas também o expunha a encontros importantes. Quando teve de se preparar para uma apresentação na rádio Mayrink Veiga, o rapaz foi confiado às mãos do experiente flautista Carlos Poyares, também capixaba, que tinha um currículo de choro admirável, tocara com Pixinguinha e tinha acompanhado estrelas como Nelson Gonçalves, Orlando Silva, Luiz Gonzaga, Dolores Duran, Jackson do Pandeiro. A Poyares, que tinha entrado no conjunto regional de Canhoto do Cavaquinho na rádio para substituir Altamiro Carrilho, foi dada a incumbência de preparar o jovem calouro Roberto para a apresentação. O flautista, além do arranjo e da instrumentação, ajudou o cantor a ampliar o seu conceito de seresta, modinha e choro, e a compreender a trajetória da música popular desde os lundus que o cantor Baiano entoava no início do século XX à universalidade do choro de Waldir Azevedo e Claudionor Cruz. Foi um entre os mestres incidentais da vida de Roberto.

Quando saiu de Niterói para viver no Lins de Vasconcelos, Roberto não comemorou apenas que a vida estava se tornando mais fácil, que já não perdia mais tanto tempo em trânsito (fora que a balsa era desconfortável, dava fadiga e atrasava seus compromissos). Agora também tinha como ensaiar com os amigos. Ele queria muito ampliar o círculo de relacionamentos no Rio, fundamental para suas pretensões artísticas. Por insistência da irmã, Norma, que não se conformava de ele ter largado o colégio em Niterói, o ansioso capixaba concordou em entrar na Escola Ultra, na praça da Bandeira, para cursar o que chamavam então de Artigo 91, um curso supletivo. A rotina da família era de classe operária suburbana padrão: Norma tinha arranjado emprego como balconista na rede de lojas de calçados Clark, o pai de Roberto saía muito cedo para trabalhar e voltava muito tarde, e a mãe costurava o tempo todo.

Roberto pongava dos lotações ou do mítico bonde 75, Lins de Vasconcelos, que cumpria o seguinte itinerário: saía da praça Quinze de Novembro, enganchava a Primeiro de Março, depois Rosário, Visconde de Itaboraí, Arsenal da Marinha, Visconde de Inhaúma, Marechal Floriano, praça Duque de Caxias, avenida Presidente Vargas (lado par) e finalmente praça da Bandeira. "Lembro que sempre pegava os ônibus ou lotações de madrugada, vindo da Boate Plaza, onde consegui meu primeiro emprego, e nunca tive problemas com condução", recordou uma vez.

A única coisa que sentia realmente era que pagava mais caro pelas passagens que meus amigos da Tijuca. É claro que, de vez em quando, pensava em morar mais perto do trabalho para ter mais conforto, porém a verdade é que o fato de morar no subúrbio nunca me incomodou tanto assim. Conseguia conciliar todos os meus horários sem nenhum problema.

Quase sempre, quando chegava à praça da Bandeira, antes da aula ele parava na banca de jornais do outro lado da rua onde ficava a escola. Ali, trabalhava um garoto elétrico e magricela, baixinho e xereta, que já tinha se tornado um chapa de Roberto. "Guardei a nova *Modinha* pra você, Zunga!", dizia o rapaz, Anderson Marques, mais conhecido como Dedé. A revista *Modinhas Populares* era muito procurada pelos jovens músicos naquela época, ela trazia letras de músicas para quem praticava violão. O rapaz de Cachoeiro evidentemente não tinha a menor ideia, mas não demoraria mais que três anos para que ele também ilustrasse a capa da *Modinhas Populares* com suas composições.

Dedé tornou-se íntimo do aluno arrumadinho da Ultra. Ele trabalhava na banca a madrugada toda e, para manter-se acordado, tomava uns cafés fortes. Quando o dia nascia, ia para casa — quando Roberto mudou do Lins de Vasconcelos para o apartamento da rua Gomes Freire, Dedé passou a frequentar a casa do capixaba assim que amanhecia, para filar um café fresco com dona Laura. Com o tempo, Roberto o incorporou a sua pequena trupe — Dedé passou a recolher a grana dos circos nos quais o jovem artista se apresentava. Virou bilheteiro, motorista, segurança, mecânico, eletricista, tudo que pudesse ser útil. Até que, certa vez, viu num canto da lona de um circo uma bateria abandonada e comprou o instrumento. Passou a praticar escondido, e um dia ele surpreendeu Roberto tocando a velha bateria, ganhando então a credencial para acompanhá-lo como músico. Quando Roberto montou seu primeiro trio, pouco tempo depois, já tinha o baterista (Dedé não era nenhum portento, mas tinha disponibilidade).

Onde o agito estava, lá estava Roberto, procurando uma brecha. Na Escola Ultra, conheceu também um outro garoto fissurado naquela frenética cena musical, Arlênio Lívio, que, embora molecote, já trabalhava como locutor na Rádio Nacional. Arlênio frequentava o famoso grupo de "transviados" da rua do Matoso, na Tijuca, e viu em Roberto um talento a ser incorporado aos seus planos. Era inevitável que ele se integrasse à turma.

A rua do Matoso dava na Barão de Itapagipe, em frente à casa onde vivia outro integrante daquela trupe, Sebastião Rodrigues Maia, até aquele momento o grande parceiro de Arlênio em composições e nos planos de sucesso. Arlênio apresentou Sebastião, que chamavam então de Tião, a Roberto. No dia em que o apresentaram a Roberto, Tião, futuramente Tim Maia, estava com a cabeça enfaixada — tinha saído na porrada com um guarda. Era uma personalidade convulsiva aquele garoto nativo da Tijuca de quinze anos de idade, filho caçula de uma prole de doze crianças (ele aumentava essa contabilidade, falava em dezenove irmãos). O pai cozinheiro vendia marmitas, e o menino Tião era quem entregava as quentinhas, um dos motivos pelos quais conhecia todo mundo e o chamavam eventualmente de Tião Marmiteiro ou Tião das Marmitas.

Tião Maia era o mais precoce da turma: desde os oito anos já compunha canções e tinha aprendido a tocar bateria com doze. Curtia Little Richard e Elvis, como todos, mas também Bienvenido Granda e Trio Los Panchos e apreciava a cantora Carmélia Alves. Quando tinha catorze anos, somente com sua lábia, conseguiu que o padre Cassiano, da igreja São Sebastião, comprasse uma bateria para que montasse um grupo. "Nós tocávamos na igreja e convencemos ele que uma bateria era simplesmente indispensável." Formou então, já com Arlênio Lívio, o grupo Tijucanos do Ritmo. O padre, entretanto, exigiu que tocassem músicas sacras. "Mas nós dávamos a volta nele", contou Tim Maia. "Olha, o conjunto era enorme e todo mundo queria tocar a bateria. Quando o show era anunciado, nós ainda estávamos atrás das cortinas brigando, no muque, para ver quem ficava com a bateria. Acordeon é que tinha de montão, porque estava na moda."

Tim Maia sempre foi genioso e cheio de manhas de provocação. Chamava seu amigo mais chegado ali da Tijuca, o menino grandalhão chamado Erasmo, de Branco Comercial — mas era tudo de um jeito carinhoso, porque os dois eram amigos inseparáveis desde a infância, moravam na mesma área da Matoso, e foi Tim quem ensinou Erasmo a tocar violão. "Ensinou três acordes, lá, ré e mi. Teve um dia em que ele ligou para mim e disse: 'Erasmo, aprendi aquele acorde de "Desafinado" que a gente não conseguia fazer!'", contou Erasmo.

Aí o imponderável aconteceu: Roberto Carlos e Tim Maia, figuras aparentemente antípodas, começaram a juntar suas ansiedades e aspirações. Sacaram que tinham, ambos, aquela centelha de talento. Tim chegou a suspeitar que Roberto estava de olho, inicialmente, em uma de suas irmãs. A primeira grande aventura coletiva de Roberto Carlos aconteceria ali, ainda em 1957, quando Arlênio, que também cantava, e Wellington Oliveira expuseram a ele e a Tim Maia o plano de formarem uma banda de rock. Tim seria o *bandleader*, pela versatilidade. O nome do grupo, concordaram, seria The Sputniks, um fetiche tecnológico daquele tempo. O nome Sputnik era uma homenagem ao primeiro objeto lançado pela humanidade à órbita de um corpo celeste, a Terra — a ousadia estava no fato de que era uma ação do governo da União Soviética, que tinha posto o satélite em órbita a partir do Cazaquistão (algo irônico, considerando-se o interesse zero daquela turma da Tijuca em política e, mais ainda, em geopolítica internacional).

The Sputniks viria a ser um precursor do rock nacional, já que surgiu antes mesmo da profissionalização dos grupos pioneiros, como Renato e seus Blue Caps e The Fevers, e no mesmo ano em que Cauby Peixoto registrou aquilo que é considerado o chute inicial do rock brasileiro, "Rock and Roll em Copacabana", de Miguel Gustavo. Arlênio Lívio e Tim Maia passaram a abalar-se lá para os lados do Lins de Vasconcelos para ensaiar com o novo integrante do grupo. Suas primeiras apresentações foram em eventos amadores, em salões paroquiais de igrejas e espetáculos modestos.

The Sputniks fez então seu primeiro teste de fogo: inscreveu-se para participar do radiofônico Clube do Rock, de Carlos Imperial (que, na época, era ainda apenas uma seção dentro do programa *Meio-Dia*, de Jacy Campos, na TV Tupi). O carisma de Imperial provocava um desfile de novas bandas por ali. The Sputniks cantavam um repertório comum, baladas adequadas à época, mas sem uma fagulha de originalidade. "Um dos rapazes fazia o agudo, aquela voz fina que atravessava a melodia cantada em primeiro plano", lembrou Carlos Imperial. "Esse rapaz saiu do conjunto naquele dia e, quando os músicos saíram, me pegou pelo braço e disse que era de Cachoeiro de Itapemirim, que cantava, e me pediu uma chance. Aí eu disse para ele mostrar o que sabia", contou Imperial.

Roberto tentou impressionar Imperial com um número do repertório de Elvis Presley, "Tutti Frutti" (de Little Richard), mas o que chamou a atenção do Midas da nova música jovem não foi o jeito enérgico que Roberto assumiu para cantar Elvis, e sim sua voz compacta, firme, pequena porém segura e diferente das estrelas da época. Imperial prometeu escalar Roberto sozinho no próximo programa e passar a incluí-lo nas jornadas, modestamente, para mantê-lo em sua esfera de influência.

Esse ato de "deserção" de Roberto causou aquele que é considerado um dos mais dolorosos cismas da MPB. Tim Maia não gostou nadinha do desprendimento de Roberto em se descolar do seu grupo e ir, na miúda, pedir uma chance de apresentação solo para Imperial. Considerou uma traição e alta demonstração de oportunismo. Não podemos lhe tirar a razão. Mas convém lembrar o seguinte: ambos tinham entre quinze e dezesseis anos, eram meninos ávidos pela fama; Roberto não era vocalista principal, era a segunda voz, não tinha um papel nem remotamente decisivo nos Sputniks; não fazia nem um ano que eles estavam juntos, tampouco tinham um repertório; Roberto ainda não construíra uma carreira, nem tinha influência em lugar algum do Rio de Janeiro, estava passando o pires pelas portas das casas de espetáculos como quase todos os postulantes à fama da Tijuca. Há relatos de que, naquele momento, quase houve um confronto físico entre Roberto e Tim, que teria perseguido o colega tentando dar-lhe uma surra, xingando-o furiosamente.

Ao longo dos anos, Tim Maia passaria a superdimensionar o episódio, a criar uma oposição com Roberto que acabou se tornando maior do que a razoabilidade. "Nós fomos criados juntos", declarou, certa vez, em uma entrevista. Não há dois personagens criados mais separados do que Tim e Roberto, embora o primeiro tenha frequentado a casa do segundo no subúrbio algumas vezes. A cada entrevista, ao longo dos anos, espicaçou o ex-parceiro. "Eu não planejo nada, não sei nem o número da chapa do meu carro ou se tenho papel higiênico no banheiro. Se eu planejasse a minha vida, hoje estaria mais famoso que o Roberto Carlos."

Já Erasmo e Roberto, embora houvesse uma interseção entre amigos, não eram ainda confrades nesse início de agitação da pré-história do rock nacional. Erasmo era chegado a Tim Maia, mas não a Roberto. Seus destinos, entretanto, se roçavam de tal jeito pela cidade que evidentemente não seria possível adiar por muito tempo esse encontro.

O grandão Erasmo era, de todos daquela área, o mais escolado na sabedoria de rua, cheio de gírias espertas e crepitando de tão novas, fisicamente ágil e abençoado pela malandragem. Morava na rua Professor Gabizo, 108, e vinha do emergente proletariado urbano que cindia o Rio de Janeiro em dois mundos. Era filho de mãe solteira, a baiana Maria Diva, que chegou grávida ao Rio e lhe contava que o pai tinha morrido logo após o seu nascimento — ele foi saber que o pai ainda estava vivo apenas quando completou 23 anos. Só então foi apresentado ao baiano Nilson Ferreira Coelho, seu pai, e aos meios-irmãos baianos. O rapaz crescera nas ruas do Rio, brigando, criando caso e fazendo bicos — foi officeboy, auxiliar de escritório, almoxarife da empresa de lingerie DeMillus, ajudante de pedreiro. Tinha paciência e perseverança, mas era sobretudo impulsivo e pouco diplomático — duas qualidades que tornavam seu temperamento um pouco distinto do de Roberto.

A identificação entre Roberto e Erasmo seria imediata por diversos motivos. Primeiro, claro, porque buscavam avidamente a afirmação num cenário em que tudo estava por se realizar, nada tinha lugar certo nem definido e quase tudo se podia inventar ainda. Mas ambos não sabiam bem qual seria o seu trunfo: tinham a mesma origem humilde, a mesma escolaridade incipiente, não podiam contar com "pistolões" nem eram os maiorais do blefe. Roberto abandonara a escola no primeiro ano do científico, Erasmo cursara até o primeiro ano de técnico de contabilidade. Roberto tinha, na época em que se encontraram, emprego fixo, ao contrário de Erasmo, que pulava de galho em galho.

O gosto pela música era muito semelhante, apesar dos métodos distintos de a abordarem. Erasmo tinha interesses múltiplos, mas todos passavam pelo crivo do rock. Já Roberto tinha uma cultura musical ampla, interessava-se por tudo que acontecia no mundo, atualizava-se com voracidade e trazia também a marca de um brutal acidente de infância, o que o tornava mais cauteloso e introspectivo. Eram o côncavo e o convexo, mas os santos miraculosamente bateram: logo depois do primeiro contato, tornaram-se inseparáveis. Havia em Erasmo uma versatilidade que maravilhava Roberto, um faro inato para o novo, para a vertigem. Foi Erasmo, por exemplo, quem descobriu o teclado para a música moderna brasileira, e Roberto foi um dos primeiros a usufruir da descoberta.

Erasmo, ainda sem muita noção do que poderia fazer na vida, rabiscava ideias em cadernos orelhudos e ainda não sabia tocar nenhum instrumento, e aquela efervescência da Matoso seria tão marcante em sua vida que ele acabaria, no futuro, fazendo duas canções sobre a cena emergente da rua: "Largo da Segunda-Feira" e "A turma da Tijuca" ("Que turma mais maluca, aquela turma da Tijuca/ todos eram namorados da Lilica/ que do bairro era a moça mais bonita/ da cachaça todo mundo era freguês/ nas noturnas serenatas que acabavam no xadrez").

Não eram exagerados os relatos sobre a coisa dos confrontos, das brigas e das noites no xadrez que os protagonistas daquela geração viveram. A delinquência juvenil era altíssima na virada dos anos 1950 para os 1960, além de abusos e importunação sexual. Para alguém começar uma briga, era só piscar. "Provocações de rua, xingamentos, coisas desse tipo. A gente não ligava muito pra isso não, mas de vez em quando a coisa chegava a um ponto que realmente a gente tinha que brigar, afinal ninguém tem sangue de barata, né, bicho?", disse Roberto.

Uma vez, Roberto foi tocar com um trio em Ribeirão Preto, no interior de São Paulo — ele tocava a guitarra, Dedé a bateria e um rapaz de São Paulo, Bruno Pascoal, que morava no Ipiranga, tocava o contrabaixo. No caminho para o local do show, uma gangue de rapazes começou a insultar Roberto repetidamente. Os músicos partiram para a porrada, e no meio da pancadaria o baterista de Roberto, Dedé, perdeu um anel, uma joia que estimava muito. Quando chegaram ao hotel em que estavam, um funcionário chamou e disse que havia uma turma de rapazes lá embaixo esperando por eles. "A gente desceu pensando que o pau ia comer outra vez", contou Roberto. Era preocupante, porque estavam em menor número. Quando chegaram à rua, um dos rapazes se adiantou e disse: "Olha, bicho, não tem nada não, foi uma briga, foi um desentendimento, a gente não tem problema nenhum com vocês não, só viemos aqui entregar o anel do seu baterista". Acabaram ficando amigos daquela gangue.

Roberto trabalhava bastante, não ficava sentado em cima da fama. No início, corria o país para aproveitar a notoriedade em shows-relâmpago, indo a cidades que às vezes não chegava a ver nem por um dia inteiro. No começo, era ele e o baterista e motorista Dedé em seu fusquinha 1200, com a bateria enganchada em um console no teto. Dentro, ele carregava as roupas, os amplificadores e uma guitarra. O baixista eles normalmente contratavam no local.

Mas o que a turma da Matoso aprontava, em geral, era apenas traquinagem. Tim Maia conta que chegaram a roubar peixes raros da casa de um senador que morava no bairro e arrombaram uma joalheria por diversão. Também esculhambavam os cartazes dos filmes nos cinemas da Tijuca. "Saía eu, o Tim e o resto da galera do Divino, um dava cadeirinha para o outro e a gente mudava todo o letreiro do filme, escrevendo um monte de palavrões. Se tinha C e U então num mesmo filme, era uma beleza", contou Erasmo em 1995.

Erasmo adorava especialmente o jeito franco do garoto Tião, e os dois eram carne e unha na pilantragem do largo da Segunda-Feira ("Matoso, praça da Bandeira/ Meu caldo de cana/ As entradas, as bandeiras/ De fim de semana/ E era normal"). Quem tinha idade, ganas e balanço logo colava na turma, mas quem morava longe não tinha como esticar as noitadas, pelo menos no começo, e isso reduzia o núcleo da gangue a dez ou doze marmanjos. "Roberto passou a frequentar mais a área. Mas não era da turma. Aparecia nas boas. Sempre tinha o dinheirinho dele. Era considerado por nós o que se chama hoje de mauricinho", contou Erasmo.

Poucos deles imaginariam que Roberto podia ser tudo, menos mauricinho. Trabalhava duro para levantar o próprio dinheiro e investia tudo na carreira; o lado arrumadinho era capricho de dona Laura, a ausência nas grandes tretas era porque ele não podia ter a mesma desenvoltura dos malandros da calçada, mas não era um janota. Compreendia até melhor que a maioria a cultura do subúrbio, as cantigas de trem, as manhas dos despossuídos.

O grupo todo da rua do Matoso era marcado por apelidos sarcásticos, plenos da crueldade comum da juventude, como Peitão ou Glicerina. Mas aquele quadrilátero exercia algum tipo de atração gravitacional: flanavam por ali personalidades como o cantor Silvio Caldas, o ator Grande Otelo, Ary Barroso e Paschoal Carlos Magno. Dois filhos do marechal Eurico Gaspar Dutra, linha-dura do militarismo, também batiam ponto na esquina. "Música era o assunto do momento e, como sabiam que a gente gostava e estava por dentro, muitos frequentavam o ponto", contou Arlênio. Entre esses muitos, também estava Wilson Simonal, que ainda não era tão próximo daqueles emergentes.

A horda da Matoso tinha alguns lugares de reunião, nos quais geralmente ficavam na calçada, não nas mesas. O mais frequente era o Divino Bar, que era na verdade um restaurante, e o antigo Cinema Madri. Tinham outros points, como o Bar Leiteria Argos e o Bar do Pinto. Mas era no Divino que ficavam até a madrugada tocando violão e paquerando as garotas que tinham acabado de sair com os namorados da sessão de cinema. "Era uma turma unida, que gostava de uma briga. Mas na maior lealdade. Não valia garrafada ou cadeirada, era tudo no braço", contou Armando Abrão, que integrou um daqueles grupos.

Um dos assíduos da Matoso era um peladeiro que no batismo atendia pelo nome civil de Jorge Duílio Lima Menezes, filho de estivador, criado perto do morro da Formiga, jogador juvenil do Flamengo, mais afeito ao samba do que ao rock 'n' roll e que ficaria para a história com o nome de Jorge Ben, depois Benjor. A turma da Matoso chamava Jorge de Babulina por causa da paródia que ele fazia em cima do rock 'n' roll "Bop a Lena", de Ronnie Self, hit de 1958. Ele tirava onda em cima da semelhança fonética entre "Bop a Lena" e babulina ("Ô babulina, babulina/ Você tem a perna fina", cantava).

Jorge era versátil e tinha capacidade de adaptação e também background para seguir os futuros *rockers*: seu irmão marinheiro lhe trazia novidades do twist e do rock das viagens, e ele tinha aprendido a tocar o violão de maneira muito peculiar enquanto servia no Exército, batendo no instrumento de um modo percussivo. Claro que nem todos ali estavam fadados ao estrelato. Muitos foram ungidos apenas com a condição de testemunhas privilegiadas da história, o que já era um belo background. Argemiro Pedro Souza e Silva, o Miro, gastava as noites fazendo serestas com Jorge Ben e Erasmo e, no futuro, gastaria suas noites apenas contando as histórias de quando fazia serestas com Jorge Ben e Erasmo.

"Metade virou músico e metade virou policial", contou nos anos 1980 Renato Caravita, um dos integrantes da turma da Matoso. Ele ficou na segunda opção: virou titular da 52ª Delegacia de Polícia. "Aqui na região havia várias turmas. A do Divino, a da Barão de Itapagipe, e algumas eram rivais, como a da praça Saens Peña e a do Leme", contou o delegado. Roberto, diz Caravita, sempre chegava vindo da Escola Ultra, na praça da Bandeira, e logo se deu bem com a nata das bandas, amigo das farras na Ilha do Governador, chapa de Edson Trindade (mais tarde compositor e integrante do conjunto The Snakes, sucessor dos Sputniks).

A musa da galera era uma moça chamada Neuzinha, muito citada em canções. "Ela era da nossa turma, só nossa. Mas aí a Turma dos 30 mexeu com ela, tentou agarrá-la, e a gente partiu pra cima. Foi a maior porradaria. Começamos no Divino e eu terminei na Saens Peña, todo roxo, tomando arnica. Nessa época não existiam farmácias 24 horas", contou Erasmo. É possível que esse episódio tenha sido o mote da canção "Os sete cabeludos", gravada em 1964, mas há diversas versões de brigas que a teriam motivado, sempre com uma musa como estopim.

> No começo, só eu e o Tim nos encontrávamos lá [no Restaurante Divino]. O Jorge morava no Rio Comprido e o Roberto no Lins de Vasconcelos. O grande barato era o cinema que tinha ali do lado, o Madrid, de onde saíam mulheres maravilhosas. Depois, elas e seus namorados iam para o Divino, porque era pertinho. Eles pediam duas pizzas, o homem comia a sua inteira e a mulher sempre deixava a metade, por causa dessas paranoias femininas. Era eles saírem do bar que eu e minha turma avançávamos na pizza da mulher.

A rotina de lumpemproletariado só era rompida por algum flash de delírio hollywoodiano, que tingia a imaginação e o décor da rua do Matoso de sonhos de heroísmo ocasional e idealizado. "[Roberto] andava sempre com uma jaqueta vermelha, tipo James Dean, e calça rancheira, que era nosso similar do jeans. Eu via aquele cara com curiosidade, fascinação", lembrou Erasmo. "Naquela época, minha admiração era a de um garoto, não via a técnica. Só com o tempo fui aprendendo a ver os detalhes da sua personalidade, sua percepção musical, intuição, sensibilidade, e pude ver o quanto ele era um cantor excepcional", contou.

Viam filmes de Elvis e acompanhavam as peripécias de Chuck Berry, Little Richard e Bill Haley, e, por farra, também tocavam na bateria do bloco carnavalesco da rua. Furtavam pão e leite que os padeiros deixavam nas portas das casas, ao voltarem para casa. Não era o único foco de atração gravitacional de jovens no Rio de Janeiro; havia muitos outros, como as turmas das ruas Amaral, Campos Sales, Antonio Basílio e Silva Teles.

Mas nenhuma reuniu tamanho potencial de estrelato como aquela famosa esquina entre Matoso e Haddock Lobo, a mais decantada de todas.

Assim como Roberto, Erasmo era um dos rapazes da patota que faziam dupla jornada e estudavam na Escola Ultra, na praça da Bandeira, mas Erasmo cursava datilografia, enquanto Roberto fazia supletivo. Nos intervalos das aulas, os jovens *rockers* improvisavam apresentações no pátio da escola, porém Erasmo não se arriscava, ainda era meio cru. Também não conversava com Roberto, apenas sabia que ele era um postulante ao *star system*, fazia supletivo no Ultra e frequentava a Matoso. Até que um dia, um amigo em comum, o Arlênio, e mais Edson Trindade (o compositor de "Gostava tanto de você", hit imortal de Tim Maia) levaram Roberto à casa de Erasmo. Apresentaram-no como um rapaz do Espírito Santo que já estava cantando na televisão e precisava de uma mão. Erasmo, evidentemente, já o conhecia, mas fingiu que não.

Arlênio Lívio sempre atuara como se fosse um Ron Wood nos Sputniks: espremido entre as vaidades de Tim e Roberto, incorporando o papel de um para-raios, driblando as tretas e aproximando as coisas comuns. Erasmo, embora não fizesse parte de conjunto nenhum, tinha tanta pose e mística que era como se fosse um rock star. Os visitantes estavam em êxtase porque Roberto tinha sido convidado, entre outros heróis locais, para cantar no show de aquecimento para a lenda do rock, o grupo Bill Haley e seus Cometas, no Maracanãzinho. Roberto queria impressionar interpretando "Hound Dog", de Elvis. "Me disseram que você é um cara que recorta as coisas, tem foto de artista, letra. É capaz de você ter essa letra que eu tô precisando."

A chegada de Bill Haley ao Brasil foi um evento. Era o primeiro artista de rock 'n' roll a vir tocar no país no exato momento da explosão do ritmo, e sua excursão era bem generosa, tocou diversas noites no Rio e em São Paulo (às vezes em jornada dupla, sets como o que fez na Boite Oasis). Na capital paulista, Bill ficou de 20 a 27 de abril de 1958 no Teatro Paramount, com apresentação de Blota Junior e abertura de The Crazys, William Fourneaut e Pagano Sobrinho. No Rio, instalou-se no Hotel Glória e, mesmo exausto, respondeu a algumas perguntas dos repórteres. "Quando eu comecei a tocar o rock, ninguém sabia quem era Elvis. No entanto, podem escrever que ele é um dos grandes divulgadores do sensacional ritmo", disse Bill. "Os rapazes e eu gostamos muito do público paulista, que nos recebeu sempre muito bem e que parece ser bastante alegre. Temos fé que os cariocas hão de prestigiar o nosso trabalho."

Era uma ocasião única abrir a turnê de tal portento, e Roberto queria muito cantar "Hound Dog". Curiosa disponibilidade cultural e social marcava aquele ano de 1958. Os tronos pareciam todos vazios, à espera de um soberano de legitimidade. Os que cumpririam tal destino, no Brasil, tinham dezesseis e dezessete anos então e já estavam em campo. Pelé, o mais velho dos dois, chegara machucado à Suécia para a Copa do Mundo, após sofrer uma entrada violenta do lateral esquerdo Ari Clemente, num jogo treino contra o Corinthians. Roberto ainda buscava seu posicionamento em campo.

"Tenho sim", respondeu finalmente Erasmo, para alívio dos visitantes. Foi buscar uns cadernos de anotações e arrancou a página com a letra de "Hound Dog", que seus visitantes tanto queriam, entregando-a para Roberto, que ato contínuo pegou um violãozinho que tinha sido da avó de Erasmo, "de craveira de pau, bem humilde, bem baratinho". Afinou, começou a tocar. Disse uma frase para Erasmo que ele passou a considerar "culpada" pela sua carreira artística: "Aparece lá pela televisão", convocou Roberto. Aquilo foi a senha: Erasmo não só apareceu na TV alguns dias depois, como ficou na cola do novo amigo, zanzando pelos estúdios, se entrosando com a moçada, mostrando-se útil da maneira que podia (oferecia-se para ir comprar sanduíches, carregar fitas, posicionar móveis de cenografia, o que fosse).

Segundo conta Paulo Cesar de Araújo no livro *Roberto Carlos em detalhes*, Roberto jamais cantou na abertura do show de Bill Haley porque foi barrado pelo Juizado de Menores: tinha apenas dezesseis anos e o espetáculo foi cercado de grande apreensão dos diligentes pais e autoridades cariocas, vetando menores na plateia. Mas outro autor, Denilson Monteiro, apurou que Roberto teve autorização do juizado e cantou sucessos de Elvis no Teatro República, acompanhado de Edson Bastos no violão elétrico, e agradou.

Quando o avião de Bill Haley desceu no Aeroporto de Congonhas, em São Paulo, seguindo a turnê, um dos primeiros fotógrafos profissionais a se posicionar para os flagrantes era o rio-pretense Antonio Aguillar, que tinha se tornado jornalista na raça e estava então trabalhando no prestigioso diário *O Estado de S. Paulo*. Aguillar tinha presenciado uma inflamada sessão de *Ao balanço das horas* (*Rock Around the Clock*) no Cine Art Palácio, na qual os jovens atiravam cadeiras para cima, dançavam e jogavam-se uns contra os outros, e tinha se convencido de que aquela onda jovem ia dominar o planeta. "Briguei com meio mundo por causa dessa opinião, porque era todo mundo contra o rock 'n' roll, não era muito bem-visto pela sociedade. Era um tempo em que as famílias não deixavam as filhas saírem, os jovens tinham sua alegria represada, não tinham como se manifestar."

Pouco depois, Aguillar, movido por essa compreensão, acabou largando o jornalismo impresso para escrever para o rádio boletins que eram lidos por um jovem jornalista, Joelmir Beting. Logo depois, assumiu um programa de jovens na Rádio 9 de Julho e, em seguida, virou âncora de quadros no programa *Aí Vem o Pato*. No *Clube dos Garotos*, ele passou a dominar a ciência do programa de auditório. Foi quando assumiu um programa chamado *Ritmos para a Juventude*, que cimentaria definitivamente sua reputação de visionário. Sua primeira providência foi promover um dos primeiros e únicos grupos de rock 'n' roll da época, The Jordans, que tinha se juntado em

1958 e para o qual ele ajudaria a lançar o primeiro disco, *A vida sorri assim* (1962).

Não eram muitos os programas, àquela altura, que davam palco para essa galera. Celly e Tony Campello tinham pilotado durante algum tempo o *Crush em Hi-Fi*, na TV Record, no qual tocavam não apenas The Jordans, como The Rebels, Antonio Claudio, George Freedman e outros pioneiros.

No Rio, a cena era mais multifacetada, mas tinha menos plateia e entusiasmo. A proximidade da rua do Matoso com a Atlântida Cinematográfica, pioneira indústria nacional de filmes ali na Haddock Lobo, fazia brilhar os olhos daqueles rapazes com sonhos de estrelato. Como a galáxia artística do país ainda não era tão prodigiosa, as novas produções sempre recrutavam moços e moças bem-apessoados para participar das filmagens, como extras e mesmo com alguma ponta mais promissora. Roberto, que já cortejava então todas as possibilidades de divulgação que apareciam, não passou batido por essas chances. Ainda em 1958, o cantor conseguiu arrumar aparições em dois filmes de Watson Macedo: *Aguenta o rojão* e *Alegria de viver*. No primeiro, ele já surge ao lado de Erasmo, ambos vestidos de caipira, com bigodes postiços e roupas remendadas.

Incansável, o cantor ainda fez mais uma ponta no fértil ano de 1958: no filme *Minha sogra é da polícia*, de Aloísio T. de Carvalho, ele surge tocando em uma cena com Cauby Peixoto, e Erasmo está de novo ao seu lado. "Estou fingindo que toco saxofone, enquanto Roberto está no violão, dublando o que a gente mesmo tinha gravado com Cauby", contou Erasmo.

A Atlântida Cinematográfica era a ponta de lança de algo grande em termos de ambição modernizante. No final da década de 1950, o país experimentava a política dos "cinquenta anos em cinco" de Juscelino Kubitschek, que abriu o país para o capital e a cultura estrangeira, acelerando o desenvolvimento industrial. O neorrealismo italiano influenciava o cinema brasileiro, que começa a se voltar para temas sérios, consequentes, de denúncia social, o que já era uma prévia do Cinema Novo; o governo brasileiro reconhecia a necessidade de um cinema industrial com o apoio do Estado.

Aquela ribalta oferecia possibilidades de carreiras artísticas mais sólidas. Cyll Farney (irmão de Dick Farney) entrou na Atlântida em 1951 e participou de 22 produções, cultivando um par romântico com a atriz Eliana Macedo em oito filmes. "Foi a melhor coisa que poderia ter acontecido em minha vida naquele momento. A Atlântida pagava bom salário, em dia certo, e podia-se mesmo viver de cinema", declarou Cyll em 1975. Mas o filão das chanchadas seguia dominando, e a produção da Atlântida não estava assim tão competitiva, o que levou a companhia a paralisar suas atividades em 1962.

A amizade entre Erasmo e Roberto engrenava de forma fácil e orgânica no final dos anos 1950. Mas, enquanto Roberto se movimentava em todas as direções possíveis naquele ano, em busca de sua plataforma de lançamento pessoal, a turma da Matoso já se desmilinguía progressivamente.

Tim Maia foi o primeiro a desertar daquela comunidade, abalando-se aos dezesseis anos para os Estados Unidos, apenas um ano após fundar os Sputniks. Sem saber uma palavra de inglês, conta a lenda que embarcou com apenas doze dólares no bolso, em 1959. Foi acolhido por uma família americana, com quem viveu durante oito meses. Depois, trabalhou como baby-sitter e entregador de pizzas, e sua carreira teve uma guinada considerável nesse período.

Conheci dezesseis estados americanos, sempre de carona e vendendo minha música. Logo que cheguei me perguntaram o que sabia fazer. No dia seguinte, me arranjaram uma guitarra e foi com ela que me arranjei. Senti de perto o problema da discriminação racial, pois logo me envolvi com os negros, os mais bambas mesmo, na música. Eles é que entendem de som e estão por dentro.

As influências da música negra norte-americana, especialmente o soul e o funk, o levaram a criar um grupo nos Estados Unidos, The Ideals, e tudo aquilo o traria de volta com um background completamente diferente e novo — ele só regressou em 1964, expulso dos Estados Unidos após ter sido preso com maconha, e aí a cena que ele havia ajudado a construir já era outra, consolidada e semiprofissional, e ele não teria mais lugar na ribalta que estava se formando, a pré-Jovem Guarda. "Cheguei aqui com uma calça rasgada, completamente desambientado e sem bagagem. A família levou um tremendo susto, e custei a me adaptar ao clima, aos amigos, à falta de trabalho. Fui ser guia turístico e sentia uma tremenda mágoa de não estar entrosado no ambiente musical." Nesse período, o amigo mais frequente continuou sendo Erasmo, a quem Tim seguiu escrevendo dos Estados Unidos. "Erasmo sempre me incentivou, dizia que meu forte era harmonia vocal", contou. O amigo o ajudou a arrumar bicos e o levou para a Philips, a companhia que o abraçou no começo. O primeiro disco solo de Tim Maia só sairia em 1970, mas a importância desse álbum e de muitos dos seguintes foi crucial na constituição da música brasileira moderna, e ele e Roberto Carlos voltariam a cruzar seus destinos criativos em outras ocasiões mais adiante. Mas uma mágoa persistiu, a ponto de, 27 anos depois, Tim declarar sobre o antigo parceiro: "Eu e o Roberto nunca fomos amigos. Por causa dele, eu levei três anos para aparecer no programa *Jovem Guarda*", contou. "Não vou entrar em particulares do Roberto Carlos com você, mas o maior medo dele é o Tim Maia. Eu sou o calo da vida dele."

Naquele final de década de 1950, enquanto frequentava a Escola Ultra, Roberto Carlos também conheceu um outro garoto descolado, Octávio Terceiro, que parecia ter um trânsito bom pela TV e pelos meios artísticos. O garoto de Cachoeiro já ia se movimentando com grande desinibição naquele novo grand monde de possibilidades. Roberto, àquela altura, tinha engatado um namoro com a jovem atriz Maria Gladys, que era dançarina de Carlos Imperial no programa *Hoje É Dia de Rock*. Maria era liberada e rebelde, uma diva do Cachambi, na zona norte, que decidira alcançar o estrelato com garra e talento, e Roberto se abrigava em seu apartamento de emancipação, onde não raras vezes vinham acordá-lo para sair para as investidas nas rádios e TVs.

Octávio Terceiro, o produtor que frequentava a Escola Ultra, trabalhava como assistente do apresentador Chiara de Garcia, do programa homônimo. Octávio tinha um amigo baiano excêntrico do qual Roberto era fã: João Gilberto. Sabia precisamente qual era o caminho que a bossa nova percorreria antes mesmo de haver caminho. O produtor viu talento bruto no colega de escola, Roberto Carlos, e o levou até Chianca. O apresentador o escalou para tocar "Tutti Frutti" na TV, fazendo sua canhestra imitação de Elvis. A apresentação tornou Roberto mais conhecido, não só na escola como nos meios artísticos da época. "Aí comecei, ao lado do Erasmo, do Edson Trindade e do Zé Roberto, que a gente chamava de 'Tininha', porque fazia uma voz aguda, gostava de vocalizar. E, na época, aprendi um negócio que me deixou deslumbrado, que era a batida que o Tim Maia fazia no rock, em 'Long Tall Sally'." Ouvi, fui para casa e fiquei tocando a noite inteira. Aquilo mudou minha forma de tocar", contou Roberto.

Após a briga com Roberto, Tim, antes de embarcar para os Estados Unidos, ainda passara um tempo cantando sozinho com uma banda de apoio, assim como Roberto. Arlênio Lívio reestruturou o grupo com as adesões de Edson Trindade, Zé Roberto e China, além de convidar Erasmo Carlos para iniciar sua trajetória artística. Foi assim que surgiram The Snakes. Além de terem seus próprios planos e discos, eles passaram a fazer, cautelosamente em separado, vocais para Tim Maia, "o Little Richard brasileiro", e para Roberto Carlos, "o Elvis Presley brasileiro", como Carlos Imperial os apresentava em seu programa.

Uma das primeiras apresentações dos Snakes com Roberto foi lá mesmo na praça da Bandeira, no restaurante do Saps (Serviço de Alimentação da Previdência Social), num show arranjado pelo então professor de violão de Roberto, Humberto Oliveira. O restaurante do Saps era um refeitório-operário modelo com diversas dependências e até sala de música, um projeto getulista que tinha se espalhado, como um antepassado dos Sescs, e particularmente aquele de praça da Bandeira tinha virado um ponto de encontro no Rio.

"Além dos shows no Clube do Rock, íamos também ao cinema e às festinhas na Tijuca ou em qualquer outro bairro do Rio", contou Erasmo. Um episódio divertido que o Tremendão relata em sua autobiografia, organizada pelo jornalista Leonardo Lichote, trata justamente de uma dessas investidas dos Snakes com Roberto. Foi durante uma festa na Ilha do Governador, na praia da Bandeira, no bairro de Cocotá. "Começaria no sábado com uma feijoada, tipo quatro da tarde, e iria noite adentro."

No finalzinho da festa, Roberto e os Snakes tocaram no quintal e, às três da manhã, pegaram um ônibus vazio para voltar para casa. Mas prosseguiram com a farra dentro do ônibus, com batucada e cantoria, assustando o motorista. Este resolveu parar no posto aeronáutico do antigo Aeroporto do Galeão e descer. Porém ninguém parou com a zoeira. Foi quando viram que estavam cercados por soldados. Acusados de desobedecer à lei do silêncio e perturbar a ordem, foram levados em cana.

Fomos encaminhados para a cela, e o violão foi junto. Após algumas explicações para o oficial do dia, nos ajeitamos pelos cantos. Por sermos muitos, a porta da cela ficou aberta, facilitando nosso livre trânsito pelas salas da delegacia. Logo estávamos batendo um papo animado com o cabo de plantão, falando dos shows do Clube do Rock, de músicas, garotas.

Roberto, ao violão, cantava na cela, acompanhado dos Snakes. Mais soldados foram chegando para a plateia, um sargento trouxe um trompete e tentou acompanhar. Como num filme havaiano de Elvis, o rock rolou a noite toda na cadeia, até que foram liberados para voltar para casa pela manhã. Mas ninguém tinha dinheiro para a condução, e sobrou para o sargento fazer uma vaquinha para ajudar a levantar recursos para a viagem.

A partir dali, Roberto passou a diversificar ainda mais suas atividades artísticas. Uma das fontes de renda provinha de apresentações em circos, um dos raros nichos de mercado para os iniciantes. Os circos tinham muita atividade e público nos finais de semana, mas durante a semana o público minguava. Nesses dias, terças, quartas e quintas, cediam o espaço para shows de cantores ou duplas caipiras, cobrando deles uma porcentagem da bilheteria (que os próprios artistas operavam). Dedé se alternava nas funções de baterista e bilheteiro de circo (as bilheterias dos shows improvisados também tinham como operadores diversos voluntários, de fãs ao irmão de Roberto, Gadia), muitas vezes dirigindo também o Chevrolet 1951 do seu pai para as microexcursões. O irmão de Roberto também emprestava um velho Citroën que possuía para ajudar nessas "turnês", que não raro tinham quebra de equipamento, amplificação deficiente e até público hostil — uma vez, em Niterói, atiraram um mamão no rosto do cantor. Também era comum shows em pequenas salas de cinema.

Conforme melhorava a situação no Rio de Janeiro, com mais shows e os primeiros cachês, Roberto resolveu comprar um fusca para rodar por Lins de Vasconcelos. Os rapazes consideravam os carros um aditivo fundamental na tarefa de ganhar popularidade com as garotas. Mas o fusca era usado, tinha alguns problemas. "O Volks era velho e um dia quebrou em frente a um colégio grande que existia na Vinte e Quatro de Maio. Eu e o Ismail, que canta comigo no coro, tivemos que empurrar o carro. Foi um vexame. As meninas riram muito da gente. Mas, no geral, não posso reclamar, me dava bem", relatou o cantor.

A família Braga, agora já confiante nas possibilidades do seu jovem talento musical, ampliava sua base de atuação. Tinha ajudado Roberto a alugar um apartamento na avenida Gomes Freire, no centro do Rio. Ele se dividia entre as duas casas. Uma nova trupe começava a se formar em torno do artista. No mesmo prédio vivia o Ismail, o rapaz do coro que o ajudou a empurrar o fusca. Era um rapaz grandão que se convertera em amigo inseparável do cantor, muita gente pensa que é seu primo. Roberto não tinha telefone, então ia até o apartamento de Ismail para telefonar. O amigo do Rei até sabia cantar, mas ainda não sonhava em viver disso, contentava-se em animar os microfones do bloco de Carnaval da sua rua. Porém foi se tornando um valete de Roberto, participando de funções excêntricas (na gravação de "Parei na contramão", ele "interpreta" o guarda que apita; na música "Noite de terror", do disco *É proibido fumar*, é ele quem faz a voz de Frankenstein).

Chegou a exercer a função de agente do jovem cantor. Ismail cobrava os empresários que contratavam Roberto, fazia pagamentos, checava acomodações para o artista, resolvia problemas de contratação de conjuntos — na época, Roberto ainda não tinha uma banda, andava sozinho com sua guitarra e, eventualmente, contratava um conjunto local para acompanhá-lo nos shows. Acabaram morando juntos; Ismail, com as funções administrativas — Roberto se mostrava perdulário, gastava muito —, era o amigo que fazia o controle, apagava até as luzes que o cantor deixava acesas pela casa.

Ficaram muito amigos. Ismail imitava o personagem Barney Rubble, de *Os Flintstones*, e Roberto entrava na brincadeira, imitava Fred Flintstone. Em 1970, em um dos discos mais importantes da carreira do capixaba, Luiz Carlos Ismail acabou fazendo algo que nem era sua especialidade: pôs letra em uma melodia do cantor, "Se eu pudesse voltar no tempo". Somente em 1978 é que Ismail passaria a integrar o grupo de acompanhamento de Roberto, fazendo parte do coro, coisa que faz até os dias de hoje.

O apartamento na avenida Gomes Freire se converteu em uma espécie de quartel-general de Roberto, além de casa da família. Na parede, havia duas faixas de cetim bordadas com lamê, nas quais se liam duas frases: "Ídolo da Juventude" e "Revelação dos Brotos". No sofá da sala dormia o agora secretário de Roberto, Nichollas Mariano. Num dos quartos, Roberto, o irmão Carlos Alberto e um primo; no outro, Robertino e Laura. Dona Laura cozinhava para toda a trupe, em geral alternando polenta frita, quiabo, arroz, feijão-preto e seu famoso molho de carne moída, que Roberto mandava buscar mesmo depois de se mudar dali.

A saga de tentar emplacar nos programas de auditório às vezes deixava Roberto em frangalhos. Uma vez, cabisbaixo por ouvir tantos nãos, Roberto Carlos estava com o amigo Tony Tornado, velho parceiro lá da zona norte, nos bastidores da Rádio Mayrink Veiga, quando Tony lhe apresentou um negro marinheiro pernambucano da Favela do Esqueleto, um sujeito divertido que era amigo de todo mundo, Sebastião Ladislau da Silva, conhecido como Pilombeta. Tony, cuja figura já era um abre-alas por si só (calças turquesa, camisa azul aberta no peito, tênis branco, cabelo *black power*) disse ao cantor de Cachoeiro que aquele sujeito ali abria todas as portas, e Roberto se agarrou a Pilombeta: "Pelo amor de Deus, Pilombeta! Preciso ir ao programa do Jair de Taumaturgo, me arruma essa chance!".

Pilombeta conta que não sabe o que lhe deu, mas na hora em que ouviu Roberto, imediatamente lhe pareceu que estava diante de uma missão. Oriundo de Glória do Goitá (PE), Pilombeta tinha uma musicalidade excepcional. Quando criança, vendia coco, pitu e farinha na feira para ajudar a família. Entrara para a Marinha em 1952, e daí veio parar no Rio de Janeiro. Entre uma e outra função militar (terminou como sargento reformado da Marinha), corria para os programas de auditório para se apresentar. Como se fosse num livro épico do tipo *A espada era a lei*, Pilombeta olhou para Roberto Carlos e lhe disse: "A partir de hoje, eu vou trabalhar as suas músicas. Estou aqui para ajudar o futuro rei da juventude!".

Pilombeta, sempre de terno e sorridente, como o descreveram, se notabilizou como a primeira pessoa a chamar Roberto de "rei" em todas as suas aparições juntos. Um dia, quando o encontrou nos bastidores de uma rádio, onde aguardava ao lado de Cauby Peixoto para cantar, Pilombeta o viu e o saudou: "Oi, meu rei!". Cauby não se conteve: "O Pilombeta está mamado! Chamou Roberto de rei!".

Dito e feito. Ao mesmo tempo que prosseguia em suas incursões pelo território da música, animando shows com artistas como Buscapé, Noka do Acordeon e Walter Damasceno, Pilombeta não largava o cantor capixaba, seu novo protegido. Gravou, com o humorista Edmundo Andrade, um disco de razoável sucesso entre o público infantojuvenil, *Festa das crianças*. Também investia com qualidade nos sambas. Pilombeta faria Roberto gravar, no disco *Jovem guarda*, uma balada que marcou época: "Escreva uma carta, meu amor" (composta com o amigo Tito Silva, em 1965). Ainda faria outras com o capixaba, como "Tudo que sonhei" (1967).

Aquele menino da Boate Plaza

Durante algum tempo, o jovem Roberto Carlos cortejou um emprego na noite, um emprego de carteira assinada no qual pudesse mostrar para um público seleto sua arte e alargar seus horizontes. Quanto mais ouvia os músicos e amigos que ia conhecendo, mais se convencia de que um dos lugares que desfrutavam de unanimidade parecia ser a Boate Plaza, o mais ebulitivo centro de atração de talentos do Rio àquela altura, no coração do Leme. Passou a rondar o local para conhecer, saber quais eram suas especialidades, seu público. "Antes de começar lá, ele ia e ficava na porta, pedia para dar uma canja", contou o pianista João Donato, que morava na Tijuca, conhecia a moçada. "Elza, Erasmo, Jorge Ben, Tim Maia. Era todo mundo do mesmo lugar. Nós não convivemos ao mesmo tempo. Todos jogamos no Botafogo, mas não na mesma época", costuma brincar Donato. De vez em quando, o rapaz que pedia canja na boate conseguia uma brecha. Mas o trompetista Barriquinha, com quem Donato tocava piano, não ia muito com a cara de Roberto e começou a vetar suas canjas. "Não deixa ele cantar aqui não, Donato, esse cara é muito chato!", dizia.

Barriquinha (o pistonista, como se dizia na época), apelido de Edgard Cavalcanti, era puro refinamento. Tinha discos gravados ao lado de cobras como Paulo Moura, Oscar Castro-Neves, Aurino. Debulhava baladas, boleros, sambas e jazz e legou uma gravação de "Menina moça", que é considerada uma pérola da música brasileira. Sua palavra ou seu veto tinham peso, era extremamente exigente.

"Vem aqui, rapaz, vem cantar", dizia Donato a Roberto, à revelia do *bandleader*. "Mas, João, eu não quero prejudicar você, bicho! Melhor não fazer isso, não vão gostar", balbuciava o rapaz. "Prejudicar que nada! Moro com meu pai e minha mãe, não devo nada a ninguém. Não tô nem aí, não quero saber de nada. Vamos, sobe aí!" E Roberto cantava.

"Isso fez bem a ele também, porque ele enfrentava a proibição e ganhava confiança", ponderou Donato. Mas, além de tudo, o rapaz tímido tinha um trunfo: uma prima sua era casada com o Amaral, gerente do Hotel Plaza. Após mais uma intervenção miraculosa de dona Laura Braga, Amaral solicitou e conseguiu uma audição para o filho entre os programadores do Plaza.

Roberto foi aprovado e arrumou um emprego de crooner na boate, pelo qual ganharia 9 mil cruzeiros por mês para cantar bossa nova na madrugada. Mas não foi sem alguma resistência. "Os meus colegas diziam: 'Não deixa esse camarada cantar, você vai prejudicar seu trabalho'. Eu respondia que estava pouco ligando, ele já cantava daquele jeito cativante, agradável", lembra Donato. E continuava dizendo para o novato: "Vamulá". O pianista rechaçava o impulso de certa "reserva de mercado" que seus colegas demonstravam. Donato prossegue:

Não era o repertório de João Gilberto, até porque quando foi que João Gilberto teve repertório? João cantava Bororó, Ary Barroso, Tom Jobim. Havia esse boato de que Roberto cantava o repertório do João. Mas se o João cantasse "Cai, cai, balão", tornava-se bossa. Quando cantava "Juju balangandã", era bossa. Porque a bossa é uma maneira de ver as coisas. E aí? Roberto estava cantando o que existia para se cantar, o que é que tem isso?

A aceitação de Roberto como crooner do Plaza, aos dezoito anos, foi uma façanha considerável. A despeito do "pistolão", não é apenas um fato corriqueiro de sua trajetória, como se pensa às vezes. A Boate Plaza não era de modo algum um antro de aventuras sonoras, ao contrário de algum eco da crônica; ali só tinha macaco velho: Durval Ferreira, Luiz Eça, Johnny Alf, João Donato, Ed Wilson, Angela Maria, Milton Banana, Baden Powell, Osmar Milito. E algo de muito definitivo para a música brasileira estava sendo gestado ali.

Um dia, a cantora Sylvinha Telles, uma artista residente do bar do Hotel Plaza, foi a uma apresentação organizada no Grupo Universitário Hebraico, que era dirigido por Ronaldo Bôscoli, que tinha lhe pedido, como camaradagem, o reforço de sua presença para encorpar o *cast* de seu festival. Os rapazes escreviam o nome das atrações no quadro-negro das salas e alguém escreveu lá: "Hoje, Sylvinha Telles e um grupo bossa nova". Ronaldo Bôscoli olha para aquilo e diz: "Esse nome é do caralho: bossa nova!". E assim, segundo contam Ronaldo Bôscoli e Ruy Castro, se deu o batismo de uma das grandes façanhas da música brasileira, embora Ruy afirme que "a bossa nova começou a ser germinada muito antes de 1958 e, ao contrário do que parecia, não morreu em 1968".

Quando Sylvinha Telles largou o Plaza para se casar, trouxe para ficar no seu lugar uma menina baixinha e de riso fácil. Era Claudette Soares, diva em ascensão ali mesmo de Copacabana e adjacências que tinha sido garota-prodígio da TV cantando ao lado de Baden Powell no *Clube do Guri*. Mas Claudette era menor de idade, e a mãe ou o pai sempre a acompanhavam nas jornadas notívagas. O pai era simpático e falante, mas a mãe... Crente que queriam "desencaminhar" a filha, ela cuidava de manter afastadas todas as conversas com homens, era um verdadeiro vigilante (não era só ela; a mãe de Olivinha Carvalho também acompanhava a filha). Nesse mesmo tempo, veio a ideia de abrir as sessões musicais na boate, atravessando o hall do hotel para o lado oposto, que tinha saída para a avenida Prado Júnior. No bar do hotel, entrava-se pelo lado da avenida Princesa Isabel.

A bossa nova já tinha assento preferencial ali, no bar do Hotel Plaza, bem antes de seu bunker original no Beco das Garrafas. Johnny Alf e Tom Jobim davam canjas no bar do Plaza. João Donato tocava no Plaza. A fama do local ultrapassou as gerações: quando chegou ao Rio, Caetano Veloso, levado pelo gaitista Mauricio Einhorn, ouviu falar de Johnny Alf tocando no Plaza e costumava chegar às três da manhã para ouvir os artistas da noite. O espraiamento e a consagração do novo gênero envolviam uma parcela expressiva da intelligentsia nacional. "É claro que era música de carpete de apartamento, mas nem por isso deixava de representar uma parcela importante de toda a nação, a parcela chamada classe média", definiu o radialista e pesquisador Walter Silva, o Picapau. Era uma onda que arrastaria consequências muito fortes e definitivas. "A bossa nova foi a mais importante contribuição que o jazz já teve desde seu nascimento em New Orleans", sentenciou mais tarde o afamado crítico norte-americano Leonard Feather.

Ali no Plaza estava o líquido amniótico de tudo. Claudette Soares, que às vezes se fazia acompanhar na boate por Luizinho Eça, finalmente foi apresentada àquele jovem cantor muito tímido que estava sendo contratado, Roberto Carlos, e que não tinha a menor noção do que estava acontecendo ali, caíra de paraquedas em seu epicentro; para enturmá-lo, a pequena Claudette o chamou para dar algumas canjas com ela.

Ele adorava a bossa nova. Havia um grupo que fazia uma pressão muito grande em cima dele porque diziam que imitava João Gilberto. Era tímido, mas o palco tem uma coisa: tem gente que cresce, tem gente que some. Ele era dos que crescem. É como diz o pessoal do teatro, são os deuses do palco. Quando ele entra, alguma coisa acontece.

O ambiente era de alquimia. Funcionava na Boate Plaza um refinado clube de insiders chamado Plaza Boate Jazz Clube, organizado pelo pianista "Fats" Elpídio, pernambucano de Paudalho, o rei dos cabarés do Rio, roliço como o nome diz, 103 quilos, risada despachada. Morador dali mesmo de Copacabana, Fats Elpídio tinha passado um tempo tocando no Caverna, no subsolo do Cassino Beira-Mar, no Assírio, debaixo do Teatro Municipal, e no Tabaris, em Buenos Aires, cabaré de luxo na Calle Corrientes, integrando a orquestra de Romeu Silva. Também tocou com Fon Fon e Sua Orquestra. Experimentado notívago, amante de uma cachacinha e da boa música, Elpídio era exigente e bon-vivant.

O Plaza reunia a nata das bandas de jazz do Rio: o quinteto de Bill Horne, o quarteto de Alex de Andrade, o trio de Mário Castro Neves e os conjuntos dos trompetistas Dido Gebara e Barriquinha. No acompanhamento dos solistas estavam músicos como Milton Banana (bateria), Zé Marinho (piano) e Valdir Marinho (contrabaixo).

A boate era uma instituição da boemia e da crônica mundana. "Depois de sua noitada no Au Bon Gourmet, Murilinho resolveu dar uma passada na Boate Plaza. Lá, cantou com a orquestra de Booker Pittman. Estavam presentes dois barbichas de Fidel Castro, e a última canção foi cantada a três vozes por Murilinho e os dois barbichas, com Murilinho segurando as barbas dos nossos pobres irmãos cubanos", escreveu o cronista Antônio Maria em sua concorrida coluna de novelos cariocas.

Assim, não era apenas um rapazola qualquer bater ali na porta e conseguir um emprego de cantor. Roberto teve que convencer numa audição, mas a impressão foi das melhores. Tão boa que, no anúncio do pré-aquecimento das marchas de Carnaval, "as primeiras melodias para o reinado de Momo de 1959", o nome de Roberto já estava entre os destaques.

PLAZA BOITE. HOJE SENSACIONAL GRITO DE CARNAVAL. COM OS CANTORES SWING. BOLA 7. CLAUDETTE SOARES.

TRIO FLUMINENSE. ROBERTO CARLOS E O CONJUNTO MUSICAL DE BARRIQUINHA.

A presença dessa constelação, que tinha uma produção gravada, experiência e reconhecimento, em vez de fazer desabrochar, só levava Roberto a se sentir inseguro quanto à sua posição naquela cena e naquele local.

Mas o show prosseguia, alheio às hesitações. Roberto aprendia com os melhores. Enquanto o Rio se afirma cultural e socialmente, entre torneios de biriba na Hípica, as esticadas para ouvir Claude Bernie na não menos lendária boate Drink, uma escapadela ao cinema para ver *Os bravos morrem de pé*, com Gregory Peck, o jovem ia deixando a casca interiorana pelo chão e adquirindo um novo sorriso cosmopolita, mais ladino e astucioso.

Ao ingressar no "clube" restrito da Boate Plaza, Roberto penetrou num refinado local de exigências sonoras mais agudas do que o que frequentara até então, o público de auditório. A penumbra das boates de música do Rio no final dos anos 1950 e início dos 1960 abrigava uma tribo de consumidores e connaisseurs de jazz mais exigente do que ele jamais imaginaria. Camuflados atrás de um copo de uísque, poderiam estar ali, na sua plateia, gente como Jorginho Guinle, Luiz Orlando Carneiro, Ary Vasconcelos, Armando Aflalo, Aurino Ferreira, Ricardo Cravo Albin, entre outros.

Com informações do próprio João Gilberto, que entrevistou em Salvador, o escritor Paulo Cesar de Araújo contou que o papa da bossa nova foi ao Plaza para ouvir aquele cujos relatos definiam como "uma cópia meio aguada" de si mesmo. João Donato é que estava à porta da boate e recepcionou o baiano, ansioso para conferir o "João Gilberto dos pobres". Roberto Carlos apenas ouviu o burburinho: "O homem está aí, o homem está aí!". O homem ainda não era uma lenda, é preciso anotar, mas entre os músicos já se reverenciava a sua murmurosa revolução. "Lembro-me que quando entrei na boate, Roberto estava cantando 'Brigas nunca mais'. Achei o Roberto muito musical", contou João Gilberto. "Até hoje não tinha certeza se João Gilberto havia mesmo me ouvido cantar naquela noite no Plaza", disse Roberto mais tarde. "Eu queria ser como João, queria cantar como João. Mas era uma barra, bicho!"

O saxofonista norte-americano Booker Pittman, com quem Roberto e os que o viam por ali tiveram a ventura de conviver, era um dos talentos extraordinários da noite. Era uma chancela mágica para quem o acompanhava: embora mais conhecido por tocar o sax alto, Lúcio Rangel dizia que Booker Pittman, que tinha chegado ao Brasil em 1946, era o maior sax-soprano do jazz depois de Sidney Bechet. Pittman se considerava brasileiro e chamava os compatriotas norte-americanos de "gringos". Seu discurso parecia até fantasioso: "Imagine que os gringos ficam loucos com a bossa nova", ele afirmou certa feita. "Eles adoram a nossa música e, aqui pra nós, somos mais músicos do que eles. Olhe, quando eu cheguei agora nos Estados Unidos, fui logo informando que sou brasileiro, baiano ainda por cima. E sou mesmo."

Mas Booker, a quem os mais chegados chamavam Buca, deu uma pirada após o início de sua temporada no país e sumiu sem deixar rastro. Até que foi resgatado semidemolido pelo alcoolismo e pela dura lide da sobrevivência em trabalhos pesados no Paraná (chegou a ser plantador de café) por um vendedor de perfumes francês chamado Philippe Corcodel, amante e conhecedor do jazz. Parecia o roteiro daquele filme *Round Midnight*, só que nos interiores do Brasil. Em 1955, o francês convencera Pittman a regressar ao cenário dos clubes que tinha trocado pelo anonimato cachaceiro no Paraná. "Proclamaram-me morto, mas meu coração está vivo, está bem hot para tocar cool", afirmou o saxofonista, que contava que chegou a tomar seis garrafas de pinga em um único dia.

"Foi ressuscitado um grande artista que tinha caído na inércia e no mais completo abandono", escreveu Edoardo Vidossich no livro *Jazz na garoa*. Ao chegar, Booker juntou-se a um grupo amador chamado São Paulo Dixielanders e foi voltando gradativamente ao centro da música. Instrumentista extraordinário que tinha sido *sideman* de Count Basie e tocado com Ben Webster e Clyde Hart, entre outros luminares do jazz, suas habilidades estavam intactas, assim como a reputação. No Brasil, tinha se tornado, antes do sumiço, um culto em lugares como boate Oásis, Vogue, Drink. Recepcionou Lena Horne pela metrópole brasileira. Pois bem: Buca acabou se tornando um conselheiro íntimo do jovem cantor Roberto Carlos, em quem reconheceu um toque de classe semelhante ao de Chet Baker.

Dona Ofélia, mulher de Buca, não gostava muito da exploração do trabalho do marido, de um jeito até meio desrespeitoso. Ela lembra que, um dia, o levaram a São Paulo como convidado de uma festa em um palacete, e ele a levou junto. Adularam Booker Pittman, fizeram com que tocasse a noite toda, horas a fio. Até que, às três da manhã, a festa acabou e todos se foram, largando Booker no salão sem lhe oferecerem sequer uma refeição. À saída, não passava mais ônibus, e Booker não tinha dinheiro para o táxi. Dona Ofélia retornou à casa, ordenou que acordassem o dono da festa e o fez apanhar o carro na garagem para levá-los de volta ao hotel.

"Ingratidão? Booker é quem poderia ter se queixado de muita gente, embora não fosse do seu feitio", ela disse, em outubro de 1970. "Quanto nome, hoje famoso, ele ajudou, estimulou, sem receber uma simples menção de agradecimento! Maysa, Roberto Carlos — um rapazinho que começava na Boate Plaza e a quem Booker ajudou até a vencer a timidez —, Morgana, Cauby Peixoto, Agnaldo Rayol. Nenhum deles teve uma palavra de agradecimento ao dar entrevistas contando os começos da carreira. Para muitos, Booker era apenas uma 'pessoa anima festa'", desabafou a viúva dona Ofélia.

Booker Pittman, que tinha trânsito pelo mundo fonográfico, estava naquele ano mesmo gravando um disco pela Musidisc,

Petite Fleur, ladeado justamente pelo piano de Fats Elpídio e o baixo de Tião Marinho, além das cantoras Sandy Lee e Toni Carroll. Sua desinibição no meio musical era um exemplo e também acendia alguns alertas: a cena precisava se profissionalizar, do jeito que estava era ruína na certa.

Portal para um mundo de personagens lendários, candidatos à eternidade, também era um território fértil para as inovações. Ed Lincoln gestava com Orlandivo o chamado samba-lanço, que era a música para dançar. Todos pareciam trabalhar alguma fórmula do futuro, e isso era tanto um estímulo quanto fonte de angústia.

Quando Roberto estava se sentindo mais pressionado na Boate Plaza, precisando mostrar alguma personalidade, voo próprio, confidenciou ao novo amigo Erasmo Esteves, da Matoso, que precisava de algo mais além daqueles standards de bossa nova que cantava. Erasmo então compôs uma música para encorpar o repertório do colega, "Maria e o samba". Essa música nunca seria gravada por nenhum dos dois até 2019, quando entrou no disco *Quem foi que disse que eu não faço samba*, de Erasmo: "O meu coração/ Obedece a uma voz/ Maria, meu bem/ E o samba também".

Mas o Rio era uma nebulosa pequena dentro da galáxia da música, e todos os caminhos levavam para os mesmos lugares. O bambambã Carlos Imperial, que conhecera o garoto Roberto (e o escalara para cantar algumas vezes) na emissora de rádio, estava um dia passando pela porta da Boate Plaza quando viu o cartaz com a foto e o nome do rapaz de Cachoeiro como atração. Lembrou-se da apresentação dos Sputniks em seu programa, do climão com Tim Maia, das covers que Roberto passou a cantar depois. Entrou e foi conversar com o rapaz, estava convencido de que havia um futuro para ele no mundo discográfico e que poderia fazê-lo decolar. Roberto ficou extasiado com a ideia que Imperial, já famoso como descobridor de talentos, propôs: passar a produzir suas canções e carregá-lo consigo para introduzir às altas esferas. Topou na hora.

A aliança entre Carlos Imperial e seu pupilo Roberto Carlos era inexplicável sob todos os aspectos. Imperial era um homem mimado e chegado a um blefe; Roberto, aos dezoito, era sonhador e inseguro, embora tivesse convicção do próprio talento. Imperial instaurou o império do cinismo na incipiente indústria cultural brasileira; Roberto era incapaz de mentir, arrastava consigo sólidas âncoras morais, tinha um senso elevado de fidelidade e reverência. Imperial era ardiloso e não demonstrava fé verdadeira na arte, apenas na sua capacidade de ser instrumentalizada; Roberto via a música primeiro como um passaporte celestial, um salvo-conduto para a pacificação da alma, depois como meio de vida.

Mas tudo se arruma quando o destino dá uma mãozinha. Joel de Almeida era um homem de convicções e figura franzina, 1,75 metro e 55 quilos de sagacidade. Diretor artístico da gravadora Polydor, deram a ele, em 1959, a incumbência de garimpar na noite do Rio um novo artista para seguir a onda do êxito de João Gilberto, que era da Odeon, uma gravadora rival. Ele se sentiu bem com a missão, pois alimentava uma rivalidade com Aloysio de Oliveira, o lançador de João Gilberto. Foi quando disseram a Joel que, na Boate Plaza, havia um rapaz tímido que se acompanhava muito bem ao violão e cantava igualzinho a João. Joel baixou na boate, ouviu Roberto, ficou convencido e o convidou para uma gravação. Roberto foi à Polydor no dia seguinte, mas chegou já acompanhado de Carlos Imperial, agora seu tutor oficial. Gravou duas músicas em um compacto: "João e Maria" e "Fora do tom", ambas de Imperial, as duas evidentes provocações a João Gilberto e Tom Jobim, figuras de ponta da emergente bossa. O compacto foi lançado em agosto de 1959. "Li no almanaque a versão nova/ Da história do João/ Levou Maria ao bosque passear/ E borboletas lindas apanhar/ Mariazinha não sabia não/ Das intenções do João", dizia a primeira letra. "Fora do tom" era uma provocação maior ainda à turma da bossa, parecia uma desforra, coisa que não era realmente da natureza de Roberto: "Não sei, não entendi/ Vocês precisam me explicar/ Seu samba é esquisito/ Não consigo decifrar/ Na escola eu aprendi/ E música estudei/ Mas seu samba ouvi/ Na mesma eu fiquei". Apesar da veia afiada de polemista e do sarcasmo, não colou. O compacto não teve grande repercussão, e causou a primeira frustração de Roberto no mundo discográfico. Parecia que ninguém o estava levando a sério nem como pastiche nem como sátira, e a Polydor rescindiu seu contrato.

Um dia, Imperial chamou Roberto para uma reunião entre amigos na casa do adido cultural da Argentina no Rio, em Copacabana, na rua Siqueira Campos, 7, quarto andar. No apartamento, conseguiu separar uma salinha, botou um violão e criou ali um ambiente para um tipo de audição. Pediu para Roberto esperar ali. Uma hora, voltou com o produtor, compositor e agitador cultural Ronaldo Bôscoli. "Esse é o garoto. Toca um violão esperto. Igual ao João... Saca a batida." Roberto, timidamente, cumprimentou Bôscoli com um "alô" que ele sentiu que era acanhado, mas ao mesmo tempo firme. "Comece pelo mais forte. 'Brotinho sem juízo'", disse Imperial a Roberto.

"Mocinha, toma juízo/ Cobre o seu joelho..." Roberto iniciou a canção, ganhou ritmo e foi bem, mas não convenceu Bôscoli, que pensou: "Imita direitinho o João Gilberto. Pior para ele. Se a gente já tem o João de verdade, para que outro?". Ainda assim, movido pela amizade com Imperial, concordou em escalar o garoto para um festival de bossa nova que estava organizando no Liceu Franco-Brasileiro.

O festival foi um show de pioneirismo. Roberto Menescal, papa da bossa, se apresentou de bermuda. Roberto veio num terno azul, preconizando uma imagem futura que se colaria ao seu estado de espírito. Na jornada, Bôscoli era produtor e apresentador ao mesmo tempo. Caprichou na apresentação de Roberto. "Eu o vendi mesmo: rapaz novo, pessoa apaixonada por João, não tem ainda um estilo próprio, mas canta umas musiquinhas lindas e tal." Porém não houve empolgação. "Cantou bem, como sempre, mas, estranhamente, a recepção foi bastante fria", notou Bôscoli. Após o show, no cafezinho da esquina, Roberto demonstrou ter entendido o recado da plateia. "Obrigado, bicho", disse a Bôscoli. "Essa de imitar não é a minha. Senti que não é minha praia mesmo. Estou com ideia de fazer um tipo de música diferente, na linha do rock. Você ainda vai ouvir falar muito de mim e vou lhe chamar para fazer um programa comigo", profetizou. A mudança, naquele momento, era mais do que um desejo, era uma imperiosidade: Roberto tinha sido dispensado do Plaza. E tinha uma vida inteira pela frente.

Mas, enquanto ainda gravitava em torno da bossa, sua vida estava ficando insuportável. "O Imperial trouxe o Roberto pra gente e foi ótimo. Ele participou de alguns shows da turma, mas o pessoal, e mesmo alguns tietezinhos da gente, começou a achar que não era legal ter no nosso grupo alguém que imitava tão parecido com o João", contou Roberto Menescal. "Mas não é que ele imitasse. O público não entendeu que eles realmente tinham a voz parecida, tinham a voz meio fanha. *Vai, minha tristezaaaa*. Não tava imitando, mas quem vai saber que não tá imitando?" Foi quando a nata da bossa se reuniu e pediu a Menescal para mudar o estilo, diferenciar um pouco. Outros foram mais duros:

— Menescal, você que se dá bem com o Roberto Carlos, vai ter que dizer a ele que não dá mais para ele continuar na nossa turma.

Numa noite em que tocavam no Clube Leblon, Menescal chamou o Roberto a um canto e disse:

— Roberto, você sabe que a turma toda está achando que você imita o João.

— Pô, você sabe que eu não imito o João! Eu tenho essa voz mesmo, o que é que eu vou fazer?

— De repente, seria legal você tirar um tempo pra pensar e mudar alguma coisinha no seu jeito de cantar.

Menescal conta que Roberto ficou chateado, embora não tenha rebatido o seu arrazoado. "Ele disse que iria sumir por algum tempo, mas que voltaria. E realmente sumiu, mas não voltou mais porque logo em seguida ele estreou como um dos líderes da Jovem Guarda, acabando com o baile."

Alguns anos mais tarde, Nara Leão procurou Menescal, que era então diretor artístico da Polygram, e disse que estava ouvindo muito Roberto e Erasmo e planejava gravar um disco só com músicas deles. "Então, eu produzi um disco dela chamado *... E que tudo o mais vá pro inferno*, que colocou um ponto-final nessa rixa entre as turmas", contou o produtor. Nara escreveu no texto de apresentação do disco:

> Trabalhando detalhadamente, percebi uma coisa importante que não tinha notado à primeira vista. Existem vários Robertos e Erasmos: o nostálgico, o adolescente, o da fixação no amor que não deu certo, o que canta o amor sensual e valoriza o encontro significativo, casual, que irrompe na vida do outro, desorganizando, desarrumando o arrumado de uma vida programada como uma camisa de força.

Louco por você

Em 1960, o novíssimo programa de Carlos Imperial na Rádio Guanabara, *Os Brotos Comandam*, tornou-se o primeiro a reunir a trupe que ele chamava de Clube do Rock, fazendo a virada dos anos 1950 para os 1960. O produtor de métodos heterodoxos recrutava astros emergentes de todo o país e já estava conseguindo, com a especialização na qual apostara para o programa, incomodar o campeão de audiência da época, comandado pelo concorrente Jair de Taumaturgo, que só tinha então um dia reservado para o rock na semana. Os escudeiros de Carlos Imperial formavam um clube masculino semelhante ao Rat Pack, de Frank Sinatra, um grupo que parecia se articular em volta de códigos de cumplicidade, deboche, leve arrogância e planos inequívocos de êxito. E era um time em formação, ainda estava aglutinando novos contendores a cada momento.

O produtor transformara seu apartamento na rua Miguel Lemos, 106, em Copacabana, em um bunker de ativismo transviado. Era ali que reunia todos os topetudos, traçava as estratégias, bolava revanches, alavancava carreiras ou as destruía. Astros da música de todos os quadrantes costumavam bater ponto na casa de Imperial, às vezes apenas por divulgação, como foi o caso de Chubby Checker, o Rei do Twist, que baixou na cidade bem no ano de 1962, no momento em que sua canção "Let's Twist Again" estava em primeiro nas paradas. "O twist se resume em apagar um cigarro com os dois pés enquanto você seca o bumbum com uma toalha", ensinava Chubby Checker ("Bochechudo" Checker, para diferenciá-lo de Fats Domino, ou "Gorducho" Domino, outro astro do período). Chubby tinha dançado sua dança infecciosa em um programa de TV norte-americano chamado *American Bandstand* em dois minutos e 45 segundos e, após aquilo, tornara-se um fenômeno mundial.

Uma tarde, entrou no estúdio de gravação do programa de Carlos Imperial um cantor mineiro de rosto de caubói, forte, tímido e atrás de uma oportunidade, como todos os outros. Seu nome era Eduardo Araújo, o Rei do Rock de Belo Horizonte, e o rapaz ficou um tempo boiando por ali à procura do seu anfitrião, que o tinha convocado, durante uma incursão pelas Minas Gerais, para compor o seu time. O auditório da Rádio Guanabara estava lotado. Imperial estava dentro do "aquário", um estúdio de vidro, comandando a massa. Ele olhou para o recém-chegado com ar de curiosidade, mas não podia parar o negócio.

Araújo sentiu-se intimidado ao se ver tragado por toda aquela engrenagem e saiu procurando com os olhos um porto seguro para se anunciar. Ele notou que havia duas figuras que se postavam mais próximo de Imperial, ambas com mais desenvoltura no ir e vir: um negro que equilibrava o cigarro no canto da boca e um rapaz alto grandão que de vez em quando falava na orelha de Imperial, o que lhe sugeriu intimidade. O rapaz negro lhe pareceu mais marrento, de difícil abordagem. "Esse grandão é o melhor", decidiu. Quando o sujeito passou, Araújo o puxou pelo braço: "Você trabalha com o Imperial?". "Sou o secretário dele", respondeu o gajo. "Olha, eu sou o Eduardo Araújo, ele me chamou lá de Minas…" "Ih, rapaz, ele já falou muito de você! Espera aí que vou te anunciar." O grandão era Erasmo Esteves, aquele da Tijuca, e que tinha se integrado recentemente àquela usina de possibilidades. O negro com o cigarro na boca era Wilson Simonal, produtor do programa, que também serviu como secretário de Imperial por um tempo após o fracasso de sua banda The Dry Boys (e de ter dado baixa no Exército).

Eduardo Araújo ficou escanteado ali até o finalzinho do programa. Como não sobrou tempo para entrevistá-lo, Imperial apareceu e marcou uma nova chance para a semana seguinte.

Quando o rapaz ia saindo, Imperial o abraçou apressadamente e o puxou para si, perguntando em seguida a Erasmo: "Cadê o Roberto?". "Ah, ele está por aí com aquelas duas meninas", respondeu o gigante, de forma evasiva.

Quando Roberto finalmente apareceu, estava ladeado por uma loira e uma morena, garotas do staff da corte de Imperial. "O que que foi, pai?", disse Roberto a Imperial, já parecendo plenamente ambientado ao universo do séquito do seu novo tutor. Desde o reencontro na Boate Plaza, passara a gravitar naquele raio de influência do onipotente Imperial. A figura do rapaz capixaba era extremamente magnética, notou Araújo, tinha algo nele que fazia todos se fixarem em sua presença. "Poxa, será que o Imperial tem um filho dessa idade?", pensou o mineiro Eduardo Araújo com seus botões. Ele ainda não tinha ouvido falar em Roberto Carlos, mas também quase ninguém tinha.

Ali mesmo, Imperial convocou toda a sua gangue (Erasmo, Simonal, Roberto, o recém-chegado Araújo e mais as garotas que estivessem dispostas) para um jantar na sua casa, que ficava na Miguel Lemos, esquina com rua Barata Ribeiro, em Copacabana. Mas Erasmo tinha compromisso e caiu fora. Deu uma desculpa e foi para outro lado. Os que ficaram, Imperial botou todos em cima do seu Plymouth conversível azul e saiu chacoalhando com sua pose de rei do Rio.

A casa de Imperial era um apartamento de três pavimentos que funcionava como uma produtora adicional, embora morassem ali também os pais do produtor, seu Gabriel e dona Maria José. Havia um quarto na residência, notaria Araújo, que abrigava o artista que Imperial tentava emplacar no hit parade da época, o garoto Roberto Carlos, seu novo apadrinhado. A atividade no local sugeria uma estufa de criação de mudas de talento, tudo sendo regado à moda displicente e performática de Carlos Imperial.

"Imperial costumava organizar uns shows com os rapazes que se apresentavam no seu programa: juntava todo mundo e saía pelos subúrbios, percorrendo bailes, clubes ou qualquer lugar que pudesse dar algum dinheiro", contou Roberto. "Num desses shows, no Riachuelo, ganhei quinhentos cruzeiros. Aí, a cuca quase fundiu. Era dinheiro demais. Peguei todo ele e comprei algumas roupas para me apresentar na televisão."

"Sou do vale do Jequitinhonha", definiu-se o recém-chegado Eduardo Araújo para o pai de Imperial, com quem logo se entendeu. O velho era banqueiro e financiava as aventuras do filho, àquela altura uma personalidade em todo o país. O reduto de Imperial assemelhava-se a um showroom, com a diferença de que eram tipos humanos que estavam em exposição, e para alguns deles Imperial inventava os acessórios na hora. Foi o que aconteceu com Erasmo Esteves, que virou Carlos em um brainstorm de poucos segundos — houve rumores de que aquilo contrariara Roberto, inicialmente, mas logo pareceria equipamento de fábrica; o outro nome caiu rápido no esquecimento.

O nome artístico Erasmo Carlos, chancelado por Imperial como um tributo misto tanto a Roberto quanto a ele mesmo, Carlos Imperial, pode sugerir algum tipo de subordinação estranha, tem escopo de seita. Que tipo de sondagem de mercado, de numerologia, de jogo de búzios poderia ter sugerido a Erasmo que esse nome comum, mais nome que sobrenome, trivial das culturas latinas, poderia ter alguma força cabalística? Segundo conta Paulo Cesar de Araújo em seu livro *Roberto Carlos em detalhes*, Erasmo resolveu que seria Carlos porque tinha lido em uma revista que Carlos é um nome cujas iniciais representam cinco entidades míticas: C de Cristo, A de Águia, R de Rosa, L de Leão, O de Ouro e S de Sol. Mas Roberto não gostou de sua escolha, inicialmente. "Porra, bicho, vai ficar muito Carlos na jogada. Vai ser Carlos pra lá, Carlos pra cá, assim não dá." O Brasa até tentou conversar com o *boss*, Imperial, para que este convencesse Erasmo a não utilizar Carlos no nome, mas o produtor não se importou, e quando Roberto viu, já estava até mandando fazer cartões de visitas com os dizeres: ERASMO

CARLOS — CANTOR. "Eu ensinei o Erasmo Carlos a tocar violão, e ele botou o nome de Carlos. Por que não botou o nome de Maia?", protestaria, divertidamente, Tim Maia.

O andar mais alto do triplex de Carlos Imperial tinha sido decorado como um salão de festas. Roberto ainda parecia preso à roda de influência de João Gilberto, mas estava fazendo força para se descolar daquela imagem, apesar de ter como credencial apenas um quase hit, o samba-canção "Brotinho sem juízo", composição de Imperial e Paulo Silvino (era uma gravação num compacto de 78 rpm contendo "Canção do amor nenhum" e "Brotinho sem juízo", que saíra em agosto de 1960). Toda vez que Imperial queria que ele mostrasse algo, pedia que cantasse "Brotinho sem juízo", e Roberto mandava a patrulhinha sobre a musa da bossa, Nara:

Brotinho toma juízo.
Ouve o meu conselho.
Abotoa esse decote.
Vê se cobre esse joelho.
Para de me chamar de meu amor.

A outra canção do disquinho de 78 rotações era o samba-canção "Canção do amor nenhum", outra diatribe de Carlos Imperial. A música era uma espinafrada na turma de Tom Jobim e Vinicius de Moraes, parodiando "Canção do amor demais", da dupla, que Elizeth Cardoso gravara com João Gilberto tocando violão e iniciando o longevo reinado da bossa nova, em 1958. Embora revestida de sátira, era bonita a gravação, com uma marcação metálica e coral e orquestra volumosos, e Roberto não canta com desdém, mas com sentimento: "Aquela estrela que do céu não sai/ Ela está querendo me avisar/ Que a felicidade quando vai/ É tão difícil voltar".

Mas, naquela tarde, eles tinham visita, e o imperioso Imperial pediu para o recém-chegado Eduardo Araújo cantar. Ele pegou o violão e mandou seus sucessos belo-horizontinos, e a partir dali já tinha a chancela do anfitrião. O grupo formado aleatoriamente naquela tarde desenvolveu uma amizade instantânea. "Foi ali que vi o carinho que ele tinha pelo Roberto. Eu sempre achei que ele, por ter uma voz pequena numa época em que todos tinham vozeirão, não iria muito longe", contou Araújo. O estilo de Roberto era meio Chris Montez, notou Araújo, um arcabouço romântico e sussurrante que não tinha a ver com as grandes estripulias da juventude daquele tempo. Como o single de "Brotinho sem juízo" não estava fazendo grande sucesso, Imperial já estava empenhando todo seu prestígio para levar Roberto adiante com outra roupagem, mas para o momento o que tinha era aquilo ali.

Apesar das divergências entre seu séquito, que achava Roberto acanhado demais, Imperial agora já botava mais fé no rapaz que o próprio Roberto, tanto que não apenas estava compondo para o apadrinhado (algo que não era sua especialidade), como pediu para Erasmo burilar algumas coisas com ele também. Ao recém-chegado Araújo, por sua vez, sugeriu alugar um apartamento no Rio, para ficar perto do centro do agito. Imperial ajudaria. Roberto Carlos falava na possibilidade de uma audição na Continental. Já tinha passado pela Polydor e outras gravadoras, mas não estava sendo bem-sucedido.

Imperial ia repetindo a Roberto: "Você vai ser o maior cantor romântico do Brasil!". Mas mesmo na sua incomensurável autoconfiança, Imperial estava atônito com o fiasco precoce. O produtor não digerira bem a meteórica passagem pela Polydor, onde gravaram o 78 rotações "João e Maria"/"Fora do tom". O tortuoso exercício duplo de tributo e vampirização dos signos da bossa nova de João Gilberto não achou seu público. Imperial acabou precipitando o expurgo de Roberto daquela turma da bossa, ao citar explicitamente "Se todos fossem iguais a você", de Tom Jobim e Vinicius, de 1956, além do sucesso da bossa daquele verão, "Chega de saudade", de 1958. O fino da bossa já hostilizava Roberto, então não parecia um grande problema radicalizar.

Como Jekyll e Hyde, a personalidade dupla de *O médico e o monstro*, Roberto vivia de fato essa divisão entre a bossa e o desafio de porta-voz geracional que a circunstância exigia. "Comecei a cantar bossa nova porque era o que mais convinha para conseguir aquele emprego [na Boate Plaza]", ele confidenciou. "Mas eu gostava de bossa nova, cantava sempre em casa com o próprio Erasmo, que também se influenciou pela bossa nova, começou a fazer sambas."

Tempos depois, Roberto e Imperial combinaram de ir em comboio à sede da gravadora Continental. Imperial tinha conseguido uma audiência com Nazareno de Brito, então o *big boss* da gravadora. Nazareno de Brito, um galego elegante de bigodinho milimetricamente aparado, ex-major da Aeronáutica, era conhecedor de música (fora ele mesmo um cantor e compositor de sucesso, autor do foxtrote "Neurastênico"). Não era um território estranho para um dos postulantes: Imperial tinha produzido ali na Continental o primeiro disco de Elis Regina, ainda com um *coté* meio Celly Campello, e Nazareno o tinha em alta conta. Chegaram em três: Roberto, Eduardo Araújo e Imperial. Mas o chefão mal ouviu a fita de Roberto Carlos e não precisou pensar muito a respeito. Chamou o produtor à sua sala e desferiu, num dos veredictos mais curtos da MPB: "Não, Imperial. É só mais um cantor, não preciso de mais um cantor". Nazareno de Brito incorporava assim ao seu currículo prodigioso uma façanha semelhante à de José Rozenblit, diretor do Sport Recife, que recusou oferta do Santos FC para contratar o iniciante chamado Pelé, então com dezessete anos: Nazareno dispensou Roberto Carlos.

"Saímos os três de lá meio murchos, de orelhas baixas. Até eu, que não tinha nada com o peixe, fiquei triste", lembra Eduardo Araújo. Vinham calados pelas avenidas do Rio de Janeiro, o Plymouth deslizando pelo asfalto, quando Roberto, até então parecendo resignado, explodiu: "Putaqueopariu! Eu vou desistir dessa merda! Ninguém quer nada comigo, vou voltar para Cachoeiro!".

Imperial não teve dúvidas: pisou no freio no meio do trânsito da avenida Rio Branco, quase na altura da Cinelândia, e parou o Plymouth, ignorando os outros veículos em movimento. Subiu no banco do carro e ficou em pé: "Porra! Eu sou Carlos Imperial! Me respeite! Eu estou te falando que você é o maior cantor romântico do Brasil, porra! Acredite." Roberto tomou um susto. "Quem está falando é Carlos Imperial!", repetia, para espanto dos motoristas dos automóveis que passavam.

Imperial era teimoso, mas dali em diante achou melhor mudar de tática. Precisava de reforços, pensou. E no Brasil todo só tinha um cara que podia ajudar: Chacrinha, que tinha a maior audiência daqueles tempos. Mas era hostil à juventude. Como Flávio Cavalcanti, outro soberano da comunicação da época, Chacrinha se divertia quebrando discos de iê-iê-iê nos programas. No começo desse confronto, Imperial peitou Chacrinha: "É um recalcado. O Chacrinha, vendo fugir a maior fortuna de um homem, que é a mocidade, não soube sequer conservar a juventude de espírito. Tende a ser velho e por isso condena tudo o que diz respeito à juventude. Um homem que quebra rádios e televisores para evitar que os seus filhos vejam os programas do Clube do Rock é um criminoso", afirmou.

Mas, logo adiante, sabendo que não adiantava se contrapor ao poder de fogo do Chacrinha, e usando de toda a dádiva da cara de pau que o criador lhe concedera, passou a cortejar o Velho Guerreiro. Conseguiu, finalmente, levar o pernambucano para um jantar em seu reduto em Copacabana. Pôs todo o Clube do Rock em cena, dançarinas, montou um banquete, armou uma festa inesquecível. Tentava a todo momento, em abordagens cautelosas, coisa que nem fazia o seu estilo, fazer o Chacrinha mudar de lado. "A juventude ninguém segura, você sabe disso, Abelardo!", disse a Chacrinha.

O Clube do Rock era onipresente, Imperial o colocava nas chanchadas de J. B. Tanko, nos programas de TV, de rádio, nas festas, nos shows. Até ao *César de Alencar*, programa mais disputado da Rádio Nacional, sua trupe foi, tocando para milhares de pessoas. As filas para o programa de César de Alencar começavam de madrugada. Porém o Chacrinha estava irredutível em relação à trupe de Imperial: "Vocês fazem essas porcarias e querem que eu dê força?", vociferava. Mas o pernambucano aguentou até o fim da festa e conversou e ouviu pacientemente todo aquele entourage, apesar da postura de distanciamento. Pouco antes de sair, disparou, da porta: "Carlos Imperial! Amanhã, ouça o meu programa!".

Imperial gelou. Parecia uma ameaça; agora é que a coisa ia pro brejo definitivamente. Mas qual não foi sua surpresa, no dia seguinte, quando o Chacrinha começou a tocar alucinadamente todos os discos do Clube do Rock. Virou de lado por completo. Passou a dar força aos artistas de Imperial nos dois programas de TV que conduzia, na TV Rio e na TV Excelsior. Levava cantores jovens para tocar em São Paulo. Ficaram amigos, Chacrinha e Imperial, a partir dali. Os artistas daquela trupe acham que foi daquele momento em diante que o Brasil começou virar a cabeça na direção da música jovem.

Uma outra gentileza do Chacrinha, algo que ele só destinava aos abençoados, foi dar a Imperial e Roberto Carlos um cartão de visitas assinado por ele no qual pedia a atenção para o que Roberto tinha a mostrar. Então, daí em diante, sempre que saía em campo à procura de outra gravadora, a dupla já chegava brandindo o cartão de apresentação do Chacrinha, que realmente tinha um senso de compromisso bastante forte.

Um belo dia, Chacrinha voltou a ligar para Imperial. "Aquele rapaz do Espírito Santo que você tinha aí, consegui uma audição para ele. Manda o menino amanhã lá na CBS", disse o apresentador.

Estava assumindo a direção artística da CBS, naquele momento, Roberto Côrte-Real, que tinha um sobrenome que possibilitou mil brincadeiras de Imperial (o sobrenome de Carlos Imperial era Carlos Eduardo da Corte Imperial). "Ele é Real, você é Imperial, creio que vão se entender perfeitamente", disse Roberto, tirando sarro do amigo. Acontece que Côrte-Real estava querendo justamente um novo astro jovem em seu *cast* para pôr "pilha" na estrela da gravadora, o cantor Sérgio Murilo, tido como temperamental. O executivo e o produtor se deram às mil maravilhas. Como na Continental, Roberto e Eduardo Araújo ficaram numa salinha esperando o resultado da reunião. Quando chamaram Roberto à sala, já tinham em mãos um contrato para um LP. Era raro isso, as gravadoras nunca faziam esses contratos diretamente para um long-play, sempre havia um compacto antes. Imediatamente, já puxaram do catálogo internacional uma capa para o disco, que se chamaria *Louco por você* por causa da faixa-título.

O pênalti é tão importante que quem devia bater era o diretor do time, dizia o folclórico técnico do Botafogo e frasista imbatível Nenem Prancha. No caso do primeiro LP de Roberto pela CBS, foi assim mesmo. Na contracapa, quem assinava o texto era o próprio diretor da gravadora, Roberto Côrte-Real, que também escreveu duas versões para o álbum. Côrte-Real mentia sobre a origem do artista em questão, dizendo que era "nascido aqui mesmo no Rio de Janeiro" (achava que pegava mal dizer que era interiorano), e descia a seda no novo contratado:

Existe no Rio de Janeiro um disc jockey muito famoso no rádio e na televisão chamado Carlos Imperial, que possui uma energia, força de vontade e determinação por tudo aquilo que ele acredita que o torna admirado por uns e combatido por outros. Nós nos situamos entre os que o admiram e por essa razão o atendemos pela primeira vez nos estúdios da Columbia, quando nos veio falar de um rapaz, seu amigo, que ele acreditava poderia fazer sucesso se gravasse, pois agradava muito em seus programas de rádio e TV e também em todos os shows e festas dos quais participava. Esse rapaz é o jovem que apresentamos agora: Roberto Carlos, nascido aqui mesmo no Rio de Janeiro.

Assim, ainda em 1960, o compacto de *Louco por você* se tornaria o primeiro candidato a hit de Roberto Carlos. A canção-tema é uma versão feita por Carlos Imperial a partir de "Careful, Careful (Handle Me with Care)", canção de Lee Pockriss e Paul Vance de 1958. Pockriss e Vance eram os autores do explosivo sucesso "Itsy Bitsy Teenie Weenie Yellow Polka Dot Bikini", sucesso absurdo no Brasil, nas gravações de Ronnie Cord e Celly Campello, como "Biquíni de bolinha amarelinho". O disco de Roberto, portanto, parecia fadado a seguir estritamente uma fórmula e, como era a aposta reinante no mundo discográfico, pavimentar seu caminho para o alto sem sobressaltos.

Em 1961, sairia finalmente o LP *Louco por você*, com doze faixas, seis delas assinadas por Carlos Imperial. Na verdade, eram sete, porque a canção "Linda", presumível versão de Imperial para uma composição do norte-americano Bill Caesar, também era de Imperial. Bill Caesar nunca existiu. O produtor dizia que a canção, sendo anunciada como versão de um gringo, teria uma chancela inapelável para o público brotinho. "Meu sangue ferveu e a cabeça girou/ E o meu coração queimou", diz a letra. Carlos Imperial ainda usaria esse codinome de Bill Caesar, naquele mesmo ano de 1961, na assinatura de uma canção do disco *Viva a Brotolândia*, estreia de Elis Regina, a derradeira faixa do LP, "Amor, amor" ("Love, Love"), lançado pela Continental. Imperial também estava tentando emplacar Elis, mas à revelia da vontade e das convicções da gaúcha, o que resultou no disco no qual ela canta mais rock 'n' roll.

O acompanhamento instrumental de Roberto em *Louco por você* é de Astor e sua Orquestra. A capa é um caso à parte: em toda a sua carreira, apenas ela não traz uma foto do artista de Cachoeiro. E a imagem é exatamente igual à da capa de um disco do organista norte-americano Ken Griffin, o que levou a acusações de plágios entre desavisados — era comum as matrizes das gravadoras fazerem álbuns ao redor do mundo com imagens estandardizadas. A foto mostra um casal idílico (e anônimo) em pose de apaixonado, um olhando nos olhos do outro, ela segurando uma flor branca.

A Columbia tinha um banco de imagens genéricas para essa "facilidade", e isso aconteceu, por exemplo, com o disco *Isto é Renato e seus Blue Caps*, de 1965, cuja capa é rigorosamente igual à de *Elgart au Go Go*, LP do duo de jazz Les & Larry Elgart, lançado no mesmo ano pela companhia. Consta que Roberto ficou tão contrariado com essa decisão à sua revelia que chegou a implorar por uma nova sessão de fotos para ilustrar a capa, mas não adiantou.

A foto traduzia uma ideia de romantismo que nem mesmo Roberto Carlos nutria àquela altura. "Eu não sabia de nada disso, estava lá só para cantar. Ele [Côrte-Real] me propôs gravar um disco variado porque até então eu tinha gravado só duas bossas novas. Ele me disse: tem que ter um pouco de iê-iê-iê", contou Roberto. Acabou virando uma salada: bossas, bolero, calipso, rock e pouca inspiração. "Teve uma execução razoável, mas não vendeu. Vendeu umas quinhentas cópias", contou o cantor anos depois.

É curioso que Côrte-Real tenha falado em "iê-iê-iê", já que é um mistério a popularização dessa expressão como manifestação de um tipo de pop rock. Tradicionalmente, atribui-se aos Beatles a influência na adoção do nome no Brasil, a partir de 1963. Mas *Louco por você* é de 1961. Perry Como, cantor, produtor e apresentador norte-americano, gravou, em 1958, uma canção popular no Brasil com o refrão clássico do *yeah yeah yeah*. Mesmo antes dele, uma cantora então popular no meio mais jazzístico de Rio e São Paulo, Peggy Lee, tinha feito sucesso no início dos anos 1950 com uma canção chamada justamente "Yeah Yeah Yeah". E Antonio Aguillar, o primeiro apresentador de um programa de juventude em São Paulo, lembra do uso do termo "iê-iê-iê" entre os jovens no Brasil antes mesmo dos Beatles.

O primeiro registro do uso do termo "iê-iê-iê" foi em julho de 1963, na França. Em um célebre artigo no jornal *Le Monde*, o filósofo Edgar Morin batizou de *yé-yé* um novo fenômeno sociológico que detectara e que tinha como expoente o roqueiro Johnny Hallyday (como ficou conhecido o cantor e ator Jean-Philippe Smet, discípulo de Elvis que disseminou o rock 'n' roll na França). "Eu me baseei em fatos diversos e obras que julguei particularmente marcantes", afirmou Morin. Havia uma movimentação ebulitiva entre os jovens na Europa naquele período, um esforço de reivindicação de cidadania e protagonismo. "O grito de reunião dessa juventude que se afirma pela primeira vez, isso é o *yé-yé*", escreveu Morin.

Em novembro de 1963, o bardo francês Serge Gainsbourg lançou o disco *Gainsbourg Confidentiel* (Philips), no qual se destacava a faixa de abertura, "Chez les yé-yé", um rock 'n' roll vitaminado apenas por guitarra elétrica e contrabaixo acústico a que chamaram de "jazz", mas era um embrião de iê-iê-iê. Em um filmete divertido (um antepassado do videoclipe) para promover a canção, Gainsbourg criou um modelo perfeito para a ideologia transviada, cantando com uma faca em punho, enquanto à sua esquerda um homem dança freneticamente um balé desregrado (o ator Jean-Pierre Cassel, pai de Vincent Cassel).

O nome inventado por Morin teve um eco rápido e logo desembocou como palavra de ordem em Portugal, que vivia na esfera de influência francesa. Em Portugal, o agito virou *ié-ié*. O movimento de pop rock na terra de Camões chegou a ter mais de trezentas bandas associadas, segundo o pesquisador português Luís Pinheiro de Almeida, que escreveu a *Biografia do ié-ié*, mas tudo não durou mais que alguns anos.

As mudanças comportamentais estavam na base do conceito. Isso vinha num crescendo já desde o final dos anos 1950, com a emergência de dois heróis do cinema e uma nova abordagem da juventude: James Dean (astro do filme *Rebelde sem causa*, de Nicholas Ray) e Marlon Brando (estrela do filme *O selvagem*, dirigido por László Benedek, de 1953). Morin via os jovens se insurgindo contra os conformismos da vida adulta, constituindo uma cultura própria, costumes, comunidade, se emancipando, muitas vezes furiosamente.

Esses símbolos de revolta contra o mal-estar da civilização da burocracia e do conformismo foram se espalhando pelo mundo, gerando uma nova onda. Contribuía para isso o surgimento de uma indústria do disco, a popularização dos aparelhos de rádio e a chegada da TV, além da possibilidade de se atingir a cidadania econômica por meio do rock.

No Brasil, é difícil precisar como nasce o batismo ou a materialização da palavra "iê-iê-iê". Atribui-se com mais facilidade aos refrões de um single com a música "She Loves You", dos Beatles, que foi lançado na Inglaterra na última semana de agosto de 1963 (depois, portanto, do rótulo inventado por Edgar Morin).

Mas os Beatles não eram ainda, naquele momento, ídolos no Brasil. Somente em 1964 é que sua reputação cresceu e eles se tornaram sinônimo de juventude. Mesmo assim, houve certo tom de rejeição à banda no início. "Os quatro rapazes possuem na verdade um não sei quê, uma alegria pura e juvenil, diferente de tudo que já ouvimos em matéria de submúsica. Os Beatles vão passar depressa. Dentro de seis meses, eles estarão mais superados que o chá-chá-chá e o bambolê", profetizou o desafortunado crítico Sylvio Tullio no jornal *O Globo*. Embora haja simultaneidade entre a ideia de Edgar Morin e o enorme sucesso subsequente de "She Loves You", é pouco provável que tenha sido o artigo de um intelectual que tenha gestado uma palavra tão popular; precisava mesmo de um elemento virótico.

"She Loves You" é uma canção cujos versos terminam sempre com *"yeah yeah yeah"*. John Lennon e Paul McCartney compuseram "She Loves You" num quarto de hotel após um show no teatro Majestic em Newcastle upon Tyne, na Inglaterra, em 8 de junho de 1963. Era a penúltima noite de uma turnê de 21 datas no Reino Unido em que compartilharam o palco com Roy Orbison e Gerry and the Pacemakers. No dia seguinte, antes de partir para o final da turnê em Blackburn, eles finalizaram a composição na casa da família de Paul, no sul de Liverpool. Ao ouvi-los cantando a música que tinham acabado de fazer, o pai de Paul deu um conselho aos Beatles: ele disse que deviam trocar "*yeah*" por "*yes*", que era mais britânico, e *yeah* era uma corruptela norte-americana muito vulgar.

Felizmente para a dicção das ruas, eles não deram ouvidos ao velho James McCartney. Não seria melhor para a harmonia dizer "*Yes, yes, yes*"?, perguntou o velho. Paul deu risada e, rápido no raciocínio, respondeu: "*No, no, no!*". A aparente simplicidade da canção escondia uma estrutura que apontava para mudanças radicais, aponta o escritor americano Peter Ames Carlin:

> "She Loves You" foi ainda mais longe ao começar com o coro, e depois trabalhar com uma variedade de mudanças rítmicas intrincadas e desconjuntadas, e uma verdadeira pilha de acordes conflitantes, maiores e menores, tudo a serviço de uma história de amor que o narrador estava observando, mais do que experimentando diretamente. Será que os ouvintes de rádio adolescentes eram capazes de, e desejavam, dar aquele salto? Yeah, yeah, yeah!

Para um dos maiores fãs dos Beatles da América Latina, Marco Antonio Mallagoli, não há dúvidas de que "She Loves You" de fato popularizou a expressão "*yeah yeah yeah*" no Brasil. Foi quando os DJs de rádio começaram a usar maciçamente o termo "iê-iê-iê", aportuguesando. "Aí, quando saiu *A Hard Day's Night* lá, recebeu aqui o título de *Os reis do iê-iê-iê* justamente por causa disso", ele lembra.

> Que eu saiba, tudo se originou após fevereiro de 1964, quando os Beatles tocaram no programa de Ed Sullivan, e aqui no Brasil eles começaram a aparecer, a tocar por todo lugar. Porque, até então, os Beatles tocavam muito pouco ou mal tocavam no Brasil. Não eram conhecidos; só após sua

apresentação, em 9 de fevereiro de 1964, é que começaram a virar ídolos no Brasil. Mas a palavra "iê-iê-iê" se originou do "She Loves You". Inclusive, o programa do pessoal da Jovem Guarda ia se chamar *Turma do Iê-Iê-Iê*, porque eram todos fortemente influenciados pelos Beatles. Não lembro de ter alguma referência a iê-iê-iê antes do "She Loves You".

Mas é muito difícil precisar isso. A primeira vez que a expressão "iê-iê-iê" apareceu (e ganhou as ruas de forma massiva) em um rock 'n' roll gravado no Brasil foi pelo poder de fogo de uma garota. Apareceu na canção "O que eu faço do latim?", compacto da cantora paulista Meire Pavão de julho de 1964 (o single dos Beatles só tinha chegado ao Brasil em março de 1964). Acompanhada da banda The Jet Black's, Meire gravou "O que eu faço do latim?" pela Chantecler, lançando-se como mais "legítima sucessora de Celly Campello", segundo a imprensa especializada — àquela altura, toda nova cantora que surgia era foco da especulação para o lugar de Celly, que tinha largado a carreira em 1962.

O curioso é que "O que eu faço do latim?" de Meire era uma versão de um sucesso do italiano Gianni Morandi ("Che me ne faccio del latino"), um ídolo internacional, mas não tinha sido feita a partir do original de Gianni Morandi, e sim do disco de um cantor argentino chamado Ricardo Roda, "Que hágo con el latin?", que já tinha extirpado da canção o ambiente orquestral e de excesso romântico de Gianni Morandi. "É osso duro pra mim estudar o latim/ Prefiro dançar um twist legal", cantava Meire. A repetição que viraria sinônimo de um estilo, *iê-iê-iê-iê!*, não estava na versão do argentino, era uma contribuição original de Meire. O cantor argentino dizia *en el latin*. A cantora paulista adorava os Beatles, tanto que (muitas décadas antes de Angélica fazer sucesso com "Vou de táxi") gravou uma versão abusada de "Taxman", intitulada "Chame o táxi", escrita por seu irmão, Albert Pavão, que em vez de cobrador de impostos ("taxman"), celebrou o taxista (em 2014, o DJ escalado por Paul McCartney para o "esquenta" do seu show, Chris Holmes, colocou a versão de Meire para tocar no sistema de som da HSBC Arena).

Meire Pavão (cujo nome real era Antonia Maria Pavão) também vinha de Taubaté, como Celly Campello, e após um tempo num grupo vocal feminino chamado Conjunto Alvorada, começou a carreira solo com todo o gás. Seu pai, o professor Theotônio, foi o mentor de sua carreira e da de seu irmão, Albert Pavão. Antonio Aguillar, que era o mais popular apresentador da época, promoveu um concurso em seu programa *Reino da Juventude* (TV Record) para escolher o Rei e a Rainha da Juventude. O rei foi, como não poderia deixar de ser, Roberto Carlos. Como rainha, foi coroada a iniciante Meire Pavão.

Pode parecer um sacrilégio, mas a disseminação da expressão "iê-iê-iê" (a imprensa também escrevia "ié-ié-ié" e "ye-ye-ye") no Brasil pode ter mais a ver com o êxito da hoje esquecida Meire Pavão do que com "She Loves You", cuja explosão só se confirmou a partir de julho de 1964. Os compactos simples dos Beatles aqui eram lançados arbitrariamente, e sem nenhuma relação com os discos ingleses e americanos, como era costume na época, o que tornava os fenômenos de reação popular distintos.

O fato é que o rótulo já estava disseminado quando o programa *Jovem Guarda* se tornou o anteparo institucional da corrida do ouro do novo iê-iê-iê. Todos iriam embarcar.

O disco *Louco por você* materializou uma sucessão de maus presságios. Imperial, para começar, apesar de dominar a produção e o repertório, não gostou do resultado. Mas, para piorar, seu autor também não. Roberto encanou que tinha desafinado em um bolero, e isso o deixava consternado. A gravadora também não apostou no seu produto. E o disco acabou sendo esconjurado justo pelos que deveriam defendê-lo, sendo deixado de lado precocemente. Essa rejeição o tornou, quando foi redescoberto, no início dos anos 1970, um dos discos mais raros para colecionadores de vinil no país (e, é evidente, os colecionadores rezam para que Roberto Carlos mantenha a determinação de nunca relançá-lo).

Existia uma estimativa, nos anos 1990, de que somente 512 pessoas possuiriam o disco no Brasil. E, como Roberto nunca considera seriamente sua reedição, essa preciosidade só aumenta.

Em 2012, *Louco por você* chegou a circular em *streaming* na plataforma iTunes, da Apple, mas não demorou para que os advogados do cantor entrassem no circuito e o disco rapidamente voltou a desaparecer, mas depois foi recolocado à venda. Há quem acredite que a origem do veto de Roberto Carlos ao disco não é de fundo artístico, que teria a ver com transtorno obsessivo-compulsivo (por ser o único no qual ele não aparece na capa, uma obsessão férrea), mas isso é uma especulação. Outros veem uma questão religiosa que não o afligia na época — na faixa "Não é por mim" (Carlos Imperial/Fernando César), o narrador condiciona a existência de Deus à confirmação do afeto de uma mulher: "E se provar que fiz você/ Ficar tão triste/ Eu saberei que existe um Céu/ Que Deus existe". Como é notório, todas as reflexões sobre Deus, na música de Roberto Carlos, passam pelo escopo dos dogmas do artista, que é ultracatólico, e esse verso pode ser o motivo do disco proscrito. Mas também pode ser apenas um veto técnico, como ele mesmo afirma — a qualidade da gravação é terrível, porém isso é algo facilmente corrigível hoje em dia com tecnologia.

O fato é que as versões de Carlos Imperial para o disco não estavam na verdade inspiradas. Virou um sarro de época o verso da música "Eternamente" (versão de Imperial para o hit de Marcucci e De Angelis), "*forever* é para sempre". Mal comparando, tornou-se algo semelhante ao que rolou com "Juntos", a versão de Paula Fernandes e Luan Santana para "Shallow", de Lady Gaga e Bradley Cooper. "As questões de amor num coração/ Não têm, não têm tradução", diz a letra. Imperial chutava um bocado. Há um episódio famoso de como escreveu duas canções no solado de um chinelo para Wanderléa, mas isso é outra história. Outra especulação: o veto ao disco é porque Roberto também estaria, após brigar com Imperial, evitando ter que pagar direitos autorais ao ex-guru; é o que diziam, mas essa é a mais improvável das teses.

Atirando para muitos lados, *Louco por você* acaba desembocando num interessante passeio por estilos. Além das bossas ("Se você gostou", "Chorei" e "Ser bem"), boleros ("Não é por mim" e "Solo per te") e rock 'n' roll ("Linda" e "Mr. Sandman") ampliavam o repertório e antecipavam o caminho que o artista tomaria dali por diante. O rapaz de Cachoeiro que se tornou parceiro de Roberto, Edson Ribeiro, já está presente nos créditos das composições do álbum, dividindo com o chefão da gravadora, Roberto Côrte-Real, a assinatura de "Só você", que tem alguns versos picarescos ("Por sua causa eu até estudo inglês, baby/ Que para mim é um suplício chinês", ou ainda: "Enquanto eu vou guardando o capital/ Você vai adiantando o enxoval").

A bossa-novista "Ser bem", de substância cronística, um passeio pela mitologia do Rio de Janeiro daquele período, mereceria talvez ser revisitada. Fala do Copacabana Palace, da boate Sacha's, do grand monde carioca. A letra diz o seguinte: "Toda garotinha bonitinha tem mania/ De ser elegante da Bangu/ Quer ver o seu nome/ Na coluna todo dia/ Pertinho do Jorginho ao lado do Didu".

A Bangu a que Imperial se refere era uma tecelagem famosa do período, que chegou a instituir concursos de miss pelo Brasil com grande cobertura da imprensa. Era comum, então, que os fornecedores de qualidade reconhecida tivessem uma relação muito próxima com as grandes butiques, com anúncios generosos nos jornais e revistas, e a Bangu era um desses casos, promovendo modelos e estilo. Já Jorginho e Didu são personagens da aristocracia carioca que marcaram época: Jorginho Guinle (milionário e o primeiro articulista de jazz regular do país) e Didu Souza Campos, o chamado príncipe de Copacabana, herdeiro clássico, praticante de polo, frequentador do Country Club e do Arpoador, inapto para o trabalho, mas dotado para as coisas da boa vida. Ambos tinham cadeira cativa nas colunas sociais.

O próprio executivo da gravadora, zeloso do seu investimento, resolvera colocar as digitais no disco de estreia de Roberto. Além de assinar a faixa "Só você" (com o cachoeirense

Edson Ribeiro), ele verteu um obscuro bolero italiano, "Solo per te" (de A. Mimeo, talvez também um autor inventado, já que nada dele se encontra em arquivos musicais) para o português, mas de um modo caricato: "Caricíssima/ Dolcicíssima/ Meu bem é você que me faz/ Feliz assim/ Sempre assim".

"Mr. Sandman" é de longe a melhor do lote. Era originalmente um hit do quarteto vocal feminino The Chordettes, sucesso de 1954. Com outra faixa do mesmo disco, "Born to Be with You", elas se credenciaram como parte fundamental da trilha daquela geração com hits como "Lollipop". Nos anos 1980, as cantoras, já veteranas, estiveram no Maksoud Plaza de São Paulo em uma turnê. "Mr. Sandman" contém uma inocência típica dos musicais hollywoodianos. Roberto acelerou o andamento, vitaminou com uma batida mais nervosa e preencheu com um solo delicioso de guitarra que lembra uma mistura do jazz de Joe Pass com algum batuque de bar da Tijuca.

Para o mal ou para o bem, o lote todo de canções não fez Roberto decolar naquele longínquo 1961. Ao lado de Erasmo, só voltaria a revisitar (ou relembrar) essa fase em uma composição, "Louco não estou mais". Nela, cita as canções do disco relegado com algum sarcasmo (ou embotado senso de humor) em relação a si mesmo: "Até Mr. Sandman me aconselhou/ — Roberto, tome jeito, arranje um amor/ Brotinho sem juízo deixe de ser/ Senão em sua vida você vai sofrer".

Roberto, entretanto, tinha que se descolar e divulgar sozinho seu trabalho. Foi quando se tornou amigo da divulgadora da CBS em São Paulo, Edy Silva. Ela era o sonho de todo artista iniciante: nenhuma rádio, TV ou jornal impedia a entrada dela em suas instalações, e os apresentadores mais famosos a reverenciavam. Roberto a procurou e deu sorte: Edy gostou dele. Mas mesmo ela tinha dificuldades em emplacar suas músicas, precisava que ele estivesse presente para ajudar no trabalho.

Um belo dia, o baixista Paulo César Barros estava em sua casa, na Piedade, quando ouviu um buzinaço lá fora, na avenida

Suburbana. Escutou gritarem seu nome e foi à janela. Lá, na rua, estava parado, ao lado de um fusca verde de rodas finas, o seu amigo do Lins, Roberto Carlos. "Desce, PC, vamos para São Paulo!" Não era tão fácil, Paulo César era menor de idade, nunca tinha saído de casa. O que levava Roberto a pensar que ele se abalaria de fusca para São Paulo? Roberto tinha pegado emprestado o automóvel, zerinho, de sua namorada, Magda Fonseca, e disse a PC que teriam lugar para dormir em São Paulo, iriam ficar uns três dias. "Ele era muito antenado. Hoje sei disso, naquela época não tinha noção. Ele já sabia passo a passo o que tinha que fazer para deslanchar", conta Paulo César.

Em São Paulo, quem dava as cartas naquela época era Antonio Aguillar, aquele ex-fotógrafo do *Estadão* que tinha passado para o lado de lá dos holofotes. Ele já tinha as credenciais de ter lançado The Jordans (banda que acompanhava o primeiro ídolo nacional do gênero, Carlos Gonzaga), então havia uma romaria para que ele desse visibilidade aos artistas e grupos do jovem rock nacional.

Antonio Aguillar, apresentador do *Ritmos para a Juventude*, na Rádio Nacional de São Paulo (hoje Rádio Globo), estava em sua casa um dia quando recebeu uma ligação de Abelardo Barbosa, o Chacrinha. O pernambucano estava em São Paulo e queria vê-lo; pediu que fosse ao seu hotel, o Normandie. Aguillar foi até a avenida Ipiranga e subiu ao quarto do Chacrinha. "Antonio, eu estou lançando um cara no Rio e quero que você me ajude a promovê-lo aqui em São Paulo. É um rapaz que vai virar um fenômeno, um ídolo da juventude, eu te garanto. Você topa?" Aguillar disse: "Olha, não sei se vai dar certo, não é tão simples, Chacrinha, mas um pedido seu é uma ordem".

Uma semana depois, Aguillar foi encontrar o rapaz que Chacrinha recomendava no Lord Hotel e procurou ser franco com o garoto: "Eu não faço milagre, Roberto", disse Aguillar a Roberto Carlos, o apadrinhado de Chacrinha. "Se você souber conduzir sua carreira, fará sucesso. O que posso fazer é expor você."

Roberto lhe disse que a CBS estava investindo nele e tinha contratado, para divulgá-lo em São Paulo, a promotora Edy Silva. O jovem capixaba estava então com um único compacto para divulgar, *Malena*, e, ao ouvir, Aguillar aceitou a contragosto. "Você tem que cantar rock, Roberto. Senão você não sai do lugar!", aconselhou ao garoto. Roberto não ficou chateado. Coçou a cabeça e respondeu a Aguillar: "Vou falar com o Erasmo, ele sabe de rock".

Por essa época, Erasmo Carlos já tinha a fleuma, o *physique du rôle*, os trejeitos e a pose de rock star, mas sua vida era bem outra: trabalhava no Rio no escritório de um advogado, o dr. Carmelo, na rua México, no centro do Rio. Eram funções de auxiliar de escritório: chegar pontualmente às oito horas, fazer uma limpeza nas mesas, atender os telefonemas e anotar recados. Saía às dezoito horas. O advogado não fazia questão de ser gentil, mas também não era um troglodita, e Erasmo estava no emprego havia algum tempo. Mas o convite de Roberto Carlos para ir ao programa *Clube do Rock*, de Carlos Imperial, na TV Tupi, ficara queimando no rapaz de dezessete anos. Ele conseguiu que o patrão lhe desse uma folga na terça-feira e foi. "Naquela terça-feira, o *Clube do Rock* estava fervendo. Tudo tão bom que nem lembrei de voltar para o escritório. Não faltou ninguém: Carlos Imperial, Roberto Carlos, Wilson Simonal, Marcos Moran, Tony Tornado, os dançarinos Clito, Nilza, Mário Jorge, Arlete, Bolinha, Cidinho Cambalhota, Mariinha, Ary Tel e Maria Gladys." Depois do programa, Erasmo contou que fora convidado para uma passeata de protesto em frente ao Snack's Bar, no Posto Seis, em Copacabana, em solidariedade a um motoqueiro que tinha sido atingido por uma garrafa de água lançada do alto de um prédio e morrera. Erasmo foi na garupa de uma das lambretas da trupe.

"Depois fomos para um apartamento sem móveis, onde ficamos bebendo, cantando e dançando rocks até de madrugada. Roberto estava namorando Maria Gladys e eu comecei a flertar com Nilza, embora ela fosse par constante do Clito. No final da noitada, pensei: 'Amanhã vou levar um sabão do dr. Carmelo, mas valeu a pena'." O emprego não duraria muito mais: as aventuras extraconjugais do chefe colocaram Erasmo em uma sinuca de bico, e ele acabou demitido. Para um garoto ordeiro, aquilo seria o fim da picada, mas para Erasmo era apenas o início dela.

Roberto e Erasmo já tinham começado sua longeva parceria ainda em 1958, sentados lado a lado num transporte coletivo, um lotação, entre Ipanema e Copacabana. O lotação, um pequeno ônibus, parava em qualquer ponto que o passageiro quisesse e corria muito. Foi ali que rabiscaram a primeira letra e depois desenvolveram uma música. Esse processo se repetiu depois, outras vezes, na linha Lins-Urca.

Tudo que era rock 'n' roll atraía Erasmo. "Ouvi pela primeira vez 'Rock-and-Roll', com Bill Haley e seus Cometas, tocando numa festa. Achei aquele som maravilhoso. Era diferente de tudo que eu tinha ouvido até então. Comecei a me interessar por aquele gênero novo de música que estava surgindo, o rock, e fui conhecendo pessoas que também gostaram daquele som, daquele ritmo", contou o Tremendão.

A *derivativa* "Malena" (de Rossini Pinto e Fernando Costa), primeiro compacto de Roberto que a Columbia lançava em 1962, virara a "música de trabalho" do artista, já que o LP de 1961 não tivera boa acolhida. A introdução de "Malena" era praticamente uma cópia de "Diana", de Paul Anka. Quando Roberto finalmente lançou o "Splish splash", Rossini Pinto, em um duplo twist carpado de composição, fez "Relembrando Malena", com outra introdução e letra, e "Malena" nunca mais entrou em LP nenhum do cantor. Também não consta em sua discografia oficial, como se tivesse sido extirpada. Seus versos eram sofríveis: "Malena/ Eu sou um sofredor/ Oh! oh! oh! Malena/ Eu quero o teu amor/ Malena/ Não posso mais sofrer/ Oh! oh! oh! Malena/ Sem ti não sei viver".

Um ano depois, Roberto voltaria ao programa de Aguillar com o compacto de "Splish splash", a versão de Bobby Darin, e aí a coisa mudou de figura. "Até então, ninguém queria o Roberto", contou Aguillar.

Para incrementar as viagens e as pequenas incertas em programas, Roberto ia costurando amizades e colaborações com diversas bandas de lá e de cá, como os Panteras em Salvador, os Jordans em São Paulo e os Youngsters no Rio. Na química que se deu entre sua música e o conceito dessas bandas, articulou-se aquele som que daria a cadência mais característica da música jovem de então. No cenário paulistano, o "celeiro" fundamental da primeira fase do rock desenvolveu-se na região central da cidade, entre o Pari e o Brás. Foi na frente da igreja de Santo Antônio do Pari, em 1960, numa praça em que a prefeitura inaugurara um chafariz sem água, que surgiram as duas bandas fundamentais da cena: The Jet Black's e The Jordans. Os jovens músicos tinham criado na praça um ponto de reunião: do lado de lá da rua, havia um posto de gasolina. Eles iam até lá, compravam um latão de gasolina e o traziam até seu point, que era escuro e largado. Tacavam fogo no latão de gasolina, e o lampião gigante iluminava o quarteirão todo. Então, dedicavam-se a tocar violão e cantar, algo semelhante ao que alguns jovens fazem hoje em lojas de conveniência.

O guitarrista Joe Primo, que seria líder do grupo The Vampires (depois Jet Black's), por conta de sua ascendência sobre os demais, recebera a incumbência de selecionar ali na praça entre seus parceiros de noitada alguns dos jovens músicos que seriam apresentados no programa de auditório *Ritmos para a Juventude*, da Rádio Nacional, o mais quente do período, comandado por Antonio Aguillar todos os domingos, ao vivo. Pela primeira vez, aparecia uma demanda para aqueles rapazes com seus violões, baterias e saxofones. Mais do que isso: o país dava mostras de estar preparado para entrar nessa aventura modernizante, com a popularização da TV e dos aparelhos de reprodução de som, além do crescimento da indústria fonográfica.

Conforme a profissionalização dos shows avançava, Roberto Carlos se viu na contingência de formar seu grupo próprio. O primeiro foi o RC3 (ele sempre batizou as formações com as iniciais do seu nome à frente e o número de músicos na sequência). Depois, montou o RC7, o RC9 e assim por diante. Também convocava os instrumentistas mais amigos para as viagens. O baixista Paulo César Barros era um dos mais frequentes.

Após uma consulta rápida aos pais ("Eu tinha uns catorze, quinze anos, mas já tocava na noite direto, não foi um problema", contou o baixista), a autorização para viajar com Roberto a São Paulo, de fusca, saiu, e os dois pegaram a estrada. Entraram em São Paulo, Roberto parecia já conhecer tudo, locomovia-se com confiança. Chegaram a um prédio em Santa Cecília, em plena avenida São João, o Condomínio Edifício Isnard, e foram autorizados a subir até o sexto andar. Era a casa de Edy Silva, do staff da Columbia, que passaria os próximos dias ciceroneando Roberto em todas as emissoras de rádio com o disco na mão, mais o compacto de "Malena". "Ela mandava nas rádios de São Paulo", espantou-se Paulo César. "Ela entrava no estúdio com o programa no ar, com o disco do garoto na mão, e mandava ver. Ninguém dizia não para ela."

Apesar de o repertório não ter agradado, Edy conseguiu fazer Roberto ser conhecido no meio musical paulista. Era uma mulher forte, vivia sozinha numa quitinete e tinha os contatos mais decisivos. O sonho de Roberto era se apresentar no programa *Astros do Disco*, de Randal Juliano, veiculado nos sábados à noite. Roberto já tinha conhecido os rapazes da banda The Jordans e, acompanhado dos rapazes, podia fazer números musicais onde quer que fosse requisitado.

As incursões pelo território paulistano propiciaram a Roberto encontros que lhe trariam ligações perenes. Um deles foi com Fred Jorge Japur, paulista de Tietê, um rapaz de origem libanesa que ficou célebre com o nome de Fred Jorge. Ele era nada menos que o responsável por três dos maiores sucessos da história da música pop brasileira no final dos anos 1950: as versões brasileiras de "Diana", de Paul Anka (cantada por Carlos Gonzaga, pioneiro dos pioneiros, homem negro quase esquecido pela historiografia oficial do rock 'n' roll brasileiro), "Estúpido cupido" e "Banho de lua" (ambas na voz de Celly Campello). Em 1960, Fred Jorge era o homem da produção dos programas de Celly e Tony Campello no Canal 7 de televisão. Mais do que um versionista de mão certeira, Roberto viu em Fred Jorge um amigo. Ele passou a ser conselheiro e confidente do jovem cantor capixaba, além de parceiro em alguns discos.

Mas foi somente a partir de 1970 que Roberto Carlos daria destaque ao valor de Fred Jorge como compositor, a despeito desse lado versionista — foi quando gravou em compacto a música "A palavra adeus". Depois disso, viriam outras cinco canções — "Se eu partir", de 1971, "Você já me esqueceu", de 1972, "Não adianta nada", de 1973, "O dia a dia" (em parceria com Nenéo), de 1976, e "Todos os meus rumos", de 1978. Fred Jorge se tornou de fato um parceiro musical de Roberto Carlos. Numa canção bastante intimista, a dupla escreveu sobre um relacionamento do qual restaram recordações e mais nada — na voz de RC para seu LP de 1983.

A peregrinação pelos programas de rádio e TV criava situações curiosas. Em outra ocasião, Roberto telefonou para o amigo Paulo César Barros a fim de convocá-lo para uma outra empreitada: ele tinha conseguido um agendamento para se apresentar no programa *César de Alencar*, no Rio, um dos mais prestigiados daquele momento. "PC, arruma um transporte aí e vem para cá, vamos nos apresentar juntos!", disse Roberto. Havia um taxista na Piedade, seu Américo, que prestava serviços para os Barros num carro velho, antigão. PC chamou seu Américo e foram para a rádio, na praça Mauá. Foi um percurso atribulado: no meio do caminho, o capô do carro levantou e voou; PC achou que não fosse chegar a tempo. Mas chegou. Roberto tinha reservado para ele um lugar no banquinho enorme que abrigava indistintamente todos os convidados, famosos ou não. César de Alencar tinha um secretário, um homem gigante chamado Jackson, que andava com uma prancheta para lá e para cá e era "grosso como um porco do mato", segundo os que o conheceram. Jackson berrava:

— Angela Maria! Sua vez!

— Cauby! É você, porra!

Roberto Carlos nunca era chamado. O banco foi desaparecendo e sobraram apenas mais uns artistas, e Roberto, ansioso, foi perguntar ao homem.

— Seu Jackson, cheguei há muito tempo. Tem como ver aí na sua prancheta se estou na lista?

— Como é seu nome, rapaz? — berrou o segurança/secretário.

— Roberto Carlos... — balbuciou Roberto, sem jeito.

Jackson olhou, olhou de novo, olhou mais uma vez. Daí virou o rosto para Roberto e disse:

— Tá, você está aqui sim. Mas está no final da lista. Não vai dar tempo, então você não vai cantar porra nenhuma!

Roberto Carlos não podia acreditar naquilo. Mas não conseguia responder com a energia que a situação requeria; ficou meio desconsolado, e ele e PC saíram dali sem se apresentar.

"Malena" teve uma acolhida razoável em rádios e, embora não tenha melhorado as coisas para o cantor, tem uma importância estratégica para a carreira dele porque, por intermédio dela, ele passou a se associar com o articulado Rossini Pinto, um compositor, produtor e músico essencial para seus planos. A chegada de Rossini Pinto ao entourage do jovem artista mostrava que, ao fim e ao cabo, a caminhada fonográfica de Roberto Carlos continha algo inequívoco: o destino insistia em colocar em seu caminho certa confraria capixaba para ajudá-lo na caminhada em direção ao pódio máximo da música jovem e da música popular nacional. Os conterrâneos eram, além de Edson Ribeiro, os influentes Carlos Imperial, cachoeirense, e agora Rossini Pinto, mimosense. O compositor, letrista e produtor Rossini Pinto, maior versionista da Jovem Guarda (era chamado de "Máquina" por conta da versatilidade e facilidade de fazer canções), que fez versões para os primeiros discos de Roberto, era conterrâneo da família: tinha nascido na Ponte de Itabapoana, distrito de Mimoso do Sul, mesma terra da mãe de Roberto, em 1937. Sua figura seria crucial no desenvolvimento inicial da carreira de Roberto, seus caminhos se tornariam muito interligados, com hits marcantes e sucessos abrangentes, como "Só vou gostar de quem gosta de mim".

A emergente indústria fonográfica brasileira tem um grande débito com o produtor capixaba Rossini. Refinado e extremamente bem-informado sobre as novidades da música internacional, ele havia trabalhado como disc jockey na Rádio Eldorado e dominava as manhãs do jornalismo — tinha desembarcado no Rio em 1955 para trabalhar como repórter no antigo *Correio da Manhã*. Também perseguia a carreira de cantor, que abandonou precocemente em meados dos anos 1960. Jogava em todas as posições: também era colunista de jornal e botânico amador (tinha uma estufa de orquídeas em casa muito antes de Lenine). De suas conversas a respeito de ambientalismo com Roberto, nasceram os clássicos do cantor dos anos 1970 sobre o tema. Antes de entrar na CBS, Rossini trabalhou na campanha de Jânio Quadros para a Presidência, em 1961, compondo o polêmico "Rock presidencial" (com uma apropriação incidental do jingle "Varre varre vassourinha"). Chegou mesmo a compor uma canção com Jânio Quadros, "Convite de amor", que ganhou um prêmio no Clube dos Comentaristas de Discos. A letra dizia que o mundo era "uma imensa esfera de harmonia e luz/ e a vida é sempre eterna primavera/ que encanta e seduz".

Na CBS, o produtor conheceu e passou a colaborar não só com os emergentes do iê-iê-iê, que produziu e para quem fez versões, mas para outros nomes, como Raul Seixas e Odair José. Tornou-se um tipo de Midas das versões — Rossini garimpava palavras em português foneticamente semelhantes às em inglês e, mesmo que não tivessem a mínima proximidade em significado, ele as usava. Muitas versões soam divertidas, como "Não tem jeito", sua apropriação de "Satisfaction", dos Rolling Stones, em uma encomenda da banda brasileira Brazilian Bitles, liderada pelo baterista Luiz Toth. Rossini fez muita gente decolar, bandas como Golden Boys, mas não a si mesmo: não tinha uma voz muito especial para se firmar como cantor e gravou alguns discos sem repercussão. Só tinha um problema: Rossini e Imperial se detestavam, conforme descreve o livro *Dez, nota dez! Eu sou Carlos Imperial*, de Denilson Monteiro. A coluna de música que o mimosense mantinha no *Correio da Manhã* em 1961, "Esquina sonora" (tanto Rossini quanto Imperial tinham a pachorra de recomendar discos nos quais eles mesmos eram protagonistas), tinha desancado Imperial, a quem chamara de mentiroso e plagiário — nenhuma calúnia nisso, mas Imperial não gostou nadinha.

Rossini e Roberto tiveram uma química imediata e acabaram se tornando até sócios numa editora musical, para registrar canções. Mas o compositor ainda estava muito ligado às fórmulas do final dos anos 1950 e, inicialmente, não traria contribuições decisivas à sonoridade do conterrâneo capixaba, apenas trânsito e desenvoltura nos ambientes internos da indústria do disco.

Outra inflexão determinante na mudança de rumos da carreira de Roberto Carlos também aconteceu em 1961: o encontro com a cantora mineira Wanderléa, uma menina de Vila Isabel de apenas quinze anos (e que já cantava desde os sete), a quarta de uma prole suburbana de seis filhos (Wanderte, Wanderbil, Wanderbelle, Wanderlô, Wanderley e Wanderléa). Faltava o elemento feminino para abrir o trânsito em uma direção levemente menos chauvinista do que a preconizada por Imperial. Wanderléa, com sua euforia e destemor, uma imagem oposta à da clássica *blonde ambition*, desencanada, portando um frescor de conceitos e visualidade, mudaria o percurso daquela geração. Roberto virou uma espécie de tutor de Wanderléa, cumprindo a ele até o papel de levá-la de bonde ao boulevard e deixá-la em casa de noite após as jornadas musicais. "Ele tinha medo do meu pai, o velho Salim, que era muito bravo e não queria saber de namorados", contou. "Meu pai é muito alto e forte, parecido com Anthony Quinn.

Mamãe é baixinha, pequenininha, parecida com ela mesma, com seus olhinhos azuis, e é bem alegre", contou a cantora.

Até a chegada de Wanderléa, a imagem feminina que prevalecia no showbiz era ligada à placidez, uma visão colada à da dona de casa rósea do *American way of life*, doce e nada estridente. Celly Campello emoldurava essa projeção. Já Wanderléa sugeria a ultrapassagem de limites estabelecidos, a capacidade de dizer não, e cabia à imaginação das meninas inventar o resto do seu percurso. Além de tudo, ela encarnava uma divisão presumivelmente amorosa (e equilibrada) entre dois transviados da Jovem Guarda, Erasmo e Roberto, e isso era uma avançada visão para aquele tempo, uma fantasia ao estilo de *Jules & Jim* (filme marcante de 1962 dirigido por François Truffaut).

Roberto, de certa forma, abria clareiras numa floresta densa e ainda muito fechada. As gravações e a lei da gravidade de Carlos Imperial acabaram aguçando o faro do cantor para as circunstâncias em que sua carreira se desenvolvia e dava as direções que deveria seguir.

Acontece que meu sucesso no Rio foi uma época em que o iê-iê-iê não tinha prestígio praticamente nenhum. Tinha em São Paulo e no resto do Brasil, mas no Rio era difícil para um cantor de rock naquela época. Aparecer, por exemplo, no programa mais badalado que era o *Noite de Gala* era jogo. Na época em que eu gravei "Louco por você", "Malena", "Suzy" e principalmente o "Splish splash" foi que eu comecei a ver a coisa de uma forma melhor. Eu já tinha viajado algumas vezes para o Norte, fazia shows em subúrbios, em circos, mas televisão, que era o que dava prestígio, isso era muito difícil para um cantor de rock. A gente só cantava em programa especializado, como *Hoje É Dia de Rock*.

Para vencer, ele precisava aglutinar interesses em torno do desenvolvimento daquela cena, e sabia disso. Nesse sentido, outro personagem importante, também com conexões cachoeirenses, que marcaria essa fase da vida do capixaba foi o empresário Alceu Nunes Fonseca. Alceu comandava um conglomerado de 106 emissoras de rádio pelo país, o que incluía a rádio de onde provinha o jovem artista em Cachoeiro de Itapemirim. Essa credencial ajudava na divulgação do seu trabalho, já que Roberto era um sucesso lá em Cachoeiro, e a rádio tinha por regra colaborar na interação entre as emissoras da rede.

Nascido em Maricá, no estado do Rio, em 1903, Alceu Nunes da Fonseca começou sua carreira como representante de produtos farmacêuticos. Por conta da necessidade de divulgar as qualidades dos medicamentos e drogas que vendia, acabou entrando em contato com o meio radiofônico e passou a apreciar suas estratégias, tornando-se, na década de 1940, representante da Rádio Cultura de Araraquara, no interior de São Paulo. Criou então o Grupo Alceu Nunes da Fonseca & Cia. Ltda. — Organização Radinterior, um esboço das modernas redes de transmissão radiofônica, e passou a instalar emissoras de rádio pelo país todo.

Dirigiu a Rádio Sul Fluminense (de Barra Mansa, RJ) e as rádios Capixaba e Cachoeiro de Itapemirim, no Espírito Santo, além da Ubaense, em Ubá, a Industrial de Juiz de Fora e a Barbacena, em Minas, a Rádio Carioca de Feira de Santana, na Bahia, e a Rádio Carioca, no Rio de Janeiro.

"A velocidade com que o rádio atua junto ao povo, levando-lhe a notícia, a informação, a música, o prazer e a cultura, bastaria para justificar o meu entusiasmo", enfatizava o pioneiro das comunicações Alceu, pouco conhecido pela historiografia oficial, mas de grande importância para o desenvolvimento da educação. Porém, mesmo com todo esse currículo liberal clássico, uma coisa que Alceu não admitia era que sua única filha, Magda, namorasse um plebeu. E era justamente essa a peça que o destino estava lhe aprontando.

Foi durante sua gestão na Rádio Carioca do Rio que a vida de sua filha, Magda, e a do jovem cantor cachoeirense Roberto

Carlos se cruzaram. Magda também trabalhava na rádio, como programadora. Tinha criado programas como *Escolha Você o Melhor* e *Parada Carioca*. No primeiro programa, ela dedicava meia hora a um único artista, escolhido pelo volume de correspondência que recebiam na rádio. Fornecia dados biográficos do artista, abordava suas composições, falava de suas preferências. Elvis Presley geralmente dominava esse programa, por causa da popularidade do Rei do Rock na época.

Por conta de uma iniciativa de um rapaz que trabalhava como seu auxiliar, José Mariano da Silva Filho, Magda acabou cedendo a um suspeito volume de cartas que pedia que tocasse as músicas de um artista não tão conhecido assim naquele momento, Roberto Carlos. O rapaz era tão fissurado em suas músicas que o chamavam jocosamente de "Roberto" na emissora. Para conseguir um espaço, precisava que muitas cartas de ouvintes chegassem à emissora, e o próprio José Mariano tinha forjado essa chuva de cartas.

Por coincidência, Roberto estava naquele momento caitituando (divulgando seu trabalho) de emissora em emissora, e apresentou-se à rádio com a credencial de ser artista de Cachoeiro. Alceu, o dono da rádio, tinha controlado a Rádio Cachoeiro, sabia do seu *cast* de artistas. O disco novo, um 78 rpm, continha justamente a canção de Rossini Pinto na qual Roberto estava apostando, "Malena", que trazia um Roberto diferente daquele que acariciava as canções. "Olha, Roberto, não gostei muito, mas mesmo assim a gente vai tocar, não se preocupe", disse ao artista.

No instante em que conversavam, Mariano e Roberto, entrou na sala a filha do proprietário, Magda. Roberto ficou mais sem jeito que de costume, a garota era bonita e autoconfiante (tinha dezenove anos, mas já morava sozinha, raridade entre as garotas da época), e ele se sentiu fisgado na hora. "Olha, esta aqui é a Magda, diretora da rádio, filha do proprietário e também minha chefe", apresentou José Mariano. Roberto só conseguiu dizer um "muito prazer" timidamente. Quando se encaminhava para o elevador, Roberto parou e contou a Mariano que tinha achado a moça impressionante. "Fale pra ela que a convidei para ir ao cinema. Amanhã passo aqui e pego vocês dois", disse ao rapaz.

Mariano estranhou, mas propôs a Magda o convite do admirador e ela topou. No escurinho do cinema, no dia seguinte, Mariano foi jogado para escanteio, lá para as últimas fileiras, e Roberto engatou ali o seu primeiro namoro firme. José Mariano conquistava o direito de ser, dali por diante, um acompanhante de confiança de Roberto, um faz-tudo que antevia problemas e resolvia pepinos. Até quase o final da década de 1960, ele foi um auxiliar de serviços aleatórios fundamental na vida do cantor.

Roberto até mesmo tentou forjar uma carreira artística para o prestativo ajudante de ordens, que já tinha sido vendedor, técnico de futebol, gerente de boate e corretor, mas sonhava mesmo em ser cantor. Ambos inventaram um nome artístico para o rapaz, Nichollas Mariano, e Roberto o ajudou a produzir um compacto simples, intitulado *Não adianta nada*. Roberto até escreveu um texto para a contracapa do disco, que Mariano lançaria em 1967.

"Esse é o Nichollas, mora! O jovem promete muito e sua voz transmite. Sua música vai ser a lenha! Ouçam com carinho e atenção esse primeiro compacto do meu amigo Nichollas. Vocês vão entrar na onda dele", escreveu Roberto. Essa história não acabou bem, assim como o namoro entre Magda Fonseca e Roberto Carlos. Enquanto estiveram juntos, entre 1962 e 1964, ela ajudou a divulgar as canções do capixaba, auxiliou em contatos, funcionou como uma força propulsora. Mas o pai da moça, preocupado com o romance, achou um jeito de enviá-la para os Estados Unidos, forçando o rompimento, mesmo com a carreira do namorado indo de vento em popa. Embora Roberto estivesse apaixonado e buscasse manter o relacionamento vivo, Magda foi se afastando, e um dia, durante um acesso de inconformismo, numa sala de cinema, o jovem cantor de coração partido rabiscou num pedaço de papel uma letra de música que, mais tarde, trabalhada por Erasmo, se tornaria um dos seus maiores clássicos: "Quero que vá tudo pro inferno!".

Por isso corro demais: ao longo da vida,
reiterada paixão pela velocidade e pelo som.

Com Erasmo e Wanderléa: parceiros, confidentes, sócios nas aventuras pelos territórios da arte.

Com os amigos da Jovem Guarda, assumindo o papel de líder geracional e indicando os caminhos da autonomia artística.

Acompanhado por diferentes bandas, Roberto ajudou a forjar a sonoridade e o conceito da música jovem de um período.

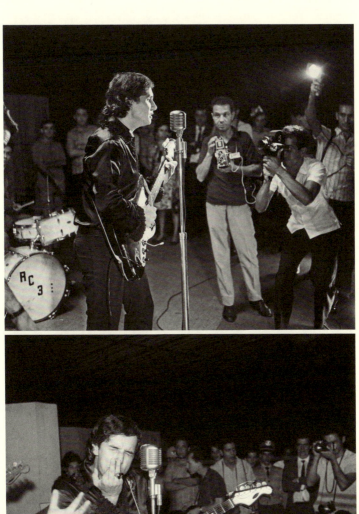

Em uma vida inteira transcorrida à frente das plateias, o cantor se especializou em atrair e também driblar a idolatria.

Modelo de estética e de comportamento, inovou ao tratar as questões do espetáculo de música como uma arte em si.

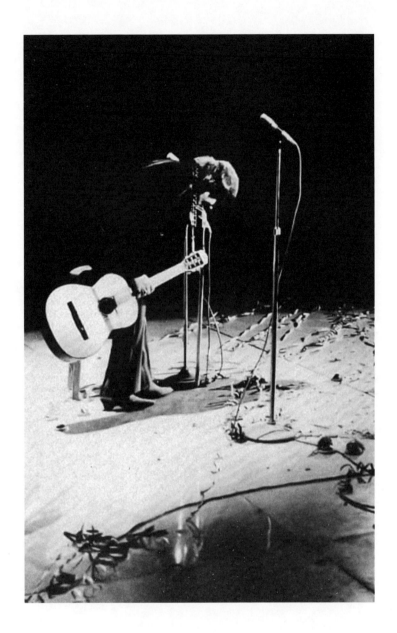

Só ao violão, como João, ou com orquestra e reforços dos amigos, um encantador de multidões.

A coroação simbólica o impeliu a uma posição ímpar na música brasileira, e ele fez o "título" ganhar corpo e importância.

Nesta página, acima, com as primeiras fãs; abaixo, John D. Loudermilk (de óculos), o compositor de "Road Hog", hit que inspirou "O calhambeque", e Norro Wilson, que faz os barulhos de motores e buzinas da versão original. Na página a seguir, com o ídolo Tom Jobim e repartindo o centro da ribalta com outro notável, Pelé.

Diálogos com as correntes mais ousadas da música popular, e a ampliação do conceito de show business a partir dos anos 1970.

A fé extremada, que se manifestou mais fortemente na maturidade; e em 1976, ao lado do general Ernesto Geisel.

Os casamentos: amores celebrados em grandes canções
e a imagem consagrada do amante à moda antiga.

Com o cineasta Roberto Farias, Roberto desenvolveu a ideia
do cinema como um veículo de apoio à divulgação musical.

Os primeiros discos da década de 1960: da *surf music* à música black, passando por inovações de ritmo e poética.

É PROIBIDO FUMAR

É PROIBIDO FUMAR • UM LEÃO ESTÁ SOLTO NAS RUAS • ROSINHA • BROTO DO JACARÉ • JURA-ME MEU GRANDE BEM • O CALHAMBEQUE (Road Hog) • MINHA HISTÓRIA DE AMOR • NASCI PARA CHORAR (Born to cry) • AMAPOLA • LOUCO NÃO ESTOU MAIS • DESAMARRE O MEU CORAÇÃO (Unchain my heart)

 Jovem Guarda **ROBERTO CARLOS**

QUERO QUE VÁ TUDO PRO INFERNO • LOBO MAU • COIMBRA • SORRINDO PARA MIM • O FEIO • O VELHO HOMEM DO MAR • EU TE ADORO MEU AMOR • PEGA LADRÃO • GOSTO DO JEITINHO DELA • ESCREVA UMA CARTA MEU AMOR • NÃO É PAPO PRA MIM • MEXERICO DA CANDINHA

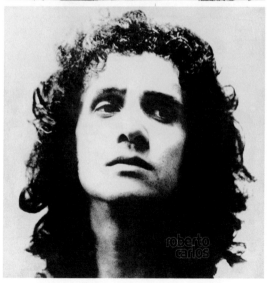

A partir dos anos 1970, a cristalização das novas fórmulas, da música romântica e erótica ao flerte com o sertanejo.

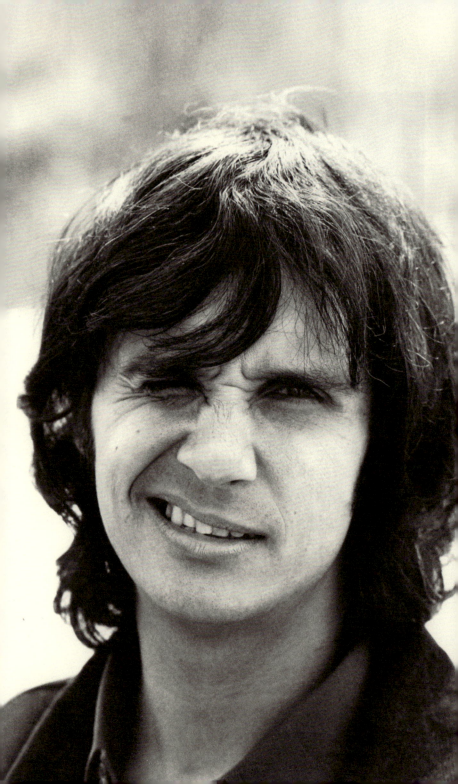

Todo mundo olhou me condenando

A aventura malograda de *Louco por você* tivera um efeito na Columbia. O contrato de Roberto agora era examinado com lupa pelo próprio chefão da gravadora, Evandro Ribeiro, que enfim o chamou para uma conversa. Roberto Côrte-Real tinha saído da companhia discográfica. Roberto temia ser demitido. Já tinha sido dispensado da Boate Plaza, e as chances de gravar um outro disco, caso a Columbia o mandasse embora, seriam muito pequenas. Mas acontece que a gravadora estava com problemas com seu maior astro, o ídolo jovem Sérgio Murillo. Campeão de vendas e (até então) conhecido como o Rei do Rock, Murillo reclamava do repertório que lhe davam e achava que não faziam direito a contagem da venda dos seus discos. Ao enviar um advogado para negociar com a gravadora, enfureceu Evandro Ribeiro, que o colocou na "geladeira". Ele só voltaria a gravar em 1964.

Evandro Ribeiro era um curioso executivo, já que parecia ter um radar mais apurado para aquilo que poderia se tornar apreciado de maneira transversal pela população. Era contra a elitização e também contra a facilitação. Mineiro discreto de Manhumirim, tinha ele mesmo uma trajetória de superação: começara a vida como feirante no Rio de Janeiro, foi office boy, balconista e bancário, e por fim fez um curso técnico de contabilidade. Foi por essa via que Evandro entrou no mundo discográfico: como contador, não como descobridor de talentos. Ao se tornar contador da Columbia, acabou ascendendo para chefe de finanças da companhia, cargo no qual tinha de conviver com os contratos com artistas.

Como era um pianista diletante, admirador de cantores como Marlene, Emilinha e Francisco Alves, o executivo tinha certa facilidade para detectar as suscetibilidades dos artistas e também seu potencial. Acabou sendo nomeado gerente-geral da Columbia e, logo a seguir, passou a acumular essa função com a de diretor artístico. Suas decisões eram sempre surpreendentes. "Vim de Goiânia e levei sete anos para gravar. O Rio é uma selva, uma selva de pedra. Tudo foi muito difícil, até que o seu Evandro, da CBS, me colocou numa das faixas do LP *As 14 mais*. Aí eu comecei para valer", contou o cantor e compositor Odair José, cuja carreira desatou um novo veio na música popular brasileira. O seresteiro Carlos José contava história semelhante sobre sua descoberta: "O sr. Evandro Ribeiro, diretor artístico da CBS, é o responsável pela série de LPs *Uma noite de seresta*, que já está no volume seis. A ideia foi dele e eu sou feliz por isso". Foi Evandro Ribeiro quem lançou Diana e fez de Raul Seixas seu produtor.

Evandro comunicou a Roberto Carlos que sua aventura como nova joia da bossa nova estava encerrada. A partir de agora, o cantor teria a incumbência de levar a gravadora de volta às trilhas do iê-iê-iê, que era o que vendia.

Foi Evandro quem supervisionou o "teste" fonográfico da nova onda, melhorando a vida de Roberto na gravadora e iniciando sua ascensão profissional. De chefão, Evandro Ribeiro passou a amigo, um irmão mais velho — um dos artefatos mais famosos que Roberto usa em shows, desde aquele tempo, é uma pulseira de prata de porte com que Evandro o presenteou. Entre 1963 e 1983, Evandro assinaria a produção de todos os discos do cantor capixaba, apesar de seu nome não constar na maior parte deles — era uma das precariedades dos primeiros anos da indústria, não se atentava para o valor dos créditos. O vínculo entre os dois se tornou tão forte que, muitos anos depois, um grupo fonográfico da Espanha quis contratar Roberto para sua gravadora e fez uma oferta irrecusável, dispondo-se inclusive a montar uma fábrica de discos no Brasil para tê-lo. Roberto respondeu que só começaria a levar em consideração a proposta se Evandro Ribeiro fosse contratado também.

Conforme a fama e as demandas aumentavam, Roberto foi construindo um reinado invisível em torno de si. Como num antigo patriarcado subliminar, desde o início o cantor estabeleceu um sistema de gestão em sua carreira que tem na lealdade a base fundamental. Ele observa os amigos e colaboradores atentamente. Qualquer inconfidência é imperdoável. Mesmo Erasmo, quando publicou sua autobiografia, achou melhor passar pelo crivo de Roberto os trechos em que mencionava o amigo, obtendo sua anuência — nada foi vetado, mas Erasmo sabia que seria melhor não ferir alguma suscetibilidade do parceiro. A todos os amigos necessitados, Roberto não nega ajuda, porém prefere que isso não seja divulgado. Também não gosta que lhe peçam favores o tempo todo; prefere detectar ele mesmo a necessidade. Lê e vê todas as entrevistas que amigos e colaboradores dão à imprensa ou aos programas de entretenimento e não veta nada, mas também não permite tudo — alguns aprenderam isso da pior maneira, sendo bloqueados em seu círculo de amizades, favores e apadrinhamento. "Eu não posso ficar devendo um favor para o resto da vida. Roberto me ajudou no começo, está certo, mas não é por isso que vou me prejudicar", afirmou a cantora Martinha, ao explicar as razões que a levaram a processar a editora de Roberto — ela reclamava pagamento de direitos autorais pela gravação da sua música "Eu daria a minha vida" —, magoada também porque o cantor não a tinha ajudado a resolver a questão.

O problema de Roberto é que sua fé na autoridade, qualquer que seja ela, mesmo a usurpada, parece maior do que a vontade de sublevação. Ao longo de sua extensa vida quase pública, a única coisa que o faz mover-se, dar um passo adiante, é a compaixão, que tem fundamento na sua religiosidade.

No final dos anos 1950 e início dos 1960, o governo brasileiro apregoava que o café era o nosso "ouro verde", o produto de excelência que financiaria o desenvolvimento nacional, e para tanto investia pesadamente no Instituto Brasileiro do Café (IBC), instituição que desfrutava quase que status de ministério. O êxito da comercialização internacional era crucial, e diplomatas eram alojados em cargos-chave do IBC para divulgar o café brasileiro no exterior, além de se organizarem recepções glamorosas no Copacabana Palace para autoridades estrangeiras. À frente dessa brigada, Juscelino Kubitschek posicionara um homem cosmopolita e viajado, Alfredo Becker, que vivia ali mesmo em Copacabana, num apartamento amplo na rua Constante Ramos, com a mulher e os filhos adolescentes, de dezessete e quinze anos.

Os amigos de Carlos e Sergio Becker, filhos de Alfredo, poderoso presidente do IBC, consideravam que eles tinham nascido virados para a lua. Como o pai da dupla viajasse frequentemente para o exterior e fizesse gosto que os filhos tivessem suas vocações musicais abastecidas, os rapazes tinham todos os discos de Chuck Berry, Ventures, Everly Brothers. Sergio gostava de tocar instrumentos de sopro, e o pai lhe trouxera dos Estados Unidos um saxofone tenor Martin. Tinham também equipamentos que eram raridades na cena musical daquela época, como um contrabaixo Alamo Titan cor creme e um amplificador *bass tuner*. Com melhores condições técnicas que seus amigos, com apoio irrestrito do pai rico (em geral, os pais achavam aquela coisa de música um passo para a vagabundagem), não foi difícil para os irmãos fundarem a banda The Angels, com duas guitarras, baixo, bateria e saxofone.

Após um período tocando fox e bolero em bailes em clubes como o Monte Líbano e Caiçaras, eles estrearam como anfitriões no programa *Encontro com os Anjos*, na TV Continental, Canal 9, em 1962. O título do programa era relacionado ao nome da banda, The Angels. Renato Barros, do grupo Renato e seus Blue Caps, ainda em processo de decantação de seu som, levava sua turma até lá para observar o funcionamento daqueles equipamentos maravilhosos dos Becker — na pré-história do rock, não havia nada daquilo ainda, era tudo artesanal, contrabaixos eram feitos a partir de braços de violões.

Foi então que passaram a acompanhar uma das cantoras de destaque da época, Célia Villela, e ganharam um contrato com a gravadora Copacabana. O apresentador José Messias também os pinçou para participarem do programa *Favoritos da Nova Geração*. Foi ali que conheceram Roberto Carlos, que passou a frequentar a casa dos rapazes na rua Constante Ramos. The Angels, o grupo dos Becker, que depois seria rebatizado como The Youngsters, ao assinar um contrato com a CBS, se converteria em um dos conjuntos fundamentais do desenvolvimento da sonoridade dos anos 1960.

O lugar no Rio onde o incipiente iê-iê-iê brasileiro encontrou guarida e se nutriu de autoconfiança e disposição, para depois ganhar a TV e os rótulos, a sua embalagem, foi nos programas de rádio do elétrico José Messias, um mineiro de Bom Jardim de Minas, jornalista, apresentador, jurado, melodista, letrista, produtor, diretor.

Múltiplo homem de bastidores, Messias conseguiu aproximar destinos. Ele revelou uma deusa do candomblé, Clara Nunes. Revelou um sambista de São Paulo, Jair Rodrigues. Ajudou a elevar a carreira de um roqueiro de Minas, Eduardo Araújo. No Carnaval de 1966, o país inteiro cantaria uma marcha de Messias, "Roubaram a mulher do Rui", gravada pela cantora Marlene ("Telefona para a radiopatrulha/ Pega ladrão, pega ladrão/ Estão roubando mulher/ No meio do salão").

Os "transviados" de José Messias não tinham surgido do nada, mas, vista retrospectivamente, a primeira dentição do rock nacional é quase invisível hoje. Os primeiros ídolos da chamada música da juventude, na transição para a Jovem Guarda, tinham sido Carlos Gonzaga (que, inicialmente, cantava guarânias e boleros antes de virar roqueiro), Tony e Celly Campello, Célia Vilela Lana e Sérgio Murillo. Eles tinham como foco, primordialmente, cantar, tocar e dramatizar rocks adocicados do tipo Neil Sedaka, da italiana Rita Pavone, e reproduziam um ideário jovem excessivamente dependente do *American dream*. Os expoentes eram Sérgio Murillo e Celly Campello. A sua substituição por um novo grupo de astros, mais abusado, com alguma carga de autossuficiência em relação à influência do pop internacional, levemente instável (e, portanto, mais parecido com a juventude real) foi quase uma contingência.

Celly Campello e Célia Lana trocaram aquela agitação da vida artística pelo recolhimento da vida doméstica. Já Sérgio Murillo, o maior ídolo jovem da fase pré-Roberto Carlos, teve um afastamento progressivo, o que tinha muito a ver com sua própria personalidade. Mais culto que a maioria, insurgiu-se contra o cabresto curto da indústria. Queria ditar seu próprio destino. Inicialmente, foi à Itália para gravar um disco pela RCA Victor, mas a sofisticação do repertório não encontrou ressonância na multidão. Depois de colocado na geladeira na CBS durante dois anos por Evandro Ribeiro, por recusar-se a gravar aquilo que o executivo queria, perdeu o impacto público e acabou abandonando a carreira para se dedicar à arquitetura.

Sérgio Murillo desfrutou de um grande sucesso com as canções "Marcianita" (1960) e "Broto legal" (1961), chegou a participar de filmes, como *A grande vedete* (com Dercy Gonçalves) e *Alegria de viver*, ambos dirigidos por Watson Macedo. Mas era considerado difícil pelo rolo compressor do mundo fonográfico e morreu esquecido, em 1992, desgostoso, com insuficiência renal provocada pela aids.

Celly Campello, badalada intérprete de hits como "Estúpido cupido", "Banho de lua" e "Lacinhos cor-de-rosa", em 1962 deu um basta na carreira (que durou apenas quatro anos) e se foi em grande estilo. Largou tudo para casar-se e viver em Campinas, interior de São Paulo, com o marido, José Eduardo Gomes Chacon, um contador da Petrobras, e dedicar-se a criar os filhos e os netos.

A programação encetada por José Messias tinha essa incumbência difícil de repor peças artísticas no lugar das que iam ficando pelo caminho no início dos anos 1960. Para isso, ele mantinha dezenas de quadros diários, entre eles um que foi chamado "Encontro com os brotinhos", no qual os artistas jovens (ainda mal vistos nas emissoras, proscritos da programação) da juventude transviada podiam se apresentar como num território livre: Roberto Carlos, Erasmo Carlos, Wanderléa, Eduardo Araújo, Renato e seus Blue Caps, Antônio Carlos e Jocafi, Antonio Marcos, Raul Seixas, Wilson Simonal, Wanderley Cardoso, Rosemary, Golden Boys, Jet Black's, Jerry Adriani, entre outros, eram os fregueses mais assíduos. Vendo o potencial daquela movimentação em torno de si, Messias criou o seu concurso que batizou de Favoritos da Nova Geração, veiculado na Rádio Guanabara e depois na TV Rio, e que cometia ousadias impensáveis para qualquer época da cultura jovem: durante oito horas a fio, tanto no rádio quanto na TV, ele recebia e entregava troféus para os expoentes do iê-iê-iê. A chegada dos candidatos era pela avenida Atlântica, em frente ao prédio da TV Rio, no Posto Seis de Copacabana, com as câmeras da emissora abertas, transmitindo tudo.

"Foi aí que os programas de gala da época começaram a prestar atenção naquele grupo de cantores de iê-iê-iê (que, segundo alguns experts, desapareceriam da noite para o dia), até então desprezados pelo chamado horário nobre da televisão", testemunhou o cantor Jerry Adriani.

A grande final do Favoritos era como um monumental desfile. A produção emprestava ao futuro ideias dignas dos grandes eventos hollywoodianos. Os artistas desfilavam glamour, chegavam em carrões, alguns de charretes, outros vinham pela orla a pé, para criar um clima de "extensão da vida". Wanderléa chegava montando um cavalo branco; Roberto, evidentemente, chegava de calhambeque. Havia *carpetbaggers* por todo lugar (as fãs abusadas do tapete vermelho). "Os olhares e os sorrisos das meninas já se faziam presentes nos elevadores do Edifício Darke, onde arrebentava a Rádio Guanabara", lembrou Erasmo. "E era difícil você conseguir chegar ao estúdio principal sem ter alguma parte da sua roupa rasgada, seu cabelo puxado ou alguns arranhões provocados pelo carinho das fãs."

Messias montou o programa como se fosse uma corrida de revezamento, com veteranos "passando o bastão" adiante.

Ataulfo Alves, Emilinha, Vicente Celestino, Dalva de Oliveira, Marlene, Orlando Silva, entre outros, esperavam as revelações da música jovem no palco ao lado do apresentador. Os "favoritos" da nova geração eram recebidos cada um por um padrinho, um veterano, como se o espectador estivesse presenciando uma transição natural. "Roberto virou o ícone sucessor de Orlando Silva", escreveu Messias. "Um sucessor seresteiro, sem regional e violão de sete cordas, com um fraseado mais moderno, universal; o velho de maneira renovada. Talvez esteja aí a indução do nome Jovem Guarda, brotada naqueles inesquecíveis encontros de gerações", afirmou o apresentador.

E o programa era itinerante, fazia a "exportação" dos astros pelo país todo, sempre com o mesmo esquema hollywoodiano. "Só quem viu nossa chegada ao Recife, com o aeroporto totalmente tomado pelo público, que invadiu a pista e todas as dependências para abraçar os Favoritos da Nova Geração, pode avaliar", contou Jerry Adriani. Na capital pernambucana, houve um desfile com escolta de aviões da Força Aérea e carros do Corpo de Bombeiros conduzindo os veículos dos artistas.

Foi nesse ambiente criado por Messias para recepcionar as novas estrelas da música que viria, alguns anos mais tarde, a inspiração para um dos grandes clássicos de Roberto e Erasmo, "Festa de arromba", que é a crônica dessa confluência — o compacto de "Festa de arromba", não por acaso, tem como lado B uma música de autoria do próprio apresentador José Messias, "Sem o teu carinho".

Íntimo dos seus jovens ídolos, José Messias podia criar seus bordões à vontade, sem cerimônia. Chamava Erasmo de Garrafeiro, um termo que tinha a ver com o porte físico avantajado do rapaz e sua indefectível boina azul, que Erasmo usou no período em que integrou o grupo Renato e seus Blue Caps. Isso deixava a mãe de Erasmo furiosa. Ela não entendia o apelido do apresentador para o filho e estrilava na frente da TV. "Quem ele pensa que é? Garrafeiro é ele, meu filho é bonito", vociferava dona Maria Diva.

Em São Paulo, Antonio Aguillar tinha se tornado o equivalente ao que José Messias representava para o Rio. Era mais que um apresentador: produzia, divulgava, aconselhava, forjava. As duas cenas, a de São Paulo e a do Rio, estavam em construção, mas São Paulo parecia ter uma vantagem indiscutível: a velocidade e a eletricidade. Tudo se processava em alta rotação e rotatividade. Personagens como Aguillar tinham o dom de fazer o negócio virar onda, confundiam-se com suas estrelas. Ali, a juventude tinha atitudes mais confrontantes e a ambição de metrópole abrigava todas as ambições. *Ritmos para a Juventude* foi criado em 1961 e acompanhou a evolução gradativa de todos os astros do incipiente cenário jovem nacional. "Roberto Carlos não cantava músicas para a juventude quando veio para minhas mãos, cantava apenas coisas do João Gilberto, e ele acabou sendo lançado no meu programa...", contou Aguillar.

Com o passar dos anos, muitos apresentadores passaram a alardear esse privilégio de terem sido os primeiros a terem avistado o Rei da Juventude. "Eu tinha um programa de televisão e nele, um dia, apareceu Roberto Carlos com uma carta de apresentação de José Messias. Apresentei Roberto cantando 'Splish splash'", contou o radialista Julio Rosemberg, que chegou a contar 350 conjuntos querendo se apresentar no seu programa. "Quando vi Roberto Carlos, achei que era a pessoa indicada para ocupar a tropa de liderança de uma juventude, e não me enganei."

Carlos Alberto Lopes, o Sossego, um âncora que colecionava discos dos Shadows em 1962 e pilotava programas como *Quinta Avenida*, *Clube de Brotos* e *Estúdio V*, contava que tinha sido o lançador de Roberto Carlos em seu programa após o cantor lhe aparecer numa noite chuvosa, todo molhado, com seu disco debaixo do braço para divulgar.

Reis mortos, rei posto. Em 1963, Roberto chamou os amigos da zona norte, Paulo César Barros e Renato Barros, além da banda deles, Blue Caps, para gravar com ele um compacto da versão do hit "Splish splash" que Erasmo tinha lhe mostrado num sábado, num lotação, voltando de uma festinha no Leblon. Perseguir aquele tipo de som fora uma recomendação do seu Evandro da gravadora, e ele estava seguindo à risca o conselho. O cantor capixaba ainda não tinha ideia do tamanho do impacto que aquela sua decisão teria no futuro da música jovem.

"Splish splash", a primeira contribuição fonográfica de Erasmo ao repertório cachoeirense (sua parceria anterior, para a Boate Plaza, não fora gravada), carregava consigo o potencial de combustão de uma música de convocação jovem, de espectro amplo e com grande transversalidade social — ricos, pobres, tímidos, extrovertidos, garotas, garotos, todos se sentiriam alcançados pelo toque daquela música. "Eu escutei no programa do Waldir Finotti, na Rádio Metropolitana, lá por 1963", contou Erasmo sobre a canção. E o que "Splish splash" tinha de incomum? Basicamente, descompromisso. Era quase um rito de desobrigação, de fé na irrelevância das coisas da juventude. Mas havia também o fato de que o intérprete finalmente era alguém que parecia mais próximo da moçada do que os cantores taciturnos e de vida complicada da antiga música brasileira. "Roberto é um de nós", pensavam os jovens.

O original da canção "Splish splash" tivera o seu batismo de fogo longe dali, em outro berço cultural, cinco anos antes. Seu autor era um rapaz norte-americano do Bronx, Nova York, Walden Robert Cassotto, artista que viveu uma vida muito breve, de apenas 37 anos. Cassotto era neto de um gângster da Máfia chamado Sam Cassotto, associado ao chefão Frank Costello. Preso, o avô de Robert morreu na prisão em Sing Sing. Para afirmar uma carreira de espectro público, o jovem Cassotto esqueceu o sobrenome de família e criou um pseudônimo, Bobby Darin. Demonstrando um talento inato para a música, ele lançou em 1958 uma canção *bubblegum* chamada "Splish splash", que tinha composto em apenas doze minutos, e ganhou as paradas rapidamente, vendendo 100 mil cópias do disco — só as canções de Elvis ("Hard Headed Woman", da trilha do filme *A mulher que eu amo*), Coasters ("Yakety Yak"), Pérez Prado ("Patricia") e Rick Nelson ("Poor

Little Fool") foram tão tocadas naquele verão. Com o nome artístico palatável, Darin subiu rápido e pôs-se a almejar o Olimpo da música popular, chegando muito perto do topo. Com apenas 23 anos, um tanto como um clone de Frank Sinatra, Bobby colocou algumas canções no alto das paradas.

Bobby Darin rapidamente se tornou um dos ídolos adolescentes da época, com canções como "Queen of the Hop". Mas ele tinha algo mais, queria ser mais do que um genérico de Frankie Avalon, outro ídolo de consumo veloz do período. Em 1959, Bobby seguiu firme nas paradas com duas canções, "Dream Lover" e "Mack the Knife", esta última tendo se tornado seu primeiro hit número 1 nas paradas da *Billboard* e lhe rendido um prêmio Grammy pelo recorde do ano. Darin também ganhou um Grammy de melhor novo artista, além de um contrato para filmar em Hollywood, onde fisgaria uma estrela do cinema, Sandra Dee (a estrela de *Famintas de amor*, de Robert Wise, com Paul Newman), casando com ela.

A picardia e o estilo de Erasmo fizeram de suas versões de hits norte-americanos os abre-alas da carreira de Roberto, embora tenha sido no trabalho autoral que a carreira de ambos realmente se consolidou. "Eu dificilmente faço versão; faço mais uma adaptação", argumentou Erasmo.

> Como eu disse no início, eu era um cara interessado em tudo que se referia ao rock and roll, então ouvia todos os programas e sabia das músicas. Essas músicas podiam nem ser conhecidas aqui, mas eram famosas nos Estados Unidos. No Brasil, só tinham conhecimento aqueles que eram verdadeiros fanáticos pelo rock, como eu. Aí descobria essas músicas, fazia as adaptações, mostrava ao Roberto, e ele gravava.

Abandonando a literalidade aquática da canção original de Bobby Darin, a versão que Erasmo fez para "Splish splash" criou uma metáfora meio fescenina para dar o molho de safadeza ingênua (e predominantemente masculina) que seria marca daquela geração. A original era um achado de Bobby Darin e do lendário DJ nova-iorquino Murray the K, um sujeito folclórico que usava chapéu de palha de feira agropecuária e promovia turnês de artistas ainda em início de carreira (caso dos Beatles e dos Rolling Stones), mas Erasmo e Roberto apimentaram um pouco.

Splish splash fez o beijo que eu dei
Nela dentro do cinema
Todo mundo olhou me condenando
Só porque eu estava amando
Agora lá em casa todo mundo vai saber
Que o beijo que eu dei nela
Fez barulho sem querer
Splish splash, todo mundo olhou
Mas com água na boca muita gente ficou

O que os americanos teriam pensado dessa expropriação de "Splish splash" feita por Erasmo e Roberto Carlos? Em 2014, chegou-se perto da resposta. O crítico de dança do jornal *The New York Times* foi ver um espetáculo da companhia Focus, brasileira, no Joyce Theatre, na Oitava Avenida de Manhattan. O espetáculo desatou um curto-circuito cultural na cabeça de Brian Seibert, o crítico. Ele detestou as versões que embalavam os solos de dança.

A música é toda gravada por Roberto Carlos, o pop star que ao longo de seus cinquenta anos de carreira foi chamado de o Elvis brasileiro e o Frank Sinatra brasileiro. As músicas variam de covers de "Splish splash" e "Unchain My Heart", ao *surf rock*, *funky R&B* e baladas românticas no estilo de Julio Iglesias. Para qualquer pessoa que cresceu com essas gravações, elas provavelmente têm ressonância emocional.

Para quem não o fez, eles podem soar, como parecem para mim, como um punhado de cópias inferiores.

Em 1963, contudo, a "cópia inferior" brasileira de "Splish splash" iniciou um tsunami no Brasil. Deixando para trás a bossa nova, Roberto encontrava na pedra fundamental do rock 'n' roll a energia e determinação que buscava. Precisava de mais elementos, e ele sabia onde procurar. Os irmãos Carlos e Sergio Becker, da banda The Angels/The Youngsters, que tinham sido enviados pelo pai para estudar na University of Miami, estavam voltando e com um novo background. Na temporada norte-americana, acostumaram-se a participar, toda sexta, das festas que os estudantes promoviam na universidade em torno dos novos ritmos, como twist e *hully gully*, começaram a preencher seu "drive" de informações musicais. Na volta, retomando os shows e assinando com a CBS, foram convocados, junto com Renato e seus Blue Caps, para gravar o novo disco de Roberto Carlos.

Ao contrário do que se pensa, que as bandas da época (Renato e seus Blue Caps, The Youngsters, Clevers, Os Jovens e Jet Black's) faziam somente as bases para os discos famosos do período, é preciso informar que a história é um pouco mais complexa. Muitos desses grupos faziam também os arranjos de todas as canções dos ídolos do iê-iê-iê, porque vinham de formação mais refinada; alguns deles sabiam ler cifras e partituras, caso dos Youngsters.

Evidentemente, a CBS tinha seus maestros para tais funções. Os principais eram José Pacheco Lins, o Pachequinho (a maior parte dos arranjos dos primeiros discos de Roberto Carlos é dele), e o maestro Alexandre Gnattali, irmão do célebre compositor Radamés. Para a parte instrumental, geralmente era o conjunto de Astor Silva que acompanhava as gravações dos emergentes da CBS, mas Roberto tinha outros planos para aquele disco e negociou uma turma de convidados, as bandas da zona norte — essas bandas não apenas mudariam a sonoridade de Roberto, mas de toda uma época, impactando tudo que seria feito a partir dali. Após ver sua capacidade de criar a música jovem do momento, Evandro Ribeiro contratou Renato Barros, dos Blue Caps, também como um dos produtores de sua casa discográfica.

As doze músicas do disco que inaugura a discografia "autorizada" de Roberto Carlos, *Splish splash*, trazem uma mistura exata de inocente malandragem e derramamento confessional que marcaria todo o início de sua carreira. Havia um consenso de que ele era um ídolo melancólico, e a admissão da condição de melancolia foi um golpe de mestre. "Deus que fez/ O céu a terra o mar/ E todo o bem que existe/ Só não entendo por que/ Eu sou tão triste", canta Roberto, em um dos hits do disco, a canção "Oração de um triste", a primeira música de cunho espiritual de sua trajetória, de autoria do apresentador José Messias.

Entre as doze canções de *Splish splash*, além, é claro, da música-título, outro caso à parte é "Parei na contramão", um belo achado inaugural. Roberto contou que a compôs numa tarde quente, enquanto trabalhava como escriturário no Ministério da Fazenda. Mostrou a Erasmo e eles a finalizaram juntos. Estruturalmente, embora muito simples na temática (a investida de um rapaz motorizado sobre uma garota que passa a pé e que usa da buzina e do apelo fordístico como trunfos improváveis de sedução), a música se desenvolve sem repetir nenhum verso e sem fazer uso de refrão de fácil aderência. A cadência Beatles é impulsionada pelo grupo liderado pelos irmãos Becker que o acompanha na gravação, The Angels (em breve The Youngsters), com breques e apitos (ao vivo, já acompanhado do seu primeiro conjunto de solista, o RC3, Roberto enfiava os dedos na boca e repetia o apito da gravação).

A elevação das bandas Renato e seus Blue Caps e The Angels à linha de frente da nova música jovem, ladeando um astro com a mesma idade do seu público, era como a moldura de um formidável manifesto geracional e, embora o LP *Splish splash* não tenha dominado as paradas então (essa façanha viria no álbum seguinte, em 1964), veio como um aríete derrubando naquele verão a última porta que ainda restava para a música jovem "iletrada" dos anos 1960. The Angels fizeram bases e arranjos para quatro faixas, entre elas "Parei na contramão" (o solo de saxofone que se ouve ali é de Sergio Becker, e não eram muitas bandas que tinham saxofone na época). A base da faixa-título, "Splish splash", é de Renato e seus Blue Caps.

A sonoridade dos Angels ecoava a pegada de uma banda britânica fundamental do período, que era influência dos brasileiros: The Shadows. Esse grupo, anterior aos Beatles, usava uma guitarra Fender e um amplificador Vox em suas gravações, obtendo um som muito distinto. Poucos grupos conseguiam emular aquilo, e The Angels/Youngsters, no Brasil, conseguia. Roberto Carlos não tinha grande intimidade com as questões técnicas da música, mas foi rápido em distinguir aquela especificidade. O reconhecimento dos Youngsters como um dos grupos que dominavam a sonoridade da música jovem crescia. Quando baixou no Brasil, no auge do seu prestígio, o grupo britânico Herman's Hermits — na crista da onda com hits como "Bus Stop" e "No Milk Today" — fez uma jam na Cervejaria Canecão, e a banda brasileira escolhida para abrir a noite foi The Youngsters.

Muitos dos músicos daquelas bandas, com a aproximação feita pelo iê-iê-iê, acabaram se convertendo nos instrumentistas que acompanhavam os artistas nas excursões. José Provetti, dos Jet Black's, por exemplo, seria o mais celebrado guitarrista da história do RC3, o primeiro trio que Roberto Carlos formou para se apresentar com ele (e permaneceria no front quando o grupo se tornou RC7, com sete integrantes). Paulista de Valparaíso, 75 quilos, cabelos castanhos, com boa mão não só para a composição, mas também para arranjos, com um histórico de domínio da música caipira de raiz, José "Gato" Provetti tornou-se homem de confiança da banda de Roberto. A sonoridade que Roberto mais curtia, a da banda The Shadows, tinha sido uma mamadeira para o jovem Gato — ele aprendeu com maestria as linhas melódicas de Hank B. Marvin, o guitarrista dos Shadows, o primeiro a empunhar uma guitarra Stratocaster na Grã-Bretanha. Por sinal, "Jet Black" é o nome de uma música dos Shadows, à qual o grupo de Gato acrescentou apenas um apóstrofo e um S para deixar claro de onde vinha seu som.

Os Jet Black's eram um grupo com outro nome antes de Gato entrar (era liderado por Bobby di Carlo, que saiu). Eram The Vampires, mas quando Gato chegou, a linha "shadowzista" prevaleceu, porque o guitarrista ainda por cima tinha também o domínio da mística de palco. Os Jet Black's tinham guitarras importadas, pose e impacto, e incomodaram a crítica conservadora da época, que tem entre seus nomes Fausto Canova e Lencione Filho, que descascaram o grupo. A guitarra de Gato acabou sendo marcante na gravação de clássicos inaugurais, como "Rua Augusta", de Ronnie Cord, e "Negro gato", ao Olimpo moderno, como "Eu te darei o céu", de Roberto.

O próprio Gato Provetti elegeu como uma de suas gravações mais importantes a cover de "Apache", dos Shadows, já com os Jet Black's. The Shadows, liderado por Cliff Richards, foi o grupo pré-Beatles mais cultuado; tem gente que chega a ouvir influência dele na música que o maestro italiano Ennio Morricone, um dos maiores autores de trilhas sonoras de todos os tempos, fez para a chamada "Trilogia do dólar". John Lennon era fã, e uma vez ele disse, sobre os Beatles: "Um dia, nós seremos tão famosos quanto Cliff Richards e The Shadows".

A coloração das bandas The Shadows e The Ventures (especialmente canções como "Wipe Out") estava nos acordes hesitantes do melhor que podia fazer o jovem iê-iê-iê brasileiro, Roberto Carlos bem no centro dele, como uma força centrífuga. Em vez de assentar-se na dualidade Beatles versus Rolling Stones, os primeiros passos do rock brasileiro espelharam as influências desses dois grupos, Shadows e Ventures, e sua musicalidade tinge especialmente os três primeiros discos *rockers* de Roberto Carlos — e, por conseguinte, todo o rock brasileiro da primeira metade dos anos 1960.

Gato Provetti tornou-se um dos amigos inseparáveis de Roberto no período, assim como o cantor Demétrius. Gato só tinha um calcanhar de aquiles: bebia um pouco além da conta. Houve um momento em que isso passou a comprometer sua sobriedade nos shows, e Roberto pediu que se afastasse para cuidar de si. Ao ver que estava ficando difícil para o Gato, Roberto, alguns anos mais tarde, o ajudaria a comprar um bar no Cambuci, em São Paulo, para colaborar com o sustento da família.

O êxito de "Splish splash" não ajudou a pavimentar somente o caminho do seu artífice principal, Roberto Carlos. Vendeu 9500 cópias, um desempenho para lá de satisfatório, e foi assim que Roberto ganhou dinheiro para comprar seu primeiro automóvel, o Volkswagen 1960. Não havia ainda um mercado extraordinário de discos, mas a grana já permitia alguns sonhos mais sólidos para a comunidade musical, que sonhava em viver do seu trabalho artístico. O êxito do disco arrastou para cima todo mundo que estava em volta. Erasmo vibrou, como contou em sua autobiografia:

> Quando recebi meu primeiro trimestre de direitos autorais pela versão de "Splish splash" e a coautoria de "Parei na contramão", ambas gravadas por Roberto, joguei o dinheiro vivo em cima da cama e, antes de dizer de onde ele vinha, brinquei:
> — Mãe, roubei esse dinheiro da padaria.

Foi uma brincadeira de mau gosto, admitiu. A mãe ficou nervosa e, chorando, saiu pelas ruas murmurando:
— Meu Deus, meu Deus, meu filho é um ladrão!

Foi difícil convencer dona Diva que era uma brincadeira infeliz. Ainda assim, os parentes e amigos seguiram desconfiados. "Música não dá dinheiro, é mentira dele!" Chegaram a aventar a possibilidade de Erasmo ter virado gigolô e estar vivendo às custas de alguma bacana.

É curioso notar que o disco foi produzido pelo próprio chefão da gravadora, Evandro Ribeiro, que, embora conservador, já intuía a força comercial que aquele movimento alcançaria. O novo status de que Roberto desfrutava vinha corroendo as vísceras do ardiloso Carlos Imperial. Suara tanto a camisa pelo pupilo, e agora ele estava alçando voo sozinho. Isso acabou envenenando-o — a raiva era tanta que, quando estava promovendo um novo apadrinhado, um cantor chamado Elton Roberto, Imperial perguntou ao rapaz como gostaria de ser conhecido, mas sem lhe dar chance de escolher, decretou: "Seu nome vai ser Roberto Rei!". A intenção era incomodar Roberto Carlos, o Rei da Juventude, que tinha se bandeado para o lado de Rossini Pinto. Não conseguiu nem uma coisa nem outra: Roberto não se incomodou e Elton não virou astro, o que parecia denunciar mais uma rivalidade forjada pela astúcia de Imperial.

Aliás, muito pelo contrário: Roberto Rei assina, como versionista, um dos maiores hits de Roberto Carlos no ano de 1965, "A história de um homem mau", adaptada da composição original "Ol' Man Mose". Essa canção era um sucesso da banda The Swinging Blue Jeans (um quarteto para quem os Beatles, no seu início lá no Cavern Club, costumavam tocar como banda de abertura), mas a composição merece um parêntese ainda maior: é assinada por ninguém menos que um dos pioneiros do jazz, Louis Armstrong, em parceria com o trompetista Zilner Randolph, que foi integrante da orquestra de Satchmo durante os anos 1930 (Randolph está em toda a série de discos *Louis Armstrong and His Orchestra*).

Roberto tinha saído de Cachoeiro, mas Cachoeiro nunca saiu dele. Naquele 1963, as irmãs Gercy e Maria Leonor, as primeiras fãs, estavam inquietas lá em sua fazenda em Cobiça, no interior do Espírito Santo. Queriam muito rever o seu menino da Rádio Cachoeiro, tinham ficado encantadas com todo o barulho em torno de "Splish splash". Elas estavam inseguras, não sabiam o quanto ele teria mudado, se seriam recebidas e como seria o reencontro. Mas nada disso as intimidava.

— Aí começamos a pedir a papai para deixar nós irmos ao Rio de Janeiro. Ele não queria deixar porque nunca tínhamos ido. Até que uma tia nossa que mora lá ajudou escrevendo um bilhetinho e mandou ao papai pedindo a permissão dele para que nós viajássemos. Aí ele deixou, e começamos a nos organizar. Compramos até roupas novas — recordou Gercy.

Conseguiram enfim a autorização do pai e seguiram de Trem Cacique rumo ao Rio de Janeiro para dois meses de estada, não só para um turismo expresso, mas também para participar de programas de auditório nas rádios e emissoras de televisão. O maior sonho, entretanto, era revê-lo.

— Uma prima nossa explicava como pegávamos o ônibus, os pontos que devíamos descer e todas as informações para que a gente conseguisse chegar aos locais. Na época, a Globo ficava na avenida Presidente Vargas — explicou Gercy.

O primeiro programa que as irmãs assistiram foi o do Chacrinha, na Rádio Globo (naquela época, os programas de rádio também tinham auditório).

— Chegamos, nos apresentamos ao Chacrinha e entramos no auditório. Já tinha bastante moça lá para assistir ao programa, já que o Roberto Carlos ia se apresentar. Lôra e eu sentamos e ficamos quietinhas, até que ele chegou, nos reconheceu e já veio para o nosso lado. As moças gritavam "Ah, elas são conterrâneas dele!". Foi muito legal! — recordou-se Gercy.

Aliás, foi nesse mesmo dia que as irmãs Volpato viveram uma situação inusitada envolvendo um táxi e Roberto Carlos.

— Quando saímos do programa, o cantor Luiz Wanderley convidou a gente para ir à TV Continental, pois o Roberto Carlos seria convidado dele nesse programa, já que o Luiz Wanderley era o apresentador.

As irmãs, então, conseguiram chegar à TV Continental para assistirem ao programa. Elas chegaram a levar um primo de dez anos de idade, mas, impedido de entrar no auditório do programa (por ser menor de idade), Luiz Wanderley conseguiu alojar o garoto próximo ao auditório para que ele conseguisse assistir ao programa e as irmãs pudessem olhá-lo de dentro do auditório.

— Quando estávamos saindo do programa e indo para o ponto de ônibus, o Luiz Wanderley chega e fala: "Vamos de táxi com a gente, Roberto vai também!". Respondemos que não, que iríamos de ônibus. Ele insistiu tanto que entramos no táxi — recorda-se Gercy, que continua:

Quando chegou na avenida Presidente Vargas, ele desceu do táxi e falou: "Vocês paguem a corrida". Aí, perguntamos ao Roberto Carlos onde ele saltaria, e ele respondeu que desceria no bairro São Cristóvão e nós também desceríamos lá. Mas, antes, Roberto olhou para nós duas e falou: "E agora? Eu não tenho dinheiro!". Ainda bem que Lôra e eu tínhamos um pouco de dinheiro e conseguimos pagar a corrida. Conversamos um pouco, ele foi para a casa da tia dele e nós fomos para a casa da nossa tia.

Elas nunca mais viram Luiz Wanderley. Mas Roberto foi uma aventura constante na vida delas, que atravessou toda a existência e persiste até hoje, na memorabilia de sua casinha ao pé de um morro em Cobiça, Cachoeiro.

Isso era uma marca da carreira do cantor. Roberto, apesar de avançar na carreira, não deixava para trás nenhum dos seus esteios emocionais. Foi quando lembrou que havia lá no Lins de Vasconcelos um cobra da composição, o ex-vizinho Luiz Ayrão, a quem ligou para encomendar algo para abrilhantar sua estreia.

Na época, Luiz Ayrão estava desconfiado das gravadoras. Tinha mandado uma fita para uma companhia com três músicas, os executivos pegaram as três, fundiram em duas e um dia um amigo veio lhe dizer que tinha ouvido sua música no rádio. "Os caras tinham clonado a minha música", espantou-se. Então recomendaram que ele apresentasse as composições a um artista que estivesse começando e em quem confiasse. Foi quando o velho amigo Roberto lhe contou que iria gravar um álbum. Ayrão foi à casa dele. "Ele me pediu música, eu levei um samba, uma bossa nova, porque ele tinha gravado um samba, uma bossa do Carlos Imperial." Mas Roberto ficou desapontado:

— Não tô gravando samba, Luiz... Vou gravar só um, porque já me comprometi. Você não tem música jovem? Tipo Paul Anka, Neil Sedaka?

Ayrão detestava aquele tipo de música que Roberto queria, diz que isso se deve ao fato de que sua família era de militares, gente muito nacionalista. "Mas eu disse ao Roberto que tinha, só não tinha trazido a letra. Mentira: eu não tinha. Fui pra casa, peguei meu violão e fiquei tentando compor a madrugada inteira, eu tinha dezenove para vinte anos." Foi assim que Luiz Ayrão compôs "Só por amor" para o disco *Splish splash*. "Fiz seis músicas na madruga. Quando levei para ele, cantei essa e não precisei nem gravar as outras. Ele gravou. E eu virei compositor profissional e comecei a receber direitos autorais. Era o dobro do que eu ganhava trabalhando um mês inteirinho sob chibata, num banco inglês que tratava funcionário como escravo."

O disco também introduz uma parceira que seria de crucial importância na vida do cantor capixaba, Helena dos Santos. Ela é a autora de "Na lua não há", uma balada aceleradinha pela guitarra e viradas rápidas de bateria, solos de sax infecciosos e com um tempero elvismaníaco irresistível. O leve climão de ficção científica da letra seria aperfeiçoado em uma canção futura de Helena que Roberto imortalizaria em outro álbum, batizada como "O astronauta". A parceria de Helena com Roberto merece um capítulo à parte em qualquer trabalho sobre a presença da musicalidade do povo preto na evolução da música popular.

Mulher humilde, nascida na cidade mineira de Conselheiro Lafaiete, órfã muito cedo, Helena dos Santos foi criada pela madrasta e trazida ao Rio de Janeiro para trabalhar numa fábrica de tecidos. Mas sofreu um acidente e ficou dois anos desempregada. Porém, quando voltou a ter condições de trabalhar, arrumou um emprego de doméstica. Com dezessete anos, conheceu um rapaz em Cabo Frio, com quem casou e teve quatro filhos (alguns falam em seis). Mas o marido morreu precocemente e Helena teve que criar os filhos, alternando-se em trabalhos manuais. Nesse período, começou a escrever letras de sambas, boleros, marchas e valsas, embora não tivesse a quem mostrar essas composições. Um dia, assistindo ao programa de Carlos Imperial, *Hoje É Dia de Rock*, ela sentiu que havia ali um tipo de música e de eletricidade que requeria uma lírica diferente, e passou a compor com essa perspectiva. Porém precisava sair do casulo.

Helena, que vivia então na Rocinha, começou a procurar programas de rádio com suas canções com a intenção de oferecê-las para jovens intérpretes gravarem. Na Rádio Nacional, lhe disseram que sua música era boa, mas era de um gênero complicado, e lhe indicaram que procurasse jovens iniciantes, como Roberto Carlos, que estava à procura de algo novo para gravar. Ela o encontrou no corredor, e Roberto gostou do que viu e ouviu. "Gostei das suas músicas, Helena, vou gravar", afirmou. "Não lhe estou fazendo nenhum favor, a música é muito boa e merece ser gravada." Somente naquela década, Roberto gravaria nove canções de Helena dos Santos — "O astronauta" é uma de suas mais lindas gravações na carreira ("Bombas que caem/ Jato que passa/ Gente que olha um céu de fumaça/ Meu amor não sei por onde anda/ Será que os amores já morreram?").

A percepção imediata de Roberto a respeito do talento de Helena dos Santos subvertia os filtros habituais da admissão na máquina da música. No seu primeiro encontro, ele pediu que ela cantarolasse "Na Lua não há" ali mesmo, no corredor da emissora, e seu legítimo encantamento, para a sofrida mulher, já era um estímulo que ela nunca recebera até então. A partir dali, ao menos uma música da compositora mineira estaria a cada ano nos novos discos do capixaba — há quem acredite que Roberto relacionava Helena com boa ventura, sorte. Com o dinheiro que passou a receber pelos seus direitos autorais, a compositora conseguiu ter uma vida mais confortável, mudando-se para um apartamento no Horto. Morreria em outubro de 2005, aos 83 anos, em sua casa em Bangu, já eternizada como uma das parceiras mais delicadas da carreira do cantor.

A simbiose com Erasmo se confirmava no disco. Com duas composições originais ("Parei na contramão" e "É preciso ser assim") e uma versão ("Splish splash"), Erasmo tinha provado para Roberto que era mesmo aquilo que ele havia procurado, o tradutor ideal de um tipo de expectativa jovem, sua cultura do underground proletário, e a rapidez dos movimentos artísticos do parceiro cunhavam "memes" instantâneos da rebeldia deglutível.

Os olhos do executivo da gravadora, Evandro Ribeiro, cresceram para cima do novato Roberto. Era preciso colocar rapidamente mais um disco no vácuo do primeiro e, em junho de 1964, saiu *É proibido fumar*. Roberto surge insolente já na capa, de camisa vermelha, berrante, e a canção-tema era um desafio legítimo da paixão à autoridade constituída: "O beijo que eu dei nela assim/ Nem bombeiro pode apagar/ Garota pegou fogo em mim/ Sigo incendiando bem contente e feliz/ Nunca respeitando o aviso que diz: é proibido fumar".

A coincidência da eclosão do fenômeno Roberto Carlos com um golpe de Estado no Brasil fazia o país parecer que vibrava em duas ou três dimensões diferentes. Em 1964, havia tanques nas ruas, toque de recolher, prisões arbitrárias. O emergente regime militar tinha se convencido de que era preciso retomar as mentes jovens para a tarefa de repor a ordem. A juventude era mencionada em praticamente todos os discursos dos golpistas. O almirante Silvio Heck, um dos líderes da tomada de poder, escreveu que era prioridade que a "revolução" se esforçasse para "incorporar os jovens capazes".

Nesse contexto político e social em que a entronização de Roberto Carlos se iniciou e se consolidou, ele conquistou também as novas mídias de massas, com especial destaque para a TV, o que lhe garantiu uma espécie de imunidade compulsória mesmo entre os censores mais encarniçados. Na construção do regime que se seguiu, o colaboracionismo contaminou instantaneamente o jornalismo e todas as molduras sociais. Colunistas de todos os veículos, que antes viam nas coreografias da juventude um legítimo desejo da construção nacional, tornaram-se corriqueiramente voláteis e perigosos. Colunas como a de "Carlos Swann", em *O Globo*, viraram porta-vozes da repressão e da censura subliminar, embutindo em suas notas desejos de expurgo ou de glorificação. "O presidente Castelo Branco não se considera um presidente de transição. É um homem que tem uma alta ideia de seu cargo e uma grande ideia do Estado, e que acredita poder hoje, sozinho, manter a unidade do Brasil e conter as tendências opostas." Mas o iê-iê-iê não deu mostras de se posicionar claramente em relação ao poder político, preferindo habitar uma espécie de mundo paralelo.

Houve, no entanto, da parte dos engajados, uma identificação dos artistas daquela música com o regime. A ditadura, por seu turno, nutria um sentimento ambíguo em relação àquela movimentação: por conta de sua qualidade e popularidade, era conveniente estimular os programas, os shows e os festivais: isso mantinha a juventude ocupada demais para perceber os sombrios desvios democráticos que se operavam nas penumbras da repressão.

Líder incontestável do movimento jovem, Roberto Carlos passaria a década de 1960 alheio a essas questões, ao menos até 1968. Nesse período, manteve o foco nos carros, na carreira, nos negócios. Criou uma editora, a Genial, para registro de músicas e para fazer o meio de campo de questões relativas a direitos autorais, ensinando o caminho das pedras para os colegas. Com postura de *boss*, dava "duras" nos que mantinham um descompromisso com os horários (chegou a provocar um rompimento com a banda Renato e seus Blue Caps quando estes demonstraram curtir mais a praia e o futebol do que a agenda). Mas era sempre uma visão de *business*, e isso parecia imperdoável para aqueles que estavam enfrentando a barra-pesada da repressão e da limitação da liberdade de expressão. "A Jovem Guarda nunca teve bandeira política, era uma rebeldia comportamental. E passamos a ser vistos como de direita", disse o cantor Leno, da dupla Leno e Lilian.

As posturas eram diametralmente opostas, o que sugeria aos engajados, no mínimo, acovardamento. Enquanto Roberto era coroado "Rei da Juventude" no programa do Chacrinha pela mãe, Nara Leão chutava o balde: "Os militares podem entender de canhão ou de metralhadora, mas não pescam nada de política", disse a cantora, sugerindo a extinção do Exército e o retorno imediato dos civis ao poder. "As nossas Forças Armadas não servem para nada, como foi comprovado na última revolução, em que o deslocamento das tropas foi prejudicado por alguns pneus furados."

Os militares encaravam a juventude como um enigma inesperado, um campo a ser observado com atenção. A um militar metido a cientista social, o general Antônio Carlos da Silva Muricy, foi confiada a tarefa de produzir um estudo que desse conta dos desafios que a juventude representava. Muricy, em sua monografia *O estudante e o terrorismo* (que interrogou 44 "terroristas" jovens), apontava que a desilusão com o capitalismo, a filosofia materialista, a vaidade intelectual e a insatisfação com a religião eram as bases em que a infiltração do comunismo se dava. "Quando, no início ou no meio do processo, o jovem se revolta, é movida contra ele uma campanha de desmoralização. É chamado de reacionário, burguês, entreguista, quadrado, gorila etc." Parecia algo generalizante, mas mostrava claramente que, na querela entre a MPB engajada e a Jovem

Guarda, por exemplo, o regime militar ficava claramente com a que era considerada "reacionária".

Vestido com as roupas da transgressão permitida, Roberto entrava em cena se prestando ao papel de rock star que tinham exigido dele em seu terceiro disco: quase ameaçador, quase selvagem, quase fora de controle, mas tudo parava no quase. *É proibido fumar* (CBS, 1964), num ano em que tudo seria interditado em termos de liberdade de expressão, parecia piada, não fosse tudo pura manha do acaso. Os malefícios do tabaco estavam se tornando alvo de uma nova consciência de cidadania pelo mundo, e diversas pesquisas mostravam que era uma questão de saúde pública séria.

Roberto Carlos tinha um irmão que era oficial do Exército, mas não houve, de sua parte, nenhuma declaração ou ato de apoio ou de repreensão ao regime durante aquele período. Estava totalmente concentrado na carreira, que enfim decolava.

> Não sou um alienado não, só que eu não gosto de me manifestar politicamente e acho que tenho esse direito. Então as pessoas acham que, por eu não me manifestar politicamente, não estou contribuindo para uma série de coisas. Não, eu apenas não estou falando nas minhas músicas de um assunto que eu realmente não sei falar como eu gostaria, por exemplo.

Seu trunfo em *É proibido fumar*, o terceiro álbum, foi conseguir impor à gravadora os parceiros já consolidados em *Splish splash*: o agora indispensável Rossini Pinto ("Um leão está solto nas ruas"), a doce Helena dos Santos ("Meu grande bem") e o astuto José Messias ("Minha história de amor"). E muito Erasmo, claro. Erasmo tem três parcerias com Roberto e assina duas versões gringas no álbum. Com o parceiro, é possível ver a prevalência da marca Erasmo na irreverência em "Broto do jacaré", uma *surf music* pontuada por gritinhos e picardia, e gravada por Roberto novamente com acompanhamento do grupo The Angels/The Youngsters, que ele teria perto de si ainda em outros dois discos futuros. O tema praieiro e a leveza dessa música ("A minha prancha o vento para longe levou/ Bebi água salgada porque não dava pé/ Peguei a prancha mas não encontrei/ O broto do jacaré") projetavam um novo posto para a dupla Roberto e Erasmo naquela embocadura geracional.

O *surf rock* que chacoalha o álbum *É proibido fumar* possui talvez o escopo mais evidente de manifesto do iê-iê-iê gestado durante a emergência do rock nacional. Não por acaso, abriga a música que carrega a metáfora mais precisa da chamada juventude transviada: "Um leão está solto nas ruas". Rossini Pinto faz uma irresistível advertência, à amedrontada família de bem, contra os perigos da sedução dos cabeludos: "Feche as janelas, tranque bem o portão/ pois num dado momento, sem ninguém esperar/ pode aparecer o tal leão". O "tal leão" à espreita é, evidentemente, o jovem, seu senso de liberdade, de negação dos valores tradicionais.

Havia alguns motivos para o elétrico entusiasmo musical contido em *É proibido fumar*. No grupo The Youngsters, que acompanhava Roberto, Carlos Becker tinha saído após casar com a cantora Célia Villela, e os remanescentes haviam escolhido para guitarrista um outro amigo de Copacabana, Luiz Carlos Siqueira, egresso do grupo The Sunshines, de Ipanema. O rapaz era um *rocker* de opiniões firmes desde que ouvira Chuck Berry, mas sua formação era também eclética: filho de uma apreciadora do canto lírico, tinha começado tocando bossa nova e apresentara até um Tchaikóvski (*Abertura 1812*) no colégio. Sua disposição era romper com o cenário derivativo que havia no rock da época e "nunca fazer covers, fazer sempre os nossos próprios arranjos".

O guitarrista Luiz Carlos, que ainda tocava uma guitarra Eko italiana limitada, intuía que a revolução daquele período seria encabeçada pelas guitarras e pelos baixos elétricos, e não mediria esforços para consolidar isso. "As primeiras Fender e

Gibson fomos nós que tivemos, a gente fazia um som de alta qualidade. E a nossa diferença era que a gente tinha formação musical", lembra, imodesto. Mesmo fazendo o circuito dos bailes da Penha, Tijuca, Grajaú, nada disso era capaz de fazer os Youngsters buscarem alguma facilidade suburbana, sua meta era cosmopolita.

Além da canção-título, outras músicas de repercussão desse LP seriam "Amapola" (Lacalle e Roberto Carlos) e "Rosinha" (Oswaldo Audi e Athayde Julio). As letras com nomes de mulheres iam se acumulando no songbook do cantor capixaba, consagrando musas que pouca gente conheceria, mas que construíram um cabedal afetivo gradativamente incorporado à educação sentimental do país.

E não podiam faltar no álbum as trôpegas versões, maior "muleta" daquela fase de desenvolvimento de um rock tropical. Nesse álbum, Roberto pinçou "Nasci para chorar" ("I Was Born to Cry", outro grande hit de Dion and the Belmonts) e "Desamarre o meu coração" ("Unchain My Heart", de Bobby Sharp), uma composição que tinha sido gravada por Ray Charles em 1961 e por Trini Lopez em 1963, sempre com sucesso. O compositor da música, Bobby Sharp, que era viciado, vendeu a música para Teddy Powell por cinquenta dólares, e o crédito passou a ser da dupla, mas Sharp a recuperou mais tarde na Justiça. Pela primeira vez, Roberto se arrisca a fazer uma versão ele mesmo, e o resultado é bem fiel ao original, embora dispense o verso mais interessante ("Estou sob seu feitiço/ Como num transe, baby/ Oh, mas você tá cansada de saber/ Que não me deu uma chance").

Mas havia uma canção particular ali em *É proibido fumar*, "O calhambeque", versão de um sucesso norte-americano feita também por Erasmo, que estava destinada a ser o grande arrasa-quarteirões daquela década, sobrepondo-se a todas as demais. Ela tinha destinação inequívoca: seria a alavanca que impulsionaria as turbinas de um movimento jovem massivo, um ano depois, e continuaria dando um toque de frescor à música brasileira por décadas, revisitada por algumas gerações.

Era apenas uma versão, como já era corriqueiro naqueles anos pioneiros do rock 'n' roll nacional, mas encontrou uma formidável ressonância cultural. Seu compositor era um homem alegre de rosto cheinho e óculos de aros grossos, o norte-americano John D. Loudermilk, que nunca se importou muito com o destino dessa canção. Loudermilk iniciara a carreira fazendo canções para cantores country dos Estados Unidos, como George Hamilton IV, e, ao longo da vida, compôs mais de quinhentas músicas.

Nos anos 1950 e 1960, a partir de sua base em Nashville, Loudermilk burilou sons para grupos emergentes, como os Nashville Teens, que gravaram em 1964 o hit "Tobacco Road", que entrou no top 10 da Inglaterra e no Top 20 dos Estados Unidos. Era politizado e fazia letras de grande apelo popular ("Tobacco Road" acabou sendo gravada por gente como David Lee Roth, Eric Burdon, Steve Earle e outros). Sua maior repercussão de público, como intérprete, foi quando fez a canção "Indian Reservation", inspirada numa remoção forçada da tribo cherokee de Oklahoma nos anos 1830. Ele contava que tinha feito a música a pedido de nativos cherokees que o haviam resgatado de uma nevasca e, quando souberam que compunha, disseram para fazer uma música sobre sua luta pela terra.

Nascido na Carolina do Norte, filho de uma missionária do Exército da Salvação e de um carpinteiro, Loudermilk era influenciado pela cena da *country music* como quase todos os rapazes de seu tempo. Aos sete anos, o pai lhe fez um *ukulele* de uma caixa de charutos de lata, e ele aprendeu a tocar com o Exército da Salvação. Em 1999, a primeira canção que compôs, "A Rose and a Baby Ruth", foi ressuscitada por Marilyn Manson em seu estilo gótico pós-industrial, voltando a ser sucesso.

Ao longo da sua existência, seus hits foram gravados por gente como Roy Orbison, Marianne Faithfull, Linda Ronstadt,

Norah Jones, entre outros. Em 1967, Loudermilk ganhou um Grammy; em 1976, foi conduzido ao Hall da Fama dos Compositores de Nashville, meca da *country music*. Já coroa, nos anos 1980, dedicou-se ao estudo de etnomusicologia e parou de conversar com os filhos e a família sobre o período do showbiz; era como se nada tivesse existido antes. É curioso que um artista de um mundo aparentemente tão remoto tenha tanto a ver com a construção do pop rock brasileiro e que quase ninguém saiba disso — ele mesmo morreu sem saber.

De todas as canções que fez, apenas uma é assinada junto com sua mulher, Gwen Loudermilk. É justamente ela a base de "O calhambeque". Eles foram os compositores, em 1962, de uma canção chamada "Road Hog", que o artista lançou em um disco solo batizado como *Twelve Sides*. Os biógrafos de Loudermilk dizem que a participação de Gwen foi só de encorajamento quando o marido lhe contou sua ideia de uma música sobre a polícia de trânsito de Nashville. A base de "Road Hog" (nome que quer dizer algo como "porco da estrada") era ainda mais antiga; Loudermilk se inspirara também em uma coisa preexistente, um velho hit country de 1924, "Groundhog", de Land Norris.

A música não causou um incêndio nos Estados Unidos; não causou nem mesmo uma labaredazinha: o cantor só chegou ao 65º lugar na parada da *Billboard* com ela. Mas Loudermilk não tinha ideia do que aquela sua canção deflagrou no Brasil. Em 1963, Erasmo Carlos, que já tinha curtido uma composição de Loudermilk que Ronnie Cord gravara em 1961, ouviu "Road Hog" e decidiu fazer uma versão ao seu estilo, livre, e a batizou como "O calhambeque". Roberto Carlos, seu parceiro, adorou e gravou, mimetizando até os *vrrrummms*, barulhos da gravação (feitos, no original, por um amigo de Loudermilk, Norro Wilson) e a gargalhada do cantor em sua interpretação original. Roberto lançou o compacto e depois incluiu a música no álbum *É proibido proibir*, e ela se tornou a pedra fundamental de sua carreira na qual fundia rock and roll, *rockabilly*, *surf rock*, *doo-wop* e manifestos juvenis. Poucas vezes uma escolha foi tão certeira.

Somente a conexão automobilística aproxima a letra original de Loudermilk e a versão de Erasmo. O norte-americano, em cima do original que recolheu lá nos pântanos, adicionou uma mudança fundamental na letra, o refrão "*road-a-hog, beep! do-do-de-do-do*". A letra original descreve um "pega" entre dois carros, o do narrador e um carro desconhecido em que estavam alguns jovens. Depois de narrar tentativas de ultrapassagem e algumas cenas do tipo "vamos ver quem é o macho dominante do velocímetro", o carro desconhecido para no posto de combustíveis e o adversário se aproxima dos jovens. Mas não é para cumprimentar, é para lhes dar voz de prisão (o "competidor" era, na verdade, o xerife). A versão de Erasmo materializa a paixão por carros ultrapassados — o narrador deixa um carrão na oficina e leva, envergonhado, um calhambeque para usar enquanto durar o conserto. Mas o carro velho começa a facilitar sua vida com os "brotos", e ele abandona o carro novo.

A canção de John D. Loudermilk não tinha sido um sucesso em sua terra. Ele usufruíra do êxito com outras canções, caso de "Blue Train", com a qual conheceu a Europa, e "Break My Mind". Havia ainda um agravante: a música era uma parceria com a mulher de quem ele se divorciara de forma não muito amável, trazia-lhe lembranças desagradáveis. Por causa disso, ele não gostava nem de mencionar o nome da música, deixando-a numa gaveta esquecida da memória.

A explicação do sucesso de "O calhambeque" brasileiro reside, em parte, no fetiche que havia, nos anos 1950 e 1960, pelo automóvel como fundamento de potência juvenil, escora de supremacia de gênero entre os jovens degustadores do rock 'n' roll. "Nos anos 1950, o único lugar onde se podia transar com a namorada era no carro", disse o cantor Roberto Frejat. Assim, os hits motorizados se sucederam desde então: "Mustang Sally" (Wilson Pickett), "Drive My Car" (Beatles), "Black Limousine"

(Rolling Stones), "Roadhouse Blues" (The Doors), "Built for Speed" (Stray Cats), "Little Red Corvette" (Prince), "Papai me empresta o carro" (Rita Lee).

No mesmo ano, dois hits do gênero automobilístico estavam no topo das paradas no país: "Rua Augusta", de Ronnie Cord, e "O calhambeque" (Erasmo e Roberto). Nas sucessivas aparições em programas de televisão, a bordo desse hit, Roberto ia se tornando um fenômeno de aprovação popular, uma nova unanimidade nacional, e a canção colaborava para isso: era, no final das contas, um cara que podia amar um carro velho como qualquer fetichista de subúrbio. Virou história em quadrinhos, virou cenário de palco, virou pavio de pólvora de uma sublevação juvenil de classe média catapultada principalmente pela TV.

A aversão que Roberto tinha causado em certos formadores de opinião começava a mudar com esses primeiros discos. Um dos papas da TV, Flávio Cavalcanti, ao ser inquirido sobre as críticas abertas que fizera a Roberto Carlos, respondeu: "Algumas músicas, duas ou três, eu realmente não gostava. Pela barulheira, pelas guitarras. A guitarra me enerva profundamente. Isso é um problema particular. Eu não fico preocupado porque eles desafinam. Tenho medo é que morram eletrocutados. Mas, dessa turma toda, ele [Roberto Carlos] é, talvez, o que tenha mais chance de resistir".

É curioso notar que, nesse início de carreira de Roberto Carlos, o cantor exercita uma característica que é comum a todos os seus discos: a diversificação. Há diversos parceiros, há *rockabilly*, há *doo-wop*, a instrumentação vai da *big band* ao trio, há teclado, saxofone. Ele mantém essa determinação até o início da fase romântica, quando então passará a manusear as baladas primordialmente e a enfatizar uma proximidade maior com as tradições do crooner de orquestra americano, de Sinatra e Tony Bennett, que ele disse muitas vezes considerar o maior cantor do planeta.

O sucesso agora tinha se tornado estável e, na sua esteira, as façanhas. Roberto se tornaria o primeiro cantor brasileiro a sair do país para uma única apresentação-relâmpago na Europa. Foi levado para cantar no Cassino Estoril, em Portugal. Foi e voltou em menos de 36 horas. Passava a ser o primeiro astro nacional com uma obra sendo globalizada, com públicos sendo formados ao redor do mundo — inicialmente, os de língua portuguesa, mas logo os hispânicos e também anglofalantes.

Apesar de terem uma crença comum, não eram todos os astros da mesma tribo. Ronnie Von e Eduardo Araújo, por exemplo, tinham seus próprios programas de TV, com abordagens distintas. Ronnie, mais burguês, formado em economia, desenvolvera uma devoção mais rigorosa ao som dos Beatles, coisa que não marcaria particularmente Roberto e Erasmo. "Embora amante da música de Schubert, pretende se firmar como intérprete de iê-iê-iê", descreveu uma revista.

Mas todos, inclusive nas diferenças, reconheciam uma necessidade mercadológica de manter tudo num mesmo arcabouço para facilitar os negócios derivados daquela indústria que estava despontando e que ninguém ainda saberia aonde poderia levar e quantos seriam capazes de garantir sua perenidade.

Uma das marcas da música jovem do período é que a maioria de seus novos ídolos vinha das regiões periféricas (diferentemente, por exemplo, de movimentos que se articularam em ambientes burgueses, como o rock brasileiro dos anos 1980). E, apesar de articular-se na estufa do Rio de Janeiro, encontraria em São Paulo um húmus mais adequado para o florescimento, uma demanda de público e uma oferta de músicos e bandas.

Transviados na ponte aérea

Todo o ano de 1964 já vinha apontando para a nova aventura de Roberto e Erasmo. O cantor iniciou a produção de seu disco seguinte que deveria confirmar as expectativas em torno de seu nome, e quando *Roberto Carlos canta para a juventude* saiu, em 1965, era já um berro de liberação juvenil. Esse grito primal ecoa de ponta a ponta do álbum, com *punch* especial na faixa "Noite de terror", um manifesto de infeccioso rock 'n' roll que tinha origem no lumpemproletariado da periferia do Brasil. O autor era um legítimo *rocker* do povo, o *roadie* (carregador de instrumentos de Renato e seus Blue Caps) Getúlio Côrtes, ex-vizinho de Roberto na zona norte.

Nativo ali mesmo da zona norte do Rio, Getúlio Côrtes deu sorte de ser vizinho e amigo de infância de Renato Barros, Paulo César Barros (centro gravitacional de Renato e seus Blue Caps) e Ed Wilson. Compunha umas coisinhas, mas não conseguia ir muito adiante com seus grupos musicais, como os Wonderful Boys, e acabou pedindo a Renato Barros uma oportunidade lá na gravadora do amigo. Renato então o contratou como *roadie* para excursionar com os Blue Caps e carregar os pesados instrumentos.

Quando pintava uma chance, Getúlio mostrava suas composições aos novos artistas da gravadora. Roberto Carlos, que ele tinha conhecido na casa de Renato em Piedade e que havia reencontrado no corredor de uma emissora de rádio, gostou de uma música, resolveu parar e ouvir suas composições. Gamou.

Teclados, saxofone e guitarra de luau: *Roberto Carlos canta para a juventude* foi uma convocação extraordinária de ritmo, picardia e contravenção. A ingênua "Eu sou fã do monoquíni"

(Erasmo Carlos), elogio do biquíni de peça única, do topless, tinha o clássico condimento de voyeurismo da dupla, onanismo-exaltação moleque, mas não abrigava um debate assim tão inócuo. "Como todo bom brasileiro/ Também fui bancar o olheiro", dizia a letra. Incendiando o verão de 1965, o monoquíni consumiu dali por diante mais de uma década de debates na sociedade candinhista brasileira.

"O pior é que existem mulheres bastante tolas para se deixarem levar", afirmou a socialite Yedda Schmidt. "Estamos atravessando uma época que espera por essas coisas. Já surgiu tanta coisa diferente em nosso tempo — os foguetes interespaciais, os satélites, os aparelhos eletrônicos — que é preciso inventar sempre mais", disse Rosita Thomaz Lopes, atriz. "O sensacionalismo que cercou a aparição do monoquíni se deve à curiosidade que o homem tem sobre a mulher. Para usá-lo a mulher tem que ser solta — sem pai, sem irmão, sem marido, sem namorado", disparou a socialite Fernanda Colagrossi.

O delegado Edgard Façanha, da Divisão de Diversões Públicas do Rio de Janeiro, deu ordens ao diretor-geral do Corpo de Bombeiros para prender qualquer mulher que estivesse usando a peça na praia. Escorava-se no artigo 233 do Código Penal. "Não me considero moralista, mas toda mulher que for apanhada de monoquíni será presa e conduzida à delegacia por atentar contra o pudor", declarou o chefe dos bombeiros.

Assim como a música, a televisão também se movimentava para abrigar as mudanças comportamentais. A TV Record tinha um plano de estrear, em setembro de 1965, um programa que faria frente ao concorrente Festival da Juventude, da TV Excelsior. Na época, os Beatles já estavam no topo das paradas e o programa *Fino da Bossa*, comandado por Elis Regina, fazia enorme sucesso. Mas aconteceu um contratempo: a emissora perdeu os direitos de exibir o futebol no domingo e acabou se vendo obrigada a antecipar em quase um mês a estreia do novo programa para o qual não havia nem nome ainda.

O dono da TV Record, Paulo Machado de Carvalho, frustrado, teve que improvisar uma solução às pressas. O que aconteceu foi o seguinte: durante uma transmissão, as câmeras da TV Record tinham flagrado o então presidente da Federação Paulista de Futebol (FPF) na tribuna com uma mulher que não era aquela com quem ele era casado, e mostrara isso a todos os seus espectadores. Deu o maior rebu e, por vingança, o presidente da FPF proibiu as transmissões. Veja o leitor como se articulam as artimanhas da sorte: um flagrante de uma prosaica infidelidade conjugal pode ter sido o pretexto para o surgimento do primeiro grande movimento de cultura de massas jovem do país.

Carvalho então apressou a ideia de pôr em marcha seu programa-tampão, e já havia o plano de que o foco fosse a emergente juventude do iê-iê-iê. Para apresentar, pensaram inicialmente no cantor Ronnie Cord, mas ele não topou. Ronald Cordovil, o Ronnie Cord, era filho do compositor Hervé Cordovil, tinha 22 anos, olhos verdes e desfrutava de uma confortável vida de classe média alta com os louros da celebridade, não queria tanto trabalho e tanto compromisso.

Pensaram então numa dupla, com a estrela Celly Campello, saindo do seu "retiro", servindo como "escada" para um novo astro emergente. Mas o marido de Celly Campello não gostou nada da ideia; a mulher já era um mito nacional e ele não aprovava que ela usasse seu prestígio para reverenciar um novo nome num programa de TV. Celly então também declinou do convite.

"Então, chamamos Erasmo, que estava fazendo sucesso com 'Festa de arromba'. E ele nos disse: 'Olha, eu não sei se sou bem a pessoa capaz disso, mas eu tenho um amigo e tal'", contou Paulo Machado de Carvalho. O executivo perguntou quem era. "É o Roberto Carlos." "Manda ele aqui para a gente ver então." E Roberto foi para o teste.

"Quando vi a cara do Roberto na televisão, eu fiquei com aquele sentimento de mulher que quer dar de mamar para ele, sabe? Ele tinha esse tipo de sorriso nos olhos, aquele que procura afeto e quer carinho. Esse era o Roberto Carlos daquela ocasião. E eu falei: 'Bom, esse aqui vai dar certo'", afirmou Paulo Machado de Carvalho. Roberto então sugeriu Erasmo e Rosemary, que não emplacou, ficando Wanderléa com a vaga feminina.

Mas quem batizou mesmo o programa foi o publicitário Carlito Maia, e quando ele entrou em cena tinha não apenas um nome em mente, mas toda uma ideia de embalagem. Roberto Carlos estava a toda com o sucesso nas rádios do país dos hits "Splish splash" e "O calhambeque", e Carlito imaginou que aquele não precisava ser apenas mais um programa de um homem-show, mas que devia ser revestido com o escopo de um movimento de juventude, ter um invólucro social e comportamental. Foi coisa de gênio.

A TV Record já mantinha também, na época em que abriu a possibilidade de fazer o *Jovem Guarda*, o programa *Dois na Bossa*, com Jair Rodrigues e Elis Regina, lembrou Erasmo. Era uma quebra naquele modelo de âncora monolítico, imperial, e alguém deu a ideia de fazer algo parecido com os cabeludos do rock que estavam surgindo. E esse alguém foi Carlito Maia. Naquela época, os programas da Record eram idênticos aos de rádio, a única diferença eram as câmeras de televisão. Erasmo contou:

Eles eram feitos ao vivo. Como nós já estávamos dominando as paradas de sucesso, fomos convidados pela direção da emissora. Primeiro foram chamados o Roberto e eu, e ficou uma vaga aberta para mulher. Eles tinham dúvidas entre a Wanderléa e a Rosemary. A Wanderléa foi escalada porque cantava músicas mais animadas; já a Rosemary tinha um repertório mais de baladas, músicas lentas. Com o trio, o programa foi ao ar.

O começo não foi tão unânime. Um empresário, ao ser procurado para saber se bancaria anúncios no novo programa da

Record, argumentou: "Pensamos muito e não vamos patrocinar o programa. Não é conveniente ligar o nosso nome a esses playboys cabeludos". O país estava a anos-luz da sanha dos cancelamentos, mas sempre foi tempo de vetos subliminares e idiossincrasias comportamentais.

Apesar da relutância de alguns patrocinadores, o programa *Jovem Guarda* estrearia na tarde do último domingo de agosto de 1965. Roberto Carlos passou então a morar no apartamento 1214 do Lord Hotel, no centro de São Paulo, e o local acabou virando uma espécie de república do iê-iê-iê, onde todos ficavam hospedados. Ali, os astros recebiam os jornalistas, os amigos, compunham juntos e abrigavam os parentes. "O quarto, sempre em desordem, tem um alvo dependurado na porta do guarda-roupa e o cantor vibra quando acerta na mosca", escreveu uma revista.

O programa logo alcançaria 40% de audiência. Em quatro meses, atingia 2,5 milhões de espectadores em São Paulo e o topo da audiência da TV em mais cinco capitais. Os convidados da estreia foram Rosemary, Ronnie Cord, Jet Black's, e houve o retorno dos Incríveis.

O Lord Hotel, a versão cabocla do Chelsea Hotel nova-iorquino, contudo, carregava a mácula do racismo estrutural da sociedade brasileira: enquanto abrigava sorridente a juventude branca e cheia de novos abonados da Jovem Guarda, tinha recusado, em 1964, hospedagem aos pretos Garrincha e Elza Soares sem justificativa, mas o motivo o casal percebeu rapidamente. Elza e Garrincha, em São Paulo para uma apresentação na casa de shows Som de Cristal, foram à imprensa denunciar o caso, noticiado na *Última Hora*, *A Gazeta*, *Diário da Noite*, *Diário de São Paulo*, e que foi parar na Câmara dos Vereadores. "É vergonhoso ler isso nos jornais aqui de São Paulo", discursou o vereador Helio Dejtiar, que propôs cassar os alvarás de funcionamento dos estabelecimentos que violassem a Lei Afonso Arinos, de 1951.

À parte a rotina racista dissimulada do país (o caso de Garrincha rapidamente desapareceu do noticiário), a produção da TV Record recebia os comandos da nova empreitada. Assim, foi buscar na Argentina os brasileiros do grupo Los Increíbles, que voltou ao Brasil rebatizado como Os Incríveis, para fazer os números de encerramento das tardes (nos domingos que pudessem tocar). De todas as bandas, a única que tinha naquele momento um voo autoral era Os Incríveis. O baterista Netinho conta:

A gente nunca acompanhou Roberto, Erasmo ou Wanderléa em cena. Geralmente, quem fazia isso era o Jet Black's, os Jordans e mais tarde os Fevers. Mas Os Incríveis não. A gente sempre teve participação especial. Por quê? A gente tinha outro status, fazíamos sempre um show diferente. Às vezes com duas baterias. O Manito tocava algum instrumento insólito, o show tinha muitas vezes um tom cômico, que era o nosso show ao vivo. Daí pra frente, a gente não tocou na Jovem Guarda todos os domingos, porque o fato de a gente ter um equipamento fazia com que a gente estivesse, na maioria das vezes, longe. Ou no Nordeste, ou no Paraná, no Sul. Quando a gente tocava num sábado lá em Maringá, por exemplo, não dava tempo de voltar, não tinha avião. Essas dificuldades que tinha na época. Quando voltava, três semanas depois, o Roberto reservava uma apresentação especial no programa.

O líder do programa — e daquele movimento — passou a ser objeto de tentativas de desvendamento por parte da imprensa. Foi-se construindo um imaginário que encaixava nas expectativas de êxito e fama de boa parte da juventude de classe média emergente. "Era um tempo em que o cantor entrava pela porta dos fundos. A Jovem Guarda modificou isso. Roberto modificou isso. Ele chegava de Galaxie, de motorista. Criou um atalho para a alta sociedade", avaliou Ronald Antonucci, da dupla Os VIPs.

O que parecia alienação para alguns era música para os desejos de massificação da época. A revista *Realidade* escreveu:

> Roberto Carlos não mostra o mínimo interesse pelo que chama de problemas dos adultos. Nunca ouviu falar em Roberto Campos [então o todo-poderoso tsar da economia brasileira], e reage com o ceticismo dos simples quando alguém, por acaso, lhe diz que o homem um dia pode chegar à Lua. Sua leitura exclusiva são as revistas infantis. Não tem a mínima ideia do que seja o Vietnã e do Brasil conhece muito pouco. Não sabe quem é o governador de Minas Gerais, nem sabe que o Congresso Nacional é formado pela Câmara Federal e pelo Senado. Para ele, o importante é "viver a vida": recentemente, comprou um apartamento na rua Albuquerque Lins, em São Paulo, onde vai morar com Erasmo Carlos. O apartamento tem três dormitórios, sala enorme, dois banheiros e dependências para empregados. A decoração será suntuosa.

Distante de tudo que tinha sido engendrado anteriormente na indústria da música, a Jovem Guarda se diferenciava largamente por um motivo simples: tinha ideólogos por trás. "Vim ao mundo a passeio, não em viagem de negócios", costumava dizer o publicitário Carlito Maia. Irreverente, radical, moleque, gentil e, sobretudo, "solidário como uma floresta", Carlito era um indivíduo que julgava indissociáveis o trabalho e as convicções políticas.

Franzino e espirituoso, Carlos Maia de Souza (Carlito pela magreza e modesta estatura), mineiro de Lavras que vivia em São Paulo como se paulistano fosse desde os guaranis, tinha visto, no programa *Teletour*, uma apresentação do jovem astro capixaba e ficara bem impressionado com Roberto, embora achasse que lhe faltasse uma direção de palco adequada. Carlito tinha acabado de se juntar a um time de delirantes que tinha o firme propósito de modernizar a publicidade no Brasil: além dele mesmo, João Carlos Magaldi e Carlos Prosperi. Juntos, fundaram a Magaldi, Maia & Prosperi, uma das agências mais ruidosas (e breves) dos anos 1960.

Militante petista da ala que poderia ser chamada de Odara, criou slogans como "opτei", "Lula-lá" e "Sem medo de ser feliz", todos de êxito incontestável. Mas nunca se filiou ao partido. Como muitos intelectuais do seu tempo, brandia alguns slogans do liberalismo clássico: "Podem não publicar tudo o que escrevo, mas ninguém vai me obrigar a escrever o que não penso". Era uma usina de boutades: "Evite acidentes: faça tudo de propósito" e "Uma vida não é nada. Com coragem, pode ser muito".

São geralmente atribuídos a ele também os apelidos Tremendão, para Erasmo, e Ternurinha, para Wanderléa, além do nome que batizou o programa novo da TV Record, *Jovem Guarda*, para o qual sua agência foi contratada para fazer o invólucro. É curiosa a forma como o apelido que notabilizou Erasmo, Tremendão, tem relação com o futebol de forma enviesada. Erasmo, que é vascaíno doente, foi chamado de Tremendão por Carlito Maia, santista, por causa do Palmeiras, rival do Santos. Em 1965, o Palmeiras tinha feito uma campanha extraordinária no Campeonato Paulista, vencendo doze das dezesseis partidas, empatando três e perdendo só uma. Começaram a chamar o time de Acadêmicos Tremendões. "Aí me acharam parecido com Tremendão e escolheram esse nome para ser meu apelido", contou Erasmo.

Também é atribuída a Carlito a paternidade da expressão "É uma brasa, mora!", usada pela primeira vez como título de um show de Roberto Carlos. Tudo isso é discutível. Roberto Carlos conta que muitas das expressões ali eram fruto da experiência das ruas. "Eram coisas que faziam parte de uma linguagem que a gente usava na rua com os amigos numa conversação normal", ele contou. "Muita gente até acreditava que 'barra limpa' e 'é uma brasa, mora!' fossem termos criados por mim. Mas aquilo foram expressões que eu ouvi as pessoas usarem, os meus amigos. O Jorge Ben usava muito 'barra limpa', 'bicho', 'mora'. Bicho não, bicho veio depois, naquele tempo era cara, que inclusive voltou agora", contou o artista.

Carlito Maia viu um potencial cartunístico no hit "O calhambeque", uma possibilidade de fazer daquilo uma linha de produção mercadológica. Deu um tiro no alvo: guindada a peça de divulgação do ideário quase anárquico daquele time (a imagem do jovem que troca um Cadillac novinho por um calhambeque fumegante apenas porque isso o torna mais popular entre a moçada), o hit "O calhambeque" ajudou a vender 350 mil peças de produtos derivados de sua marca.

"O calhambeque" de Roberto inaugurou até a noção de *licensing* na indústria cultural brasileira. Até 1968, haveria 76 indústrias produzindo para a marca Calhambeque. Essas fábricas despejavam no mercado botas, cintos, anéis, chaveiros, chapéus. O jeans Staroup tinha modelos assinados do Tremendão e da Ternurinha, Wanderléa, que lançou na prestigiosa Fenit, além de uma linha de roupas para crianças. Roberto Carlos, cujo contrato era o mais bem coberto, estava cobrando, na época, 6 milhões de cruzeiros por show (parece muito, mas havia hiperinflação, era um dinheiro que dava para comprar, na época, dezoito geladeiras, se tanto). Segundo João Carlos Magaldi, então um dos sócios da agência de publicidade Magaldi, Maia & Prosperi, aquilo ainda era café-pequeno perto do que poderiam faturar.

> Jovem Guarda hoje é uma marca, na expressão registrada por nós e de propriedade de nossa agência. Primeiro compramos o programa. Depois, sentamo-nos à volta de uma mesa e fundamos uma empresa que não tem nada a ver com a agência. Chama-se Jovem Guarda Administrações e Participações. Atraímos para essa empresa alguns nomes do show brasileiro. Elis Regina, por exemplo, já é nossa contratada. Ela vai fazer, através de veículos importantes, eventualmente na TV,

o lançamento de sua coleção. Debaixo do mesmo guarda-chuva virão outros grandes nomes. E, assim, quando o aniversário da Jovem Guarda acontecer de novo, as novas coleções e as novas fontes de renda e os novos ídolos estarão todos sob o mesmo guarda-chuva da marca Jovem Guarda.

Mas Roberto já dava mostras de que tinha passado a tomar conta de sua imagem com rigor e uma férrea moralidade. Quando os publicitários chegaram com uma proposta extremamente vantajosa para licenciar a marca Calhambeque para um fabricante de cachaça, Roberto ficou furioso. "Por dinheiro nenhum eu contribuiria para o vício entre os jovens, seja o alcoolismo ou outro qualquer. Ganho o meu dinheiro de outra maneira e, assim, não poderia aceitar uma proposta dessa natureza", afirmou. Não seria por sua iniciativa "que se procuraria vender mais pinga, notadamente a jovens de quem o Brasil muito espera". Ainda assim, apesar do veto do cantor, saiu uma linha de Cachaça Calhambeque que foi vendida clandestinamente na época. O dono da TV Record, Paulo Machado de Carvalho, lembrou que a pirataria já mordia uma fatia mais que razoável do lucro dos produtos. "A calça Calhambeque produzida pelo Roberto Carlos vendia três, e as da rua Vinte e Cinco de Março vendiam 25 mil. Logo acabou o negócio."

Apesar do sucesso massivo, a Jovem Guarda não dispunha de grande apuro técnico. As gravações eram, via de regra, precárias, feitas em equipamentos arcaicos e situações não tão propícias. E, mesmo internamente, a sua fogueira de vaidades atuava para decretar expurgos e promover nulidades, como acusam alguns dos seus protagonistas. Os críticos de música do período apontavam que a produção da Record limara do caminho do êxito a melhor banda de rock daquela geração, The Beatniks. A cantora Rosemary, a quem prometeram o lugar que acabou sendo de Wanderléa, manteve um clima de animosidade com seus colegas. "Ela fez parte da turma por pouco tempo, porque não aceitou a liderança de Roberto", afirmou Wanderléa.

Como a transmissão do programa em São Paulo era aos domingos, ao vivo, na terça todos os artistas pegavam o avião Electra da ponte aérea e iam para o Rio, onde apresentavam rigorosamente as mesmas coisas em programas de TV semelhantes, repetecos do programa *Jovem Guarda* com outros nomes. Na volta do Rio, a última ponte aérea atrasava deliberadamente para esperar os músicos, que vinham todos de novo no mesmo voo.

"Havia no princípio a satisfação de fazer sucesso, a alegria, a empolgação com o aplauso, as meninas avançando no palco. A gente não estava preparado, não tinha esquema de segurança", contou Roberto sobre a estreia do programa de TV na Record. Na saída da primeira gravação, o fusca verde do cantor estava parado do outro lado da rua, na frente da emissora. Cerca de trinta garotas esperavam por ele. "Saí relativamente rápido, mas não deu tempo, elas realmente correram. A gente não sabia que na vida real poderiam acontecer aquelas coisas sobre as quais a gente lia nas revistas. Só depois comecei a tomar consciência de tudo aquilo, de que havia uma responsabilidade muito grande envolvida."

Além da fama súbita, Roberto, Erasmo e Wanderléa conheceram cedo o que era a rigidez de um contrato com uma grande empresa e um patrão de TV. O diretor do programa *Jovem Guarda* na Record, Carlos Manga, era duro e disciplinador. Quando o trio relaxava, sobrava punição. Por ter se atrasado para os ensaios, Wanderléa chegou a ser suspensa por dois programas. Ficou triste, disse que chegou a sentir as lágrimas brotarem dos olhos, mas acabou dando razão a Manga: "Ele tem razão. O programa tem de ser bem ensaiado e deve ir para o ar com um mínimo de falhas". Nem Roberto escapou. Levou um sabão do diretor. "Você é o dono do programa, tem obrigação de dar o exemplo", ralhou Manga, quando ele chegou atrasado ao ensaio. Foi uma vez só: Roberto passou a chegar antes de todo mundo depois disso.

A façanha de gravar um disco não mais se comparava àquela de administrar uma fama súbita e avassaladora. Muitos dos astros passaram a acreditar piamente nos seus personagens e alguns se perderam no caminho. "Se um comprava um carro, o outro comprava um melhor, e todo mundo queria apresentar programa na TV. Por isso, o movimento dividiu suas forças e sucumbiu", diagnosticou o cantor Eduardo Araújo.

O líder da Jovem Guarda, no entanto, além dos carros, foi construindo sua reputação de tenaz negociador com determinação e constância. Elevado ao posto de Rei da Juventude pela força da televisão, Roberto recebeu, no dia 28 de outubro de 1966, dez anos após chegar de Cachoeiro de Itapemirim com uma mão na frente e outra atrás para tentar a sorte no Rio de Janeiro, o título de Cidadão Carioca. Quem concedeu o título foi a Assembleia Legislativa do Rio de Janeiro, em uma festa musical com a participação de Erasmo e Wanderléa, além de Golden Boys, Trio Esperança e Brazilian Bitles. A organização da festa, para se mostrar antenada, caprichou na produção. Roberto chegou ao local da cerimônia em seu Cadillac "presidencial" de 40 milhões de cruzeiros "vestindo uma roupa que é o fino" (um apartamento modesto em Copacabana, naquele ano, custava em torno de 40 milhões de cruzeiros). O Corpo de Bombeiros fez a entrega de uma brasa simbólica (Roberto era chamado de "O Brasa" na terminologia da Jovem Guarda) ao cantor, o Forte de Copacabana trouxe seus holofotes para a recepção, e Nara Leão cantou "A banda" acompanhada do Corpo dos Fuzileiros Navais. Erasmo assim teorizou sobre a Jovem Guarda:

> Aquilo foi uma loucura, sabe? Foi maravilhoso. As pessoas aqui no Rio não imaginam como foi, mas foi uma loucura mesmo em São Paulo. Era coisa dos Beatles. Coisa da gente sair do teatro e ter carro seguindo a gente... Bom, tinha uns dez carros atrás do Roberto e uns quatro ou cinco atrás de mim... Mas era uma loucura mesmo. A gente foi pra aquilo

muito sem saber, assim... A gente não tinha pretensões. Hoje eu vejo. Era tudo muito simples, não é? Muito ingênuo, mas a gente falava das nossas coisas mesmo. A gente não era universitário, não. Não sabia falar de outras coisas. Eram os nossos problemas, garotas, carros... Eu só tinha o ginásio, vinha da zona norte, a Wanderléa parece que não tinha nem o ginásio. Que é que a gente podia dizer? E o grosso da nossa plateia era assim também, era feito a gente, se identificava conosco. A gente veio do povo mesmo. Olha, não me lembro de outro movimento que tenha vindo do povo e subido tão alto. Bom, não muito alto, mas enfim... O tropicalismo também foi de baixo para cima, mas a bossa nova... Era coisa da zona sul, de universitário, era toda de cima para baixo.

O retrato de Erasmo encontra eco na própria coleção de suvenires de seu parceiro: em 1966, Roberto tinha sete carros na garagem — dois Impala, um Oldsmobile, um Cadillac, um Esplanada, um Volks e um calhambeque. Também desenvolvera um aspecto glamuroso da performance pública: mantinha dois alfaiates para fazer as roupas que ele mesmo desenhava (um para os paletós, outro para as calças). Tinha mais de duzentas peças em seu guarda-roupa.

Transmitido ao vivo a partir de São Paulo, o programa *Jovem Guarda* (e os congêneres que foram surgindo) acabou provocando um êxodo de artistas jovens para a capital paulista em busca de sua fatia desse Eldorado motorizado. Eles tomaram conta dos palcos, das boates, das praças, da imaginação da juventude e da população. Também descobriam a face mais amalucada da fama: um dia, quando saía do apartamento de sua divulgadora, Roberto foi avistado por uma fã que dirigia um automóvel. A moça, vendo que o perderia caso se desse ao trabalho de estacionar o veículo, subiu na calçada com carro e tudo com o objetivo de "cercar" o ídolo e impedir sua eventual fuga, e quase atropelou uns pedestres.

Era um tempo em que a Via Láctea do show business ainda não vivia tão apartada dos satélites da vida cotidiana. Muitas vezes, estrelas novas cruzavam com meteoritos perdidos. Foi o que aconteceu em 1965 com um menino pobre chamado Oscar Teixeira, que vivia de bicos pelo centro de São Paulo. Ele vinha de Santo André e ganhava uns trocados ajudando a lavar carros num estacionamento na esquina das avenidas Duque de Caxias com São João — o dono era um músico diletante, Tony Santomauro. O menino dormia no Cine Regina, primeiro porque era muito custoso ir e voltar de Santo André todo dia, e segundo porque ele tinha um outro interesse ali naquela região, um interesse ainda maior do que a sobrevivência: Roberto Carlos.

Oscar era apaixonado pela música, pelos gestos, pelo brilho, pela desenvoltura com que Roberto se movia pela então recém-adotada Pauliceia. Camelô de feira livre, o menino vendia limão-galego, porquinho, pato e marreco em Santo André, aos berros, e isso lhe tinha dado uma presença de espírito e uma capacidade de improvisação cativantes. Sabia cantar hits populares, como "Farinhada", de Zé Dantas, com graça e desenvoltura. Tinha visto, um dia, Roberto Carlos no programa *Clube dos Artistas*, de Airton Rodrigues e Lolita Rodrigues, e ficou siderado. Decorou as músicas, mimetizou os gestos, aprendeu o trajeto de Roberto entre a sua "casa" naquele momento, o Lord Hotel, e as andanças entre as emissoras de rádio e TV, o apartamento de sua divulgadora, Edy Silva, a boate Cave e todo o circuito do astro emergente. Quando não estava no estacionamento, Oscar ficava no lobby do hotel, finamente vestido ("Ia bonitinho, arrumadinho o tempo todo. Não podia parecer maloqueiro, maltrapilho, ele não iria gostar"), e se oferecia para buscar remédios, pasta e escova de dentes para a mãe de Roberto Carlos, dona Laura, para Wanderléa e outros amigos de Roberto que se hospedavam ali antes do programa *Jovem Guarda*. Conhecia todo mundo, era protegido por todos por conta de sua extroversão. "Mas não dava para chegar nele, era muito difícil."

Mas era evidente que Roberto Carlos sabia de sua existência, notava divertidamente a presença do menino e sabia de sua admiração e fidelidade. Até que, um dia, Laura Braga disse ao filho: "Roberto, você precisa prestar atenção naquele menino da praça, ele é muito fã seu, ele sabe tudo e ainda canta lindamente". Roberto riu: "Ah, aquele? Mãe, esse aí não é só um bicão, ele é um biquinho!".

Pronto, estava quebrado o gelo. Roberto mandou chamar o garoto e, a partir dali, só se referia ao menino como Biquinho, que acabou sendo seu apelido. Um dia, ao buscar o carro no estacionamento ao lado de Jorge Ben, que Roberto chamava de Bidu, o cantor convocou Biquinho e lhe disse: "Vem cá, hoje você vai cantar uma música com a gente!". Só o que Oscar não sabia é que seria ali mesmo, no estacionamento. Roberto tocou guitarra, Jorge Ben tocou bateria e o dono do estacionamento tocou bongô. Oscar cantou, e a partir dali a Jovem Guarda resolveu que teria um filho adotivo.

Oscar Teixeira ganhou um nome artístico, e é evidente que não podia ser diferente: virou Ed Carlos, para alegria dos padrinhos. Erasmo Carlos o levou para a RGE, que gravou um disco do garoto. Tinha doze anos quando começou a usufruir de um novo status como ídolo emergente, um menudo do iê-iê-iê. Roberto se mudou do Lord Hotel para o Hotel Jandaia, enquanto terminavam obras no apartamento que tinha comprado na Albuquerque Lins, e Biquinho seguiu acompanhando seu entourage.

"Biquinho, se alguém te apontar uma arma, vira o cano dela para a própria pessoa", lhe disse Roberto, quando Ed Carlos lhe perguntava como iria reagir ao surgimento de imitadores e detratores que surgiam todo dia. Evidentemente, era uma metáfora: use a própria afoiteza do inimigo contra ele. Biquinho aprendia e se tornava um discípulo. "Nunca gostei muito da minha voz", ele diz.

Houve um rebuliço também em todo o ecossistema musical. Os jovens músicos, que até então não tinham tido coragem suficiente para largar tudo e viver só de música, começaram a mudar de ideia. Liebert, dos Fevers, tinha dezoito anos e acabara de passar no vestibular para engenharia. Após uma gravação com os Golden Boys, sua reputação cresceu e sua banda foi convidada a ir a São Paulo para acompanhar as estrelas no programa *Jovem Guarda*, da TV Record, convite que partiu do próprio Roberto Carlos.

— É isso que você quer? É isso? Então vá para onde quer, não tenha medo — disse a mãe do músico.

Liebert foi e nunca mais a carreira de engenheiro viu seu rastro. Está tocando até hoje com uma banda de rock. Colecionou superlativos comerciais, como o fato de ter sido um dos maiores vendedores de discos da Odeon com seu grupo, acompanhou Wilson Simonal, Sérgio Reis, Eduardo Araújo, Rosemary, Erasmo (em canções memoráveis, como "Você me acende" e "Pode vir quente que eu estou fervendo").

São Paulo passou a ser a cidade que fornecia com mais constância o material humano que vitaminaria a nova cena musical em gestação, a começar pelas bandas: The Jordans, The Clevers, Jet Black's. Surgia na capital paulista um terreno fértil para a fecundação: tinha sido criada também uma gravadora, a Young, organizada pelo radialista Miguel Vaccaro Netto e pela editora musical Fermata, que abrigava já novos valores, como Regiane, Hamilton di Giorgio, The Rebels, The Avalons e o mais destacado de todos, Demétrius, que ganhava a vida imitando Elvis Presley em festinhas.

Para as bandas proscritas da juventude transviada, a grande tacada era conseguir uma chance no prestigioso programa de Antonio Aguillar. E, para tanto, era preciso passar por uma peneira implacável. Na praça do Pari, onde se processava uma dessas peneiras, o olheiro do iê-iê-iê, o guitarrista Joe Primo (codinome de Primo Moreschi) ia apontando com o dedo e descartando e escalando: "Você, Fogueira, você vai". Fogueira era o apelido então de Waldemar Botelho Jr., que era cantor (também tocava um sax nas noitadas). O apelido não era devido ao fogo que ateavam no latão para iluminar a praça, mas por causa do cabelo ruivo do rapaz. Num dia em que alguns músicos foram participar de um ensaio, havia no estúdio piano, banjo, violão e dois bumbos de bateria, e coube a Fogueira tocar os bumbos provisoriamente. Foi assim que surgiu sua condição aleatória de baterista e o caminho pelo qual integraria a sua banda, The Jordans, uma das mais decisivas nessa primeira fase do iê-iê-iê.

Em 1961, The Jordans foi ao Rio para tocar no programa de Carlos Imperial. O secretário de Imperial foi quem os recebeu, o rapaz chamado Erasmo Esteves, que tinha entrado de bicão naquela corte após o aval de Roberto. Sua estratégia consistia em tornar-se primeiro um office boy prestativo e, a seguir, um office boy de visão. Tinha assumido, pela própria insistência, o cargo de uma espécie de secretário do bacana, que lhe providenciava um salário semanal. Foi o jeito que encontrou para mostrar serviço em outra área. Depois de sua composição inicial, "Maria e o samba", que Roberto incorporou ao repertório de crooner na Boate Plaza, ele foi mostrando suas canções para Imperial, que resolveu dividir uns temas com o big boy da Tijuca. Surgiu a primeira música de Erasmo e Imperial, "Eu quero twist", que, é evidente, é só de Erasmo, pela organicidade: "Pegue o seu chiclete/ Cole os pés no chão/ Solte uma barata/ Dentro do blusão/ Twist está na moda/ Eu quero twist".

Em 1962, The Jordans conseguiu sua primeira façanha: o grupo foi contratado para "descer a rua Augusta a 120 por hora" e tocar como contratados na boate Lancaster. Fogueira procurou seu patrão no trabalho de quatro anos em uma gráfica, no qual ganhava 11 mil cruzeiros por mês, e disse que ia mudar de profissão. O patrão resolveu bancar o negócio. "Eu pago o mesmo que essa boate aí!", disse. "Acho que não", retrucou Fogueira. Tocando toda noite e faturando 1250 cruzeiros por três horas de trabalho por noite, ele ganharia 36 mil cruzeiros. O patrão viu que não tinha mesmo jeito.

The Jordans, assim como outros grupos, tinha alta rotatividade. Em conversa com o apresentador Antonio Aguillar, o guitarrista do grupo, Mingo, contou ao padrinho do rock que estava de saída dos Jordans e queria montar outro grupo. "Pode montar que eu coloco no programa imediatamente e ainda faço a promoção!", garantiu Aguillar.

Mingo não teve muita dificuldade e, em poucos dias, tinha conseguido reunir uns caras experientes: Risonho, que vinha de Valparaíso, tocava desde garoto; Manito era outro cuja reputação o precedia; e tinha aquele baterista que parecia um varapau de tão alto, o Netinho. "Eu, desde menino, já tocava em Itariri, ali perto de Peruíbe", conta o batera. "'Ita' quer dizer pedra e 'riri' quer dizer barulho de pedra rolando. Ou seja: eu já era um Rolling Stone", diverte-se.

Surgiu assim, ao vivo, em plena televisão, o grupo paulistano The Clevers. "O Manito era sapateiro, mas tocava muito bem saxofone; Mingo servia no Exército e me procurou porque tocava guitarra e imitava o Paul Anka", lembrou Aguillar. Tudo aconteceu muito rápido: no mesmo ano, 1963, gravaram um disco em 78 rpm, Encontro com The Clevers, com twists instrumentais, os mais proeminentes "Afrika" (C. Segal, A. de Waal e Sam Lorraine) e "El relicário" (Padilla). "El relicário" virou um sucesso instantâneo, alcançou os primeiros lugares de execução pública em todo o Brasil. A TV Record, sentindo o cheiro do sucesso, contratou os rapazes para um show especial, o *Clever Show*, que era ornamentado por um balé articulado pelo famoso bailarino norte-americano radicado no Brasil Lennie Dale.

Mas tudo durou pouco. The Clevers deram a sorte de acompanhar a megaestrela italiana Rita Pavone, em turnê pela América do Sul, e Rita não largou mais deles. Além de engatar um namoro fake com o baterista Netinho, ela os levou a reboque para a Europa, para continuar sua turnê com uma banda afiada. Rita, na verdade, namorava Teddy Reno, produtor, cantor e ator italiano, que topou que a namorada fizesse o jogo de namorico com o baterista brasileiro, o que ajudou a aguçar a curiosidade ao redor de sua turnê. O dinheiro era mais farto e seguro, e eles foram. Na volta, trouxeram uma espécie de tesouro para a cena das novas bandas: um PA (*public address*) de som. Os PAS são aqueles equipamentos que amplificam os sinais dos instrumentos nas caixas acústicas, as chamadas mesas de som. "Eram apenas duas caixas, mas isso nos proporcionou fazer shows pelo Brasil afora. Até então, as bandas faziam shows com os equipamentos das emissoras de rádio, aquelas caixinhas de som. E, de repente, a gente podia fazer em qualquer lugar, saímos na frente. Foi uma sorte danada", contou Netinho.

Foi aí que veio um convite para se apresentarem na TV em Buenos Aires durante uma semana. "Fomos para fazer uma semana e ficamos um ano", lembra o baterista. The Clevers romperam o contrato com a TV Record e ficaram lá mesmo, na Argentina, onde gravaram um disco com um novo nome, Los Increíbles.

O que aconteceu foi que sua reputação cresceu imensamente no Brasil. Eles passaram a ser um dos raros grupos, ao lado de Renato e seus Blue Caps, a ter uma carreira autônoma, e não gravitando em torno de estúdios e como músicos de gravação. Era tal seu cartaz que, quando o *Jovem Guarda* começou a ser gestado, a direção já tinha decidido que iria repatriá-los para apresentar o grupo como uma das estrelas do programa. A ideia era que, quando eles atuassem, o encerramento do show ficasse a seu encargo, como um trunfo da programação.

Enquanto isso, The Jordans, que tinha já colocado outro guitarrista no lugar de Mingo, seguia adiante (o grupo seria importantíssimo para o desenvolvimento da Jovem Guarda, tocou em todos os programas entre 1965 e 1968). Eles tinham se credenciado para tocar com Roberto Carlos alguns anos antes, quando ainda não havia nem em sonho o programa *Jovem Guarda* e os artistas faziam uma peregrinação por todas as TVs. Um dia, estavam na antessala da TV Record, na avenida Miruna, onde tocavam quase todos os dias, quando chegou Roberto Carlos com sua divulgadora, Edy. Fogueira se dirigiu a ele: "E aí, Roberto? O que vai tocar hoje?". Roberto disse: "Ah, você não conhece, é uma versão de uma música americana". Fogueira insistiu, Roberto disse o nome: "Splish splash". "Tá no papo, tocamos essa aí direto!", afirmou o baterista. Roberto apenas disse o tom e eles entraram juntos no *Programa da Tarde*, de Ianni Júnior. Roberto gostou tanto que combinou de tocarem outras vezes juntos.

De São Paulo também emergiriam dois dos artistas que mais se expuseram no front do iê-iê-iê: Jerry Adriani e Wanderley Cardoso. Foram "recrutados", por assim dizer, nos subúrbios paulistanos. Ambos eram de classe média baixa, costumavam pegar ônibus juntos no Anhangabaú, no centro da metrópole: Jerry morava em São Caetano e Wanderley, na época, vivia em Pirituba. Wanderley vinha das hostes do incipiente rock 'n' roll paulista, tinha integrado um conjunto chamado Os Sombras aos dezoito anos, o que o projetou para um teste na Discos Copacabana.

Criavam-se rótulos para colar nos artistas. Wanderley Cardoso acabou sendo carimbado com o título de O Bom Rapaz (que era também nome de seu grande hit). Jerry Adriani era O Italianíssimo (nome de seu primeiro disco). Ronnie Von era O Pequeno Príncipe. Mas isso funcionava apenas para consumo externo. Na verdade, não faltava apenas unidade estética entre os pop stars abrigados sob o rótulo genérico, como também não havia nenhum senso de fair play. "A assessoria do Roberto Carlos me dava coice, para dizer o mínimo. Não me deixava chegar perto dele", reclamava Ronnie Von. "A produção dizia que não era para dar mole para o Ronnie, que ele queria o lugar do Roberto", conta Ed Carlos.

Olhos verdes, roupas de dândi, hábitos aristocráticos. Ronnie Von era decididamente de outra esfera, vinha de família rica, tinha curso universitário, então rapidamente foi visto como um invasor no território majoritariamente proletário do iê-iê-iê. Chamavam o rapaz de "calcinha de veludo", um preconceito de tintas homofóbicas.

Wanderley Conti Cardoso tinha sido um artista-mirim pro-dígio da zona leste de São Paulo. Tinha se destacado aos doze anos cantando no programa *Grande Gincana Kibon*, interpre-tando a "Canção do jornaleiro", de Heitor dos Prazeres. Tam-bém de ascendência italiana, tinha uma história parecida com a de Erasmo Carlos: nunca conheceu o pai, que morreu assim que nasceu. Foi criado por um padrasto rígido, Adelino, que o proibia de se vestir como Elvis, seu ídolo. Ainda assim, foi tri-lhando os caminhos da vida artística porque tinha um talento inato para a interpretação, e isso era inegável.

As versões de sucessos internacionais eram a ponte para tudo nos anos 1960. Em 1964, Wanderley tinha se credenciado à fama quando gravou "Preste atenção", uma adaptação (feita por Paulo Queiroz) de um sucesso europeu, "Fais attention", de Jean-Loup Chauby e Bob du Pac, que tinha sido gravado na França um ano antes por Monique Gaube e no Canadá por Ginette Ravel.

O êxito de "Preste atenção" projetou nacionalmente o jo-vem Wanderley. Logo surgiu um convite para cantar no Rio, no programa do Chacrinha. Mas 1964, como diria Kátia, a cantora, não estava sendo fácil. Wanderley conta:

> A gente ouvia falar da beleza do Rio, tinha muita vontade de conhecer. Mas, quando cheguei, vi as ruas todas vazias, tan-ques do Exército por todo lado... Não entendi nada, eu era alienado, não entendia de política e só fui saber que se tra-tava da Revolução quando já estava no estúdio do Chacrinha. Todos estavam tensos, ninguém sabia se teria programa ou não. Quando entrei para cantar, o Chacrinha me interrom-peu na segunda estrofe, encerrando a apresentação. Voltei para São Paulo chorando, achando que jamais conseguiria ser cantor de sucesso.

Mas a canção seguiu se afirmando e isso o levou, pouco depois, a ser convidado, por Roberto e Erasmo, para se apresentar no programa *Jovem Guarda* em sua própria cidade natal, São Paulo. "Conheci Roberto, Erasmo, Wanderléa, Jerry Adriani, Ed Wilson, todo mundo", festejou, após a primeira apresentação de muitas. Imediatamente, vendo o potencial do garoto, Roberto e Erasmo se ocuparam de compor uma canção especialmente para ele — era uma estratégia da dupla na época, com a qual acabou marcando de forma ampla todo o espectro musical que estava sendo gestado.

Surgiu "A promessa", que Wanderley gravou em 1966 (Roberto só a incluiria no seu repertório nos anos 2000), tendo The Fevers como sua banda de estúdio. Wanderley se incorporou à trupe naturalmente, como um irmão mais novo da turma — chamava Wanderléa de Leia e ela o chamava de Ley. Mas a expansão do sucesso exigia a ocupação de espaços, e Wanderley acabou virando um habitué do *Programa Silvio Santos*, que pintava como uma novidade de grande repercussão pública na segunda metade dos anos 1960 na TV Paulista, em Santa Cecília, São Paulo.

O apresentador Silvio Santos já promovia um verdadeiro desfile de astros em seu programa durante quatro horas, aos domingos: além de Wanderley Cardoso, Paulo Sérgio e Sérgio Murillo, tinha Nilton César, Luiz Henrique, Luiz Carlos Clay, Arturzinho e outros. Mas Silvio Santos, a quem se atribui, pelo êxito, parte da derrocada dos programas de TV dos artistas da música, era ambicioso e estava de olho também em Roberto Carlos. "Peça o que quiser, contanto que venha ao meu programa", disse o apresentador a Roberto — consta que chegou a botar na mesa 20 milhões de cruzeiros, mas Roberto tinha sua própria noção do que era exposição pública, prezava já a discrição e pensava em algo ainda mais vantajoso.

Silvio Santos não desistia. Após criar um quadro chamado "Os galãs cantam e dançam para você", recheado de astros, toda semana ligava para o empresário Marcos Lázaro para pressionar o cantor. "Sou admirador de Roberto e seu amigo pessoal.

Compreendo sua relutância em aceitar. O compromisso é sério e não admitiria falhas", afirmou Silvio Santos, que jamais teve êxito nesse intento.

Além de apresentar o programa como convidado, logo Wandeco (como alguns fãs chamavam Wanderley Cardoso) começou a emplacar sucesso atrás de sucesso: "O bom rapaz", "Fale baixinho", "Minha namorada", "Doce de coco", "Adeus, ingrata". "O bom rapaz" chegou a vender mais de 2 milhões de discos, e Wanderley também passou a ser empresariado por Marcos Lázaro, agente que o levou a cantar por toda a América do Sul, México (numa turnê que envolvia ainda João Gilberto e outros), Canadá e Europa.

O status que Wanderley ganhou o habilitou a muitos voos. Em 1966, como contraponto ao filme de Roberto Carlos, ele já desfrutava de status para participar de sua primeira produção cinematográfica, *Na onda do iê-iê-iê*, "um filme sensacional da nova geração jovem brasa", dirigido por Aurélio Macedo, com Betty Faria, Mario Lago, Renato Aragão, Chacrinha, Renato e seus Blue Caps, entre outros. Dali, Renato Aragão o escalaria naquela que é considerada a primeira formação do grupo cômico Os Trapalhões, ao lado de Ted Boy Marino e Ivon Curi. Na primeira semana, o programa *Os Adoráveis Trapalhões* teve 48 pontos de audiência no Ibope.

Em 1966, começou um dos esportes favoritos das revistas brasileiras: decretar o fim do reinado de Roberto Carlos. Até na música de Erasmo para Wanderléa ("Porém seu reinado está chegando ao fim") viam mensagens subliminares de capitulação e rendição. Roberto se mantinha sereno. "Um dia, com a idade ou o aparecimento de valores novos, o meu sucesso vai se apagar, se não de todo, pelo menos em parte. Mas subi com sacrifícios e honestidade, e portanto estou preparado para a queda, quando ela vier", disse.

Atuando no mesmo espectro de canções românticas e com imagens de galãs a serem defendidas, muitos postulantes foram atirados num ringue de rivalidade e confronto pelas revistas de celebridades, até que um dia a rivalidade se tornou um fato.

Uma noite, antes de um show no Ginásio Caio Martins, em Niterói, do qual participavam Cauby, Elis Regina, Wanderley Cardoso e Jerry Adriani, o empresário Cícero de Carvalho vaticinou: Jerry Adriani encerraria a noite. Era o *headliner*, o artista mais proeminente (àquela altura da carreira, Roberto Carlos tinha meia dúzia de calhambeques invocados na garagem; Jerry Adriani não deixava por menos: tinha um Oldsmobile Cutlass). Para piorar, Jerry e Wanderley tinham de fato se desentendido antes do show.

No meio da noite, Wanderley Cardoso resolveu botar o microfone na mesa: não haveria mais show se ele não fechasse a noite. O *tour manager* viu a coisa melando e não teve alternativa a não ser dar uma contraordem. "Desculpe, Jerry, mas o Wanderley disse que ou ele canta por último ou então não canta", disse o empresário, constrangido. Foi o maior rebu, para usar um termo da época. "Aquilo para mim era uma traição, um desrespeito", diz o cantor. "A partir daí, passou a ser um lance pessoal: aonde ele ia eu não ia."

O curioso é que os dois tinham começado juntos no *Programa Julio Rosemberg* e eram muito amigos. "Tomávamos ônibus juntos no Anhangabaú: eu ia para São Caetano e ele ia para Pirituba", lembra Adriani. Os dois eram uma espécie de dupla Romário-Edmundo da época, mas camaradagem não dava audiência, precisava arrumar um antagonismo. O problema é que o negócio cresceu, tinham colocado fogo na rivalidade, fazendo um passar por cima do outro, e foi preciso recuperar as afinidades. Eles mesmos se reuniram secretamente para fazer um pacto. "Eu gosto de você como um irmão", disse Jerry a Wanderley. "A partir daí, a gente cuidou um do outro", lembra Wanderley, que teve o colega como padrinho de casamento.

Mas era um tempo quente e sem regras, as coisas aconteciam no atropelo. O país que bajulava os jovens astros nos ambientes controlados das metrópoles podia ser menos previsível e mais hostil a eles nos rincões. Durante um show em Uberaba, Minas Gerais, Wanderley Cardoso experimentou a face mais arcaica do país. Um grupo de arruaceiros passou a agredi-lo durante a apresentação, gritando "bicha" e outros impropérios. Wanderley não se abalou. Quando saía para jantar, com seu Galaxie, foi seguido pelos sujeitos, que o tiraram do carro e o espancaram. Teve deslocamento da retina, se viu obrigado a fazer cirurgia no exterior — o apresentador Silvio Santos, na época, se ofereceu para pagar o tratamento. "Houve um inquérito, um processo, mas o juiz era conivente, nada aconteceu com eles", contou. O pessoal do *Telecatch*, um programa de lutas livres, se ofereceu para ir a Uberaba dar uma surra nos agressores, mas ele dispensou. "Pelo amor de Deus, fazer o quê?", disse.

Um dia, aconteceu um caso que encostou Jerry na parede: ele se envolveu com uma fã em Belém do Pará. A moça foi ao juiz com umas cartas de Jerry Adriani prometendo-lhe casamento. "As cartas eram forjadas, mas até provar que focinho de porco não é tomada...", defendeu-se o cantor. "Eu realmente era namorador, mas nunca fui corruptor", avisa. A garota era menor, deu processo.

A crônica cotidiana dessa turma era apimentada pela imprensa de bastidores com fofocas e invencionices de todo tipo. Uma revista escreveu:

Quanto vale a voz de um cantor? A de Wanderley Cardoso, de acordo com o seguro que acaba de fazer, vale 1 bilhão de cruzeiros. Isso o coloca ao lado dos grandes cantores internacionais, cujas vozes são patrimônios tão valiosos que não poderiam ser abandonadas a riscos sempre possíveis. Cada apresentação de Wanderley custa quase 2 milhões de cruzeiros, e os auditórios são pequenos para abrigar as jovens que vão vê-lo e ouvi-lo. Frequentemente, deixa a televisão dentro de um tintureiro (um carro de tinturaria) para evitar o carinho agressivo das fãs.

Neto de italianos, Jerry Adriani acostumou-se a ouvir o idioma desde a infância, embora não o dominasse. Entretanto, numa época em que a música jovem e romântica italiana tinha se globalizado, ele tinha o *physique du rôle* adequado para encarnar um oriundo quase perfeito, e foi nessa seara que prosperou sua estética. Ambos, Jerry e Wanderley, atuavam num mundo de derramamento, de *overacting*, que os definia quase como artistas de transição entre o duelo de facas do bolero e a adolescência do rock 'n' roll. E quase todos que apareciam eram tratados como se estivessem na corrida pela sucessão real, de olho no trono de Roberto.

As emissoras, envolvidas numa disputa acirrada por território, inicialmente declararam guerra. "A Jovem Guarda perdeu muito com a guerra entre as TVs Excelsior e Record. Quem cantava numa, não se apresentava em outra. Quando o Ronnie Von apareceu, o Roberto Carlos reclamou: não queria dividir com o outro o lugar que ele conquistou. Era o círculo fechado do Roberto e a turma do Eduardo [Araújo]", afirmou Jerry Adriani. "Isso sem falar na luta de classes que se travava. Ronnie 'Meu bem' Von, atual 'Eu amo amar você', era metidinho a intelectual", analisou o cantor paulistano.

À frente desses embates, Roberto Carlos tinha se tornado, progressivamente, um repositório das expectativas de duas forças conflitantes: a emancipação juvenil e a voracidade do comércio. Aos poucos, foi estandardizando os signos de rebelião da época. O poder conflagrador das palavras de ordem foi o primeiro ato de domesticação. As revistas de variedades se divertiam fazendo glossários das gírias que escapavam da Jovem Guarda. "Aqui o churrasco é feito na brasa, mora?", dizia um anúncio de uma churrascaria em São Paulo. "*Cocó, my darling*, hoje, mora, é uma brasa!", dizia o flyer da peça de Dercy

Gonçalves. "Quando fulano sorri, é uma brasa!", carimbou o colunista Tavares de Miranda.

Assim como os Beatles em sua primeira fase, a Jovem Guarda cristalizou no Brasil a potência de um veículo cultural sexualizado (o rock anterior era assexuado e distanciado da realidade) e insolente (e, talvez, o grande problema foi que não houve segunda fase). Com as garotas berrando na frente do palco, a associação com os carangos envenenados, o sarro na autoridade familiar. A mais curiosa dessas ligações foi entre a gasolina e os primórdios do iê-iê-iê (além da alusão óbvia à combustão da vontade, da ruptura e de certo senso de liberdade). Havia uma explicação pragmática: no momento em que a televisão começava a se transformar numa febre no país, as distribuidoras de combustíveis buscavam se posicionar estrategicamente no novo veículo de comunicação de massa. Em 1967, a Shell contratou Roberto, já então o grande ídolo da Jovem Guarda, para ser garoto-propaganda de um comercial sobre as vantagens da gasolina aditivada com ICA (Ignition Control Additive). "Passei num posto Shell e botei gasosa com ICA. Minha caranga está uma brasa, mora?", propagandeava o Rei, e para completar: "Isto é ou não é algo mais? Você pode confiar na Shell, mora?". Roberto foi tão longe nessa investida que chegou a abrir dois postos de gasolina no Shopping Iguatemi, em São Paulo.

A TV se mexia para acompanhar. Em março de 1966, estreou *Excelsior a Go Go*, com Wanderley Cardoso, Rosemary, Cidinha Campos, Giane e outros astros. A TV Tupi, para não perder o bonde, comprou um enlatado chamado *Na Onda do Iê Iê Iê*, apresentado por Jack Good e Rita Gillespie, que trazia apresentações de Petula Clark, Rita Pavone, Sal Mineo, Sylvie Vartan, Mickey Rooney Jr., Neil Sedaka, Chubby Checker. Foi como um trator que passou por cima da música do período. Alguns artistas, espremidos entre aquela música emergente e sua vocação natural, acabaram por exilar-se do país. "O iê-iê-iê, as versões, dominavam. Muitas gravadoras me sugeriram cantar

'Serenata do adeus' em ritmo de iê-iê-iê. Eu disse adeus e fui embora", contou a cantora Alaíde Costa sobre o ano de 1964.

A aprovação massiva de algum fenômeno musical requer, concomitantemente, um expurgo maciço de outra coisa. Essa é uma das grandes perversidades da indústria cultural. Alguns dos artistas mais ousados da geração que emergiu ao largo da Jovem Guarda passaram maus bocados com a crítica institucionalizada da época. Simonal, por exemplo, que tinha programa próprio e personalidade ainda mais própria. O crítico mais bem-posto do período, Sylvio Tullio Cardoso, que mantinha coluna no jornal *O Globo*, escreveu, sobre o disco *Wilson Simonal* (Odeon, 1966):

> Um crime: Transformar o ritmo do clássico "Maria", de Ary Barroso, em samba-rock é um delito que deveria ser punido com multa e cadeia. Que Wilson Simonal esteja irreversivelmente disposto a se prostituir artisticamente, não temos nada com isto. Que queira deixar de ser o nosso melhor cantor de samba moderno e gravar mistura de bossa com iê-iê-iê, é um direito que lhe assiste. É muito difícil evitar que uma pessoa se suicide. Na primeira burla de vigilância, ela mergulha de cabeça ou faz roleta-russa com o tambor cheio. O que não podemos assistir impassíveis é ao atrofiamento, à distorção de clássicos da música brasileira transformados em monstrengos híbridos só para que Wilson Simonal atraia para a área da MPB os debiloides do iê-iê-iê.

E prossegue Sylvio Tullio Cardoso: "Depois de ouvir esse LP, somos obrigados a concordar com aquele cronista que tem horror a Simonal e que disse: 'Simonal veio do rock. E quem veio do rock tem que voltar a ele. Sua passagem pela MPB foi acidental. Nunca teve na verdade o cheiro da permanência'".

Mas o exorcismo para cima desse outro expoente do "*rat pack*" de Carlos Imperial não iria colar. Wilson Simonal tinha usado o Beco das Garrafas como plataforma de voo próprio e também estava vivendo um momento extraordinário como criador, expoente da chamada "pilantragem" (ou sambalanço) e visionário da canção. Simonal, também de origem humilde (o pai, o mineiro Lúcio Pereira de Castro, abandonara a família em 1942, deixando a mãe com os filhos para criar), chegou a vender mais discos do que Roberto Carlos em certo período e colocar mais sucessos no topo das paradas. Simonal, como Roberto, também irritava a elite da MPB por manter uma atitude de distanciamento dos temas mais consequentes, como política e embates sociais. O pianista César Camargo Mariano o definiu assim:

> Gostava de tirar sarro da cara dos outros, de sacanear pelas costas, de inventar códigos entre a gente para poder zombar de quem passasse. Nunca o vi falando a sério sobre nada, nem política, nem religião. Ele era brincalhão, divertido, era ótimo tê-lo por perto, mas não dá para negar que ele era um cara superficial. O único assunto que ele abordava com alguma seriedade era a questão racial. Mas mesmo ali ele era superficial.

Era sem dúvida um momento glorioso para aquela pequena comunidade musical. Para surpresa e delírio daqueles que tinham apostado nele como *frontman* geracional, Roberto parecia ter nascido para a TV. Com diversos repórteres e articulistas, a revista *Realidade* fez um dossiê Roberto Carlos, em 1966, para analisar os motivos de seu êxito.

> Durante o espetáculo, Roberto Carlos usa uma técnica especial para provocar o auditório. Além das palavras-chave como mora, uma brasa, uma lenha, usa gestos: faz de conta que atira granadas, tapando os ouvidos como se fosse ouvir a explosão; beija e abraça as cantoras, dança com elas, apanha todas as flores que são atiradas no palco. Suas roupas são coloridas, vistosas. Começou com ternos parecidos aos

dos Beatles, paletó sem gola, bolsos diagonais. Depois, passou a desenhar o que iria vestir: camisas vermelhas, cor-de-rosa, folgadas, punhos largos, cordões cruzados no peito à moda dos caubóis americanos; calças colantes, cintos de cores berrantes, botinhas de várias cores.

Havia uma compreensão, certamente intuitiva, da parte de Roberto de que a TV era o veículo que deveria domar porque representava o invólucro do futuro de sua arte. Algo que, para observadores, parecia natural no cantor. "Eu me lembro de ter visto o Roberto Carlos pela primeira vez em um programa chamado *Astros do Disco*, no estúdio da TV Record", contou o crítico Zuza Homem de Mello.

Ele ia cantar com um violão, sozinho. E você via que ele tinha plena consciência de como a câmera estava captando o que ele fazia. Nesse sentido, ele tem uma percepção anterior à maioria dos artistas que depois entram para a televisão. Há dois artistas que, de fato, percebiam o poder de captação de uma câmera: Roberto Carlos e Elis Regina. E qual é esse poder? É o detalhe. Na câmera, isso não passa, e o público percebe. E, quando percebe, gosta ou desgosta imediatamente. A reação é um clique. Aqueles que têm essa percepção, e sabem aproveitá-la, levam uma enorme vantagem, pois sabem que estão sendo vistos como se tivesse uma coisa no interior deles mesmos.

Na comemoração do primeiro aniversário do programa *Jovem Guarda*, a TV Record preparou uma festa monumental. Os artistas contratados entravam no palco dentro de enormes caixas de presentes, com laços e envoltas em papel colorido. O público encheu o palco de presentes para Roberto Carlos — camisas, calças, gravatas e poemas. Ele os recolhia e entregava ao seu empresário, Geraldo Alves, atrás das coxias. Em troca,

Roberto procurou mostrar algumas inovações. No palco, havia um bolo de aniversário de um metro e meio de altura com o formato de uma lata de óleo Shell, que patrocinava o programa. O bolo era cenográfico, mas uma parte inferior era de verdade, e pedaços eram distribuídos entre convidados.

O primeiro convidado da festa foi Ary Sanches, que entrou às 16h30. Depois, entrou Adoniran Barbosa, interpretando sua composição "Eu já fui uma brasa" e zombando do maestro Caçulinha ("Outra vez de calças compridas"). Quando terminou, Roberto emendou à letra da canção: "Ora, mas você continua uma brasa, mora?".

Ed Wilson e Reynaldo Rayol se apresentaram sem o recurso do empacotamento para presente. Wanderléa cantou cinco canções e, na última, veio dentro de uma caixa e anunciou o lançamento de sua coleção de roupas personalizada. Elza Soares cantou um samba e brincou com um *scat* na canção "Deixa de banca".

Finalmente, foi a vez do anfitrião. Roberto cantou três sambas, acompanhado do Regional do Caçulinha. O músico paulistano Caçulinha, que tinha integrado o Regional do Miranda e era músico dos clubes e boates da noite, costumava tocar a cada quinze dias com seu grupo. Era presença constante nos programas da Rádio Record e ficou mais de um ano acompanhando Roberto no programa. Ele e Roberto fizeram alguns números, "Este seu olhar" e "Só em teus braços", para começar. Depois, "Ai, que saudades da Amélia", ao final da qual o cantor jogou flores para a plateia, antecipando um dos mais famosos gestos que celebrizaria na fase dita madura de sua carreira. "Roberto Carlos começou a gravar um novo disco e está pensando em incluir esse samba de Ataulfo Alves no repertório. A decisão fica para estes dias", escreveu um jornalista.

Quando os Jet Black's faziam seu número musical, com Wanderléa cantando, entrou um pacote no palco. Alguém entrega um bilhete a Roberto, que lê: "Esse é o único presente que tem um furinho no queixo". E entra o crooner Agnaldo

Rayol, vestido a rigor como jovem-guardista, e canta "A praia" e "Lobo mau". Para fechar, Wilson Simonal, que causa com sua frase "olha, eu vou deixar cair!", Erasmo Carlos, Jair Rodrigues, Jorge Ben. Roberto reassume o microfone e canta "Não quero deixar você triste", tocando violão, e com Caçulinha tocando um instrumento inventado, ao qual ele deu o nome de cordovox — um som de órgão no piano de brinquedo. "Em geral eu tocava o acordeon", lembra Caçulinha. "De vez em quando, tocava também clavieta." Roberto então explicou a ausência, na festa, de Elis Regina: "Não pôde vir porque está no Recife!".

Quando a nau está a favor do vento, ninguém segura. Chacrinha, que de bobo não tinha nada, bateu o derradeiro prego na construção da imagem etérea de Roberto Carlos. No mesmo ano de 1966, em seu programa na TV Excelsior, bolou uma ação promocional que repercute em nossa vida até hoje: levou Roberto Carlos e a mãe, dona Laura, ao programa, e reservou um quadro inteiro para seu plano. Mandou sua produção tomar emprestada uma coroa francesa com cristais coloridos incrustados e uma estrela de cinco pontas no cocuruto, assim como uma almofada de apoio cercada de joias. No meio do programa, sentou Roberto em um trono, fez entrar Lady Laura e o coroou Rei da Juventude. Mais definitivo do que as comendas que a rainha Elizabeth deu aos Beatles, o título nobiliárquico grudou no cantor como um carrapato, nunca mais saiu de seu guarda-roupa. Passou a ser usado em absolutamente toda a imprensa, a de *gossips* e a dita séria. Três décadas depois, a coroa seria leiloada com lance inicial de 10 mil reais pela empresa Mundo Teatral, a quem pertencia, num pregão da Leslie Diniz Leilões.

Como líder geracional, Roberto disseminava uma ideia de si mesmo que irritava gente mais intelectualizada ou engajada. Em oposição aos festivais da canção da MPB, os shows do Teatro Opinião e a bossa nova, a Jovem Guarda significava uma punhalada nos esforços nacionalistas e militantes dos ativistas da época. Isso acabou criando uma polarização imediata. "Nos cobravam politização, mas queríamos usar minissaia e mudar os costumes", defendeu-se Wanderléa, que assumiu momentaneamente uma defesa apressada do movimento. "Sou feliz porque não tenho medo da inteligência brasileira. Não tenho que provar nada a ninguém."

O Fla-Flu cultural que a Jovem Guarda gerou envolveu parte da intelectualidade dita universitária, que acabou vendo deserções importantes em seu meio. O tradutor e poeta concretista Augusto de Campos escreveu um polêmico artigo, em 1966, no *Correio da Manhã*, intitulado "Da Jovem Guarda a João Gilberto", no qual comparou os estilos de Roberto e Caetano em oposição ao de Elis Regina, cujo canto ele definiu como de "autojúbilo", feito de "gestos hieráticos", enquanto via qualidades nos opositores:

> Jovem-guardistas como Roberto ou Erasmo Carlos cantam descontraídos, com uma espantosa naturalidade, um à vontade total. Não se entregam a expressionismos interpretativos; ao contrário, seu estilo é claro, despojado. Além dessas características vocais, que parecem estar sintonizadas com o padrão interpretativo da bossa nova e que dão à nossa Jovem Guarda uma certa nota brasileira, podem ainda os seus cantores incorporar o ruído e o som desarticulado, propendendo para a antimúsica, revolução saudável que já tem maiores pontos de contato com o iê-iê-iê internacional (Beatles etc.).

"Eu tinha um pé atrás com aquela cafonália. A maioria deles afundou porque não há arte com propulsão sem pensamento crítico. O que a Jovem Guarda nunca teve. Já a tropicália quis entrar nas estruturas para fazê-las explodir. O que é bem diferente de entrar na estrutura para faturar uma grana", disse o poeta Waly Salomão.

"Cada país tem a dupla Lennon & McCartney que merece, e a nossa foi Roberto & Erasmo, uma coisa inofensiva, bonitinha e que servia bem à ditadura", sentenciou o crítico Ezequiel Neves. "Mas, em 1966, 1965, eu era mais a Wanderléa, que, além de gritar 'Pare o casamento', cantava 'Ternura'. O resto fazia mesmo um rock italiano da pior categoria."

O excesso de rigor de Ezequiel Neves nessa diatribe mostra que talvez ele não tivesse prestado a devida atenção no repertório da dupla Roberto e Erasmo. Além do rock, sua especialidade, Erasmo tanto podia fazer bossa nova e samba quanto sambalanço e bolero. Ou seja: caso fosse necessária uma "correção de rumos" na carreira, como de fato foi, Erasmo estava preparadíssimo para isso, com sua lírica popular e veloz. Quando ele começou a despontar como cantor, já tinha uma produção embrionária para segurar sua retaguarda, cerca de quarenta a cinquenta músicas inéditas, entre elas "Splish splash" e "O calhambeque".

Depois, foi só mostrá-las aos outros cantores. A Cleide Alves, uma cantora da época, a Selmita, o Sérgio Murillo, o Trio Esperança, a própria Wanderléa foram alguns artistas que já tinham gravado minhas músicas antes que eu seguisse a carreira de cantor. Houve uma ocasião em que eu tinha seis músicas entre as dez primeiras das paradas. Isso chamou a atenção dos empresários das gravadoras, e aí eu fiz uma peregrinação pelas gravadoras. A CBS, por exemplo, disse que não queria um cantor do mesmo estilo do Roberto Carlos, que era seu contratado. A outra afirmava que já estava com o quadro completo. Cada uma tinha uma desculpa. Até que me aceitaram na RGE, onde gravei o meu primeiro disco, devido ao meu sucesso como compositor.

A pescaria (1965), o disco de estreia de Erasmo pela RGE, saiu somente a muito custo, apesar da visibilidade que o compositor

Erasmo tinha alcançado. Assim contou o cantor e compositor Raul Sampaio, que vivia um momento de grande prestígio na RGE:

> Erasmo cantava em Renato e seus Blue Caps, botava lá a vozinha dele. Foi em tudo quanto é buraco e nunca conseguiu gravar. Um dia foi me procurar na RGE e eu lhe disse que não mandava nada, tudo dependia de uma aprovação de São Paulo. Viviam me dizendo: o *cast* está cheio. Mas disse para o Erasmo que ia tentar. Não achava que ele era grande coisa cantando, mas era um cara ligado ao Roberto Carlos, tinha feito a versão de "Splish splash". Nessa época, Erasmo tinha uma calça só, de jeans azul. Lavava a calça de noite e saía de manhã. Tempos depois, a gravação foi aprovada e ele fez *A pescaria*.

Erasmo chegava tardiamente, mas foi ele a fornecer régua e compasso para toda aquela geração do iê-iê-iê. Estão em seu álbum de estreia, como aríetes de uma revolução de princípios, "Minha fama de mau", manifesto de sua condição de refém da própria imagem ("Mas é que eu tenho que manter a minha fama de mau") e "Festa de arromba", a primeira visão pop de um arcabouço geracional, a crônica de uma reunião festiva dos principais nomes daquela safra. Ele e Roberto fizeram até um *rockabilly* de enfrentamento direto com a invasão britânica, "Beatlemania": "Podem vir todos os quatro, eu não temo ninguém", cantava Erasmo. Até ali, parecia que o iê-iê-iê tinha autoestima suficiente para julgar o fenômeno dos Beatles uma coisa sazonal — houve até uma entrevista da banda Brazilian Bitles, em 1966, na qual o baterista Luiz Toth dizia que eles estavam pensando em mudar de nome porque o grupo inglês que tinha inspirado seu nome "estava entrando em decadência". O título era: "Bitles acham que Beatles já estão na última lona!".

Sem cometer a temeridade das comparações, é difícil não concordar com a tese de que Erasmo foi o maior responsável por dar uma forma ao rock nacional, traduzir os pressupostos de Bill Haley, Elvis e Little Richard em uma massa de som tropical, com doses certas de insolência e deboche.

A dupla Erasmo e Roberto já nasceu sabendo? Longe disso, seu aprendizado foi cheio de suor e desvãos. Talvez por isso seja impossível enquadrá-los em um arcabouço clássico de canções de gênero, algo que os defina enquanto compositores. A abertura para o novo, evidentemente, sempre foi mais larga em Erasmo, eclético e ligado às coisas da vida cotidiana. Quando o amigo de ambos, o tecladista Lafayette, por causa justamente do seu trabalho na sedimentação do som do iê-iê-iê, ganhou o direito de gravar um álbum solo pela CBS, a dupla foi ajudar a fortalecer o repertório. Assim, o disco de estreia de Lafayette, *Lafayette apresenta Dina Lucia* (Dina é o nome de Esmeraldina Dias, namorada de Lafayette e com quem casaria), o tecladista recebeu com alegria três composições inéditas dos parceiros.

O menino e a rosa partia de uma citação incidental da cantiga de roda "O cravo brigou com a rosa", música do folclore brasileiro. Mas a surpresa estava na levada de crítica social feroz de "Matando a miséria a pau", um antissamba-canção que poderia até ser considerado de esquerda nos dias regressivos de hoje ("veio pra cidade em busca de conforto/ mas só vai ter descanso depois de morto/ rezando pra nascer de novo/ vivendo da migalha que arrancou do povo"). Outra canção se inseria num gênero que ainda estava no nascedouro naqueles anos: o sambalanço. O título era "Moço, toque um balanço", e mostrava a cadência de uma música que encaixaria perfeitamente nas pretensões de Jorge Ben e Wilson Simonal, mas que parecia alheia para Erasmo e Roberto. E não era, eles andavam fazendo incursões por todos os terrenos, e com inegável talento. Lafayette inverteu o título da música, que virou "Toque um balanço, moço".

O disco *Jovem Guarda*, em 1965, o primeiro com a chancela do programa de TV, consolidou a parceria entre The Youngsters e Roberto Carlos. São os músicos dos Youngsters que estão nas fotos da contracapa, feitas por Armando Canuto. Mas é principalmente a presença de Lafayette no órgão que faz a diferença na sonoridade, subitamente psicodélica e com uma ambiência elétrica na junção com uma banda de rock. Os teclados cobrem canções como "Escreva uma carta meu amor", "Mexerico da Candinha", "Eu te adoro, meu amor", e na faixa principal que abre o disco, que exerceu grande impacto na época.

Ex-músico da Orquestra Brasileira de Espetáculos, Lafayette Coelho Varges Limp tinha estudado oito anos de piano clássico na infância. "Não tem nada a ver com tradição de família, meu pai nem sabia assoviar", lembra Lafayette, um dos artistas mais econômicos com as palavras de que se tem notícia, mas de um léxico musical admirável. De origem alemã, avó mineira (que lhe deu o primeiro piano), fã de Earl Grant (1931-70), Lafayette tinha um fascínio especial pela novidade, pelos novos equipamentos elétricos que surgiam. Erasmo, em 1964, convidara o amigo a ir até os estúdios da gravadora RCA para tocar em algumas músicas do que seria seu primeiro disco. Acontece que, no estúdio, havia uma novidade tecnológica aguardando num canto, um órgão Hammond B3. Antes de gravar, o amigo de Erasmo ficou dedilhando o órgão e, ao ouvir aquele som, o Tremendão não teve dúvidas: "Lafayette, você vai tocar esse instrumento aí no meu disco!".

Roberto, atento à intuição de Erasmo, quando ouviu em primeira mão as gravações do novo disco de Erasmo, na hora disse que queria convidar Lafayette para tocar órgão daquele mesmo jeito no disco que lançaria no ano seguinte. Naquele momento ele já imaginou o teclado em "Quero que vá tudo pro inferno", que a separação amorosa tinha inspirado. "Roberto ficou maluco!", conta Lafayette. O "Rei" até tentou levar o tecladista para sua banda RC3, mas Lafayette disse não a Roberto porque já tinha conseguido um contrato para fazer seus próprios discos (a série *Lafayette apresenta seus sucessos* durou trinta anos na CBS) e queria vingar como solista.

É interessante notar que isso tudo aconteceu bem antes de o teclado se incorporar definitivamente à cena do rock internacional, com a chegada de Ray Manzarek ao grupo The Doors (1967), e ao mesmo tempo que The Animals, do tecladista Alan Price, lançava seu disco de estreia — duas bandas que explorariam o recurso com grande repercussão. A Jovem Guarda já não copiava mais as matrizes, e a partir dali isso se intensificaria.

Desde o seu início, o ano de 1965 estava movimentando tal volume de recursos e vendas na música brasileira que baixou no Rio de Janeiro o vice-presidente da Columbia Records, Juan Manuel Villarreal, para traçar estratégias de mercado com Evandro Ribeiro. "Esse é, sem dúvida, o grande momento da música brasileira nas Américas", disse Villarreal.

Não apenas nas capitais. A efervescência da música jovem eclodia no país todo, e era ainda mais perceptível nos bairros de classe média das grandes cidades. Em São Paulo, Márcio e Ronald Antonucci chamavam a atenção cantando nos shows de um colégio estadual da zona norte da cidade, em Santana, o Colégio Cedom. Todos os sábados, os garotos faziam suas incursões pelo rock 'n' roll e pelo iê-iê-iê, e poucos eram tão afinados quanto eles. Como frequentassem os programas de auditório do rádio e da TV, não demoraram a conhecer um cantor que estava na crista da onda naqueles dias, Roberto Carlos. Ficaram muito próximos, amigos mesmo.

Roberto, além de tocar com as bandas mais proeminentes, como The Jordans e Jet Black's, tinha se aproximado de todos os artistas daquela esfera. No fim, era um mundo ainda bem pequeno. O compositor Roberto estava numa fase muito fértil, então ele deu para os irmãos Márcio e Ronaldo Antonucci gravarem uma nova canção, "Emoção", dele e de Erasmo. Márcio e Ronaldo cantavam juntos com o nome de Os VIPs (nome tirado do filme *The VIPs*, de 1963, com Liz Taylor e Richard Burton, que no Brasil recebeu o nome de *Alta sociedade*), e uma performance melodiosa que encantava plateias. Incluíram "Emoção" num compacto duplo que continha "Menina linda" ("I Should Have Known Better"), de Lennon e McCartney, "É inutile" (Rickygianco e Dante Pieretti) e "Flamenco (de Los Brincos, na versão de Hamilton di Giorgio). Roberto passou a ter um prazer especial em vê-los cantando suas músicas (ao longo de sua amizade, cedeu doze músicas exclusivas para os VIPs). Uma delas, porém, aquela que se tornou o maior sucesso da dupla, teve um condimento especial.

No início dos anos 1960, os astros da emergente cena jovem de São Paulo costumavam se reunir na boate Cave, na esquina da Consolação com a Nestor Pestana. Era um local estratégico, porque ficava próximo da antiga TV Excelsior — quando eles acabavam os programas, rumavam para a boate. Roberto, que batia ponto nas duas capitais, esticou para a Cave após um programa e encontrou os irmãos Antonucci. Eles passaram a noite ali, conversando, flertando. Era um tempo em que Roberto ainda bebia uísque, fumava, corria a noite. Quando deu por volta das cinco horas da manhã, Roberto olhou para os amigos e disse:

— Tenho uma música perfeita para vocês. Estão interessados?

Não precisou perguntar de novo. Logo, seguiram com Roberto em direção ao seu hotel. Roberto sempre manteve como quartel-general o Lord Hotel, na avenida São João (quase já na Duque de Caxias). Ficaram sentados no capô do carro, na praça, enquanto Roberto subiu ao seu quarto. Voltou com o violão e a letra da música. Já estava clareando o dia quando ele a tocou para os irmãos Antonucci. "Estou guardando o que há de bom em mim/ Para lhe dar quando você chegar", cantarolou. Ao final, voltou-se para os irmãos: "Gostaram? Pois é de vocês!", disse.

Tratava-se de "A volta", que Roberto (em parceria com Erasmo) tinha feito em 1964 para a namorada que o pai enviara aos Estados Unidos para se separar dele, Magda Fonseca. O namoro de Roberto com Magda, nunca admitido publicamente, durou ainda até 1965 entre idas e vindas. Roberto fez duas canções dedicadas a ela, em parceria com Erasmo: "Que tudo o mais vá pro inferno" e "A volta". Esta última, Roberto só gravaria muito tempo depois, em 1995, numa interpretação que entrou na trilha da novela *América*, da Rede Globo.

O álbum *Jovem Guarda*, além de mostrar as credenciais do novo líder da turma do iê-iê-iê e apresentador do programa-fortaleza da juventude transviada, emoldurou em definitivo a atuação das bandas do gênero como o novo mainstream do hit parade. Além dos Youngsters, há mais uma banda ali na transição do disco *Jovem Guarda*. Uma amizade que tinha começado lá na zona norte se firma como um esteio estético para o cantor: os irmãos Barros e sua banda Renato e seus Blue Caps serão o condimento da nova sonoridade da década.

Aos poucos, também o repertório de Roberto começava a avançar para um território de menor ingenuidade. Algumas fórmulas iam se mostrando esgotadas. Imaginado como um artista-deboche por Carlos Imperial, o "clone acidental" Roberto Rei, inventado por Imperial, volta a ser requisitado por Roberto para repetir o sucesso de "A história de um homem mau". Mas "O velho homem do mar", a nova canção (dessa vez um "original") de Roberto Rei, é simplesmente uma cópia mal disfarçada de "Homem mau", embora igualmente divertida e despretensiosa.

Roberto e Erasmo fazem no disco uma música de zombaria do compromisso conjugal, "Não é papo pra mim". Mas é como se Roberto estivesse armando a sua própria arapuca: por causa desse sarcasmo público de estímulo ao olé no altar é que ele teria que passar os próximos três anos fingindo que não tinha nem namorada, ao passo que estava já namorando firme.

Jovem Guarda, além de veículo de aproveitamento dos royalties da celebridade na TV, apresenta o repertório de Roberto como um terreno fluido, mutante: de um lado, ao invés de representar um aprofundamento na linha da rebeldia juvenil que *É proibido fumar* trouxe, a proclamação de um certo senso de independência, expõe um Roberto Carlos um pouco mais apaziguador, doce, sonhador. Essa prevalência está muito marcada pela faixa de abertura do lado B, um Rossini Pinto ainda com um pé nos anos 1950: "Eu te adoro meu amor", com uma guitarrinha dedilhada e um sax pontuando o teclado de baile.

Mesmo "Pega ladrão", megassucesso composto pelo agora constante Getúlio Côrtes, é um tanto retrô na fórmula, uma deliciosa canção sobre a desapropriação de um gatuno em relação ao patrimônio sentimental de uma moça.

O álbum prossegue nessa levada de revista de adolescente com "Gosto do jeitinho dela", de Niquinho e Othon Russo, este também alto executivo da CBS, diretor de divulgação da gravadora (e, ao mesmo tempo, um veterano compositor desde os anos 1940, com sambas e boleros gravados por Cauby Peixoto, Emilinha Borba, Angela Maria e outros). O toque da bateria em "Gosto do jeitinho dela", coberto pelo teclado de Lafayette, é de Romir Pereira de Andrade, dos Youngsters, com umas viradas de ritmo de suave elegância. Como tema, essa canção parece se inserir numa tradição de pós-bossa, um afluente de "Ela é carioca", de Tom Jobim (1963), por sua vez uma continuação de "Garota de Ipanema" (1962).

"Escreva uma carta, meu amor", de Pilombeta e Tito Silva, é Roberto se curvando aos pedidos do fiel amigo dos bastidores dos programas de auditório para lhe dar uma chance, mas Pilombeta aproveita bem a brecha, e a música acabaria tendo uma recepção inesperada com as fisgadas de guitarra entre os versos simples, quase um haicai.

A picardia de ruptura típica do período comparece já no final do lado A, com "Não é papo pra mim", uma pérola com assinatura (evidente) de Erasmo Carlos: "Se em festa de família o assunto é casamento/ Eu finjo que não ouço/ Essa escola eu não frequento/ Eu mudo de assunto/ Falo até de futebol/ Pois casamento não é papo pra mim".

O disco fecha também com outra crônica mundana de Roberto e Erasmo, "Mexerico da Candinha" (referência à coluna de maledicências mais falada no final dos anos 1950 e início dos 1960, da *Revista do Rádio*). "Vou descobrir por que o locutor Paulo Gil, da Rádio Nacional, ganhou o apelido de Cinderela...", dizia uma nota. "Mexerico da Candinha" também foi como batizaram um dos maiores sucessos do Carnaval de 1962, gravada por Moacyr Franco. No Carnaval, a letra dizia: "Fofoca como essa eu nunca vi/ Anunciaram o casamento do Cauby". Turbinou o baile do Copacabana Palace após ser dançada por ninguém menos que Rita Hayworth (convidada de Jorginho Guinle).

O "Mexerico da Candinha" de Roberto rebate jocosamente as fofocas de todas as Candinhas das revistas de celebridades. "A Candinha vive de falar de mim em tudo/ E que eu sou louco, esquisito e cabeludo/ E que eu não ligo para nada, eu dirijo em disparada." Solos de sax e teclados cobrem tudo com estridência e insolência.

Mas é na abertura do disco, no lado A, que a coisa realmente pega. É ali que está "Quero que vá tudo pro inferno". A canção-manifesto-geracional mais forte do período, a coisa mais antecipadora do *"fuck yourself"* do punk rock naqueles anos ingênuos, tinha origem num desabafo do cantor num cinema de Osasco (SP), uma praga murmurada sob o efeito do rompimento definitivo com a namorada Magda Fonseca. Durante mais de cinquenta anos, a canção testaria a capacidade existencial de Roberto de se indignar com as rasteiras da vida. Fascinado pela sua própria criação, mas, ao mesmo tempo, agoniado com os efeitos da canção nas suscetibilidades de católicos e conservadores, o artista chegou a tentar aplainar a suposta agressividade que a letra porventura contivesse, regravando-a com outro acabamento instrumental, mais careta, em 1975. Mas, finalmente, por causa dos dogmas religiosos, ele acabaria por bani-la do seu repertório no futuro.

Porém, no calor do verão de 1966, a fama da composição-desabafo de Roberto Carlos se alastrou de uma forma que nunca mais poderia ser detida, nem mesmo pela vontade dele. Em março de 1966, fizeram uma pesquisa em cinco dos mais prestigiados clubes da noite do Rio de Janeiro para saber qual era a música mais pedida pelos frequentadores. No Jirau, no Samba-Top, no Kilt Club e no Rui Bar Bossa, "Quero que vá tudo pro inferno" foi a primeira da lista. No Texas Bar, era a segunda, perdendo para "É de manhã", com Wilson Simonal.

O clima geral entre a juventude, conforme os anos 1960 avançavam, ainda era de conflagração e animosidade. A Jovem Guarda, por ter aquele papel de para-raios das ansiedades, também despertava a fúria de alguns grupos de jovens — na era da internet, isso se expressaria em grupos de ódio em redes sociais, mas naqueles dias ainda era tudo na base do soco. Foi assim que, já no auge do prestígio, em 1966, quando os expoentes da Jovem Guarda viviam hospedados no Lord Hotel, em São Paulo, Roberto estava com sua trupe, Erasmo com a dele, e um grupo de dez jovens rapazes começou a ofender Roberto. Todos foram para a briga, que acabou virando uma pancadaria generalizada e saiu do controle. Roberto então, vendo-se na iminência de um linchamento, foi até o carro, pegou um revólver e deu dois tiros no chão, o que dispersou o confronto, mas atraiu a polícia. Era um tempo rude, e a opinião pública ficava sabendo ali que o iê-iê-iê não era apenas uma coleção de gírias bacanas. Roberto tinha passado a portar uma arma porque carregava no porta-malas de seus carros o dinheiro das bilheterias dos shows que fazia, recolhido sempre após os concertos — mais adiante, arrumaria seguranças, porque se deu conta de que era uma função que não cumpria a contento.

Por causa dos tiros, Roberto e Erasmo foram detidos e liberados após identificação. Um processo por perturbação da ordem foi aberto. Em 22 de junho de 1966, saiu uma sentença do juiz da 12ª Vara Criminal absolvendo Roberto. "Alguns sociólogos afirmaram que o aparecimento do iê-iê-iê foi um benefício, desde que, após a adesão da mocidade a esta música, diminuíram as manifestações da chamada juventude transviada dentro da cidade grande, talvez pelo fato de Roberto Carlos ter se transformado na válvula de escape antes inexistente", escreveu o juiz na sentença.

O absurdo impacto popular dos ídolos da Jovem Guarda e de sua corte mudou toda a correlação de forças dentro da indústria musical que se afirmava no período. Não era ainda um movimento discográfico de peso (o maior êxito de um álbum de rock 'n' roll brasileiro, até ali, tinha sido a vendagem de *Estúpido cupido*, de Celly Campello, que vendera 120 mil cópias em 1959, uma raridade), mas movimentava de tal modo as revistas, os programas de rádio e TV, a moda, que estabeleceu um nicho até então desprezado pelo novo capital: o consumidor jovem. Em 1965, o principal executivo da CBS brasileira, Evandro Andrade, em viagem à Europa e aos Estados Unidos, resolveu municiar seus principais contratados com as melhores armas disponíveis no mercado: contrabaixos e guitarras de primeira linha. Como ele tinha prometido trazer um baixo igual ao de Paul McCartney, o Höfner, aquilo causou certa ansiedade no mais requisitado contrabaixista dos estúdios, Paulo César Barros, de Renato e seus Blue Caps.

"O dia em que esses instrumentos chegaram, aqueles cases cheirando a cola, foi uma loucura", lembra Paulo César. Ele foi direto ao baixo Höfner, que já era então um instrumento lendário para os roqueiros brasileiros. Mas, quando colocou o estojo sobre os joelhos, notou que aquilo não tinha peso algum. "Que porra estranha é essa?", pensou. Quando deu um toque nas cordas, sentiu "aquele sonzinho de bosta", como definiu. Ao tocar o instrumento, ficou decepcionado com o som semiacústico, desistiu rapidamente e foi direto para os outros dois contrabaixos que Evandro tinha comprado. Eram dois baixos Precision, ele escolheu um. "Era um instrumento normal, de gente, pesado", vaticinou. A peça seria seu instrumento por toda a vida, mas o baixo Höfner ainda seria usado na gravação de algumas músicas cruciais de Roberto Carlos.

Com a cristalização do sucesso da Jovem Guarda, Erasmo, um carioca da gema, acabou se mudando para São Paulo, onde viveu sete anos. Alugou uma casa na rua Kansas, 239, no Brooklin. Ao contrário dos novos-ricos exibicionistas daquela época de glória, ele não foi visto exibindo símbolos de enriquecimento ou de glamour. "Veja bem: era um barato não poder mais andar de lotação e ter que andar de carro." Contou que, em São Paulo, costumava caminhar até o centro da metrópole, até a rua Direita, e ficar parado em frente aos arranha-céus, esperando que alguém o reconhecesse. "Quando eu via uma menina me apontando, ficava superorgulhoso por estar sendo reconhecido. Então, aos poucos, com o sucesso do *Jovem Guarda*, as coisas foram ficando difíceis, e nós não podíamos mais frequentar alguns lugares, devido ao assédio dos fãs."

O problema é que Erasmo encarnava com demasiada sofreguidão um personagem que acabaria por enfiá-lo em encrenca: o macho alfa insaciável e incontrolável, o rival a ser desafiado. Alguns fãs acreditaram demais no personagem, e isso acabou virando um roteiro tarantiniano em sua rotina: no dia 15 de janeiro de 1967, quando ele fazia um show no interior de São Paulo, no Clube União Recreativo Sorocabense, um fã ensandecido o provocou de tal forma que acabaram entrando nos sopapos, e Erasmo se deu melhor. Quando saía de carro, um Karmann Ghia, Erasmo foi seguido pelo rapaz, Paulo Walter Leme dos Santos, que estava armado. O Karmann Ghia de Erasmo ficou todo furado de balas, mas ele saiu ileso. O caso foi parar na Justiça, se arrastando por dois anos, mas ambos (que viraram réus) acabaram inocentados por falta de provas.

O ano de 1967 foi definitivamente um que não terminou para Erasmo. Naquele mesmo período, um acontecimento abalaria os alicerces não apenas da sua carreira, mas fez a Jovem Guarda iniciar sua descida do Olimpo das emoções juvenis da época. A versão oficial é a seguinte, segundo contou Erasmo em sua autobiografia: ele e Eduardo Araújo encontraram por acaso, na TV Rio, duas fãs que já conheciam de São Paulo e as levaram para a casa do Carlos Imperial, que ficava em frente. "Cheguei, peguei a letra de uma música que ia gravar ('O carango') e fui embora. Tinha que chegar cedo na casa da minha namorada na época, depois de certa hora a portaria fechava. Mais tarde, a polícia pegou as meninas, que eram menores, andando sozinhas em Copacabana", ele contou.

As garotas contaram à polícia que vinham da casa de Carlos Imperial, na qual estiveram com Erasmo e Eduardo numa festinha regada a álcool e sexo. Ironicamente, um dos versos da música que Imperial e Erasmo estavam compondo, "O carango", dizia: "garota de menor não pode ser sem sol". As meninas eram as primeiras groupies da cena rock 'n' roll nacional e vinham de São Paulo — a mais conhecida tinha um apelido, Chininha. Conforme alguns astros da época, Chininha e mais três amigas cumpriam uma tarefa de "mandar ver e tchau" nos bastidores dos programas paulistanos e tinham trânsito tranquilo entre os rock stars. Eram elas as garotas que foram ao Rio, à casa do Imperial. A polícia chegou a achar que havia uma conexão espúria entre as duas cenas e ouviu protagonistas das duas capitais. "Fui chamado ao Juizado de Menores e me perguntaram: 'Foi você quem mandou elas ao programa deles?'", contou o apresentador Antonio Aguillar. "De jeito nenhum, eu respondi. Não tenho nada a ver com isso."

Erasmo, Imperial e Eduardo foram indiciados por corrupção de menores. O Tremendão ficou um ano proibido de se apresentar em programas de TV e fazer shows no Rio, tendo ainda o desprazer de ver suspensa a execução das suas músicas nas rádios. O Juizado de Menores ordenou a prisão de Eduardo Araújo e Imperial, que ficou foragido durante dois dias na casa do próprio Erasmo, no Brooklin, "saboreando a comidinha gostosa da minha mãe e bebendo litros de Coca-Cola". Já Eduardo deu um tempo na casa da tia Stela de Miranda, uma inesquecível senhora que, além de fã ardorosa de Cacilda Becker, era uma admiradora especial da turma da Jovem Guarda, que acompanhava e a quem tratava como netos. Em seguida, Imperial e Eduardo fugiram para Minas Gerais, onde ficaram um bom período na fazenda da família do mineiro, em Joaíma. Lá, aproveitaram para compor várias músicas — Erasmo teria criado "Vem quente que eu estou fervendo" e "Faz só um mês".

Foi durante uma das acareações realizadas no decorrer desse processo que Imperial cunharia uma de suas famosas frases de cafajeste: "Vossa excelência me desculpe, mas quando conheço uma mulher não peço a carteira de identidade dela!".

No final, Eduardo Araújo e Carlos Imperial conseguiram habeas corpus e passaram a responder em liberdade. Durante uma acareação com as vítimas de sedução de menor no fórum, as garotas não reconheceram os dois, o que impeliu o juiz a extinguir o processo, beneficiando automaticamente Erasmo.

Mas o mergulho nas profundezas da desconfiança de público (e na lama dos tabloides que cobriram as carniças do mundo discográfico) repercutiu muito na vida dos astros do iê-iê-iê, e alguns passaram a ser alvo da polícia por causa da presença de fãs menores de idade em seus camarins. Também os planos de carreira de Erasmo, que ficou ainda mais dependente de Roberto, foram empurrados para uma guinada.

Em busca de explicações de cunho mais científico para o fenômeno cultural que aquele movimento jovem representava, foram atrás de experts de toda natureza. Um psicanalista chamado Miller de Paiva, da Faculdade Paulista de Medicina, buscou uma elucidação político-pragmática para o caso, enxergando populismo no ídolo. "A evolução ocorre em consequência de circunstâncias novas que acarretam dificuldades não solucionáveis pela estrutura antiga", afirmou. "Jânio Quadros, prometendo ao povo uma vassoura, conseguiu ser por algum tempo alvo do respeito e, até mesmo, de uma obsessão. É comparável o ardor que já houve por Jânio Quadros ao que hoje existe por Roberto Carlos."

O supremo teste da vaia

O produtor e apresentador José Messias escreveu em suas memórias:

> Já que falamos da fervura da panela, como diria minha avó Jovita, os anos 1960 começaram propiciando a invasão do rock e seu poder transformador, o feminismo fervilhando, o comunismo e tudo o mais que terminasse em ismo. E apareciam também os primeiros sinais da futura Rede Globo de televisão que, naquele tempo, diziam à boca pequena, era apêndice do grupo Time Life, um sistema americano de apoio à revolução. Isso não posso confirmar, nem duvidar.

A migração de talentos para um novo bunker da cultura popular era evidente naquela segunda metade da década de 1960. Walter Clark, que era o papa da TV Rio, foi para a nova emissora, a TV Globo, e saiu convidando meio mundo: Chacrinha, Chico Anysio, Cid Moreira, Léo Batista. Não era um convite amistoso, entretanto. "Quem não for agora comigo, não vai nunca mais", dizia Walter Clark. A Globo subia, escorada na proximidade com o regime, e o restante descia: TV Rio, Diários Associados, TV Excelsior, quase todos os outros veículos passaram por uma crise. Marcos Lázaro, o empresário de Roberto, não teve dúvidas em promover uma aproximação entre o seu contratado e a elite da nova família que ascendia, os Marinho.

Roberto Carlos passou a fazer a corte à família Marinho. Quando lançou um livro de poemas com caráter beneficente,

Roberto Carlos em prosa e versos, em quatro volumes (Formar, 1967), foi se encontrar com Stella Goulart Marinho (então esposa de Roberto Marinho) e Elizabeth Marinho (esposa de Rogério Marinho, irmão de Roberto) na redação de *O Globo*, numa troca de amabilidades que resultaria, no futuro próximo, em uma aproximação profissional. Ele anunciou que destinava parte da renda do livro à campanha beneficente que elas coordenavam (em São Paulo, destinou à Cruz Verde, de auxílio a crianças com paralisia cerebral), além de financiar cinco bolsas de estudo.

Os críticos foram, mais uma vez, implacáveis na condenação do esforço literário de Roberto. "Em seis linhas datilografadas, usa sete vezes a palavra meu, oito vezes eu, além de minha, mim e nós. Dezoito pronomes de primeira pessoa, uma média de três por linha. Um narcisismo assustador, aliado a uma desmedida pobreza vocabular: no trecho aparecem quatro vezes quero, quatro gosto, sete cavalinho (contando com o título)", escreveu um resenhista.

Roberto não tinha problemas com o regime militar, mas a Igreja fazia o cerco. Os católicos achavam que ele tinha sido abusado demais ao cantar "Quero que vá tudo pro inferno", alguns religiosos mais extremados acreditavam que a música insuflava a juventude para uma atitude niilista, contrária ao espírito cristão, e o bispo d. Agnelo Rossi tinha lhe recomendado que fizesse uma outra canção que, de alguma forma, se contrapusesse à mensagem da primeira. Roberto então compôs o rock "Eu te darei o céu", a primeira canção do lado A do seu disco de 1966.

Um dos discos mais cultuados entre os álbuns gravados no período em que Roberto esteve apresentando o programa *Jovem Guarda* foi o de 1966. Foi a partir daí que o cantor sedimentou a ideia de dar a todos os seus álbuns o mesmo título, somente seu nome, *Roberto Carlos* (com uma pequena exceção para *O inimitável*, de 1968), além de manter a postura de ilustrar com uma foto — única exceção também feita para o bico de pena do disco de 1971. É imprecisa a história de como ele se definiu por essa fórmula gráfica, mas há versões que atribuem a um tipo de superstição, já que foi a partir do disco só com seu nome que as portas do êxito foram definitivamente abertas para o artista.

Gravado com evidentes limitações técnicas, o álbum evoca uma atmosfera de inspirada suavidade, impulsionada pelo sax, pela guitarra, e pela pulsão de Lafayette, e virou a cabeça da moçada com a envergonhada (mas escancarada) confissão de "Namoradinha de um amigo meu", escrita por Roberto para a banda Os Beatniks, que muitos reportam como a melhor do período. Norival D'Angelo, que era baterista de Roberto Carlos, tocava nos Beatniks, e foi ele quem pediu uma canção ao amigo. Roberto fez, mas demorou um bocado, e quando finalmente ficou pronta, os Beatniks hesitaram em botar no seu disco. Marcaram touca: Roberto gravou ele mesmo, o resto é história. É também o disco que tem o clássico "Esqueça", mas o resultado é mais do que uma canção ou outra, é ousadia estética: Roberto volta ao essencial do rock, de forma básica e pulsante, seja no *riff* que abre "Eu te darei o céu" ou na bateria da confessional "Querem acabar comigo", um desabafo em virtude de todas as pressões que ele sentia naquele momento — especialmente dos postulantes ao trono de novo Rei da Juventude, como Ronnie Von, que ele temia.

O livro de poesia não vingou, mas a visibilidade que a carreira de Roberto Carlos alcançava, turbinada pela TV e pela publicidade, ecoava longe, ribombava inclusive nos estilhaços daquela antiga Turma da Matoso que ainda não tinha encontrado o seu caminho. O velho camarada Sebastião Maia, o Tim Maia, depois de um período errático pelo Rio no retorno dos Estados Unidos, tinha amargado onze meses de cana após ser preso em flagrante pelo furto de duas cadeiras de vime e uma mesinha de uma residência na Tijuca. O tumultuoso parceiro de Roberto em The Sputniks, quando viu na imprensa que Roberto Carlos tinha comprado o seu oitavo carrão de luxo, não teve dúvidas: assim que saísse dali, iria abalar-se também para os lados de São Paulo. Olhou "o fluxo todo de artistas" para as terras bandeirantes e viu ali um Eldorado da nova juvenília. "E eu em cana", lamentava.

A ida de Tião Marmiteiro para São Paulo, em 1967, não foi aquela maravilha. Tim, sem um puto no bolso e ainda com uma pálida ideia de qual seria a sua contribuição ao mundo da música, estava na rabeira da nova economia. No futuro, ele desabafaria sobre esse breve período: "Fui barrado muitas vezes na Record. Tentei fazer o *Jovem Guarda*, mas não consegui", contou. "Roberto Carlos nunca me deixou fazer o *Jovem Guarda*." Não era bem verdade: Tim foi recebido por Roberto no programa *Jovem Guarda* e em uma das ocasiões cantou "Georgia on My Mind".

Os tempos eram outros e a agenda dos três anfitriões do programa era apertada. Faziam o que estava à mão. Um dia, Roberto, ao recepcionar o novo astro Wanderley Cardoso nos bastidores do *Jovem Guarda*, o levou até um camarim dizendo que precisava lhe apresentar um jovem artista. "Vou te mostrar um rapaz que vai estourar aí!", disse, entusiasmado. Ao chegarem ao camarim, Wanderley então conheceu o assustadiço carioca Tim Maia, que flanava por ali. "Roberto tinha convicção de que ele seria um sucesso, como de fato foi", conta o paulistano.

Wanderley se tornou amigo de Tim, e um dia o convidou para ver uma peça que estava encenando com Sylvia Massari. Ao final do espetáculo, Tim o procurou e disse: "Pô, Wanderley, tá faltando piada nessa peça!". Wanderley retrucou: "Ô Tim, a questão é que essa é uma peça séria, é uma mensagem para a juventude, não pode ter piada".

O talento de Tim Maia não era ignorado. Há quem diga até que o viu cantar na inauguração da TV Bandeirantes, em maio de 1967, mas não há registro disso. Roberto chegou a abrigar Tim Maia e Jorge Ben em sua casa em São Paulo. Mas a vida da dupla era desregrada e Roberto queria acertar os ponteiros com a fama. "Roberto aguentou a situação para não criar caso", contou Antonio Aguillar. Roberto queria ser conhecido em São Paulo e não media esforços para isso; iniciava um período de maior disciplina em relação às atitudes públicas e declarações. Tião, com a ajuda de Erasmo, conseguiu gravar um compacto pela RGE e continuou produzindo, aos tropeções, pela cena que emergia, regressando logo ao Rio para a esfera de influência de Carlos Imperial.

O novo Rei da Juventude, em outro diapasão, podia se dar ao luxo até mesmo de fazer incursões pelo território da face elitista da MPB, a engajada e consequente galera dos festivais. Mantinha cordial relacionamento com seus artífices — às vezes, até mais que cordial. Foi assim que Roberto, já elevado à categoria de ídolo, baixou no festival da Record em setembro de 1967. Evidentemente, o contrato com a Record impunha-lhe certos compromissos, e o festival era um desses, mas o cantor poderia perfeitamente ter argumentado que desfrutava de um status elevado o bastante para não correr riscos.

O festival se convertia em território minado para um artista de contornos muito populares. Em tese, o público dos festivais era mais engajado, tinha uma consciência maior da situação política do país e não via com bons olhos a neutralidade sorridente da Jovem Guarda. Havia uma postura meio ambígua das lideranças do "outro lado" em relação aos jovem-guardistas. Elis, embora mantivesse relação cordial com Roberto e Erasmo, tinha declarado à revista *Intervalo*: "Esse tal de iê-iê-iê é uma droga. Deforma a mente da juventude". Isso exaltava os ânimos, criava ambientes duelistas.

Antes da apresentação, Roberto ajeita a gravata-borboleta atrás de uma planta do cenário e mostra as mãos nervosas para o grupo que o acompanhará ao violão e voz. Ele tinha escolhido uma canção que parecia totalmente estranha a seu repertório: "Maria, Carnaval e cinzas", de Luiz Carlos Paraná (compositor que levara o segundo lugar no festival do ano anterior).

"Então, o público vaiou", recordou o produtor, crítico e apresentador Zuza Homem de Mello.

Roberto Carlos nunca imaginou que pudesse ser vaiado na vida. Justamente porque, se há alguém na história da música popular brasileira que mantém um foco sobre o direcionamento de sua carreira da maneira mais segura possível, é Roberto Carlos. Ninguém tem essa preocupação de manter a carreira 100% segura. Para Roberto Carlos, não adianta, não interessa ser 99%, tem que ser 100%. E todos os detalhes de como ele grava disco, como se apresenta em show, de como aceita tal compromisso ou dar uma entrevista, tudo isso demonstra que ele se cerca de 100% de segurança. E receber uma vaia é exatamente o oposto disso.

Naquele 30 de setembro de 1967, Zuza era o técnico de som responsável pelo festival e assistia a tudo dentro de sua cabina, por meio de um pequeno monitor e um microfone instalado entre o público, pelo qual examinava as reações da plateia. Impressiona o sangue-frio com que Roberto enfrentou uma audiência tão hostil, tão disposta a intimidá-lo. Não apenas cantou sem titubear, como o fez com um grande senso de domínio da canção e do espaço, gigantesco.

Mas não foi uma noite totalmente adversa. A diva Maysa, que fazia pouco-caso dos recursos estéticos dos jovem-guardistas ("Isso é um modismo idiota, que quanto mais depressa passar, melhor"), não mantinha a mesma atitude belicosa no plano pessoal. Tanto ela quanto Roberto, que tinham ficado para trás, barrados na eliminatória, viam nas contingências profissionais apenas obstáculos a serem transpostos. Ao se verem, ainda nos bastidores, já tinham combinado um encontro para o fim da noite.

Maysa foi a segunda a cantar e Roberto, o último. Havia mais de dez números musicais entre um show e outro, e Maysa ficou esperando pelo capixaba do lado de fora do teatro. Quando saiu, tomaram uma direção imprecisa e sumiram na noite paulistana o que levantou a boataria sobre uma aventura amorosa entre os dois. Maysa não confirmou nem negou. Roberto, como uma política da vida toda, jamais falou de seus eventuais namoros, mas o encontro é descrito no livro *Maysa*, de Lira Neto.

Enquanto a vida comunitária da Jovem Guarda estava no auge, nada parecia ameaçar aquela segurança. Torravam à vontade. Carlos Imperial, Midas da geração, se mudou da casa dos pais para um amplo apartamento na rua Francisco Otaviano, perto da TV Rio. Já trintão, com cem quilos, cabelo longo, esparramou-se como um paxá no coração de seu reinado, com bichos empalhados nas paredes da casa, couro de crocodilos, arcos e flechas, redes de dormir esticadas, arreios e laços.

Os principais artífices da movimentação entre a juventude viviam assim, nababescamente. Quando um comprava um carro, outro queria comprar um carro ainda melhor para se apresentar publicamente. Isso impediu que enxergassem o futuro próximo e até os problemas — envolvidos na batalha entre duas TVs, a Record e a Excelsior, não sacaram que quem cantava em uma não cantava em outra, o que afunilava suas possibilidades futuras.

Levada na base do entusiasmo, do blefe e da zoeira, a Jovem Guarda não criou âncoras de segurança para seus principais ídolos, excetuando-se Roberto, é claro, que foi mais safo em criá-las para si mesmo. Ele sempre se preparou melhor para suplantar as dificuldades de cada fase, se projetando na próxima onda antes de qualquer movimento coletivo. Aliou a performance e a vida no olho do furacão da mídia com iniciativas de consolidação comercial. Tanto ele quanto os colegas investiam na diversificação de suas fontes de renda. Wanderléa foi modesta e comprou o seu próprio apartamento em 1967. Erasmo e Roberto foram na direção da gastronomia: Erasmo abriu o restaurante Tremendão e Roberto abriu o gigantesco restaurante Barra Limpa, na avenida São Gabriel, no bairro do Itaim Bibi, em São Paulo.

Com capacidade para seiscentos fregueses, o local começou como um frisson na agenda paulistana por um motivo muito simples: pelo menos uma vez por semana, Roberto cantava lá com sua banda de turnês. Também podia ser visto ajudando a tirar um chope. Mas o assédio começou a ser tão grande que ficou impraticável — sempre havia pelo menos vinte pessoas enfiadas no camarim do cantor e outras tantas pelos corredores. Os sócios de Roberto arrumaram a sua milícia particular para a segurança (dez guardas-civis e alguns investigadores em jornada dupla, "chefiados por um delegado, que dão cobertura ao Rei", afirmou uma revista).

O momento brasileiro parecia pedir a consolidação de um ídolo menos efêmero, mais senhor de si, ou "respeitável", de certa forma. Roberto correspondia: em 1967, ainda garoto, 25 anos, ganhava o prêmio Personalidade Artística do Ano e viajava para o exterior, para Cannes, na França, para participar do Primeiro Festival Internacional do Disco, do qual saiu com o Troféu Miden.

O cantor capixaba tinha, num período de sete anos, passado de um inseguro crooner de boate a "player" do novo e agora rentável negócio da música, uma posição única no cenário brasileiro. Antes, ele pedia sofregamente uma chance. Agora, tinha se tornado ele mesmo a chance. "Há sete anos, o compositor Carlos Imperial me pedia para ouvir um jovem que ele acreditava com brilhante futuro no cenário artístico e que se chamava Roberto Carlos Braga", escreveu o executivo Roberto Côrte-Real na contracapa do disco de uma cantora iniciante chamada Martinha.

Não conhecia Imperial, mas sua convicção era tanta e o desejo de ajudar o amigo tornava tão eloquentes as suas afirmativas que decidi ouvi-lo imediatamente e em seguida providenciei sua primeira gravação para a CBS, naquele tempo Columbia. Daquela data em diante todos sabem o que aconteceu para o então menino Roberto Carlos, hoje o ídolo da juventude. Pois bem, o destino existe e contra ele e aquilo que ele traçou não há forma ou maneira de se escapar. Sete anos são passados e da mesma forma que Imperial me trouxe o Roberto, o Roberto me entregou essa menina doçura que é a Martinha. Me falava o Roberto dela com a mesma convicção que outrora falava o Imperial e por isso ela gravou imediatamente, revelando-se então não só uma nova cantora, mas também, e principalmente, uma das mais inspiradas compositoras que tive oportunidade de ouvir.

Toda a vida tentaram indispor Roberto e Erasmo. Entre 1966 e 1967, isso quase deu certo. Foi quando tiveram um sério desentendimento — em parte, por causa da férrea disposição de Roberto de manter tudo sob seu controle, até o que foge dele. Erasmo foi homenageado num programa de TV cujo apresentador era seu amigo Wilson Simonal, expoente da turma do Imperial. Erasmo era apenas convidado, não apitou na escolha das canções, nada. Conforme o programa transcorria, notou que as composições da parceria não apareciam com o crédito de Roberto Carlos. Este nem assistiu ao programa, mas alguém cuidou de indispô-los e foi lhe contar. Roberto foi ao encontro de Erasmo tiririca da vida. Falou alto, xingou, mas o Gigante Gentil não ouviu calado: retrucou, disse também um monte de barbaridades. Foi assim que ficaram um ano sem compor juntos.

Um belo dia, Erasmo estava em casa e chegou um enviado de Roberto. Trazia uma fita com algo gravado e um bilhete: "Essa você faz em dez minutos". Erasmo fez em vinte minutos. "E fiz as pazes com ele para sempre. 'Eu sou terrível' foi a canção da volta. 'Eu te amo' confirmou. Passamos a confiar muito um no outro. Às vezes concordamos, discutimos, porém como machos", afirmou o Tremendão.

Muitos tentaram colocar Roberto e Erasmo em trilhos opostos. O produtor franco-brasileiro André Midani contou que, quando tentou contratar Erasmo Carlos para sua gravadora, a Polygram, buscou criar certo atrito entre os dois para fazer valer sua proposta. "Erasmo, você é bem mais interessante que o Roberto..." Ao que o Tremendão respondeu: "André, não fala uma coisa dessas, não é bem assim...". Mas Midani, embora não pensasse dessa forma, não desistiu: "Pobre deste país que tem um Rei como Roberto Carlos que não se compromete com nada, que não exerce nenhuma liderança política...".

"Na verdade, eu respeitava muito o Roberto Carlos, o grande porta-voz do inconsciente brasileiro, porém procurava livrar Erasmo do cativeiro que era para ele viver à sombra do parceiro", disse André Midani. Essa imagem desfruta de certa unanimidade, a de que Erasmo é subalterno, e permeia as avaliações sobre sua figura, embora ele tenha mantido a essência de sua personalidade ao longo do tempo. Por exemplo: enquanto Roberto parece ter passado por um longo processo de *media training* como forma de escolher sempre as palavras certas nas declarações públicas, Erasmo cultiva a espontaneidade como marca principal, a possibilidade de dizer abertamente tudo, de expor a vida e as fragilidades sem nenhum filtro. Aparentemente, o que liga Erasmo a Roberto, e vice-versa, nutre-se de um componente de predestinação maior do que se pensa.

> Quando a gente faz uma música, nunca imagina o que pode render. Nós fazemos, e as coisas vão acontecendo. Às vezes cai no gosto popular e às vezes não. Mesmo assim, se o sucesso não acontece, não nos lamentamos porque não deixou de ser uma tentativa. Muitas músicas fizemos crentes que seria um sucesso maravilhoso, e não foi. Outras, não acreditávamos, e acabaram se imortalizando. Um exemplo é "Não quero ver você triste", que é a penúltima faixa do lado B de um disco em que a gente acreditava em muitas outras músicas, e ela acabou sendo o carro-chefe do disco.

Mas "Eu sou terrível" já tinha nascido como carro-chefe. Abriu o disco que funcionou como trilha sonora do filme *Roberto Carlos em ritmo de aventura* (1968), o primeiro da trilogia dirigida por Roberto Farias. Roberto Carlos trabalhava no tema quando teve uma crise criativa e resolveu fazer as pazes com Erasmo para achar o fio da meada. Com o mesmo título do filme, o disco pisava no acelerador do rock, mas a canção acabou deixando ligados os arapongas da repressão, que acharam muito licenciosa a exortação de Roberto à sua garota, com as metáforas do carro e do sexo emparelhadas.

O filme que inaugurou sua viagem cinematográfica tinha os astros José Lewgoy e Reginaldo Faria, além de Rose Passine, no elenco. O argumento e a direção eram de Roberto Farias, também produtor da fita.

Quando preparavam o segundo filme juntos, Roberto Carlos e Roberto Farias já articulavam a expansão de suas possibilidades comerciais. "Esse filme será um pouco diferente do *Roberto Carlos em ritmo de aventura*. Aquele era meio no estilo de *Help!*, dos Beatles. Agora, temos um roteiro mais definido", afirmou Farias.

Nessas incursões pelas telas, Roberto acabou encontrando em Erasmo uma nova baliza, uma medida que o ajudava a posicionar-se em relação aos truques de cena, a espontaneidade, a facilidade de incorporar os cacos. "O Erasmo é um ator incrível, sempre me engolia nos nossos filmes", disse o cantor após estrelarem o terceiro filme juntos.

Calhambeque Inc.

Fazer uma carreira de astro na incipiente cena pop da primeira metade dos anos 1960 não admitia corpo mole, fraqueza ou hesitação. Era preciso ter uma disposição-monstro também para a estrada. E Roberto tinha. Corria o Brasil todo, sem banda, arregimentando os grupos com os quais tocaria nas cidades para onde ia. Chegava de manhã, tocava de noite, partia na manhã seguinte. Todos passavam por essa contingência. No auge do prestígio, em 1965, com dois discos novos estourados nas paradas, Roberto foi à Bahia para participar de um programa de calouros da TV Itapoan muito badalado nas tardes de sábado em Salvador, o *Bossa Broto*. Sempre havia um figurão para abrilhantar a jornada, e Roberto seria o daquela semana. Convocaram de novo a melhor banda da Bahia, evidentemente The Panthers, liderada por um rapaz magricela e topetudo chamado Raul Seixas, para acompanhar o astro na apresentação transmitida a partir do Ginásio Antônio Balbino.

Ao chegar a Salvador, de seu hotel, Roberto ligou para um dos músicos dos Panthers, o baixista Mariano Lanat, para combinar um ensaio. Logo a seguir, pegou um táxi e desceu na casa da irmã de Mariano na Barra, munido de uma guitarra Giannini Supersonic com alavanca e vibrato e um amplificador Phelpa de cinquenta watts. Um dos garotos que acompanhavam a movimentação e o ensaio era um menino chamado Pedro Aníbal, que integrava a banda Ninos (ele mais tarde ficaria célebre com o nome de Pepeu Gomes).

Roberto tinha um espírito de *bandleader* nato, sabia como se relacionar com os músicos. E, de fato, ficara tão satisfeito com o ensaio com The Panthers que voltou para o hotel elogiando os músicos. Esses, por sua vez, não tardaram a tirar proveito do upgrade de reputação que a proximidade com o novo Rei da Juventude causava. A apresentação coincidia com um concurso de miss que estava sendo realizado simultaneamente no mesmo local. "A gente no nosso camarim, que era feito de compensado, dava pra ver pelo buraquinho as misses trocando de roupa, só de calcinha; foi a glória!", contou Thildo Gama, guitarrista dos Panthers. Quando começou a apresentação, The Panthers surpreendeu Roberto com grande domínio do repertório e, ao final, após a calorosa recepção, Roberto agradeceu sinceramente aos músicos, prometendo ao público repetir a dose no Cine Roma, no domingo pela manhã. O cantor tinha agendado uma apresentação com o radialista e promotor de concertos Waldir Serrão, também da trupe de Raul Seixas, mas dessa vez com bilheteria.

Domingão no Cine Roma, casa cheia, e lá estava Roberto Carlos, camisa de malha preta, calça Lee apertada, botinha de salto afinado, com The Panthers a tiracolo. A fama de Roberto Carlos, como é sabido, atraía dezenas de groupies, e aquela vida já fascinava os moleques da Bahia, como contou Thildo. "Lá, nos bastidores, atrás das cortinas, a gente apertava as garotas, era aquele sarro." A banda já conhecia de cor o repertório que Roberto tinha àquela altura: "Parei na contramão", "Splish splash", "Parei... olhei". O radialista Waldir Serrão tinha prometido pagar a Roberto conforme a arrecadação, mas a bilheteria deu uma diferença inesperada, e Serrão foi se explicando ao final da apresentação: "Beto, não deu os 200 mil cruzeiros, eu só arrecadei uns 100 mil. Depois eu te mando pelo Correio o resto". O irreverente Serrão chamava Roberto Carlos de Beto, mal sabia ele o tamanho da folga. Roberto então pegou o que lhe cabia e se mandou para os fundos, onde um táxi o esperava a caminho do aeroporto, uma rotina que se intensificava naqueles anos. "Nós não gostávamos do que Roberto fazia, não era nosso negócio", escreveu Raul Seixas sobre aquele encontro em seus diários.

Os múltiplos interesses de Roberto Carlos — carreira internacional, televisão, marketing, negócios — não faziam arrefecer sua curiosidade artística. Um olho frita o peixe e o outro olha o gato: ele via a cena em desenvolvimento com um radar agudo, que pescava as novidades e as incorporava ao seu conceito. Foi o que aconteceu quando o grupo Renato e seus Blue Caps gravou uma canção de Getúlio Côrtes que surgira de forma meio insólita: "Negro gato".

Foi assim: lá em Madureira, tinha um gato que não me deixava dormir, miava a noite toda. Eu fazia música num quartinho nos fundos da casa. Estava doido da vida com o bichano. "Vou matar esse gato miserável!", eu pensava. Mas aí eu refleti: a vida de um gato já é bastante difícil, deixa o bichinho na dele. Foi então que comecei a escrever sobre as dificuldades da vida de um gato. Aí pintou "Negro gato". O curioso é que, depois que fiz a canção, ele sumiu. Nunca mais o vi. Vai ver ele foi enviado só para me dar a inspiração.

Acontece que a música, embora Getúlio deteste que digam isso, parece uma versão de "Three Cool Cats", um hit do grupo The Coasters. Para o compositor, existem diversas estruturas musicais no universo sonoro que são similares, mas que não são cópias — ele exemplifica com "Carro velho", de Ivete Sangalo, e "La Bamba", de Ritchie Valens. Mas a primeira gravação de "Negro gato" por Renato e seus Blue Caps não ficou tão legal e por isso acabou não estourando. Algum tempo depois, Getúlio reencontrou Roberto Carlos no estúdio da gravadora CBS e Roberto, por acaso, acabou ouvindo a versão de Renato no estúdio e disse: "Pô, essa canção é bacana! Vou gravar também, Getúlio, mas vou gravar do meu jeito!". O "jeito" de Roberto foi um incêndio, a gravação dele se espalhou e dominou as paradas do rádio. Com uma pegada mais rock, Roberto também a distanciou de sua verdadeira fonte original.

Depois de o Brasa catapultar "Negro gato", todo mundo queria gravar as canções do carregador de instrumentos Getúlio Côrtes. Virou um selo de garantia de rock de qualidade. Wanderléa gravou duas músicas dele, Erasmo Carlos gravou três, Renato e seus Blue Caps gravaram cinco, Jerry Adriani gravou cinco. Odair José, José Roberto, Lafayette, Os VIPs, Bobby di Carlo, Rosemary, Leno, Martinha, Tony e Frankye — a lista é imensa. Por insistência de Leno, Getúlio acabou entrando em seu próprio papel na foto de capa de um disco mitológico, *Vida e obra de Johnny McCartney*, de Leno e Raul Seixas.

"Conheci todo mundo naquele tempo. Tony Tornado vivia numa pendura desgraçada", lembra Getúlio. A Jovem Guarda era um fenômeno de tirar o fôlego, recorda o *roadie*. "A gente viajava muito. Uma vez, no Paraná, em 1967, nós fomos recebidos que nem os Beatles, tinha guarda de batedor, multidão de fãs, carreatas, uma doideira." Como ambos morassem longe, de vez em quando Renato o levava para dormir na casa de sua namorada, a cantora Lilian (da dupla Leno e Lilian), em Copacabana, porque tinham trabalho logo cedo no centro. "Eu era um tipo de babá", conta.

Renato era boa-praça, procurou encaminhar o amigo *roadie*, que compunha umas canções e, na época, cantava num conjunto chamado The Wonderful Boys. Getúlio tinha sido um valete de muita gente e tinha suas próprias convicções sobre aquele universo. "Imperial era muito inteligente, mas não era músico. Nunca foi compositor, fazia umas coisinhas aqui e ali, porém ele tinha outro talento: o poder de conhecer as pessoas, saber extrair o melhor delas."

Roberto Carlos então o levou para trabalhar na sua empresa. "A partir daí, aonde Roberto ia, eu ia atrás." Depois, Getúlio trabalhou na TV com o diretor Carlos Manga, também indicado por Roberto. Estava numa onda boa.

Íamos lançar o programa *Jovem Guarda* no Rio. Mas foi então que eu fiquei doente, tive uma anemia profunda. Fiquei fora seis meses com um problema sério no pulmão esquerdo. O médico disse: tem que parar. Muitas vezes, é preciso parar para preservar a vida, que é mais importante. A questão toda se resume em saber dos limites da gente. O cara está no auge e pensa: "Eu posso tudo". Não pode. A matéria vai se desgastando, pô! A gente é carne, em três dias os bichos te comem. Você está aqui de passagem, e tem muita gente que não aceita isso.

Ainda assim, o compositor nunca foi esquecido por Roberto, que seguiu gravando suas músicas — ao todo, ele compôs catorze canções para o Rei, muitas delas embebidas pelas carícias do soul e da funk music.

A Jovem Guarda tinha se tornado sinônimo da música jovem, englobando todas as especificidades — o iê-iê-iê, a beatlemania, o samba rock, o soul, a black music. Uma ironia adicional era a forma como o nome teria emergido para a posteridade como sinônimo de música. Segundo contou o publicitário Carlito Maia a não menos que uma dezena de interlocutores, o nome Jovem Guarda foi uma apropriação sua de uma expressão preexistente, e é cheia de malícia a origem. "Ele me contou, já faz tempo, que tirou essa expressão de uma tradução portuguesa da obra de Lênin. Era uma frase mais ou menos assim: 'O futuro da humanidade repousa nos ombros da jovem guarda'. É uma apropriação antropofágica e magistral. De novo, um deslocamento de tradução nomeia a cultura brasileira", revelou o jornalista e ensaísta Eugênio Bucci em um depoimento sobre o amigo Carlito.

Na verdade, A Jovem Guarda (em russo, *Molodaia gvárdiia*) é uma editora e uma publicação criadas pelo XI Congresso do Partido Comunista soviético, em 1922, para "conter a influência da literatura de boulevard na juventude e apoiar a educação comunista das massas jovens", além de funcionar como um órgão de "iluminação revolucionária" e lutar contra "todas as reminiscências da cultura e da ideologia burguesas". O Museum of Modern Art (MoMA) de Nova York possui uma fotomontagem de 1924 usada pela publicação e assinada pelos artistas russos Aleksandr Ródtchenko, Gustav Klutsis e Serguei Siénkin. Foi a capa da publicação, com um retrato de Lênin recortado acima dos dizeres "A Jovem Guarda", em russo.

O nome batizou também outras coisas da simbologia socialista. Foi como se autodenominou uma célula de resistência antifascista da antiga União Soviética que lutou até 1943 contra a ocupação nazista na cidade de Krasnodon (na Ucrânia), durante a Segunda Guerra Mundial. Tinham estratégias de sabotagem e protesto. Cerca de oitenta de seus combatentes foram torturados e mortos pelos alemães.

Na importação brasileira da expressão, o próprio Roberto Carlos nunca soube dizer exatamente de onde surgira o termo "Jovem Guarda". "Acho que tiramos a ideia de um show da Elizeth, que tinha qualquer coisa com 'velha guarda' ou algo parecido", contou. Mesmo que Roberto estivesse certo, que se tratasse de uma antítese, certamente não foi Elizeth que cunhou, na música brasileira, a expressão "Velha Guarda"; o termo já frequentava o mundo das gravações muito antes. Por exemplo: Pixinguinha, Donga, Almirante, João da Bahiana, J. Cascata, Alfredinho (flautim), Bide (flauta), Rubem, Lentine e Mirinho (violões) e Waldemar (cavaquinho) gravaram, em uma única sessão, em 11 de junho de 1955, o disco *A Velha Guarda*. Nele, Almirante canta os sambas "Esta nega qué me dá" (de Caninha) e "Me leva, me leva seu Rafael" (de Caninha), e o compositor J. Cascata canta "Nosso ranchinho" (dele e de Donga), entre outras preciosidades.

O publicitário João Carlos Magaldi, sócio de Carlito Maia na agência Magaldi, Maia & Prosperi, chegou a anunciar a contratação de Elis Regina, mas parecia haver certa dose de sarcasmo ou alienação na declaração do publicitário, já que a cantora gaúcha não só não estava confortável com a proximidade do movimento da Jovem Guarda como tinha expressado sérias restrições ao seu globalismo — dois anos mais tarde, ela lideraria a malfadada Marcha contra a Guitarra Elétrica (como ficou conhecida a passeata), supostamente para defender a música pátria contra a invasão da música internacional. Os alvos, alardearam, eram principalmente os jovem-guardistas Roberto, Erasmo e Wandeca. Mas Elis tinha boa relação com Roberto e Erasmo; sua divergência era mais conceitual.

O crítico Sérgio Bittencourt, em *O Globo*, descreveu um encontro com Elis no aeroporto Santos Dumont, acompanhada do Bossa Jazz Trio e a alguns dias de embarcar para um show no Olimpia, em Paris. Ela se dizia aborrecida com as ideias de globalização do tropicalismo, segundo Bittencourt, "e confirma, irritada, que nada declarou a respeito de Roberto Carlos em San Remo. Tudo não passou de invencionice barata de um sr. Vaccaro Netto, de São Paulo (não falha...), ao programa de quem pretende comparecer para esclarecer a questão".

Dez anos após o fim da onda, em 1978, Roberto Carlos refletiu:

A Jovem Guarda é uma coisa que a gente no palco fazia aquilo que tinha vontade, fazia o que sentia e o público se dava conta disso: que a gente ali não estava com nada programado, nem script existia para se dizer o que se ia dizer. Então tudo isso levava ao público uma espontaneidade muito grande, o público ficava sabendo e sentia que a gente só queria fazer aquilo que a gente gostava, sem pensar se o costume era esse ou aquele.

Mas, em dado momento, Roberto começou a se incomodar com as inquirições em torno da forma como a Jovem Guarda tinha sido gestada. "Não sou pré-fabricado. Lutei muito, trabalhei para chegar ao que sou hoje. A imprensa e a televisão brasileira vivem falando que sou um fenômeno. Nego. Não sou nenhum fenômeno. Trabalhei muito, mora?", rebateu, falando à imprensa em Portugal.

Mas aquilo que ele na verdade acreditava que tivesse gênese espontânea ocultava uma laboriosa mente de articulação e planejamento por trás. "Nosso esquema não está restrito a 'Calhambeque' ou a Roberto Carlos. Hoje, ele é o líder do movimento. E tomara que continue, pois tem gás para continuar por muito tempo", analisou o publicitário Magaldi. Essa coordenação emprestava credibilidade ao esquema e aguçava o interesse comercial. Grifes refinadas embarcavam na onda. Sob o selo Coleção Jovem Guarda, o fabricante Camelo pagou páginas inteiras nas revistas com Roberto vestido com seus paletós, camisas, calças e gravatas e com o seguinte texto: "O guarda-roupa é uma das áreas críticas na 'guerra fria' travada entre os jovens e os 'coroas'. Os barra-limpas se recusavam, sistematicamente, a envergar 'beca' igual à dos mais velhos. Porém, Confecções Camelo acaba de eliminar pelo menos essa 'área de atrito'. E aí está Roberto Carlos que não nos deixa mentir, mora!".

O êxito de Magaldi, Maia & Prosperi naquele arrastão de merchandising e marketing acabou contaminando a cena artística da época. Um publicitário amigo de Chico Buarque, Horácio Berlinck, sacando que aquilo virara uma mina de ouro, aconselhou tanto Chico quanto outros artistas de outra esfera a ostentar publicamente um curioso antepassado dos *live figures*: um boneco de pano de estimação chamado Mug. Berlinck "vendeu" o boneco como uma espécie de talismã do artista, que podia, óbvio, estender-se aos fãs. Um pequeno contingente de artistas (Edu Lobo, Wilson Simonal e o escritor Sérgio Porto foram alguns dos que aderiram ao badulaque) passou a fazer aparições públicas, em shows, bares e restaurantes, abraçados ao Mug.

"Tenho um pouco de vergonha disso, mas é verdade", contou Chico Buarque. "Eu andava com o Mug e dizia que o Mug dava sorte. Aí venderam uma porção de Mugs. Essa história, na verdade, era o ponto de partida para uma grife de roupas que acabou não acontecendo."

O Mug da Sorte se incorporou à cultura pop da época e ganhou um samba, composto por Simonal e José Guimarães. Mug tinha uns vinte centímetros de altura, uma roupinha xadrez dupla face, era todo preto, cabelo vermelho *new wave* e sem pernas, só pés. Havia um modelo grande e um outro menorzinho, que se pendurava no espelho retrovisor dos automóveis "para proteger os motoristas", como um são Cristóvão pop. Houve efeitos colaterais: um conhecido repórter do diário *O Estado de S. Paulo*, Mauro Carvalho, acabou ganhando o apelido de Mug, que levou adiante pela vida, mesmo quando o boneco virou sinônimo de pé-frio e foi abandonado pela galera.

Calças colantes e a famosa calça boca de sino, botas coloridas, chapéus e as gírias. O guarda-roupa que foi elevado a tendência igualava São Paulo e Rio à *swinging* London de Mary Quant e Twiggy. Havia um pendor para o dandismo naquilo tudo. Para Wanderléa, o aparato visual da Jovem Guarda combinava necessidade e desejo, não era apenas uma sacada publicitária. "Nossas roupas eram resultado da liberdade pela qual aquela geração tanto ansiava", ela ponderou. "A saia curta que eu usava no programa era a mesma que as meninas que nos assistiam queriam usar." Wanderléa tinha muitos dos seus figurinos desenhados pelo irmão, Bill, porque ainda não havia uma produção de moda em escala razoável para a juventude. "Se Mary Quant lançou a minissaia quatro centímetros abaixo do joelho, eu lancei a minissaia quatro centímetros abaixo da pélvis. Se Celly Campello trouxe o rock para o Brasil, nós trouxemos a imagem do rock. Era um jeito diferente de se vestir que influenciou diretamente meninos e meninas de todo o país."

Feito na raça, ao vivo, com alta exigência de novidade e geração de bochincho, *gossip*, o programa fazia história também pela mecânica de produção. Uma vez, o grupo Os Incríveis estava fazendo um show na região de Marília, em São Paulo, e viajava de carro. Tinham sido anunciados como atração de encerramento do programa de TV *Jovem Guarda*, mas estavam ainda na estrada, voltando da apresentação de sábado. E as estradas não eram aquela maravilha, os carros não eram aqueles bólidos. O grupo vinha num pau danado na estrada para poder fazer o programa, e nunca chegava, nunca chegava. De repente, o produtor se preocupou. "Roberto, os caras não chegaram mesmo. Você vai ter que entrar e fazer uma última música." Quando Roberto já se preparava para tocar, o carro dos Incríveis chegou na frente do Teatro Record. Mas daí a conseguir entrar no local era outra batalha: os integrantes do grupo tiveram que ir forçando a entrada entre aquela multidão de fãs que se postava na entrada, do lado de fora, e entraram no palco correndo. "Olha eles aqui!", berrou Roberto, já de guitarra em punho. E Os Incríveis pegaram os instrumentos ali e foram para o palco literalmente ofegantes.

O componente feminino se impunha àquele Clube do Bolinha progressivamente. Wanderléa, assim como Martinha, Silvinha, Lilian, Diana, Vanusa e Waldirene (Anabel Fraracchio), escancaravam as portas dos anos 1960 para um novo poder feminino no Brasil, autônomo e cheio de iniciativa — não só no comportamento, mas na própria seleção de repertório. O disco *Wanderléa* (1967) trouxe uma autogestão incomum num disco feminino até então, e era polvilhado com hits de rock de garagem, como "Vou lhe contar" (versão de "Pushing Too Hard", do grupo The Seeds), com o qual a jovem cantora iniciava uma imparável conversão e poder de influência.

As garotas da Jovem Guarda esgrimiam em condições de igualdade nos palcos com seus colegas homens. Aceitavam a tutela, mas logo decolavam sozinhas. Martinha, que era chamada de Queijinho de Minas, foi revelada já pelo próprio Roberto Carlos, que acabou gravando algumas composições suas, como "Eu daria a minha vida". "É um líder e um verdadeiro amigo, um chefe barra-limpa", dizia Martinha de Roberto. Roupas, gírias, costumes: tudo tinha participação delas. Sem arroubos bairristas de restrição geográfica, a Jovem Guarda ganhou o país todo, atingiu indistintamente a juventude brasileira de norte a sul. Ao contrário da bossa nova, era vendável, tudo se multiplicava e gerava dinheiro. Continha primordialmente, apesar da abertura para as mulheres, a ética e a moral masculinas que predominavam na sociedade, e mesmo seus subprodutos sociais — a fofoca, os casamentos públicos, o sexo, os divórcios — eram permeados por essas convenções. Erasmo, um dia, contou, pegou gonorreia, doença venérea comum na época. Foi até a farmácia da esquina e comprou Tetrex, também um remédio corriqueiro então. Disse à atendente que era para um amigo, receoso que aquilo ganhasse as manchetes dos jornais, como era de praxe ("ídolo da Jovem Guarda pega doença venérea"). Mas, como havia também algo de consagrador entre a confraria masculina e aquela doença, como se fosse um ferimento de guerra do qual um soldado se orgulhava, Erasmo resolveu passar a história adiante e disse que o amigo para o qual comprara Tetrex era Jorge Ben, que não desmentiu o boato.

Muito tempo depois do seu fim, Erasmo, refletindo sobre seu legado, afirmou que a Jovem Guarda tinha mudado as roupas, os cabelos, as gírias e também acabado com o smoking no horário nobre da TV:

> O que o rock foi para o mundo, a Jovem Guarda foi para o Brasil. Não há mistério nisso: os grandes profetas hoje em dia são músicos. Como os grandes poetas, psicólogos e políticos. McCartney não me deixa mentir: ele acaba de lançar o disco-manifesto em que exige a saída dos ingleses da Irlanda. A explicação dos grandes fenômenos sociais de hoje se reflete na música de todo o mundo.

Para os próprios artistas, o que se abria era um mercado de fato, com uma hierarquização de oferta e demanda, com valorização de cachês, relações profissionais. Nada mais de cantar pelo jantar ou pela hospedagem.

Se atualmente alguém pode ter a coragem de cobrar 20 mil por um show, deve isso um pouco a nós. Abrimos o mercado, valorizamos o artista. Por uma razão simples: nossa escola, nossa bossa, tinha apoio popular. Logo no início, lá por 63, Roberto já cantava para 2 mil pessoas. Não em Ipanema, mas em Bonsucesso e Olaria. Morou? A chamada "sociedade" não sabia de nada, os homens da bossa nova, a classe média, andava pedindo nossa cabeça, mas o povo mesmo estava conosco. Eles diziam que nós não fazíamos música, que deturpávamos etc., mas na hora do ibope quem levava a parte do leão éramos nós. Não tenho culpa se vim da praça da Bandeira, e não de Ipanema.

Roberto já estava então olhando para muito adiante e abriu, com seu cunhado Sérgio Castilho, casado com Norminha, a empresa APA, para cuidar dos seus negócios. Conforme subia, ia engajando a família na estrutura de negócios e fazendo upgrades consecutivos na condição de vida de cada um. Quase tudo ainda cabia num apartamento em Botafogo, as estratégias e os sonhos. Para a mãe, comprou um dúplex na avenida Nossa Senhora de Copacabana, onde ela vivia com seus irmãos mais velhos, Lauro e Carlos Alberto. Para o pai e a irmã, Norma, comprou outra casa em São Paulo, onde viviam juntos. Ele ainda providenciava uma mesada de 3 mil cruzeiros para Robertino, seu pai.

Sérgio Castilho dizia que Roberto tinha até sonhos de comprar uma ilha e virar fazendeiro, mas que chorava quando começou a ver que tinha se tornado ídolo, não conseguia lidar bem com aquilo. "Mas não tinha muito tempo para pensar porque tudo passava rapidamente. Era uma coisa atrás da outra. Fazia uma média de três shows por dia e, nos finais de semana, fazíamos um giro nacional, voltando no domingo para poder fazer o *Jovem Guarda*."

No entanto, assim como o negócio da música estava em construção na primeira metade da década de 1960, também estava sendo inventado um novo e agressivo conceito de show business. E ninguém se destacava mais nesse métier do que o hiperativo empresário da cantora Elis Regina, Marcos Lázaro Margulies, um polonês rechonchudo e calvo, cuja família chegou ao Brasil em 1963 via Argentina. Em Buenos Aires, teve uma experiência como locutor esportivo, nos anos 1940, nas rádios Rivadavia e Splendid. Contam também que Marcos Lázaro foi assessor do ex-presidente Juan Domingo Perón na Argentina. Quando Perón foi deposto e exilado, em 1955, ele começou a pensar em alguma solução para recomeçar a vida, pois a vida tinha se tornado um tanto perigosa para os peronistas na Argentina. Foi quando iniciou sua vinda para o Brasil.

Na MPB, ele começou como empresário de Cauby Peixoto e Roberto Livi. Mas quem possibilitou seu primeiro grande voo foi mesmo Elis Regina. Após a gravação do disco *Viva a Brotolândia* (1961), seu álbum de estreia que parecera a muitos críticos um embarque mal-ajambrado na canoa de Celly Campello, Elis tinha voltado para casa, meio borocoxô. Marcos Lázaro foi buscá-la e a resgatou.

Nenhuma história do desenvolvimento comercial da MPB pode ser escrita sem passar pela história de Marcos Lázaro, uma mistura de Coronel Parker (o empresário de Elvis) com Don King (o empresário de Mike Tyson). Tinha um *coté* paternal e fleuma de apostador — era também empresário de boxe, sua verdadeira paixão, que até o levou a ser investigado por sonegação de impostos. Amante de um bom charuto e de restaurantes italianos, era cultor da boa vida e de vertigens competitivas nos esportes. Um colunista escreveu:

Observem: antes de Lázaro, o empresário da gente precisava ter, antes de tudo, boa lábia. A maioria, é lógico, nunca teve. Os que tinham, faturaram. Mas, claro, faturaram vendendo a arte alheia nos moldes de um bem-falante camelô, concedendo o mais possível para que sua "mercadoria" pudesse alcançar o nível do mercado de consumo. Era quase como pedir esmola na calçada. Quase...

Além de tudo, Marcos Lázaro era formado em engenharia, física e matemática e tinha um nível cultural mais refinado que o dos concorrentes, sabia precisamente de tudo que se falava em torno. Ainda assim, anotaram os mais próximos, sua capacidade de alheamento era extraordinária quando os assuntos não o interessavam.

Eu vim para o Brasil em 1963. Contratado pela Auxiliar, desenvolvi algum trabalho no campo da engenharia civil. Todas as noites, solitário, tomava uns drinques defronte da Boate Oasis, na rua Sete de Abril. Até que, um dia, cruzei com um casal de patinadores-acrobatas argentinos na esquina das avenidas Ipiranga e Rio Branco.

Como também tinha vindo da Argentina, puxou conversa com o casal. Eles tinham planos de ficar no Brasil, mas não sabiam do que viveriam, o que fariam. Marcos Lázaro já conhecia o dono da boate Oasis, Eduardo Antonelli, e foi até ele com um plano em mente: estrear no pequeno palco do local um show de patinação artística para esquentar a noite. O casal ficou trabalhando um mês, recebendo dez cruzeiros por dia. No final da temporada, o dono da Oasis deu a Lázaro trezentos cruzeiros para que entregasse aos dois patinadores. Eles ficaram tão felizes que ofereceram sessenta cruzeiros a Lázaro como comissão. Ele não aceitou, mas confirmou ali que aquela era sua vocação.

Logo, o dono da Oasis pediu a Lázaro outros números artísticos para diversificar sua noite, e o polonês saiu pela periferia de São Paulo atrás de circos, comediantes, artistas interessantes em busca de ribalta. Logo, com a rentabilidade da coisa, passou a oferecer também novos cantores aos empresários. Dali, passou para a televisão. Em 1964, montou um programa na TV Cultura, *Hoje Tem Espetáculos*, para o qual levava artistas como o japonês Noborutaki (que também animava a boate Ichiban). Foi para dar legalidade a esses empreendimentos que montou, em setembro de 1965, a Marcos Lázaro Produções Ltda., tendo como sócia a mulher, Elisa Idelson, e com capital de 10 milhões de cruzeiros.

Mas, ainda no ano de 1964, Lázaro deu seu pulo do gato: fechou um contrato para empresariar uma nova cantora gaúcha, Elis Regina. Ele tinha conhecido o pai da cantora e reconheceu nela um talento extraordinário, levando-a para viver em sua própria casa, com sua família. "Depois de Elis, esqueci a engenharia civil e passei a atuar apenas no campo empresarial. Assinei contrato como agente exclusivo da televisão Record, funcionando como intermediário entre a emissora e os artistas que participavam de seus musicais."

Já era o ano de 1965 e ele só aumentava seu raio de ação. Notou que a TV dava seus videoteipes de graça às demais emissoras e passou a vendê-los, criando um tipo de *licensing* de um novo produto. Logo Lázaro, que começara na carreira de empresário de artistas por acaso, já tinha criado uma sala dentro da TV Record e montado uma equipe de divulgação e administração de carreiras — era tão desenvolto que havia um boato de que era sócio de Paulo Machado de Carvalho, dono da emissora, algo que ele desmentia categoricamente.

Em pouco tempo, Marcos Lázaro empresariava as carreiras de Benito di Paula, Célia, Maysa, Pery Ribeiro, Ronnie Von, Leny Andrade, Wilson Simonal, Wanderléa, Erasmo Carlos, Tuca, Chico Buarque, Rosemary, entre muitos outros. Fechou acordos com hotéis para abrigar seus contratados, como o Lord Hotel (depois St. Raphael), e abriu frentes de negociações de passagens aéreas com descontos especiais nas companhias da época. "Empresariar não é apenas receber 20% sobre o preço do artista", ele dizia. "O empresário precisa agir com a cabeça fria, mas sendo o mais humilde possível, nunca se igualando a um dos seus empresariados."

Lázaro constituiu um ideário de empresário, uma espécie de decálogo a ser executado. Nunca se metia no repertório do artista, mas dava a si mesmo a liberdade de sugerir correções de rumo. Elis, por exemplo: "Ela cantava de música popular brasileira a bolero. Tive de convencê-la a pegar um gênero ou outro, os dois juntos não dava certo. Ela optou pela música brasileira e fez sucesso". Quanto a dar palpite em música, jamais. "Disso eu não entendo e não me meto."

Marcos Lázaro tinha uma intuição globalizante. Para ele, a possibilidade comercial de um artista brasileiro era semelhante à de um artista internacional; podia reunir 20 mil, 30 mil, 50 mil pessoas em concertos que, bem organizados, gerariam fortunas. O artista nacional era "o melhor negócio do momento", pois os estrangeiros que nos visitaram recentemente só deram prejuízos aos empresários. Exemplificou com os shows de Frank Sinatra Jr. e Johnny Mathis, que não encheram um terço do Teatro Record, e Elis faturava 2,5 milhões de cruzeiros por noite em São Paulo. Provou sua tese durante sua longeva carreira. Ele não fazia distinção entre gêneros ou patotas. Em 1965, foi aos Estados Unidos e contratou shows de estrelas expatriadas da bossa nova, como Astrud Gilberto e João Gilberto, complementando com o Stan Getz e a orquestra de Xavier Cugat.

Roberto, vendo que os maiores astros daquele período (Elis, Chico Buarque, Simonal, Jorge Ben) estavam todos com Lázaro, não quis ficar de fora e fechou com ele. Evidentemente, o então empresário, o modesto Geraldo Alves, e seu agente (também seu cunhado), Sérgio Castilho, tiveram de sair do circuito. "Perto de Marcos Lázaro, Geraldo Alves não tinha condição. Conhecia só São Paulo e Limeira", disse o cantor-mirim Ed Carlos.

"A princípio deu tudo certo, mas, com o tempo, tinha tanta gente que queria mandar que o esquema furou", contou Castilho sobre a mudança de gestão — ele entendeu a nova fase, mais profissional.

Marcos Lázaro logo compreendeu que tinha uma pepita de ouro do tamanho do Pão de Açúcar nas mãos. "Em 1965, Roberto tinha tudo, até fãs", constatou, encantado. Ele agitou seus contatos, e Roberto se tornou, em 1966, o primeiro artista nacional a sair na capa da revista *Cash Box*, então a maior publicação do ramo discográfico do mundo. Passou a retirá-lo progressivamente da agenda da TV Record e levá-lo a praças europeias, como Lisboa, para fazer um percurso curioso: para impressionar plateias brasileiras, basta dizer que é sucesso lá fora, ele pensava. Não estava errado.

"Em setembro, Roberto vai lançar-se no teatro. O objetivo do show é consolidar o seu prestígio, e só o teatro é capaz disso", dizia Marcos Lázaro. Até então tutelada pelos esquemas familiares, a posição de Roberto foi se fortalecendo mais e mais. Marcos Lázaro, contudo, evitava invadir a seara de outras vozes influentes do círculo do cantor. "Tinha o produtor Evandro Ribeiro, tinha eu, que cuidava dos negócios, e tinha guias espirituais."

Mas foi do empresário a ideia mais revolucionária: contratos de exclusividade. Para ter Roberto, tinha que fazer uma grande aposta. Assim, o programa de maior audiência, o de Flávio Cavalcanti, foi obrigado a fazer um contrato com o cantor. Outra providência foi em relação à TV Globo, que o queria em sua grade de programas de maior audiência. Começava ali um longo caso de assédio que se resolveria nos anos 1970.

Lázaro se tornou um interlocutor de grande influência não só no mundo artístico, mas também em outros territórios. "Marcos Lázaro, poderoso empresário de Roberto Carlos e de Elis Regina, tinha sido requisitado pelos militares para comunicar à nossa empresa que seria um gesto muito apreciado contratarmos o Simonal naquele momento difícil de sua carreira", escreveu André

Midani em sua biografia. No tempo dessa declaração, Midani era o chefão da Phonogram (antiga Companhia Brasileira de Discos, depois Polygram) e mantinha um bureau de conselheiros para tomar decisões. "Entendi que, politicamente, seria conveniente contratar Simonal — não só por ser um belo artista, mas também porque a sua contratação daria uma certa paz para o João Carlos [Muller Chaves, advogado, especialista em direitos autorais] nos seus intermináveis tratos com a censura."

Em 27 de agosto de 1966, a revista *Cash Box* noticiou (em inglês):

Nunca houve antes uma audiência tão grande quanto a que encheu a Câmara dos Vereadores de São Paulo (a rua inteira em volta do edifício estava cheia de gente e o comércio fechou as portas). A razão era a cerimônia durante a qual foi concedido ao ídolo adolescente Roberto Carlos o título de Cidadão Paulistano. Como já tem sido hábito nos últimos dois anos, o nome do talentoso cantor e compositor ocupa todos os títulos nos jornais e revistas locais, e é comentado em todas as estações de rádio e TV. Proposto pelo jovem vereador Armando Simões Neto e de aprovação praticamente unânime por todos os vereadores, o título foi concedido em atmosfera de rara emoção, uma mistura de excitação e espontaneidade juvenis com curiosidade e admiração adultas. A formalidade foi presidida por Manoel Figueiredo Ferraz, presidente da Câmara, com secretários de estado presentes, além do núncio apostólico. Cerca de mil policiais e guardas foram mobilizados para assegurar a boa condução da cerimônia, durante a qual a juventude brasileira foi homenageada na pessoa de Roberto Carlos. No discurso, o jovem cantor usou suas gírias típicas recebidas com sorrisos compreensivos das autoridades e agrados do público. Do lado de fora, uma banda militar tocou "Quero que vá tudo pro inferno" ("Everything Else Can Go to Hell") como um hino, enquanto a multidão aguardou pacientemente por quatro horas para saudar o jovem ídolo que, quebrando procedimentos usuais, foi para perto dos fãs, na calçada. Depois, se foi.

Assim como se mostrou um portal para o futuro, a Jovem Guarda também significaria a ruína para alguns dos seus articuladores, como a agência Magaldi, Maia & Prosperi. Em 1966, a agência tinha resolvido dar um passo maior que as pernas. Motivada pelo sucesso do filme dos Beatles, *Os reis do iê-iê-iê*, de Richard Lester, que estava explodindo nos cinemas, eles desenvolveram o projeto de um longa-metragem que traria as estrelas da Jovem Guarda como protagonistas: *SSS contra a Jovem Guarda*. Eles viveriam seus próprios papéis e enfrentariam bandidos carecas, conservadores e antirrock 'n' roll, cujo plano era sequestrar o Rei da Juventude, Roberto, e operar sua garganta para impedi-lo de seguir cantando. Entre os vilões também havia uma corporação de alfaiates inconformada com o despojamento e o pouco tecido das calças justas e da cintura saint-tropez usadas pelos jovem-guardistas, que estavam acabando com as confecções tradicionais. Erasmo e Wanderléa salvariam Roberto, no final, dessa conspiração.

SSS contra a Jovem Guarda teria a direção de Luiz Sérgio Person (já famoso por *São Paulo S/A*) e roteiro de Jean-Claude Bernardet e Jô Soares (que, além de roteirista, também interpretaria o chefe do sindicato dos alfaiates e mandante do plano de sequestro de Roberto). A atriz Karin Rodrigues foi escalada, a produção começou a fazer uma "peneira" de beldades para participar. Chegaram a gravar algumas cenas durante os bastidores da atração da Record, *Jovem Guarda*. Alguns anos mais tarde, o programa jornalístico *Globo Repórter*, da TV Globo, conseguiu localizar cenas filmadas no Cine Universo para uma plateia de alguns milhares de pessoas, com participação de Elis Regina, mas sem som.

A ideia original de Carlito Maia para o longa-metragem continha um leve substrato subversivo, a ideia de um grupo de jovens se insurgindo contra o poder do establishment. Mas, a despeito desse *plot*, não foi por uma ingerência do regime ou por ação da censura que o filme não deu certo, lembra Jean--Claude Bernardet. O que aconteceu foi que, quando os sócios da agência faziam planos para a produção, descobriram que haviam sido vítimas de um golpe de seu diretor de finanças (um ex-contador das Lojas Clipper que tinham promovido) e estavam falidos. Fizeram uma reunião para inteirar-se da situação, e era calamitosa. Pensaram em denunciar o diretor à polícia, mas, além de ser péssima propaganda para os publicitários, Carlito argumentou: "O que adianta mandar um filho da puta desses para a cadeia?".

O problema é que a agência MM&P já tinha comprado um lote imenso de películas virgens para as filmagens e estocara os rolos de filme dentro da agência. Os rolos formavam uma parede extra dentro do escritório, e ali ainda ficaram por um tempo. O paredão de latas de filmes virou uma espécie de Muro das Lamentações de Carlito Maia, que ainda foi obrigado a passar por ali algum tempo antes de fecharem a agência.

Mas não foi só no prejuízo das latas de filme que o negócio ficou. "O Roberto e a Wanderléa eu não sei, mas não ganhei um tostão com nada daquilo", contou Erasmo. "Eu quis deixar o dinheiro lá, para depois pegar tudo que tinha direito e comprar um apartamento. E aí o tempo foi passando, a empresa faliu, e quando fui receber o dinheiro, não me pagaram."

Roberto Carlos, no entanto, sob a curadoria de Marcos Lázaro, passava ao largo de tudo isso. Uma excursão internacional por México, Porto Rico e Estados Unidos já o consagrava como astro global. Cerca de 7 mil pessoas lotaram o Coliseu Roberto Clemente, em San Juan, Porto Rico, para assistir a seu show, que já tinha um razoável repertório em espanhol acoplado ao seu, com canções como "El día que me quieras".

A má vontade contra a hegemonia que a galera do iê-iê-iê estava conquistando chegou ao seu ápice em junho de 1967. Foi quando Elis Regina ficou sabendo que a direção da TV Record estava planejando tirar do ar o seu programa *O Fino* (sucessor de *O Fino da Bossa*, que tinha perdido o título por causa de uma disputa de direitos autorais). Para a temperamental estrela gaúcha, só havia um motivo para isso: a ação da implacável máquina publicitária dos cabeludos do rock, e era preciso marcar posição pública contra aquilo.

Durante o especial *Show do Dia 7*, que Elis às vezes comandava também na TV Record, sempre ao vivo, a cantora resolveu mostrar qual era o seu estado de espírito. Com o dedo em riste para a câmera, enviou um recado para os rivais e os vira-casacas: "Quem está conosco, muito bem. Quem não está, que se cuide!". Parecia uma ruptura pública, mas o climão foi contornado por Paulo Machado de Carvalho, o chefão da TV Record. Ele se apressou em criar naquela mesma semana uma outra atração para substituir *O Fino*, inventando uma nova fórmula: além de Elis, outros seis artistas se revezariam no comando da atração: Gilberto Gil, Jair Rodrigues, Geraldo Vandré, Wilson Simonal, Chico Buarque e Nara Leão. Para agradar públicos mais engajados, o novo programa foi batizado de *Frente Única — Noite da Música Popular Brasileira*.

A emissora, na verdade, estava com uma estratégia: jogar os "engajados" contra os "alienados" da MPB para promover sua programação, sabendo que as farpas alimentariam a curiosidade do público. Foi assim que a direção do programa sugeriu um ato público para marcar a "defesa da música brasileira", escalando todos os apresentadores para participar.

Para Gilberto Gil, aquilo foi uma arapuca. Amigo do peito de Elis, não podia se negar a participar. Por outro lado, estava completamente fascinado pelas possibilidades da globalização musical, da influência dos Beatles, das possibilidades da eletrificação na música. Não tinha nada contra o iê-iê-iê, muito pelo contrário. Mas havia muitas pressões corporativas, e ele era muito agradecido a Elis, que tinha gravado suas canções e o tornara um autor de música popular em todo o país.

No dia 17 de julho de 1967, Gil participaria a contragosto daquele ato pelo qual seria eternamente cobrado: marchou em São Paulo ao lado de Elis, Jair Rodrigues, Edu Lobo, Geraldo Vandré, MPB4 e diversos outros cantores, compositores e fãs, do largo São Francisco, no centro da cidade, seguindo até o Teatro Paramount, na avenida Brigadeiro Luiz Antonio. Apesar de ter sido batizado como Passeata contra a Guitarra Elétrica o ato se dirigia contra a invasão da música estrangeira no país. Chico Buarque chegou a dar as caras, mas saiu rapidamente antes de ser tarde demais. Muitos artistas estavam constrangidos com aquela situação.

A passeata passou em frente ao Hotel Danúbio, onde estavam hospedados Caetano e Nara Leão. Caetano torceu o nariz e disse à colega: "Nara, eu acho isso aí muito esquisito…!", ao que Nara respondeu: "Esquisito, Caetano? Isso aí é um horror! Parece manifestação do Partido Integralista. É fascismo mesmo!". Nara esbanjava lucidez. Durante uma das reuniões preparatórias do novo programa, ela disse que não era um conflito ideológico que separava as duas correntes, MPB e iê-iê-iê, mas sim o que estava por trás, um interesse comercial capitalista tentando reverter um possível prejuízo comercial.

Caetano e Nara engendraram a reação. Programaram toda uma apresentação do programa em homenagem a Roberto, incluindo uma seção de guitarras elétricas, e Maria Bethânia, fã de Roberto, seria a mestra de cerimônias. Roberto fora convidado e, a princípio, estaria presente. O cantor baiano até escreveu um texto endereçado a Roberto para ser lido durante o evento:

Bethânia tem sido a razão de muitos sambas. O seu canto tem nos ensinado a compor e a olhar a vida. Quando você canta, a gente aprende a arriscar. Quando você abre os braços, tentamos abraçar a realidade toda. Você nos leva a uma tentativa desesperada de liberdade. Você vai cantar ao lado de um rapaz que é grande cantor e será para sempre uma das fases mais nítidas do nosso tempo na história.

Os movimentos de Roberto indicavam que o cantor já estava, de fato, pensando em acelerar o seu tempo na história em direção ao futuro. O staff de Roberto anunciava à imprensa um programa solo que seria apresentado de noite, no qual ele cantaria samba também, provisoriamente batizado de *O Rei e Eu* (esse título acabaria sendo "aproveitado" pelo ex-secretário do cantor, Nichollas Mariano, em um problemático livro de memórias). O capixaba preparava também uma nova viagem à Europa. "Voarei para Londres quarta-feira que vem, dia 17 [janeiro de 1968]. Já acertei um encontro com os Beatles, mas não sei se eles estarão por lá, na data marcada. De Londres, irei tomar parte no Festival de Cannes, dias 25, 26 e 27. Nos três primeiros dias de fevereiro, deverei estar no Festival de San Remo, de onde voltarei ao Rio."

Em 3 de fevereiro de 1968, vestindo smoking e interpretando a música "Canzone per te", dos italianos Sergio Endrigo e Bardotti, Roberto ganhou a 18ª edição do Festival de San Remo, no famoso Casino Municipale da cidade na Itália, superando com 53 votos à frente nomes estrangeiros como Louis Armstrong, Sacha Distel, Paul Anka e Eartha Kitt, e *local heroes* como Gigliola Cinquetti e Domenico Modugno (que tinham vencido em 1966), Gianni Pettenati, Annarita Spinaci. O fenômeno Roberto Carlos passou a espantar até quem o tinha acalentado. Era a primeira vez que um brasileiro participava. O segundo e o terceiro prêmios foram dados a Ornella Vanoni, com "Casa Bianca", e Adriano Celentano, com "Canzone".

Apenas cinco meses tinham se passado desde que Roberto fora vaiado no Brasil, no Teatro Paramount, durante o Festival da Canção da TV Record, quase não conseguindo terminar a apresentação de música "Maria, Carnaval e cinzas". Era como se estivesse dando o troco. "Tenho que pagar agora a aposta que fiz com [Sergio] Endrigo e [Sergio] Bardotti de que, se vencêssemos, eu lhes custearia todas as despesas do Carnaval do Rio. Já me cobram a promessa", afirmou Roberto às agências internacionais. Ele era pouco conhecido do público italiano na época (tinha participado do Festival de Veneza sem muito destaque um pouco antes), chamavam o cantor até de "Rei da Bossa Nova".

Um jornalista italiano escreveu que "a voz de Roberto Carlos tem qualquer coisa de patético, com sua característica pronúncia que o faz extremamente simpático. Tem algo que só quem fala a língua de algumas palavras intraduzíveis como 'saudade' pode compreender. Seus olhos cheios de tristeza e os versos da canção casam perfeitamente e o fazem personalíssimo". Ao lado da noiva, Cleonice Rossi, com quem estava hospedado no Hotel Londra e tinha marcado casamento em abril, Roberto dizia que estava também fazendo uma avant-première de sua lua de mel.

A presença de Nice aguçava a curiosidade dos tabloides. Ela estava incorporada à vida dele havia algum tempo. O encontro é descrito assim: um dia, um conhecido jornalista de São Paulo, Edmundo Rossi, lhe fez um pedido: que recebesse no programa *Jovem Guarda* sua filha, que queria levar vinte crianças do Orfanato São Judas Tadeu, onde lecionava, para presenciar a atividade de um programa de TV. Ele conseguiu lugares na primeira fila. Foi então, no domingo, que ele viu pela primeira vez Cleonice Rossi, a filha de Edmundo. Ela estava acompanhada da filha de dois anos, Ana Paula, e ainda era casada com Antonio Carlos Martinelli. Roberto ficou veramente encantado com Nice. Para se aproximar, começou a cortejar primeiro os pais dela, Edmundo e Minerva.

Essa é a versão mais difundida de como Roberto conheceu Nice. Há outra, que diz que eles se conheceram no *point* mais quente de São Paulo naqueles dias, a boate Cave, no centro, e dançaram e se divertiram uma noite inteira juntos, e dali já passaram a viver seu romance. Qualquer que seja a versão escolhida, a oficial ou a "underground", o fato é que se tornaram inseparáveis. Ele se afeiçoaria instantaneamente à filha de Nice com Martinelli, Ana Paula, e a criaria como sua filha dali por diante.

Em San Remo, o clima era de romance. A participação do totem do jazz, Louis Armstrong, que aprendeu a cantar uma canção em italiano para entrar na competição, foi considerada um equívoco. "Poderia ter poupado o esforço", comentaram alguns jornalistas, porque não entenderam a dicção do norte-americano no manejo das palavras italianas. Ainda assim, o mito se sobrepôs: os 36 professores que integravam sua orquestra se levantaram e tocaram de pé enquanto Armstrong cantava, um tributo que emocionou o cantor, que deixou o palco chorando. Roberto superaria um artista que, além de mítico, estava na base de um dos seus primeiros sucessos, "História de um homem mau", versão de uma composição de Armstrong.

Tudo parecia revestido de um invólucro histórico naquela edição. "Após a primeira noite, os jornais italianos dedicaram mais espaço ao festival de San Remo do que às três votações que salvaram o governo italiano no Parlamento", registrou a agência Ansa. "A escolha de 'Canzone per te' num dos maiores festivais da Europa representa o abandono pelos cantores dos temas das canções de protesto e a volta do velho tema amor, amor, amor", considerou um comentarista.

Essas mudanças apontavam também para uma modificação nas preocupações do mundo pop para a próxima década, que se aproximava. Os artistas tinham abandonado não apenas os libelos políticos, mas também a indumentária mais despojada da era hippie — de todos, apenas o cantor francês Antoine tinha cabelos compridos. O próprio Roberto havia podado a samambaia do ano anterior.

O jornal *Il Messaggero*, de Roma, informou que a vitória de Roberto representava a vitória do mais popular cantor brasileiro, e que isso teria um reflexo impressionante no Brasil. O país decretara três dias de festa para o retorno do cantor.

Mesmo antes de seu retorno, Wanderléa deu uma festa de comemoração no seu apartamento, à qual concorreram Erasmo, Ronnie Von, Martinha e os colegas do iê-iê-iê. "É um negócio importantíssimo, porque todos sabem que o festival de San Remo é uma espécie de Oscar da música", ela exagerava. O empresário Marcos Lázaro, que voltara antes da Europa, garantia que a festa de retorno de Roberto ao Brasil seria "maior ou igual àquela feita quando o Brasil sagrou-se campeão mundial de futebol em 1958".

"Quando ele chegou de San Remo então, em 1968, e fomos esperá-lo no Galeão, a gente não enxergava mais o irmão. Era o ídolo que estava descendo do avião. E ficamos impressionados", contou a própria irmã do artista, Norma. No arrastão que estava sendo a escalada da fama do seu caçula, a vida da família Moreira Braga tinha mudado um bocado, a começar pela própria irmã guardiã do Brasa. Frequentando o meio artístico em que o irmão vivia, Norma tinha conhecido um aspirante ao estrelato da cena do iê-iê-iê chamado Sérgio Castilho, mineiro boa-pinta de Poços de Caldas que vivia como um satélite no mundo da Jovem Guarda. Roberto gostava do rapaz e tentava dar uma força. Castilho tinha gravado um compacto pelo selo Astor com duas canções, "Quero só te ver sorrindo" e "Não fico mais aqui" (de Sérgio Reis), mas sem grande repercussão. Ele começou a namorar Norma e acabou absorvido pela corte do Rei da Juventude, que lhe deu funções de um quase agente. Enquanto isso, seguia tentando a carreira nas artes, participando de um filme, *Vidas estranhas*, de Itamar Borges, e tocando com o grupo The Snakes, no qual Erasmo Carlos iniciara a trajetória. Norma teria duas filhas com Castilho: Carmem e Rita de Cássia. Roberto, que já tinha assumido a posição de chefe da família, funcionava como uma força gravitacional e um árbitro desses relacionamentos.

O cantor desembarcou do avião da Pan American no Aeroporto do Galeão com um chapéu-coco na mão, usando blusão preto, calça azul e óculos de metal fino, e driblou o assédio saindo à francesa, embora tenha levado quarenta minutos para chegar até seu carro. A festa mesmo estava prevista para São Paulo. A TV Record tinha mandado distribuir bandeiras nacionais no Aeroporto do Galeão, e cerca de 5 mil pessoas se espremiam desde as sete horas da manhã do dia 16 de fevereiro de 1968. Mas somente ao meio-dia é que o avião Caravelle desceu em Congonhas, indo até a cabeceira da pista e depois retornando devagar, seguido por um batalhão de cinegrafistas e fotógrafos.

O aeroporto estava cercado por 120 policiais da Guarda Civil, mas pediram reforços e, ao final do ato, haveria trezentos deles — além das bandas do destacamento e da Força Pública. Parecia o retorno de um conquistador a um país colonialista. Erasmo, Wanderléa, Martinha, Waldirene e os Jet Black's davam entrevistas em todos os cantos. Roberto foi obrigado a explicar tudo, até duas caixas de presentes que carregava. Disse que eram de seu empresário, Marcos Lázaro: um garfo automático para comer macarrão e um radiotransistor menor que uma caixa de fósforos. A explicação para o bigode ralo foi a melhor: "Só para tirar uma onda nova. É um bigode modesto e jovem, doze fios, doze dias. Quando ficar escovão eu corto", disse. Logo, subiu no seu Cadillac presidencial e sumiu.

Todo esse sucesso suscitava reações, e não apenas favoráveis. Em 1968, a indústria musical alardeava que, finalmente, tinha aparecido um novo cantor que iria destronar Roberto Carlos no coração das multidões: Paulo Sérgio. Uma das peças do marketing da rivalidade era a semelhança física e vocal entre os dois e a informação de que o também capixaba Paulo Sérgio tinha nascido a apenas 44 quilômetros da cidade de Roberto, Cachoeiro, no município de Alegre. Ofereciam às multidões mais que um sucedâneo, mas um tipo de reencarnação três anos mais jovem. Após um início igual a todos, com um hit açucarado, "Benzinho", Paulo Sérgio iniciara o ano com um hit absurdo: "Última canção", um dos maiores sucessos das paradas populares do país.

Incomodado com a súbita ascensão daquele que considerava apenas um subproduto de si, Roberto produziu então um disco duelista, de enfrentamento aberto, batizando-o de *O inimitável Roberto Carlos* (CBS, 1968). O lançamento envolveu um marketing agressivo. Anúncios nos jornais trombetearam "os últimos sucessos do Brasa reunidos num fabuloso long-playing". A rede de Lojas Par, que tinha filiais na Tijuca, Vila Isabel, Andaraí, Rio Comprido, Copacabana, Penha e Bonsucesso, prometia ficar aberta até as 22 horas para receber os compradores do novo disco do cantor.

A hostilidade a Paulo Sérgio não ficou apenas no título do disco, que não foi uma ideia de Roberto, mas de Evandro Ribeiro: amigos da imprensa também foram acionados para se juntar a esse esforço de guerra. Um deles, o cronista e compositor Sergio Bittencourt, deitou o verbo:

E fico do lado dele, nesta manhã de céu cinzento em que as pessoas também ficaram cinza e dá bem de matutar sobre a vida alheia. O prestígio de Roberto Carlos começa a sofrer violento abalo, já não vende discos como antes e, outro dia, numa reportagem de TV, fizeram uma enquete na qual Roberto Carlos perdeu, justamente, para quem vive de imitá--lo em tudo. Não vou nessa. E deponho para a posteridade, hoje: o cantor Roberto Carlos vem sendo vítima de uma espetacular molecagem. O que esse outro rapaz, Paulo Sérgio, faz, não passa disso. Há dele na imitação da voz, dos gestos, do olhar, repertório — tudo. Trata-se de um bom imitador, mas um IMITADOR com o mesmo talento e as mesmas possibilidades de todos os outros imitadores que pululam por aí. Paulo Sérgio, no início, tentou a imitação de Altemar Dutra e não deu certo. Então, surgiu o plano mesquinho e impune até agora: surgir imitando o cantor de maior sucesso e de público garantido [...]. Ora, em Santa Rita de Quibrobó o nome disso é oportunismo, golpe, coisa premeditada e agressão a um mínimo de ética que se deve ter.

O próprio Roberto mordia e assoprava, cuidando para que a rivalidade não se tornasse uma chaga incurável na sua alma diplomática. "Já me perguntaram mais de mil vezes o que penso do Paulo Sérgio. Não quero falar nisso. Deixa o rapaz cantar, é ou não é?", desabafou, em uma revista.

Mas o que ficaria como marca seria mesmo o inapelável mas não inimitável (como as décadas adiante mostrariam) hit parade embutido no disco do Brasa, que legou para a posteridade um lote de gemas: "Se você pensa", "As canções que você fez pra mim", "Eu te amo, te amo, te amo", "É meu, é meu, é meu" (todas de Roberto e Erasmo), e "Ninguém vai tirar você de mim" (Edson Ribeiro e Helio Justo), "E não vou mais deixar você tão só" (Antonio Marcos), "Quase fui lhe procurar" (Getúlio Côrtes), "Nem mesmo você" (Helena dos Santos), "Não há dinheiro que pague" (Renato Barros) e "Ciúme de você" (Luiz Ayrão).

O que mais chama a atenção em *O inimitável* é certo niilismo decidido, um ar de esgotamento de negociações e implosão de panos quentes que transpassa as letras e as músicas, muitas delas com tons de rebelião incubada. "É tão difícil olhar o mundo e ver o que ainda existe", diz a letra de "As canções que você fez pra mim". Convém lembrar que corria o ano de 1968, e os enfrentamentos estavam no ar, da política ao comportamento, da filosofia à música popular.

A cena da música pop mostrava um descompasso entre o que Roberto Carlos estava fazendo e os esforços já repetitivos dos velhos comparsas do iê-iê-iê. O disco de Wanderléa de 1968, por exemplo, insistia na fórmula das versões (metade do disco *Prá ganhar meu coração* é feita de cançonetas estrangeiras vertidas para o português) e clima de ingenuidade do tipo bailinho de família, desabafo de namorada injuriada.

Quando voltou de San Remo, Roberto de fato já parecia estar iniciando um processo de tirar a Jovem Guarda do seu coração. Mas para onde estava indo? O recrudescimento da ditadura militar e a edição do famigerado Ato Institucional n. 5, em dezembro daquele ano, esgarçavam ainda mais o mundo das relações pessoais na MPB. Também já causava certo incômodo no regime a movimentação livre e desinibida daquela juventude em torno do movimento da Jovem Guarda (ainda por cima com a vantagem disseminadora da TV). Enquanto as tensões políticas se intensificavam, a repressão invadia mais e mais a área comportamental, Roberto buscava se reinventar para seguir reinando, enquanto muitos dos jovens do seu protetorado passavam a ficar perdidos, sem rumo, e abraçavam aquilo que ia se oferecendo para a sobrevivência (em muitos casos, a música chamada de brega).

"Ciúme de você", um dos grandes sucessos do álbum de 1968, tem uma história curiosa. Seu autor, amigo de Roberto desde os tempos do Lins de Vasconcelos, era Luiz Ayrão. Na época, ele e a namorada trabalhavam no Banco do Estado do Rio de Janeiro (Berj, que depois, incorporado ao Banco do Estado da Guanabara, o BEG, viraria Banerj). O parêntese é só porque foi esse mesmo banco, coincidentemente, quem patrocinou os três filmes que Roberto Carlos realizou na década. A namorada de Luiz trabalhava na mesma repartição que ele, ela em letras imobiliárias, ele em financiamentos, mas eram separados por uma pilastra. Por causa do regulamento interno do banco, não podia haver namoro entre funcionários, então eles tinham uma estratégia: nunca usavam o telefone interno; quando queriam se falar, um deles descia até um orelhão na rua e ligava para namorar o outro. Mas acontece que o distanciamento acabou acirrando o ciúme que Ayrão sentia da garota — quando ela não atendia o telefone, ele ficava com a orelha quente. Quando desligava rápido, também. Quando ela demorava para chegar, ele enlouquecia.

Ayrão então escreveu "Ciúme de você", que mostrou a Roberto Carlos. O Brasa adorou, mas achou estranhas algumas palavras, como "démodé". Ainda assim, gravou a música sem retoques no álbum *O inimitável*, e o resultado, com assaltos de metais e uma batida furibunda de baixo, a cargo de Paulo César Barros, foi um incêndio. Barros vitaminou a cozinha do disco ainda na pulsão de uma composição do irmão, Renato Barros, "Não há dinheiro que pague", uma pedra de toque da black music brasileira adiantada em alguns anos em relação ao que se faria na década de 1970. É um funk psicodélico antecipador, muito aparentado ao super soul norte-americano de artistas como Solomon Burke.

Há muitas ousadias no disco, voos fora do script da Jovem Guarda. Roberto, por exemplo, estraçalha tocando ele mesmo uma gaita, secundado por Renato Barros na guitarra, na faixa "Nem mesmo você", composição da já constante parceira Helena dos Santos.

Esquecida como a última faixa do lado 2, a melancólica "Madrasta" (de Renato Teixeira e Beto Ruschel) é um corpo estranho, harmônica e poeticamente, dentro não só desse disco, mas de toda a obra de Roberto. O jovem Renato Teixeira, cantor, compositor e violonista santista que a criou (com o violonista Beto Ruschel), é o mesmo de "Romaria", que Elis gravou.

Havia uma outra característica de Roberto que o colocava um pouco à frente dos colegas de geração: ele avançava sem jamais renegar o que tinha acontecido antes. Todo novo movimento, para suplantar um reinado, buscava negar sua existência, fazer troça, diminuir a importância. Mas Roberto não curtia isso e até fazia incursões por territórios mais remotos. Ficou célebre sua reunião, em 1966, com o antigo cantor das multidões da geração anterior, Orlando Silva. O encontro foi registrado pela revista *Intervalo* de junho de 1966. Eles almoçaram num restaurante da editora, a Cozinha de Cláudia, e trocaram não apenas amabilidades como dividiram um estrogonofe. "Orlando é bárbaro. Tenho muito respeito por ele e por tudo o que fez pela música popular brasileira. É um artista fabuloso, um cantor que marcou época e um grande cartaz até hoje", disse o capixaba. Já Orlando não foi tão efusivo: "Sobre Roberto não posso falar muito, porque pessoalmente conheço-o pouco. Mas admiro-o muito, sinceramente, e já tive oportunidade de dizer a ele e à senhora sua mãe".

Outro cuidado que marcaria sua trajetória a partir dali seria um zelo minucioso com os artistas que apadrinhava ou com quem colaborava. Um dia, caminhava pelos corredores da CBS quando reencontrou uma banda de Salvador, Raulzito e Os Panteras, com quem tinha tocado pouco tempo antes na capital baiana. Os garotos estavam tentando um lugar ao sol no Rio de Janeiro. Seus integrantes tinham ido à CBS para tentar falar com o chefão Jairo Pires. Mas tomaram um chá de cadeira homérico. Pires era um homem extremamente ocupado e estava farto daquele desfile de artistas buscando um lugar ao sol. Estavam por ali esquecidos quando viram por acaso Roberto Carlos. Raul, o mais atirado da turma, levantou e foi até ele: "Você lembra da gente?". Roberto Carlos deu aquela sua risada característica e disse: "Claro, bicho!". Na cara dura, pediram então que ele interviesse para que conseguissem um papo com Jairo Pires. Roberto os enfileirou atrás de si e os levou até a sala de Pires. O *boss* ouviu atentamente a recomendação de Roberto e dali já os levou direto ao estúdio, para um teste. Após ouvi-los, Jairo Pires disse: "Olha, rapaziada, vocês são muito bons. De verdade. Mas a gente já tem Renato e seus Blue Caps, não tem mais espaço para outra banda assim no nosso catálogo".

Quando a cantora Martinha, *protégée* de Roberto, anunciou que se casaria, em São Paulo, ele fez questão de ser o padrinho. Na igreja Nossa Senhora do Brasil, na avenida Brasil, foi montado um grande esquema de segurança para receber o cantor, para preservar o rito religioso e evitar confusão. Montou-se uma espécie de corredor polonês que vinha da rua até o altar, com algumas instâncias de triagem de convidados. Roberto, ao chegar, não tinha sido informado disso, e parecia extremamente desconfortável com a ideia de entrar pela porta principal e depois seguir para um esquema de fuga pelos fundos.

Como não viu alternativa, o cantor fez o que se esperava dele: aceitou a estratégia da cerimônia. Mas, no dia seguinte, o pároco da igreja Nossa Senhora do Brasil, que se encontrava fechada, recebeu um curioso pedido: Roberto pedia para retornar à igreja, mas pelos fundos. Não haveria ninguém para recebê-lo ali, argumentou o padre. Mas ele poderia entrar pela frente, estava aberta para orações. Roberto então fez o seguinte: foi com sua equipe até o local, pulou o muro dos fundos e saiu pela porta da frente da igreja. Era talvez a maior de suas superstições, já manifestada em início de carreira: jamais entra por uma porta e sai por outra. "Se estiver fechada, ele pede para abrir. Se não abrirem, ele pede para arrombar", diverte-se Ed Carlos.

A estrada e a intensificação de uma agenda nacional e internacional também colaboravam para a decantação de truques, reciclagens e intuições da dupla Roberto e Erasmo. Conforme corriam trecho juntos, tocavam na crescente cena do showbiz nacional, experimentavam também o aprofundamento da demanda de composições. Viviam dormindo pelos cantos, quando o cansaço dos shows batia, e tinham contingência de compor juntos. "Eu lavava a cara, lutava. O Roberto não é assim. Está com sono, dorme. Dizia: 'Bicho, me acorde daqui a meia horinha'", lembra Erasmo. "Um dia, a gente estava compondo 'Sentado à beira do caminho' e ele foi tirar o tal cochilo. A música estava empacada, não saía. Quando ele acordou, olhou pra mim e, meio assustado, disse: 'Preciso acabar logo com isso, preciso lembrar que eu existo, que eu existo, que eu existo!'"

Essa é a versão oficial de Erasmo para "Sentado à beira do caminho", lançada em 1969 em compactos de ambos, Roberto e Erasmo. Porém havia uma fonte de inspiração muito precisa para a composição (nem um pouco aleatória), o que mostrava que existiu método antes da iluminação: a música tem parentesco melódico com "Honey (I Miss You)", composta pelo norte-americano Bobby Russell, mas que fez sucesso com o também americano Bobby Goldsboro em um disco chamado *Honey* um ano antes, em maio de 1968 (alcançou o topo das paradas nos Estados Unidos).

Roberto, embora se declarasse vacinado contra as acusações de "alienado", às vezes se defendia com contundência, em outras assoprava clichês.

> Para que me mascarar do que não sou? O que me delicia mesmo é a leitura de *Bolinha*, *Luluzinha* e *Brucutu*. Isso não me tonteia. O que me tonteia são as leituras complexas e as contradições básicas da nossa sociedade, que fala em pacifismo e deflagra guerras terríveis, que se diz cristã e vive da maneira mais entranhadamente materialista. A meu ver, as impaciências e as atitudes violentas da juventude, em todo o mundo, não passam de reações contra esse estado de coisas. As perplexidades se acentuam até ao paroxismo e, depois, vêm as explosões. Minhas leituras obedecem a uma preocupação de higiene mental: transportam-me para um mundo ingênuo, de faz de conta, onde há lugar para o mais completo repouso do espírito.

Os verões que abrigavam o iê-iê-iê estavam também aquecendo outros ventos culturais. No Brasil, o Cinema Novo estreava quatro filmes que mudariam o rumo da cinematografia nacional: *O padre e a moça*, de Joaquim Pedro de Andrade, *A grande cidade*, de Carlos Diegues, e *Menino de engenho*, de Walter Lima Júnior. O país reivindicava protagonismo na criação de linguagens e demonstrava espírito de invenção. Insinuava uma possibilidade de compreensão do mundo que ia além da tríade carros-sexo-iê-iê-iê, e isso já ia mudando a face da década.

A juventude via disseminar-se novas ondas comportamentais. Em vez do culto ao automóvel e ao materialismo típico da virada da década, virou tendência certo despojamento existencial que era chamado pela mídia de beatnik em alusão ao grupo de escritores, músicos e intelectuais norte-americanos liderados por Allen Ginsberg que se tinha espalhado a partir de San Francisco, nos Estados Unidos, na década anterior. Tinham chegado à Europa e ao Brasil e abominavam os prêmios oferecidos pelo establishment.

"Quando o verão se anuncia em Paris, eles chegam em grupos e, caminhando pelas ruas do Quartier Latin, bebem de graça no restaurante dos estudantes e conseguem alguns trocados cantando nos intervalos de cinemas ou desenhando pelas calçadas. À noite, dormem sob as pontes de Paris, nos parques e nos edifícios abandonados", descreveu uma agência de notícias. "Não somos escravizados pelo tempo", disse o beatnik Paul Gray, de Liverpool, Inglaterra, que, aos dezenove anos, abandonara uma bolsa de estudos de três anos no Laboratório Científico de Liverpool para sair pelo mundo. "Chegamos e partimos para qualquer local. Aceitamos uma pessoa por seu caráter, e não por suas roupas. Conversamos com qualquer criatura, esperando aprender algo com ela."

O despojamento dos beats, ou hippies, conforme o rótulo se renovava, ia visceralmente contra aquela batalha encarniçada pelo êxito que a Jovem Guarda significava. E da qual se tornava, de alguma forma, refém. Um belo dia, um rapaz de barba, óculos escuros e um cabelo esquisito tocou a campainha da residência do secretário de Roberto, José Mariano. Ele achou estranho que o rapaz estivesse tocando a campainha, já que ninguém passava da portaria por determinação de Roberto Carlos. Depois de examinar o sujeito por um tempo, ele já ia fechar a porta quando o rapaz riu: "Ô bicho, não tá me reconhecendo?". Era o Roberto com um disfarce arranjado pelo maquiador da TV Record.

O cantor tinha arrumado um jeito de fugir da horda de fãs usando de um estratagema, o disfarce, com barba postiça e peruca. Na mesma hora em que mostrava o truque ao secretário, uma equipe da revista *Manchete* chegou à residência e ele estava fantasiado. Riram juntos e resolveram fazer uma reportagem-teste: foram à praça daquele jeito, para que Roberto sentasse em um banco e pusesse o disfarce em ação. Era hora do almoço, muitas moças passavam pelo banco em que Roberto sentara e ele as cumprimentava: "Oi, linda! Tudo bem?". Nenhuma o reconheceu.

Foi então que, encorajados pelo anonimato, tiveram a ideia de ir até o cine Metro, onde passava o filme *Dr. Jivago*, hoje um clássico de David Lean. Entraram todos. Roberto sentou ao lado de um casal. A garota, no entanto, não caiu na trucagem. Perguntava toda hora ao acompanhante: "Esse cara aqui não é o Roberto Carlos?". Até que o rapaz firmou a vista e disse: "É ele sim! É o Roberto". O cantor e seu entourage acharam melhor sair fora, mas a notícia já tinha se espalhado pela sala de cinema e iniciou-se uma perseguição como aquelas que os Beatles enfrentam nas cenas de *Os reis do iê-iê-iê*. Roberto não conseguiu sair à rua, e somente quando a gerência do cinema o escondeu em uma ambulância é que ele escapou.

Dali por diante, essas situações se repetiriam aonde quer que fosse. Na segunda metade dos anos 1960, um fetiche dos artistas era ir até a loja da fábrica de violões Di Giorgio, em São Paulo, para conseguir comprar um instrumento exclusivo. Chico Buarque, Gal, Martinha, Théo de Barros, Caetano, Gil, Tom Jobim, muitos tinham feito essa peregrinação até a zona norte de São Paulo, à rua Voluntários da Pátria, 2353, em busca de um violão num local cuja tradição do luthier vinha de 1908. Quando apareceu Roberto, foi um salseiro: o dono da fábrica de violões teve que baixar as portas por causa da multidão de fãs que apareceu.

As transformações que estavam se processando nos anos 1960 não apenas mudariam o jeito de Roberto enxergar o estrelato, mas também o fariam começar a pensar em criar um arcabouço mais duradouro para sua música e sua abordagem artística, algo que tivesse a consistência dos standards de jazz e ao mesmo tempo alguma permeabilidade etária e social. O rock também estava mudando, notou. "Por meio de outros compositores, com os protestos de Bob Dylan e Joan Baez — se bem que eles não fizessem exatamente rock —, o gênero passou a ter outro tipo de poética, mas séria, sem temas infantis, tão simples. E o som teve enorme evolução. O rock contribuiu e se beneficiou disso", refletiria ele mais tarde sobre a nova face da música.

Em 1968, já vendendo 350 mil, 400 mil discos de cada lançamento, exibindo novos carros e novas casas, Roberto tinha se tornado um solteirão cobiçado das revistas de amenidades. As próprias revistas alimentavam aquela "gincana" de loteamento sentimental de seus ídolos, e Roberto era o mais proeminente deles. Sua vida povoava o imaginário das rivalidades e das fãs. Criavam-lhe casos amorosos calientes para turbinar suas vendas, e Roberto vendia adoidado. Mas ele hesitava. Se divulgasse que já tinha uma namorada fixa, acabaria transferindo para a companheira a vigilância constante, o assédio, a fofocaiada.

Durante cerca de dois anos, foi noivo de Nice em segredo, escondendo dos fãs e das revistas a sua condição. Quando finalmente decidiu assumir o casamento, Roberto viu que não seria assim tão fácil. Quando o cantor resolveu encarar a tarefa complicada de convencer a Igreja católica e pedir a permissão eclesiástica para casar na igreja com uma mulher desquitada, Nice, descobriu que a celebridade não o ajudaria. A Igreja católica, desde sempre, considera o casamento indissolúvel — à exceção de algumas regras de nulidade, como não cumprir com obrigações conjugais. Roberto tentou convencer emprestando prestígio, oferecendo-se para uma apresentação durante uma missa na Catedral de São Paulo cantando apenas suas composições de caráter cristão. Os amigos diziam que ele passava por problemas psicológicos por causa da contradição entre ser católico fervoroso e estar apaixonado por uma mulher cuja condição não permitiria um casamento tradicional.

Se o clero brasileiro prestigiar aquilo que quero fazer, é Roberto Carlos quem diz, não medirei esforços no sentido de colaborar com a Igreja. Já fiz um hino, muito bonito, pois, nos momentos de solidão, procuro elevar meu pensamento a Deus através da música, e agora vou falar pessoalmente com o cardeal Agnelo Rossi, pedindo-lhe permissão para apresentar-me cantando numa missa da juventude.

Não adiantou.

O cantor foi obrigado, então, a procurar uma solução alternativa, mas que estivesse coberta pelo manto da legalidade. Casar no exterior, lhe sugeriram, seria a saída mais aceitável, mas precisava publicizar isso. No início do ano de 1968, começou a ser construída a logística do evento. Roberto fretou um velho avião DC-6 e selecionou dez veículos de imprensa para convidar a enviar repórteres com ele e Nice para o local que havia escolhido, a Bolívia. Já tinha sido contratado lá o juiz de paz Hernán Chávez por seiscentos dólares para celebrar o matrimônio num local também controlado, o Hotel Astúrias (mais tarde, o juiz seria demitido por causa dessa aventura).

No dia 10 de maio de 1968, às dezesseis horas, na localidade boliviana de Santa Cruz de la Sierra, com uma testemunha escolhida entre os jornalistas por sorteio (foi José Carlos de Morais, o Tico-Tico, veterano repórter de televisão), Roberto, de terno azul, casou com sua amada, de vestido de crepe branco e gola de vison desenhado pelo estilista Clodovil, indo passar a lua de mel em Las Vegas, nos Estados Unidos. Mas as controvérsias estavam só começando: surgiu uma especulação sobre a nulidade do casamento, já que o juiz tinha infringido uma lei boliviana (noivos estrangeiros precisariam ter vivido ao menos seis meses no país antes de se casarem lá).

Para ela, ele compôs diversas canções, algumas elegíacas, outras nem tanto: "Como é grande o meu amor por você", "Meu grito" (gravada por Agnaldo Timóteo) e "Amada amante" (esta lançada em 1971, quando o casal já estava numa rota de separação). "Esse amor sem preconceito/ Sem saber o que é direito/ Faz as suas próprias leis", bradava Roberto, preconizando a desobediência civil em relação às exigências da lei brasileira, que ainda não admitia o divórcio (este só seria permitido em 26 de dezembro de 1977, após sanção de uma lei do Congresso pelo general Ernesto Geisel).

Nice impôs uma vida de tranquila normalidade e influenciou ações de benemerência do marido. Mais experiente, mais esclarecida em relação à cidadania, ela começou a conduzir Roberto para uma existência mais envolvida, não tão alienada. Uma vez, em São Paulo, um ex-vigia de sua casa, Alberico Tranquilino, a procurou para dizer que o filho, um menino, estava internado na Cruz Vermelha e que o hospital demonstrava negligência no atendimento. Nice ligou para o hospital para indagar sobre o garoto. Responderam apenas que o estado era grave. De noite, ela telefonou novamente e repetiram o boletim, sem dar detalhes e sem indicar quem era o médico. No dia seguinte, ela foi ao hospital, e uma enfermeira a deixou ver o garoto no leito 26. Ele agonizava. Ela exigiu o médico ali, mas notou a negligência: só então enviaram um clínico para ver o garoto, que já morrera. Ela foi à imprensa e denunciou o hospital.

Mas, na posição de ídolo-mor da música brasileira, Roberto não teve moleza na vida de casado. No mesmo momento em que nasceu seu primeiro filho, Roberto Carlos II, o Segundinho, pintou uma bomba: "A notícia partiu do cronista Nelson Motta, diante das câmaras e microfones de uma emissora de televisão, e foi dita mais ou menos nesses termos", descreveu uma revista: "Sinto ter de informar que vai haver separação, breve, do casal Roberto Carlos e Cleonice Rossi Braga, apesar da vinda de Segundinho". A publicação asseverava que Roberto estaria apaixonado por uma outra mulher e citava o nome de Maria Stella Splendore, ex-mulher do costureiro Dener. "Isso é papo furado. Nunca estive tão junto de minha esposa. Tudo não passa de invenção de meus eternos inimigos", desabafou um irritado Roberto. O casamento tumultuado entre o excêntrico Dener Pamplona de Abreu e a aristocrática Maria Stella era prato cheio de todas as colunas de fofocas do país na época. Ele, com suas frases misturando português e francês, um gênio entre os pioneiros da alta moda brasileira, divertia-se desafiando o senso comum nacional com seu gato siamês Ming-Li de um lado e uma taça de champanhe Veuve Clicquot de outro. Ela, elegante e independente, flanava pela noite encantando os emergentes. Chegaram a dizer que namorara, ao mesmo tempo, Roberto Carlos e seu mais encardido rival, Paulo Sérgio.

Roberto começava, finalmente, a ganhar um pouco mais de dinheiro, e esse progresso agora não era mais exibido apenas com carangos envenenados a cada nova estação. Ele investiu naquele ano suas economias em um perene símbolo de status, sua nova residência de casado. Gastou 800 mil cruzeiros em uma casa no Morumbi, em São Paulo, de 750 metros quadrados de área construída (com quatro salas) e 2 mil metros quadrados de jardim, o que já contava na categoria de "mansão". Ficava a trezentos metros da casa do playboy Francisco "Baby" Matarazzo Pignatari, que era casado com a princesa, atriz e socialite Ira von Fürstenberg. Uma revista assim descreveu:

Vista de fora, parece uma fortaleza com um muro de cem metros, de tijolos vermelhos e dois portões. Fica numa elevação, dez metros acima do nível da rua. Uma rampa de quarenta metros leva à garagem e à porta principal. Na parte da frente, um terraço, o gramado (tratado duas vezes por semana por um jardineiro particular), uma mesa branca, com guarda-sol colorido, onde Roberto e as crianças passam as primeiras horas do sol da manhã.

Na garagem, ele tinha um Jaguar esporte (presente da sua gravadora), um Cadillac presidencial, um Volkswagen 1600, um Galaxie LTD e um Dodge Charger.

O novo empresário de Roberto, Marcos Lázaro, que tinha iniciado com belo retorno sua internacionalização, via o cantor se tornando estrela progressivamente em toda a América Latina, a partir de uma estratégia de gravar em espanhol, além da chuva de convites para levá-lo a diversas capitais em turnê. Mas havia um problema: o contrato com a TV Record para ancorar o programa *Jovem Guarda*, que não era assim tão vantajoso, impedia. A contingência de estar no estúdio em São Paulo todos os domingos limitava os movimentos de Roberto e seu crescimento no mercado internacional. Lázaro começou a costurar o final disso, aproveitando a própria queda de audiência do programa e sua proximidade com Paulo Machado de Carvalho, dono da emissora. Para os fãs do programa, a responsabilidade seria, doravante, do empresário de Roberto, mas Paulo Machado de Carvalho afirmou que a ideia de encerrar já vinha de longe e havia partido do próprio diretor Carlos Manga, que tinha visto a atração como esgotada e sugerira a Roberto fazer outro programa com orquestra, de noite. Naquele ponto, o *Jovem Guarda* estava dando dezessete pontos de audiência, quando no auge já usufruíra de quarenta pontos. Os números eram implacáveis.

Em 1968, Roberto Carlos fez a sua despedida do *Jovem Guarda* no Teatro Record, em São Paulo, cantando a "Valsa da despedida" em ritmo de iê-iê-iê, enquanto as fãs se debulhavam em lágrimas. Os primeiros a chorar foram Erasmo e Wanderléa quando ele cantou "Quero que vá tudo pro inferno". "Cheguei de Minas por suas mãos, Roberto. Deus lhe pague o que você fez por mim", discursou Martinha. Erasmo não teve coragem de ler o que tinha escrito num papel para discursar: "Você, Roberto, não está deixando vago o seu trono de Rei da Jovem Guarda para que este seu amigo tome posse dele. O trono é seu e ninguém vai ocupá-lo, não. O que vamos procurar fazer é continuar sua luta pela unidade e amizade que sempre reinaram em nosso meio, com você como nosso líder".

A construção do amálgama musical de Roberto Carlos sempre passou pela absorção da novidade, da bossa nova e do iê--iê-iê à soul music e ao sertanejo, passando depois pelo *funk melody* e a sofrência. Mas, até a virada dos anos 1960 para os 1970, há apenas um dado predominante em tudo: a negritude. Pilombeta, Helena dos Santos, Getúlio Côrtes, Tim Maia e finalmente Nenéo, todos parceiros pretos, todos oriundos das camadas mais humildes da população, moldavam sua música em progressão. A primeira década da musicalidade de Roberto é permeada com naturalidade por esse condimento, coisa que se acentuava conforme ele caminhava em direção à total autonomia artística.

Eu amo igual

O ano de 1969 encontrou Roberto no limiar de uma aventura de adulto na sua transição musical. Ele se mostrava mais livre e desenvolto na escolha do repertório dos discos e sua aceitação no dito mundo "intelectual" estava se consolidando. Além dos cafunés dos tropicalistas, outros artistas o reverenciavam de forma intensa e honesta. Ao lançar seu disco *Elis Regina in London* (Philips, 1969), a gaúcha Elis incluiu uma interpretação visceral de "Se você pensa", de Roberto e Erasmo, para lançar na Europa. O cantor ouviu a gravação ainda na fita e fez uma reverência pública à cantora:

> Qualquer opinião que eu der é menor do que realmente significa a gravação de Elis Regina, porque não teria palavras para qualificar. Dizer que ficou bárbaro é dizer muito pouco, pois essas coisas a gente espera de uma cantora do gabarito de Elis. Eu só posso dizer de mim, da minha emoção e de Erasmo Carlos vendo nossa música gravada por Elis, com todo o carinho que só mesmo ela pode dar a uma gravação. Finalmente, Elis supera tudo o que se poderia esperar. Quando a gente pensa que a música ficaria superbacana, o negócio fica ainda mais genial do que se esperava.

Elis sedimentava assim o armistício com seu pretenso ex-rival de televisão (ela gravaria ainda, em 1970, uma versão destruidora de "As curvas da estrada de Santos", com síncope jazzística e um desempenho colossal de Wilson das Neves na bateria).

Mas não foi só isso: naquele mesmo ano de 1969, outra grande cantora brasileira, essa em escalada para o Olimpo, também resolveu gravar "Se você pensa", além de "Vou recomeçar" (Roberto e Erasmo), no seu disco de estreia solo. Era a baiana Gal Costa, antiga Gracinha, agora repaginada pelo voluntarista empresário Guilherme Araújo, de quem foi a ideia de pedir a Erasmo inéditas da dupla maior da Jovem Guarda para a cantora gravar. Foi Araújo quem criou o nome artístico de Gal e também inoculou nela o vírus da grande transgressão. A gravação da baiana de "Se você pensa" trazia uma abordagem de confrontação, jogando uma nova luz sobre a matéria-prima da qual o arcabouço de Roberto era constituído — um toque de nervosismo urbano, de afirmação romântica, um degrau acima do desencanto, alguma incompatibilidade.

Gal certamente também foi contaminada pelo entusiasmo do aríete tropicalista Caetano Veloso. "Foi a grande canção lançada por ele no período do tropicalismo. Eu tinha comprado uma TV só para ver *Jovem Guarda* e Chacrinha. No primeiro programa que vi, Roberto a cantou, e eu caí duro para trás", disse Caetano Veloso a respeito de "Se você pensa".

Maria Bethânia tinha começado todo o flerte. Ela havia sugerido ao irmão Caetano que compusesse uma música utilizando a palavra "baby" e que a composição contivesse ainda uma frase meio que de slogan: "leia na minha camisa". Caetano então fez "Baby", que parecia mais adequada para Os Mutantes, naquele momento (eles gravaram primeiro em seu álbum de 1968, pela Polydor), mas que Gal, ao gravar em 1969, transformou em manifesto. A maior subversão de "Baby" não foi usar a expressão em inglês em plena era do nacionalismo de esquerda mais exacerbado, mas sim a de mostrar a direção para onde apontava a música pop nacional naquele momento: "Ouvir aquela canção do Roberto", recomendava a letra. Uma década mais tarde, Roberto contou:

A maior homenagem que Caetano me fez foi me apoiar há dez anos, quando havia um preconceito muito grande contra mim e minha música. Para mim, foi importante que um cara, com o prestígio e o talento dele, assumisse que gostava do que eu fazia. Mais tarde, nos conhecemos melhor, em Londres, e a partir daí passei a pedir músicas para ele. E, para ele, fiz uma música de que gosto muito, "Debaixo dos caracóis".

Para sedimentar essa nova teia de relações, Roberto e Erasmo presentearam Gal Costa com "Vou recomeçar" e um dos mais brilhantes cartões de visita da música brasileira: a canção "Meu nome é Gal". A ideia original foi de Erasmo — Guilherme Araújo tinha encomendado algo que contivesse "um som mais ácido e pesado", que refletisse o momento político. Erasmo partiu de uma constatação classista: o compositor contou que, após o êxito, passou a ser admitido em festas de "bacanas" do país em todo lugar, mas percebeu também que havia algo estranho: "Se tentasse namorar alguma moça da família, sinalizavam que deveria manter-me em meu lugar". Em outras palavras: como um Gatsby da Tijuca, Erasmo descobria que a elite o admitia como *entertainer* de seus filhos, mas não o engolia como um igual. Na letra que fez para Gal, contou, isso estava expresso: "E não faz mal/ Que ele não seja branco, não tenha cultura/ De qualquer altura/ Eu amo igual".

Gal canta "Meu nome é Gal", que desliza do samba para o rock, como se duelasse com as distorções da guitarra, explorando uma simbiose entre o ruído e o agudo de sua voz num limite primitivo, liberalizante, berrado e psicodélico. Os arranjos estavam a cargo do maestro tropicalista Rogério Duprat. Na contracapa do seu disco, Caetano advertia: "Ninguém pode deplorar o nosso Vale-Tudo: quando Gal canta, ele vale-nada".

Evidente que haveria reações do "bom gosto reinante". O crítico Ary Vasconcelos, em 18 de março de 1969, em *O Globo*, advertia sobre um sentimento que ele mesmo reiteraria algumas frases adiante em seu texto "Gal Costa quase divina maravilhosa":

Gal retorna agora com um repertório inteiramente renovado, cuja tônica é o tropicalismo e o iê-iê-iê. Parece-nos ver daqui do alto dessas páginas o franzir de 40 mil narizes respeitáveis ao mero enunciado dessas duas palavras. Calma, senhores: nem tropicalismo nem iê-iê-iê mordem. A verdade é que não há gêneros intrinsecamente maus: há obras boas ou más.

Mas Vasconcelos denunciou seu próprio medo de uma mordida logo adiante:

> Com "Se você pensa", precipitamo-nos, sem paraquedas, no "inferno" do iê-iê-iê. Roberto e Erasmo Carlos, os autores. Gal talvez um pouco menos à vontade. A concordância aqui sofre um pouco: "Se você pensa que vai fazer de mim o que faz com todo mundo que te ama"... A primeira faixa da face B é da mesma dupla que parece, aliás, considerar a gramática uma ciência superada: "Talvez até arranje alguém/ Alguém que eu possa acreditar...".

Embora o jornalismo musical da época erguesse barreiras alfandegárias entre uma e outra corrente musical, os acontecimentos sociais, políticos e a própria natureza humana dos seus protagonistas estavam derrubando os compartimentos. Naquele mesmo ano, quando estava em Londres, exilado, triste e acabrunhado, Caetano Veloso recebeu uma ligação inesperada: era Roberto Carlos de passagem pela capital britânica, perguntando se poderia visitá-lo. A mulher do cantor e compositor Péricles Cavalcanti (cuja família dividia a residência com o amigo baiano) atendeu e achou que era trote. Quando se deu conta de que era verdade, ela chorou. Quando finalmente Roberto tocou a campainha da casa de Caetano, estava acompanhado de Nice, sua mulher, e todos o aguardavam. Cantou para Caetano, para animá-lo, "As curvas da estrada de Santos". Todos choraram muito.

"Essa canção extraordinária, cantada daquele jeito por Roberto, sozinho ao violão, na situação em que todos nos encontrávamos, foi algo avassalador para mim. Eu chorava tanto e tão sem vergonha que, não tendo um lenço nem disposição de me afastar dali para buscar um, assoei o nariz e enxuguei os olhos na barra do vestido de Nice", contou Caetano. Roberto apenas repetia para ele: "Bobo, bobo…". Ao voltar para o Brasil, dois anos depois Roberto gravou a canção "Debaixo dos caracóis dos seus cabelos", que durante muito tempo se pensou que era dedicada a uma musa. Somente algum tempo depois, durante um especial na antiga TV Manchete, é que Caetano contaria que a canção tinha sido feita especialmente para ele, e aí a letra passou a fazer ainda mais sentido.

Sentado numa praia, com a mão esquerda enfiada na areia, a mão direita segurando um cachimbo, de blusão militar, Roberto Carlos aparecia não apenas "solo" no seu disco de 1969, mas principalmente livre — dos pressupostos da agora antiga canção jovem, dos artifícios para manter a fama, da imagem de transviado. Parecia um disco-manifesto preconizando a libertação total das fórmulas — curiosamente, é o único dos discos de Roberto que não traz a lista de músicas na contracapa.

A crítica especializada é quase unânime em apontar esse disco, hoje em dia, como o auge da carreira de Roberto Carlos. Estão no álbum algumas das canções de maior simbolismo de sua obra, como "As curvas da estrada de Santos", "As flores do jardim da nossa casa", "Sua estupidez" e a soul music funky "Não vou ficar" (que sela um esforço de reconciliação com Tim Maia que, na verdade, nunca aconteceu — a animosidade persistiu a vida toda).

Roberto incluiu a canção de Tim no disco de 1969, que é o álbum que carrega a trilha sonora do filme *Roberto Carlos e o diamante cor-de-rosa*. A princípio, Tim queria que Roberto gravasse "Você", composta por ele e gravada por Eduardo Araújo no álbum *A onda é boogaloo*, de 1969. Mas Roberto tinha uma demanda específica: queria que Tim compusesse uma canção que relatasse o fim de um relacionamento. Era uma fase de ampla especulação sobre o destino do casamento do Rei da Juventude. Tim então compôs "Não vou ficar" (tanto "Não vou ficar" quanto "Você" seriam gravadas pelo próprio Tim no álbum *Tim Maia*, de 1971).

Há uma curiosa sincronicidade no condimento de soul funkeado que marca todo esse período da música de Roberto, fase que vai de 1969 a 1971: existe um outro petardo de musicalidade negra do mesmo quilate de "Não vou ficar" no disco de 1969, mas que não fez tanta fama. "Nada vai me convencer" é outra joia soul funky que foi composta pelo contrabaixista Paulo César Barros. "Cara, nesse disco aconteceu a maior coincidência: eu tinha feito esse soul e dei pro Roberto gravar. Só quando cheguei ao estúdio para gravar todo o LP foi que ouvi a música do Tim. Acabei fazendo o arranjo para a música do Tim e também para a minha", lembra Paulo César, que usou o famoso instrumento Precision que marcou aquele período da música brasileira. "Na época eu não sabia escrever pra orquestra, então tive que passar de boca cada instrumento pro maestro Pachequinho, e ele escreveu a música."

Nesse disco de 1969, além dos arranjos de black music, Roberto flerta com o blues ("Quero ter você perto de mim", de Nenéo), com uma atmosfera meio Burt Bacharach ("Do outro lado da cidade", de Helena dos Santos), com uma vertente inovadora da soul music ("Sua estupidez"), entre outras camadas. Ritmo tinha se tornado um fator essencial da música jovem, sobrepondo-se ao império discursivo e politizado da MPB universitária. Entre 1969 e 1970, a música do Brasil subitamente descobria o orgulho negro e o ativismo afirmativo. Há nomes que contribuíram decisivamente para isso, mas alguns dos principais são o cantor paraibano Cassiano, a banda carioca Black Rio, o performer paulista Tony Tornado e o mais proeminente de todos, o tijucano Tim Maia.

Embora no momento de maior fechamento das possibilidades democráticas, vivendo sob um ferrolho antidemocrático, os artistas começavam a estabelecer relação de nexo entre as manifestações de reivindicação racial dos Estados Unidos e a falsa democracia racial brasileira. Curiosamente, os dois principais artífices dessa tomada de consciência, Tim Maia e Tony Tornado, gravitaram em torno da Jovem Guarda e se autoexilaram nos Estados Unidos na mesma época.

Tony foi antes. Ele viajou para shows no exterior com o grupo Coisas do Brasil. Ao chegar a Nova York, desligou-se da trupe e foi morar no Harlem, passando a viver de expedientes bastante ilegais: tráfico e proxenetismo. Os colegas o apelidaram de Comfort. "Eu me liguei na presença no palco, na mise--en-scène. Não cheguei a me apresentar, mas vi muitos espetáculos e shows", contou. Quando voltou ao Brasil, passou a se apresentar no Little Clube, já como cantor, e depois integrou o conjunto de Ed Lincoln, cuja ascensão tinha se dado na Boate Plaza.

Tim Maia chegou a liderar grupos na América do Norte e com alguns gravou discos, como The Ideals. Mas não era uma atividade ainda profissional, e sua vida dava uns solavancos pesados de vez em quando. Foi numa dessas situações que os destinos dos dois brasileiros se cruzaram. "O Sebastião [Tim] era mais ilegal do que eu", contou Tony.

> Eu era ilegal, mas era mais ou menos comportado, tinha vinte mulheres na rua. Cafetão era uma profissão boa, não era uma profissão qualquer, eu tinha minha Cadillac branca por dentro e por fora, roupas bonitas... O Sebastião não, eu fui tirar ele na delegacia, ele tinha roubado sei lá o quê. Alguém falou: "Ô Comfort, tem um brasileiro pegado lá". Eu fui e era o Tim. Paguei a fiança, ficamos muito amigos e continuamos a nossa amizade no Brasil.

Esses dois personagens, após a repatriação, dariam um choque de negritude na monocromática paisagem dos festivais da música. Em 1970, Tony Tornado foi recrutado pelo pianista Antonio Adolfo e pelo compositor Tibério Gaspar e, acompanhado pelo Trio Ternura, fez explodir o Maracanãzinho em outubro de 1970 com a interpretação de "BR-3". "Antes, eu nem tinha família. Agora tenho um povo todo me aplaudindo. Isso é muito confortador, parece um sonho", dizia Tony.

Para completar, nessa mesma noite se apresentou Dom Salvador e seu grupo com "Abolição 1860-1980", com tambores afro, duas guitarras, metais e piano.

A fase do orgulho negro permeava todas as relações da música da época. Quando Gil e Caetano, por exemplo, foram presos, eram obrigados a tomar banho frio no quartel de madrugada, e um soldado olhava aquilo com espanto e revolta. "Meu irmão era paraquedista no quartel onde eles estavam presos, em Realengo. Meu irmão era o Gerson King Combo. Quando eu estava entrando na Jovem Guarda, ele me dizia: 'Para com isso, para com esse negócio de rock!'. Ele estava na onda do James Brown, da música black", contou Getúlio Côrtes. Gerson Côrtes, o Gerson King Combo, foi outro personagem-chave dessa onda afirmativa, embora mais novo.

As notícias da black music certamente chegaram a Roberto Carlos nessa onda de contrabando, nas malas de viagem de visionários como Tim Maia, Tony Tornado e King Combo, mas a forma pela qual ele a incorporou ao seu repertório não foi, como se tornou comum dizer, mais um aspecto da vampirização que marcou algumas fases do seu trabalho. Roberto acordou para a música preta desde sempre, primeiro pelos seus ecos, depois pela absorção direta, como testemunha. Isso se deu porque, conforme se tornava mais cosmopolita, Roberto passou a desenvolver também certo pendor para a pesquisa, a depuração de suas fontes. Quando começaram os anos 1970, o cantor, em mais uma turnê norte-americana, dessa vez acompanhado pelo grupo RC7, passou por New Bedford, Providence, Boston e Toronto, no Canadá. De volta a Nova York, surpreendeu seu grupo ao convocar todos os músicos para uma romaria que tinha se acostumado a fazer sempre que estava em Manhattan: visitar o Apollo Theater, no Harlem, e casas de shows locais, para uma imersão cultural, para ouvir o que os músicos dali estavam fazendo. Stevie Wonder estava em cartaz no Apollo naquele ano. Levar a banda até o nascedouro do ritmo, pensou o cantor brasileiro, era algo fundamental para suas pretensões artísticas naquele momento. "Isso é muito importante para eles. No Brasil, não era possível dar uma ideia precisa do impacto que essa música produz na gente. E foi ótimo: o Carlinhos, meu organista, chegou a chorar de emoção."

O cantor, que tinha desenvolvido seu background fashion ainda menino, em Cachoeiro, também usava as idas a Nova York para incrementar seu figurino, comprar roupas fora do padrão ou excêntricas — o figurino era, até aquela altura, um elemento conceitual importante na sua apresentação ao vivo. "Profissionalmente, a roupa não é um fator fundamental, mas ajuda. E eu confesso que sou vaidoso, não com a ideia de parecer bonito, mas com a preocupação de me vestir com certa extravagância."

A música de Roberto Carlos também se inflamou de negritude nesse período, considerado por muitos um dos mais férteis de sua produção. O disco de 1970 posicionou Roberto, numa interpretação grosseira, entre o sacro (providência da gospel "Jesus Cristo") e o profano ("Vista a roupa meu bem"). Esta última é uma espécie de charleston cantado farsescamente pelo cantor, como se a interpretasse apertando as narinas com dois dedos, e há quem veja a música como uma provocação ao registro vocal de Paulo Sérgio, seu rival naquele momento. Foi nesse ponto que Roberto começou a gravar nos Estados Unidos, com arranjos e músicos estrangeiros, em busca de um padrão sonoro internacional, mas também quando passou a suprimir algumas das bases gravadas nos Estados Unidos e a refazer as coisas quando voltava ao Brasil.

É no álbum de 1970 que está a canção na qual Roberto faz a grande e solitária reverência à cidade natal. "Cachoeiro, Cachoeiro, vim ao Rio de Janeiro pra voltar e não voltei", diz a letra de "Meu pequeno Cachoeiro", de Raul Sampaio Cocco, prolífico cantor e compositor conterrâneo de Roberto, autor de mais de trezentas composições. Raul Sampaio tinha gravado sua própria música como intérprete pela RGE, em 1962, ainda com o título de "Meu Cachoeiro". "A partir daí, passaram a difundir a ideia de que essa música precisava ser gravada por Roberto Carlos, mas Roberto era uma pessoa sempre muito difícil", contou Sampaio. Ele então gravou uma fita cassete e enviou para Roberto, que a perdeu e pediu outra. Depois, mais outra. Quatro fitas depois, Roberto o chamou e disse que gravaria a música, mas pediu uma modificação. Estava encafifado com uma palavra da letra, "jenipapeiro". Achava dura, distante de sua experiência cachoeirense, quis trocar o nome da árvore citada pelo compositor por outro. Raul, a princípio, não achou boa a ideia. A canção já era muito conhecida em Cachoeiro, já tinha até virado o hino da cidade, em 1966. Na letra original, Raul cantava: "O meu bom jenipapeiro/ Bem no centro do terreiro". Criou-se um impasse. Sampaio ficou de encontrar uma solução. Um dia entrou na sala do produtor de Roberto, Evandro Ribeiro, e colocou um jenipapo que tinha colhido nas imediações em cima da mesa do executivo, para mostrar que não era incomum. Quase que a inclusão da música foi cancelada. Foi quando lhe ocorreu uma outra árvore. Entrou no estúdio e cantarolou para Roberto: "Que tal 'Meu flamboyant na primavera/ Que bonito que ele era'?". Roberto abriu um sorriso: "É isso aí, bicho!". Do jenipapo nativo, "fruto que serve para pintar", em tupi, pulavam para o flamboyant africano de Madagascar, que significa "ardente", "flamejante", em francês.

Filho de um mestre de obras comunista e espírita, Raul Sampaio também era espírita e achava que "Meu pequeno Cachoeiro" não era uma composição sua, mas que a tinha recebido de um espírito. Por causa disso, ele chegou a ter dificuldades de interpretar a música assim que a compôs, por sentir que era uma ação espiritual.

O zelo e o perfeccionismo de Roberto em relação ao seu conceito sonoro passaram a tornar-se cada vez mais agudos conforme ele firmava sua reputação. A partir de 1971, por exemplo, Roberto refazia todo o som do contrabaixo no Brasil, com Paulo César Barros gravando de novo aquilo que tinha sido feito nos Estados Unidos — isso se manteve assim até 1981, embora sem créditos.

"Jesus Cristo", construída como uma apoteose de black music, um funk gospel, tornou-se mítica e cresceu com sua adoção como um gesto simbólico de encerramento dos shows do cantor, quando ele aproveita a circularidade do coro e beija e distribui rosas entre os fãs do gargarejo. Roberto a compôs durante uma viagem. Foi no começo de 1969, e ele estava em um hotel em uma praça no centro de Paranaguá, cidade portuária no Paraná, hospedado para um show. No fim da tarde, pouco antes de ir para o local da apresentação, Roberto abriu a janela e o sol estava se pondo. O cantor abriu os braços e exclamou: "Jesus Cristo, eu estou aqui!". Ele rabiscou a própria exclamação num pedaço de papel e continuou fazendo anotações durante a viagem. Quando voltou, a letra da canção já estava praticamente pronta. "Em cada esquina eu vejo o olhar perdido de um irmão."

Com o sucesso de "Jesus Cristo" veio a consagração e também a polêmica. No Carnaval de 1971, os foliões do Recife anunciaram que um dos abadás a serem adotados na festa seria uma camiseta com a imagem de Cristo e a frase da canção de Roberto ("Jesus Cristo, eu estou aqui"). Foi o que bastou para que vereadores da capital pernambucana, com o moralismo aguçado pela repressão de costumes da ditadura, passassem a atacar a folia. Primeiro, foi o vereador Marcelo Pessoa, que invocou uma portaria municipal relativa ao veto de temas religiosos nas festividades pagãs do Carnaval. O vereador propôs a aprovação imediata de uma lei apresentada por um colega, o vereador Newton Carneiro, que, falando em nome dos bons costumes, proibia a exibição da canção de Roberto em bares, boates e festas, dizendo que ela era uma "profanação da religião católica". Carneiro reconhecia que a música era adequada para ritos religiosos, mas que sua "usurpação" pelo iê-iê-iê era uma ofensa às crenças cristãs. "[...] ou a sociedade e os poderes constituídos tomam uma decisão drástica contra semelhantes abusos, ou vamos ver a comunidade mergulhar num transe de concupiscência tão clamoroso como aquele que decretou o castigo impingido a Sodoma e Gomorra", afirmou o edil, em reportagem do *Diário de Pernambuco* de 9 de fevereiro de 1971.

O pior viria adiante: o secretário de Segurança do Recife, Armando Samico, pediu as camisas de Carnaval com a frase da canção para examinar e decidir sobre seu confisco. Após observar o material, concluiu que as camisas eram ofensivas aos "costumes da Igreja, pois essa cruz é o símbolo e a imagem de Cristo. Deixá-la circular em bailes de Carnaval e locais pagãos é ferir as normas religiosas num desrespeito à cristandade", declarou, também no diário pernambucano. Ato contínuo, promoveu uma blitz no comércio para recolher a camisa. Baixou inclusive uma portaria especialmente para o caso.

A proibição, é óbvio, foi ignorada por aqueles brincantes (sobretudo católicos) que desejavam utilizar-se da música e da letra para criar uma homenagem às suas crenças em pleno Carnaval, mostrando que, acima de qualquer forma que pudesse inicialmente apresentar-se ofensiva aos ideais católicos, buscava-se uma aproximação com as festividades de Momo, historicamente conhecidas como "festas da carne", em detrimento das posições religiosas determinadas pelo Vaticano. Mesmo sabendo que, se saíssem às ruas com as camisas seriam interceptados pelo policiamento e orientados a voltar para casa e trocar de roupa, muitos preferiram travar um embate com a polícia, vestindo as camisas esgotadas nas lojas do comércio recifense, e correram o risco de ser presos. O resultado foi, então, fácil de presumir: pôde-se notar a presença de manifestações e até mesmo troças carnavalescas que usaram o tema da camisa como mote para brincar o Carnaval. O *Diário de Pernambuco* de 20 de fevereiro de 1971 informou que 27 camisas foram apreendidas, e o delegado de Costumes, sr. Mário Alencar, recebeu denúncias de desentendimentos em vias públicas no bairro de Casa Amarela, zona norte do Recife, onde foliões embriagados teriam vestido as camisas e saído às ruas provocando as autoridades. Apesar de a polícia ter visitado o local com cerca de vinte homens, o tumulto já havia se dispersado, mas as autoridades buscaram, sem sucesso, investigar quem o iniciou para que fosse enquadrado na forma da lei.

Ao mesmo tempo, no Rio de Janeiro, nas missas, grupos de jovens católicos incorporavam "Jesus Cristo" ao programa musical sacro. Na paróquia do Santuário das Almas, em Niterói, os fiéis acompanhavam a execução, todos os domingos, batendo palmas, marcando ritmo e fazendo coro na canção. O padre Simeão defendia a nova abordagem: "Os jovens não admitem falsidade. Durante a missa, o padrão é de seriedade e respeito. A oração nos moldes antigos tornou-se hipocrisia para eles, que não sentiam mais seu valor. Ora, hoje em dia o som dos instrumentos musicais fala mais alto do que qualquer coisa. O ritmo jovem tinha que ser trazido para a igreja, e isso não é mais novidade". E finalizou com um sarro: "Se Sérgio Porto estivesse vivo, seria mais um tema para seu Festival de Besteiras".

Entre o previsível repertório de intrigas daquela temporada, "Jesus Cristo" concentrou a maioria. Um dos boatos mais difundidos era o que dizia que a canção tinha criado animosidade entre os parceiros Roberto e Erasmo, por uma presumível discordância em relação ao conceito religioso da canção. "Se sofri influências, acredito que as maiores foram as de meu próprio parceiro e amigo, Erasmo Carlos. Nós nos completamos artisticamente e somos amigos há mais de quinze anos. Não têm sentido as notícias de que estamos ou estivemos brigados por causa de alguém. Muito menos por causa de 'Jesus Cristo'", disse Roberto em 1971, rebatendo mais uma especulação.

A carreira de Erasmo, desenvolvida em notável simbiose com Roberto, acabou sofrendo um efeito colateral indesejado: chegava à década de 1970 sendo grandemente subestimada. Ele mesmo foi instado por diversas vezes a rebelar-se, tomar a frente do negócio, sobrepor-se ao protagonismo de Roberto, e algumas vezes chegou até a considerar isso seriamente. Mas logo retornava à divisão original de papéis. "Hoje eu já melhorei disso. Já está quase legal. As pessoas já estão entendendo como o compositor é importante. Todos os cobrões por aí são compositores; veja os Beatles, Jimmy Webb, os Rolling Stones. Cantar só já não dá mais pé", afirmou em 1971. Suas opiniões, muitas vezes, quando confrontadas entre si, mostram certa volatilidade. Alguns anos mais tarde, ele afirmaria:

O que evoluiu mesmo foi minha visão do mundo e o próprio mundo. Como compositor mesmo eu acho que não, porque sou um compositor muito limitado, sabe, de poucos acordes, não sei fazer nada complicado, não. Mas acho isso bom na medida em que serve de base para uma mensagem que eu quero dar, que eu quero fazer chegar às pessoas. Então, se a música é simples, a mensagem chega mais direto.

Erasmo fez da sua fidelidade uma espécie de pacto eterno. Ele nunca aceita o argumento de que seu mundo e o de Roberto são conflitivos. "Roberto sempre teve esse pendor para o romantismo. Antes da Jovem Guarda, ele fazia uma linha bem samba-canção, do tipo Tito Madi e Dolores Duran, enquanto eu ouvia o rock de Chuck Berry, Elvis e Little Richard. Desse casamento de opostos nasceu nossa parceria."

No mesmo ano, uma controvérsia menos agressiva projetou Roberto em outra área musical. Chegou às lojas um trabalho fora de série do cantor: *Roberto Carlos narra Pedro e o lobo, op. 67, de Prokófiev*, com a New York Philharmonic sob regência do maestro Leonard Bernstein. "A ideia de uma nova apresentação de *Pedro e o lobo*, de Prokófiev, com a Orquestra Sinfônica Brasileira, surgiu em fins de 1968", contou o artífice do registro, o crítico e narrador Paulo Santos. "Numa conversa com o maestro Eleazar de Carvalho, fui convidado, como tantas outras vezes, para fazer a parte do narrador solista."

Paulo Santos, entretanto, tinha outros compromissos agendados e não poderia. Eleazar de Carvalho perguntou, então, quem ele acha que poderia substituí-lo. "Roberto Carlos, o cantor", disse, de bate-pronto. "Roberto Carlos é uma pessoa que busca a perfeição no que faz, mesmo que, por vezes, à custa de repetições que seriam cansativas pra outros, mas não para ele. O maestro Eleazar sabia disso e o admirava."

Porém havia ainda outro facilitador, argumentou Souza. "Ele é artista exclusivo da CBS e a New York Philharmonic também."

Em 1971, o álbum que trouxe "Detalhes", "Debaixo dos ca-racóis dos seus cabelos" e "Como dois e dois" significava a defi-nitiva ruptura com a década anterior. O disco reflete uma aber-tura para o inesperado, a começar pela capa, que não ostenta uma foto tradicional do cantor, mas um bico de pena apenas es-boçado pelo artista Carlos E. Lacerda (espelhando uma foto es-maecida de Armando Canuto que acabaria sendo usada de fato, como fotografia, na capa do álbum seguinte). Roberto, conta a lenda, resistiu às próprias excentricidades (consta que ele que-ria tirar a palavra "ronco" da letra de "Detalhes" por ter um som brusco, pouco polido, mas acabou cedendo). Havia mais coisas. Com "Debaixo dos caracóis dos seus cabelos", ficamos sabendo que Roberto tinha abandonado por um momento, alguns anos antes, a sua irremovível imparcialidade política e visitado Cae-tano Veloso no exílio para lhe dar uma força. Era preciso, no mí-nimo, coragem e independência para se avistar com um inimigo político do regime. Com posicionamentos públicos inespera-dos, Roberto parecia estar finalmente se desviando de sua no-tória convicção de neutralidade para a de artista consciente. Mas até nisso viam ambiguidade.

Após um show organizado por Miele e Bôscoli, num Cane-cão lotado, Roberto quebrou o protocolo e, de forma inédita, fa-lou da situação política no continente: "Me entristece ver meus irmãos cheios de cicatrizes, o caos chileno, a confusão argen-tina, o Uruguai sem saber se vai ou se vem, a América Central a erguer seus braços para os americanos…".

Ao abrir esse flanco, Roberto se viu confrontado, também de forma inédita, com ceticismo em relação a sua sinceridade. Aquela que talvez tenha sido a mais contundente manifesta-ção política que fez em toda a sua carreira pareceu calculada, pouco espontânea, apontaram jornalistas. Roberto se indignou quando insinuaram que aquilo soava falso na voz de um artista que nunca se manifestara politicamente:

O texto era de um humanismo acima da situação política. Era pra gente ver a situação além da política, mas parece que certas pessoas não compreenderam isso. Disseram até que Miele e Bôscoli tinham colocado, em minha boca, palavras deles, que eu teria repetido como um papagaio. Não era verdade. Eu só aceitei dizer aquilo porque eu concordava com as ideias. Ali, não se falava de política, mas do ser humano.

O LP que ele lançava então, contendo canções hoje clássicas como "Além do horizonte", "O quintal do vizinho", "Mucuripe" (de Fagner e Belchior) e "Olha", foi alvo de rigoroso escrutínio da crítica, que não via com bons olhos seu senso de oportunismo em gravar artistas que estavam com grande visibilidade pública, como Benito di Paula. Esse radar de Roberto foi, como em muitas vezes ao longo da carreira, considerado um tipo de "vampirismo".

Chama a atenção a persistência da inspiração soul de Roberto Carlos em uma música que tem sido revisitada com frequência por alguns dos artífices da nova MPB: "Todos estão surdos", de Roberto e Erasmo. Chico Science, quando a regravou, transformou a parte declamada num manifesto de transformação: "Desde o começo do mundo que o homem sonha com a paz. Ela está dentro dele mesmo. Ele tem a paz e não sabe. É só fechar os olhos e olhar para dentro de si mesmo". O Pato Fu, quando a regravou, buscava reconectar com o primordial, a inocência original, o texto falado sendo declamado por uma criança.

Outra música do lote é "Eu só tenho um caminho", de Getúlio Côrtes. A junção do teclado de Lafayette e o baixo de Paulo César Barros lhe confere certa vertigem soul quase religiosa. Consolidava uma habilidade de Roberto, mas a música da igreja preta começava a dar lugar à música da igreja branca, com o gospel sendo deixado de lado nos anos seguintes.

O fato de estar se tornando tradição a gravação de novo disco nos Estados Unidos, dado o status de que passou a desfrutar em sua gravadora, tinha exacerbado certas críticas ao cantor, e ele demonstrou publicamente seu desagrado, mais adiante, a respeito disso:

> Eu comecei a gravar nos Estados Unidos em 1971 e continuei porque achei que lá tem mais recursos técnicos. Mas sempre revelei a qualidade do músico brasileiro. Levar algum para gravar comigo não depende de mim, mas da gravadora. No entanto, muitos não compreendem isso e começam a dizer que eu, gravando lá fora, estou tirando o pão da boca do músico brasileiro. Acho que as pessoas deviam pensar mais antes de falar algo assim. Eu não tiro dinheiro de ninguém. Pelo contrário. Meus músicos são pagos, e bem pagos, mensalmente, independente de estarem viajando comigo ou não. Sempre que posso, coloco outro conjunto, além do RC9, nos meus shows. Agora mesmo, no Canecão, pedi uma orquestra de 41 pessoas. Isso é desprestigiar o músico brasileiro? Eu acho que não. O que acontece, na minha opinião, é que as pessoas não estão acostumadas a um intercâmbio em termos musicais. Na Europa, pelo fato de os países serem próximos, é comum um artista da Itália gravar na Espanha, um da França gravar na Itália etc. Nós ainda vamos chegar lá. A Sarah Vaughan já veio, gravou um disco e ninguém nos Estados Unidos ou no Brasil reclamou.

Foi um ano generoso para o cantor, e ele estava com o espírito aberto. Roberto tinha procurado a antiga companheira da Boate Plaza, a cantora Claudette Soares, para pagar uma promessa: a de lhe confiar uma composição sua. Ele foi pessoalmente entregar a música para Claudette incluir no seu show no Teatro Princesa Isabel, e a música tinha ainda o título provisório de "Despedida". "Claudette, eu não tô gostando desse nome, quer sugerir outro?", ele disse à amiga. Ela não teve dúvidas: "De tanto amor", sapecou, no ato. A música tornou-se o maior sucesso da carreira de Claudette. Na mesma noite, Roberto cometeu uma gafe com ela: "Claudette, quando é que você vai casar com aquele pianista?". Ela não estava com o pianista, estava com outro namorado, o pianista era um amor que tinha se distanciado. "Você vai casar com ele", profetizou Roberto. "E, quando casar, vai me ligar, eu vou ser o padrinho!"

Não deu outra. Um ano depois, Claudette, que estava comprometida, terminou com um rapaz e voltou para os braços do pianista Júlio. Marcaram o casamento para uma quinta-feira, 18 de maio de 1972, na igreja de Santa Terezinha, em São Paulo, e quem escolheu o dia foi Roberto. "Ele morava perto, na Albuquerque Lins. Depois é que mudou para o Morumbi", conta a cantora. O casamento atrasou uma barbaridade por causa dele, mas o próprio Roberto a tinha advertido: "Claudette, não vá chegar pontualmente, não é chique!". Quando entrou, compensou o atraso com uma atenção inédita aos presentes. Parou, distribuiu autógrafos, abraçou e tirou fotos com todo mundo. Claudette adora se lembrar daquele dia do casamento.

O disco de 1972 é o álbum que traz "O divã", primeira canção em que Roberto aborda de forma franca o acidente aos seis anos em Cachoeiro de Itapemirim. "Essas recordações me matam/ Essas recordações me matam/ Por isso eu venho aqui." É um dos mais densos trabalhos do cantor, com as canções "Como vai você" (Antonio Marcos e Mario Marcos), "A montanha" (Roberto e Erasmo), "Acalanto" (Dorival Caymmi), "Quando as crianças saírem de férias" (Roberto e Erasmo), "Você é linda" (Roberto e Erasmo) e "Você já me esqueceu" (Fred Jorge).

Em 26 de março de 1974, numa maternidade da cidade de Campos dos Goytacazes, no Rio de Janeiro, uma mãe procurava um nome para o filho que acabara de nascer. Foi quando entrou no quarto um tio do menino. O rapaz contou à irmã que, no exato momento em que tinha nascido o sobrinho, ele estava em casa ouvindo "O divã", aquela música de purgação do passado de Roberto Carlos e Erasmo. A mãe, fã do artista, gostou demais da sonoridade do nome "O divã", mesmo sem saber do que se tratava, e quando se encaminhou resoluta para o cartório, já levava consigo a ideia de registrar com aquele nome o recém-nascido, mas o cartorário entendeu errado e cravou Odvan na papelada. Assim, surgia uma das figurinhas folclóricas do álbum do futebol brasileiro, Odvan Gomes Silva Nascimento, vigoroso zagueiro do Vasco e da seleção brasileira — dono de uma ética monolítica na cabeça de área e que jamais demonstraria pendores para a psicanálise, substrato principal da canção de Roberto e Erasmo.

O escritor, poeta, cantor e compositor Jorge Mautner declarou à publicação *Rolling Stone*, em 1972, sobre Roberto Carlos: "Provinciano e puro, com ingenuidade de caiçara e urbano, fatalista e arisco, doce e nostálgico, rebelde e submisso, puritano e sexy, ídolo e cidadão humilde, eis o grande Rei, situado exatamente na fronteira do permitido e do não permitido".

O álbum tem um quê de conceitual. Abre o lado A com "À janela" (Roberto e Erasmo) e abre o lado B com "À distância" (Roberto e Erasmo), os títulos fechados com reticências. É um dos melhores *pendants* da música brasileira em um único disco. "À janela" fala da ruptura, de um rebelde hesitante, da liberdade de sair da casa dos pais (como metáfora), de viver a vida sem prestar contas a ninguém. "Quantas vezes eu pensei sair de casa mas eu desisti." Já "À distância" fala da vontade de voltar, de reatar com o que se deixou para trás. "Quantas vezes eu pensei voltar/ E dizer que meu amor/ Nada mudou/ Mas o meu silêncio foi maior."

A lírica de Roberto se desenvolve num território popular, mas inimigo da facilidade, da rima óbvia que marcaria sua carreira logo adiante. "E na distância/ Morro todo dia sem você saber."

Mas é uma canção jamais revisitada desse disco que parece fixar o passo mais ousado de Roberto Carlos, um manifesto antirracista em forma de música, "Negra" (Maurício Duboc e Carlos Colla): "Ah, quem me dera eu me esquecer da minha cor tão branca e me perder nessa ilusão tão pura/ Nessa ilusão tão meiga/ Nessa ilusão tão negra". Essa é a canção mais esquecida do álbum, mas sua artesania convenceu o intérprete de forma definitiva: a partir daí, Roberto passaria a ligar todo ano para Niterói, para a casa de Carlos Colla, para encomendar a ele e a seu parceiro Maurício Duboc alguma canção nova para gravar em seu disco anual. Essa identificação surgira em 1970, quando Roberto ensaiava para seu espetáculo no Canecão. Na ocasião, havia uma banda de novatos chamada O Grupo que também fazia sua preparação para um show. Num intervalo dos ensaios, dois rapazes do conjunto vieram procurá-lo: o estudante de direito niteroiense Carlos Colla e o carioca Maurício Duboc. Queriam pedir uma canção para gravar. "Eu dou, mas só se vocês fizerem algumas para mim", propôs o cantor, de forma surpreendente. Eles trabalharam em duas músicas e enviaram para o artista, que gravou as duas (em 1971, "A namorada", e, em 1972, "Negra"). Apesar de não terem virado hits, Roberto amou a pegada da dupla. Carlos Colla, que nunca tinha pensado em levar adiante a música como profissão (queria mesmo era ser advogado), acabou emplacando mais de quarenta canções com Roberto e se transformou no maior parceiro do capixaba — depois de Erasmo, claro — nas décadas que se seguiriam.

O arranjador Chiquinho de Moraes, que tem aqui um início de parceria com o cantor, é creditado como Chico de Moraes. Sua chegada à trupe de Roberto tem uma história divertida. Ronaldo Bôscoli a contou da seguinte maneira:

> Era um pianista bastante razoável — fez até uns dois disquinhos de dança para a Odeon, que não deram certo —, mas, como maestro, sabia tudo. Tudo mesmo. Quando ia fazer os arranjos para o *Fino da Bossa*, mandava que a gente escolhesse a instrumentação. Topava e fazia, quaisquer que tivessem sido os instrumentos escolhidos: oboé, fagote, trompa, trombone ou tamborim. Não tinha problema. Bebia bem, era porra-louca. Tinha sido padre, ou quase padre, mas fazia tudo em nome dele mesmo. Morava longe do centro de São Paulo.

Eu e Miele tínhamos que correr atrás dele porque os arranjos estavam sempre atrasados. Insisto em dizer e assino embaixo, que é até hoje o maior arranjador de banda do Brasil. Era uma simpatia. E tinha coisas gozadas. Apesar de ter uma casa enorme, só transava com a mulher dele num Cadillac velho que ele mantinha apoiado sobre quatro cavaletes. O prazer dele era o flashback: "Ronaldão: só gosto de transar no Cadillac porque me traz emoções antigas".

Bôscoli e Miele levaram Chiquinho para o show de Roberto:

Eu e Miele começamos a vender essa ideia. Um bandão estilo Frank Sinatra, de show americano. Roberto se entusiasmou. O primeiro problema era encontrar os componentes. Sugerimos Chiquinho de Moraes, um cara muito bom que regia para a Elis. Roberto topou na hora, embora em princípio pensasse que o Chiquinho em questão fosse o Chiquinho do Acordeão [...]. Chiquinho de Moraes nos tranquilizava sempre, erguia o polegar positivamente e dizia: "O cara é musical pra burro. O show é barbada!".

Mas Chiquinho era um tanto irresponsável e acabou brigando com o capixaba. Na véspera dos shows, precisava de uma dúzia de copistas para fazer as partes dos músicos, e os arranjos que criava eram enroladíssimos. Era um problema, porque Roberto não gosta de improvisação, fica tenso, e seu temperamento não é o de viver muito tempo em situação de tensão. Chiquinho foi dispensado, mas Roberto pediu a Bôscoli e Miele: "Quero um cara que faça arranjos iguais aos do Chiquinho". Foi quando eles foram atrás do maestro Eduardo Lages, que disse: "Sou tietaço do Chiquinho, mas não sei imitá-lo".

Mesmo assim, Eduardo Lages começou o trabalho e está até hoje ao lado de Roberto.

Todos estão surdos

Roberto Carlos não se tornou milionário nos anos 1960. Somente em 1970 é que ele chegou à marca de 300 mil discos vendidos, o que já projetava uma década extraordinária no sentido financeiro. Aliás, quase ninguém na música brasileira fez fortuna na década de 1960, apenas alguns conseguiram estabelecer um bom padrão de classe média urbana — considerando-se que boa parte dos artistas tinha origem humilde, muitos passaram até fome, era um salto razoável. Um show, em geral, podia render algo que hoje seria o equivalente a até 5 mil reais de cachê limpo; nenhuma fábula estava à espera nas casas de shows porque elas nem existiam. O Canecão, maior local para shows do período (capacidade de até 2 mil pessoas), foi inaugurado apenas em 1967 e somente se viu cheio pela primeira vez em 1969, num show da cantora Maysa (o seguinte seria justo o de Roberto). O cantor, quando muito, conseguia contratos para vinte ou trinta dias de apresentações por 300 mil cruzeiros.

As incursões pelo território das casas noturnas não foram frutíferas, nem para Roberto nem para Erasmo. Até perderam dinheiro. É certo que o empresário Marcos Lázaro potencializou o aproveitamento das receitas do cantor capixaba, mas a marca da venda de 1 milhão de discos só chegou em 1977. Esse recorde foi obtido com canções como "Amigo", "Falando sério", "Cavalgada" e "Outra vez", que tocaram absurdamente, mas nenhuma delas foi consagrada pela crítica, muito pelo contrário. Mas também, e principalmente, foi atingido com a cristalização do conceito "Las Vegas" de espetáculo que Bôscoli e Miele criaram para seu show no Canecão em 1970.

Os irreverentes Ronaldo Bôscoli e Luiz Carlos Miele tinham se conhecido quando Bôscoli ainda namorava Nara Leão. Ficaram tão amigos que passaram a produzir shows juntos, a começar pelos espetáculos mais badalados dos anos 1960 no Beco das Garrafas. Dali, se credenciaram para produzir concertos de Burt Bacharach, Sarah Vaughan, Stevie Wonder e outros em passagem pelo Brasil. Acabaram criando juntos uma casa noturna, a boate Monsieur Pujol (nome de um personagem famoso no Moulin Rouge parisiense por tocar música com acompanhamento de flatos, peidos), em Ipanema, que virou um sucesso imenso — chegaram a tocar lá, incógnitos, o mímico francês Marcel Marceau e o cantor norte-americano Stevie Wonder, que deu uma canja tocando bateria.

Bôscoli e Miele injetaram, além do senso de show business grandiloquente no concerto de Roberto, também um toque picante, sexualizado, fazendo com que ele perdesse aquele tino de pureza publicitária, tipo *Truman Show*, que a Jovem Guarda tinha lhe pespegado. Mas eles faziam questão de salientar que Roberto seguia no comando, embora adotasse as sugestões que davam. No Canecão, chegou a cantar com acompanhamento do Quinteto Villa-Lobos. "Todos os temas são muito discutidos com o Roberto. O Roberto não interpreta o que escrevo, como numa novela. Ele fiscaliza tudo, participa, opina", garantiu Ronaldo Bôscoli.

Essa nova disposição acabou migrando também para a música do cantor capixaba. "Não é bem uma preocupação", afirmou Roberto em 1970.

Mas o tipo de música que eu faço agora eu não sei dizer se é destinado a um público jovem apenas ou se é destinado a um público de espírito jovem. A verdade é que ela tem um ritmo jovem, atual, um arranjo atual. Agora as letras se enquadram perfeitamente ao espírito da época, porque hoje você não pode mais cantar "Namoradinha de um amigo meu", só se for como curiosidade para mostrar o que você fazia há quatro anos; pelo menos o arranjo, o ritmo, a forma de cantar e um pouco da letra seriam mudados.

O êxito comercial de Roberto já no começo dos anos 1970 provocou, para o bem e para o mal, muitas novidades no cenário da música e uma resposta rápida do sistema. Isso incluiu, muito precocemente, a detecção da volúpia da pirataria, e se deu num período ainda anterior à capacidade de reprodução técnica acelerada. O que aconteceu foi o seguinte: em 1970, dois funcionários da gravadora de Roberto, a CBS, surrupiaram, na surdina, alguns exemplares do novo álbum do cantor antes de sua distribuição comercial e da divulgação. Os dois repassaram os discos ao disc jockey Celso Teixeira e outros, causando um grande rebuliço na estratégia de lançamento. O negócio virou caso de polícia: os disc jockeys que tocaram o disco foram convocados a depor na delegacia, como também diretores de emissoras de rádio e os mãos-leves. Os dois funcionários foram demitidos. No ano de 1971, detectaram um plano para repetir o vazamento, mas a CBS, que projetava uma venda de 1 milhão de cópias para o disco, já tinha montado um esquema antivazamento e interrompeu a sangria.

Além de "Amada amante", "Todos estão surdos", "Traumas" e "Eu só tenho um caminho", o disco do ano abria o seu lado A com uma canção que entraria para a história: "Detalhes", talvez a música mais citada, mais usada em títulos e manchetes de jornais e revistas, comentários de futebol, discussões de bar, cantadas literárias e coisas do tipo em todos os tempos e quadrantes. A dor de cotovelo de "Detalhes" imediatamente a levou a ser considerada, pelos críticos, uma música na sofredora tradição praguejante de Dolores Duran. "Não adianta nem tentar me esquecer/ durante muito tempo em sua vida eu vou viver" ou "não vá dizer meu nome sem querer à pessoa errada". Para entender o que significa evocar Dolores Duran, melhor recorrer a uma definição da atriz Joana Fomm, que a personificou no filme *A noite do meu bem*, de Jece Valadão: "Dolores afligia-se com o espetáculo da infidelidade premiada, da hipocrisia triunfante, da mediocridade aplaudida, do desrespeito pelo talento, das promessas feitas para não serem cumpridas".

Os álbuns investiam num repertório de diversidade. *Roberto Carlos* (1973) é um caso. Os três primeiros discos de Roberto na década têm fotos de Armando Canuto (o mesmo fotógrafo que tinha produzido as imagens para discos pioneiros como *É proibido fumar* e *Jovem Guarda*). O disco de 1971 tem uma capa diferente, um bico de pena assinado pelo artista Carlos E. Lacerda, que usa como base da ilustração a mesma foto a que o artista recorreria para a capa do álbum de 1972. No disco de 1973, o cantor aparece na capa do álbum em frente ao detalhe de uma pintura, com ar sério, cabelo longo. A produção consolida sua posição de avis rara na MPB, em 1973. Na contracapa do disco há quatro fotos: Roberto de macacão jeans, de cachimbo e na contraluz. É um impressionante corolário de hits: "Proposta", "Atitudes", "Palavras", "A cigana", "O homem", "Rotina". Roberto grava o famoso tango de Gardel e Alfredo Le Pera, "El día que me quieras".

Outros exemplares dessa diversidade são as canções "O moço velho", de Silvio Cesar, e "Não adianta nada", de Fred Jorge. A letra de "O moço velho" é uma obra autorreferente e com uma poesia que foge um pouco à fórmula que Roberto já cristalizava: "Eu sou um moço velho/ Que já viveu muito/ Que já sofreu tudo/ E já morreu cedo/ Eu sou um velho moço/ Que não viveu cedo/ Que não sofreu muito/ Mas não morreu tudo".

Os arranjos são de Chiquinho de Moraes, Jimmy Wisner e Jimmy Haskel. Os arranjos e a presença de Chiquinho de Moraes em duas canções desse álbum mostram a diversidade da colaboração entre o cantor e o maestro, que foi muito curta mas produtiva.

Em 1974, Roberto Carlos gravou o primeiro especial de Natal para a Rede Globo de Televisão. Inaugurava ali uma tradição que se repete todo ano, sempre com a participação de convidados especiais. O contrato com a Globo começou a ser costurado em 1971, ainda embutindo um senso coletivo: no início, ele participava, assim como Caetano, Elis, Vinicius de Moraes, Chico e Ivan Lins, dos programas da série *Som Livre Exportação*, produzidos por Solano Ribeiro e Eduardo Ataíde e exibido às quintas-feiras pela Globo no Rio. Depois a Globo foi até ele oferecendo-lhe um contrato de exclusividade, um dos mais longevos da carreira de um artista. Roberto é alvo, desde então, do mesmo tipo de boato: o de que a Globo se prepara, a qualquer momento, para rescindir com o artista. Todo ano o burburinho ressurge, e a cada vez se repete o êxito da fórmula.

Naquele ano, já especulavam que Roberto tinha se tornado o primeiro artista brasileiro a atingir um milhão de discos vendidos, marca que se tornaria constante, mas que demoraria ainda uns três anos para se concretizar. O artista viveria ainda outro momento importante do ponto de vista institucional: sua campanha em prol do Ano Internacional da Criança, através da Rede Globo de Televisão, foi um sucesso estrondoso e o levaria à gravação de um vídeo promocional com centenas de crianças em frente à sede das Nações Unidas, em Nova York.

Mesmo divididos em esferas sociais diferentes, Roberto em uma bolha, Erasmo em um trajeto trôpego e sem porteira, eles sempre pareciam manter uma espécie de túnel do tempo para as expectativas dos fãs a partir do momento em que se reuniam para produzir música. O disco de 1975 é um exemplar dessa gangorra temporal, com músicas como "O quintal do vizinho" e "Além do horizonte", duas canções que fincaram suas garras como grandes marcas sentimentais de uma época e cristalizaram um sistema de trabalho entre os dois.

Sempre acompanhado por um piano e um violão, Roberto trazia as coisas que esboçava em gravações, os dois empilhavam alguns livros (o dicionário *Aurélio*, um dicionário de sinônimos e antônimos, um dicionário de inglês, algumas obras de referência) e um pequeno bufê de estimulantes: café, leite, bolo, biscoitos, frutas. Nos primeiros tempos, quando ainda fumava,

Roberto também se fazia acompanhar por caixas de fumo para seu cachimbo, além de maços de cigarro para Erasmo. Após largar o cachimbo, Roberto passou a colocar no quartel-general da dupla um spray para diluir o cheiro do fumo do parceiro, o que passou a incomodá-lo. "Eu me senti ofendido", confidenciou Erasmo.

Roberto fumou cachimbo de 1966 até 1985. O último disco no qual ele empunha seu cachimbo numa foto é o de 1975. Mas o cantor não parou com o hábito por receio dos malefícios do tabaco. Foi num checkup médico que ele recebeu a inesperada notícia: o hábito estava deixando sua boca torta, e se não parasse imediatamente, aquilo não teria mais retorno. Suspendeu e passou a evitar até as fotografias na qual aparecia com os *pipes* — em 2018, o cantor quebrou essa regra, postou uma foto com seu antigo cachimbo, mas apenas para veicular uma mensagem: "Fumar faz mal à saúde", escreveu, numa tag.

Em 1976, já investido da função de *latin lover*, Roberto voltou a deixar os fãs com água na boca quando incluiu, como abre-alas do seu disco daquele ano, a música "Ilegal, imoral ou engorda" (que foi gravada, ao longo dos anos, por artistas tão diversos quanto Leo Jaime, Biquíni Cavadão e Teresa Cristina). Com arranjos mais funkeados, menos óbvios (ou menos batidos, como prefiram), síncopes de metais e um contrabaixo infeccioso de novo contaminando tudo (como nos bons tempos), "Ilegal, imoral ou engorda" acabou sendo marcada como o nome informal daquele disco, no qual ele aparece na capa refestelado numa rede, com chapéu de palha, rosa vermelha na lapela, com olhar de sedutor. "Nunca fui inocente. As pessoas pensam que sou inocente. Sou bonzinho, mas não inocente", ele disse, ao comentar sobre seu repertório de natureza erótica.

"Vivo condenado a fazer o que não quero/ E tão bem-comportado, às vezes eu me desespero", ele canta, quase como num grito de socorro.

De fato, "inocente" não parecia ser a palavra para definir sua desenvoltura nos interstícios da vida moderna brasileira de então. No dia 20 de abril de 1976, um dia após seu aniversário, Roberto Carlos foi ao Palácio do Itamaraty em Brasília para uma cerimônia de condecoração. Foi agraciado com a Ordem do Rio Branco pelo então general em exercício na presidência, Ernesto Geisel. E, logo a seguir, acompanhado da mulher, Nice, foi recebido por Geisel no Palácio do Itamaraty, sede do Ministério das Relações Exteriores.

A Ordem do Rio Branco tem uma inscrição, uma frase em latim que foi extraída do ex-líbris do barão do Rio Branco: UBIQUE PATRIAE MEMOR (Em qualquer lugar, terei sempre a pátria em minha lembrança). No verso da insígnia estão as datas de nascimento e morte do barão. A comenda é usada para distinguir diplomatas, primordialmente, e em seguida os notáveis que colaborem para a melhoria da imagem do país no exterior. O conselho que a atribui é constituído pelo presidente da República, o ministro das Relações Exteriores e seu secretário-chefe, e os chefes do Gabinete de Segurança Institucional e da Casa Civil.

O encontro com Geisel ratificava uma ideia que boa parte da comunidade musical tinha sobre Roberto Carlos: sua proximidade com o regime militar era real, concreta e representava um desprezo à luta pela redemocratização que a classe artística travava naquele momento. O general Ernesto Geisel não nutria grandes afetos pelo mundo artístico — um ano após aquela condecoração, ele mandaria prender a atriz Ruth Escobar em São Paulo por encenar uma peça, *Torre de marfim*, de Fernando Arrabal, na qual havia um burro com o nome Ernesto. Roberto, no entanto, achava que aquele era apenas mais um ato diplomático de uma carreira de salamaleques. Ele voltaria a ser condecorado por um governo nacional já no período democrático, em 2002, recebendo das mãos de Fernando Henrique Cardoso a comenda Ordem do Mérito Cultural na classe de Grã-Cruz.

No início da segunda metade dos anos 1970, Roberto conheceria as duas futuras companheiras que marcariam a chamada maturidade de sua vida, embora fossem ainda duas meninas:

Myrian Rios e Maria Rita de Cássia Pinheiro Simões. Encantou-se com elas, em circunstâncias diferentes, e após seu divórcio seriam as mulheres que ele elegeria para ficar ao seu lado indefinidamente — embora o indefinido sempre tenha um fim muito definido em se tratando da natureza humana.

Em agosto de 1976, ele viu pela primeira vez, pela TV, uma menina de Belo Horizonte que estava iniciando uma carreira de modelo. Ela havia se qualificado para um concurso no programa *Moacyr TV*, apresentado pelo cantor, ator e comediante Moacyr Franco. A disputa, além de promover aspirantes ao estrelato, também garantia uma vaga para integrar o elenco da nova novela das seis, *O feijão e o sonho*, de Benedito Ruy Barbosa. Oito meses após essa visão, Roberto a encontrou num voo na ponte aérea Rio-São Paulo e reconheceu imediatamente a garota — por um golpe de sorte, ele acabou se sentando bem ao lado dela, que estava distraída folheando a revista *Amiga*, que trazia um ensaio sobre sua façanha na TV. Ela só o reconheceu quando ele pousou o braço no encosto da poltrona e ela viu a pulseira de prata com o nome dele gravado, presente do executivo Evandro Ribeiro. Ela relata esse encontro no seu livro *Eu, Myrian Rios*.

"Oi, tudo bem?", perguntou o cantor. Ela não conseguiu articular muito mais além de um sorriso, mas Roberto estava decidido. "Você não é a menina que ganhou o concurso no programa *Moacyr TV*?" A jovem ficou surpresa, agradavelmente surpresa, e após confirmar mostrou ao colega de voo a revista na qual tinham saído duas fotos suas. Uma voz no sistema de som da aeronave informou que havia um problema no aeroporto de Congonhas, em São Paulo, e o voo seria desviado para Campinas, para o aeroporto de Viracopos. Myrian se angustiou. Roberto disse que haveria lá um carro aguardando-o e que poderia lhe dar uma carona, se ela quisesse. Myrian recusou, para seguir algum tipo de protocolo, embora admitisse que tinha vontade de aceitar. Roberto tinha 35 anos, Myrian, apenas dezessete; não era uma aproximação assim tão tranquila. Mas, no desembarque, ela, escorpiana, mudou de ideia e aceitou ir com ele e seus assessores no Landau preto. Conversaram muito durante o trajeto, e o motorista foi orientado a, após deixar o cantor em sua casa no Morumbi (consta que ele teria um show naquela noite e estava em cima da hora), prosseguir até a zona norte de São Paulo para deixar a modelo. Ele deu o telefone do seu escritório, mas ela não ligou, "pois não tinha o que falar".

Um ano após aquele encontro, Roberto estava em Campos do Jordão para uma apresentação, em dezembro de 1977. Ana Paula (filha de Nice), sua filha de criação, levou ao seu camarim para conhecê-lo uma colega do paulistano Colégio Dante Alighieri, Maria Rita. Geralmente recolhido e discreto, o cantor permitia aos filhos um acesso mais irrestrito. Roberto ficou encantado com a garota que a filha lhe apresentou e notou que o fascínio foi recíproco.

Uma noite daquele ano, a mulher de Roberto, Nice, ligou para a mulher de Erasmo, Narinha: "Roberto fez uma surpresa para Erasmo e quer mostrar!". O cantor tinha acabado de chegar de mais uma temporada de gravações nos Estados Unidos e vinha com novidade fresca na bagagem. Narinha, que chamava Erasmo de Puiú, comunicou que o amigo viria à sua casa de noite, depois do jantar, para lhe mostrar como ficara o disco novo e apresentar uma coisa nova.

Erasmo e Narinha moravam então na avenida Vieira Souto, de frente para o mar, em Ipanema. Quando viram um daqueles carangos gigantescos entrando na garagem, Erasmo e Narinha observaram que algumas das prostitutas que faziam ponto ali na vizinhança acharam que era um "cliente" em busca de um encontro amoroso. Imaginem se soubessem que era o Roberto Carlos, brincaram. Ao entrar no apartamento, o cantor disse: "Meu irmão, fiz essa homenagem para uma pessoa e tomara que ela goste. Bota logo a fita que tô doido para você ouvir".

Erasmo ouviu os versos ("Você, meu amigo de fé, meu irmão camarada/ Amigo de tantos caminhos e tantas jornadas") e seu primeiro impulso foi concluir que, provavelmente, Roberto tinha feito uma canção para o pai, Robertino. Os versos seguintes encorajaram mais essa conclusão: "Me lembro de todas as lutas, meu bom companheiro/ Você tantas vezes provou que é um grande guerreiro".

Erasmo pensou que aqueles versos eram as palavras que ele, Erasmo, gostaria de dizer ao parceiro. "É a nossa história, igualzinha em todos os sentidos", concluiu. Foi quando se tocou e olhou para Roberto, emocionado. Descobrira quem era o destinatário da canção. Chorou copiosamente. "Minhas lágrimas vieram com uma abundância de fazer inveja ao mar de Ipanema", contou em suas memórias, acrescentando que ouviu, naquela noite, 790 vezes a homenagem.

Em 1978, o disco de Roberto que carregava "Lady Laura" (Roberto e Erasmo) já teria em si esse mérito, o de oferecer uma canção de tal simbolismo. Mas é mais que isso, não é um disco de um hit só: estão nele algumas das canções eternas da dupla, como "Café da manhã", "Fé", "Música suave", "A primeira vez", que se juntavam a outras para criar aquilo que ficou conhecido como a fase erótica do cantor, ou, mais popularmente, a fase de motel. Esse epíteto acabou turvando a capacidade de apreciação da totalidade do disco, que também contém a grandiosa "Força estranha" (Caetano Veloso), mais uma tentativa do tropicalista de decifrar a poderosa simplicidade da arte de Roberto. O acerto de "Força estranha" é unânime, mas a sua absorção ao repertório do cantor não se deu sem algum ruído: Roberto achou que a atribuição de algum tipo de força estranha à sua personalidade poderia sugerir algo mais sombrio a algum ouvinte. Ficou sem confiança. Após alguns dias, pediu a Caetano para poder fazer uma pequena intervenção no verso que não queria que fosse interpretado de outra forma. Assim, quando ele canta "por isso essa força estranha...

no ar", a expressão "no ar" foi um acréscimo do capixaba. Caetano não se incomodou, e hoje a sua música é uma das mais interpretadas pelo Rei.

Roberto, como de hábito, recorre ao expediente de "atualizar" sua música com a presença de *hitmakers* em evidência — os irmãos Márcio Greyck e Cobel cedem "Vivendo por viver", e Carlos Colla e Maurício Duboc compõem "Mais uma vez".

Os astutos Miele e Bôscoli souberam reverter em vantagem o epíteto de "música de motel" que surgiu para algumas canções de Roberto naquele período. Eles montaram uma cena que Roberto "interpretava" durante os shows, antes de cantar "Café da manhã", ironizando o rótulo. O cantor contava à plateia que o filho, Segundinho, lhe perguntou um dia por que ele estava sendo chamado de O Rei dos Motéis. Causava risos, que viravam gargalhadas quando ele dizia como tentou explicar o que era motel: "É um lugar onde as pessoas dão uma dormida rapidinha, já que têm que seguir viagem". E ia sofisticando a narrativa: "Alguns têm até piscina, se bem que eu não sei pra quê. Ou sauna. Será que tem alguém ainda querendo suar mais do que já suou? Têm também rádio FM e, outro dia, soube que fiquei comprometido num motel: um amigo me contou que, quando a amiga dele que ele levou ao motel viu o FM no quarto, lhe disse: 'Bota no Roberto Carlos!'". Sob as risadas do público, ele arrematava: "Eu, hein?".

Apesar da melancolia da foto de capa, que pode sugerir capitulação, Roberto esbanjava otimismo e picardia. Ele surge em uma pose triunfalista de duas páginas na parte interna do disco, com quepe de capitão, sentado no seu barco, medalhão no peito, senhor do destino. O fotógrafo foi Darcy Trigo, a direção de arte de Géu. O disco foi mixado nos estúdios da CBS em Nova York, na 51 West 52 Street e 207 West 30 Street (com uma parada nos Larrabee Sound Studios de Los Angeles), nos Estados Unidos, com arranjos de Jimmy Wisner, Al Capps, Frank Owens e Leon Pendarvis. O regente e arranjador norte-americano Wisner, conhecido como Wiz, o Mago, se tornaria um colaborador frequente a partir do começo dos anos 1970.

Roberto, com 1 milhão de amigos e de discos na retaguarda, se tornava agora parte do establishment brasileiro. Havia alguns anos vivenciava sua nova condição de estrela recolhido à sua mansão no Morumbi, na rua Antonio de Andrade Rebello, e aquela casa já estava ficando grande demais para um casal que rumava aceleradamente para a separação — os rumores estavam de novo muito fortes. Uma canção de Fred Jorge que ele gravou no disco parece escolhida a dedo para essa ocasião: "Todos os meus rumos": "Eu quero me afastar/ Tento fugir/ E até repito frases preparadas/ Pra te dizer na hora de partir".

Além do processo de divórcio, o cantor também experimentava, naquele ano, um dissabor até então inédito em sua carreira, que culminaria numa experiência judicial aguda — elas se sucederiam nos anos seguintes, mas nenhuma seria tão dolorosa. O seu antigo colaborador e amigo, o "mordomo" Nichollas Mariano, que tinha sido seu assistente pessoal (e procurador) de 1963 a 1968, após algum tempo tentando se encontrar na vida — foi juiz de futebol, vendedor, balconista, entre outras coisas — resolveu anunciar aos quatro ventos que tinha escrito um livro com revelações inéditas sobre a vida do cantor.

Ao mesmo tempo, aquele foi um período em que o cantor passou a estreitar relações com a política institucional, tendo passado a integrar, em 1976, o Conselho Nacional de Direitos Autorais (CNDA). Sobreveio uma saraivada de críticas, especialmente de colegas, que não o viam com informação suficiente nem trânsito entre a classe que pudessem legitimar sua posição no órgão consultivo do governo. Para muitos, era apenas um capricho, um gesto político, do então ministro da Educação, Ney Braga. O cantor retrucou: disse que trabalhava com nove músicos, que sabia da situação de fragilidade do músico brasileiro. O jornal *Folha de S.Paulo*, naquele ano, foi o primeiro a imprensar Roberto a respeito do tema. "Será que seu prestígio não está sendo apenas usado pelo governo quando convida você para o conselho?", perguntou o jornalista.

Não, absolutamente, absolutamente. Eu tenho participado das reuniões e tenho visto de perto como o assunto é tratado, como tudo é tratado ali. As intenções são as melhores e o trabalho é realmente duro, é um trabalho bonito que o conselho tem feito, só que naturalmente o conselho tem tido dificuldades para resolver certos problemas antigos — é um assunto realmente complicadíssimo, é um negócio delicado, que não se pode resolver assim de um dia pro outro, não é? Todos os problemas relativos ao problema do músico, do direito autoral, enfim, de toda a classe, têm sido tratados no conselho com o maior carinho, com o maior empenho, só que existem aqueles que, vamos dizer, que estavam numa muito boa e que, de repente, começam a ver que aquela mamata, aquela sopa, realmente não vai continuar como antes, então eles começam a torcer os fatos e a complicar a coisa, e essas são as dificuldades que o conselho tem encontrado. [...] Eu acredito que, dentro de um ano, apesar de todas as dificuldades, mas me baseando no empenho com que o Conselho Nacional de Direitos Autorais tem funcionado, que ele tem abordado os assuntos, os problemas, e tudo, acredito que dentro de um ano os compositores já não vão falar do assunto da mesma maneira... os compositores não, o pessoal já não vai falar disso dessa forma que tá falando.

Ainda assim, a desconfiança foi grande. Eram colegas de Roberto no conselho o professor Carlos Alberto Direito, o escritor Adonias Filho, os compositores Fernando Lobo e Ary Sant'Anna Avila. Para o compositor Vitor Martins, representando a associação de compositores Sombrás, era preciso ter cautela, não se podia ter uma opinião prematura sobre a presença de Roberto ali. "Existem muitas pessoas que têm condições de assessorar bem

Roberto Carlos, e é provável que isso aconteça, se bem que qualquer membro do CNDA, em princípio, deva entender bem de direito autoral", afirmou Vitor Martins.

No meio do embate classista, havia ainda o balé judicial que marcaria a carreira do artista dali por diante. Em 1979, após intensa batalha nos tribunais entre Roberto Carlos e uma pequena editora, a Ediplan, com a vitória do primeiro, o livro de memórias escrito pelo ex-secretário de Roberto Carlos, Nichollas Mariano, foi apreendido na gráfica antes mesmo de ser distribuído. "Num domingo de manhã, quatro ou cinco oficiais de Justiça, policiais e onze advogados chegaram para levar os livros", lembra o editor de *O rei e eu: Minha vida com Roberto Carlos*, Roberto Goldkorn. Foi uma paulada. O livro era um investimento maciço do jovem, impulsivo e ambicioso editor, com 39 anos à época, que tinha mandado a gráfica rodar 70 mil exemplares. "Perdemos tudo: carro, casa, editora, dinheiro", lembrou Goldkorn. Liso e sem perspectiva, viu-se ainda obrigado a se esconder da polícia, que tinha um mandado contra ele.

Já o autor, Nichollas Mariano, foi condenado a um ano e meio de prisão no desfecho do caso. Não foi para a cadeia porque era réu primário. Autor e editor quase não podiam se ver. "Ele morava num subúrbio do Rio, estava muito mal de saúde e na miséria. Foi lá que o vi pela última vez, nunca mais nos vimos desde então. Deve estar por lá ainda, em algum subúrbio distante", contou Goldkorn.

O editor, quando lembrava dos fatos daquele processo e do antigo autor de um único livro, fazia principalmente um inventário dos erros que cometeu. "Ele era 'semianalfa', fui o ghost-writer do livro. Quando vi o calhamaço de anotações dele, quase incompreensíveis, tive de reescrever tudo. Censurei muito o livro, tive de pinçar várias coisas muito pesadas. Eu pensava: se eu fosse o Roberto Carlos, iria me rasgar quando lesse isso aqui", afirmou.

Nichollas Mariano tinha conhecido Roberto na Rádio Carioca, no Rio, em 1960, 1961. Era secretário da primeira namorada de

Roberto, Magda Fonseca, e foi quem ajudou a aproximá-los. Também era um fã metódico do artista, buscava impulsionar as canções de Roberto na programação. Por gratidão, e também porque precisava de alguém para ajudá-lo, o cantor acabou contratando o rapaz e foi lhe dando cada vez mais afazeres na gestão de sua carreira, tornando-o, em dado momento, seu procurador. Também criou para Mariano um cargo teatral de mordomo, por sugestão de Carlos Imperial, para causar impacto nos programas de TV e nas colunas de fofoca.

Mas, em 1971, a confiança no assistente derreteu. Roberto teria sabido de comentários desairosos que Mariano fizera a respeito de sua mulher, Nice, e o demitiu. Sem conseguir se readaptar ao mercado de trabalho, Mariano passou tropegamente pela década, alternando bicos aqui e ali. Foi quando começou a escrever sobre sua experiência como secretário do Rei em cadernos de anotações e até sacos de padaria. Punha seu manuscrito debaixo do braço e saía à procura de editora. Foi até a editora Francisco Alves, mas o tipo de literatura que produziu não teria ali a menor chance. Foi por um acaso que suas anotações caíram na mão de Rosemary Alves, ex-mulher do editor Roberto Goldkorn, da pequena Ediplan, e ela lembrou que o ex-marido buscava algo estrepitoso para editar.

O prefácio do livro continha uma mensagem para o cantor, expressando a previsão (e o medo) de Mariano de que tudo aquilo desagradasse muito o ex-patrão: "Desculpe, amigo, se alguma coisa aqui não lhe agrade. Mas acho que fui, além de tudo, sincero e honesto. Para todos que o curtem sem o conhecer, para aqueles que veneram o ídolo, o semideus intocável, distante e material, projetado pela máquina, este livro só vai engrandecer a sua imagem, tornando-a mais humana, mais palpável, mais próxima".

Quando soube da intenção do ex-mordomo de publicar memórias com ele como centro de tudo, Roberto Carlos enviou seus advogados para pedir uma cópia do livro. Queriam ler antes da publicação. Acontece que a Global Editora, alguns meses antes, tinha conseguido entrar, em plena ditadura, com uma ação contra a censura prévia. E ganhara. Tinha sido uma ação histórica que se julgara exemplar. "Quando o advogado [do cantor] ligou dizendo que queria ler o livro, eu até queria ceder. Mas meu advogado [Paulo Pires, na época] disse: 'Nada disso, a censura acabou neste país. Isso aqui é a Constituição, e não há poder maior que isso. Não se pode mais impedir a publicação de nada'", contou Roberto Goldkorn.

"O livro é uma inverdade no seu todo", declarou Roberto Carlos à revista *Veja*, após entrar com ação na 26ª Vara Cível para pedir o embargo da venda e da distribuição da obra. Contra o mordomo, entrou com uma ação criminal na 9ª Vara Criminal de São Paulo. Venceria ambas. O editor, Roberto Goldkorn (que já tinha sido preso três vezes na ditadura e torturado, por ser integrante do MR-8), conta que tentou por todos os meios convencer Roberto Carlos de que a liberdade de expressão era mais importante, e no final das contas aquele era um livro elogioso. Procurou todos os artistas com quem Roberto tinha amizade na época para que intercedessem em seu favor. "Todos me viraram as costas. É impressionante o corporativismo dessa classe. A única que me recebeu foi a Wanderléa. Ela tentou interceder, mas voltou dizendo o seguinte: 'Roberto odiou o livro'."

Tentaram ainda ir atrás de outra amiga íntima de Roberto, a atriz Lady Francisco. Ela também não trouxe boas notícias do lado de lá. Ouviram de alguém presumivelmente próximo do artista que Roberto teria dito que eles seriam "esmagados como piolhos". Editor e autor descobririam que não teriam vida fácil dali por diante. Houve também retaliações do fã-clube. "Traidor, cuspindo no prato em que comeu!", vociferou alguém num dos dois telefonemas ameaçadores que Mariano recebeu. Outra pessoa dizia para ele cuidar bem dos dois filhos que tinha no Rio de Janeiro. A editora contratou um guarda-costas para acompanhá-lo.

O livro de Mariano, ingênuo e mal escrito, estava de fato coalhado de indiscrições desnecessárias. Chegava a avançar na vida íntima do artista, suas preferências afetivas. Mas muitas das inconfidências do ex-mordomo são reveladoras, porque ilustram o nível de amadorismo da primeira fase do rock nacional — ele conta, por exemplo, que Roberto Carlos tinha dificuldades em gerir suas próprias finanças, não possuía ainda uma organização mínima de agenda e de aplicação de recursos.

"Mas você nunca pegou nada para você?", perguntou-lhe uma vez seu editor, ao que Mariano respondeu: "E para quê? Eu tinha tudo de que precisava, nunca imaginava que um dia estaria passando necessidade". Apesar de Roberto Carlos afirmar que só havia mentiras no livro, foi por meio dele que se soube, pela primeira vez, que o Rei tivera um filho fora do casamento, Rafael Torres, com uma fã, Maria Lucila Torres, mas essa foi uma coisa de que ele só teve certeza em 1991. Segundo se sabe, Maria Lucila ficou envergonhada após ter descoberto que estava grávida, por ter sido um relacionamento passageiro, e não contou ao cantor. Ela morreu de câncer de mama alguns meses antes de Roberto fazer um teste de paternidade e assumir Rafael como seu legítimo filho.

Um rolo compressor judiciário atingiu a editora do livro do mordomo do cantor. O principal advogado de Roberto na causa era o ex-ministro da Justiça Saulo Ramos, que também encabeçaria uma causa do cantor contra o jornal *Notícias Populares* nos anos 1990. Ainda assim, haveria resistência, mesmo após a 26ª Vara Cível de São Paulo decidir pelo recolhimento da obra na gráfica. "O livro não traz escândalos, e creio que no final vamos ser indenizados e agradecer a publicidade", disse na ocasião o advogado da editora, Carlos Augusto Bambino Costa. Ele era o último de três advogados a tentar levar adiante a causa.

Numa das audiências com o juiz encarregado do caso, o magistrado quis saber o que significava a palavra "transar" que tinha lido no livro. O advogado disse que derivava de "transacionar", fazer uma troca com alguém. "Tá pensando que sou idiota? Não insulte minha inteligência", retrucou o juiz.

"Tínhamos feito uma grande campanha na Rádio Globo para escolher o nome do livro, havia uma grande expectativa nos jornais. Lembro que tínhamos acumulado cinquenta quilos de revistas e jornais que falavam do volume", contou o editor. "Quando se instaurou a confusão, o juiz decretou segredo de Justiça. Era uma piada: o juiz, antes mesmo de decidir, pediu um autógrafo de Roberto Carlos para a filha."

O ex-editor decidiu optar pela via da desobediência civil. Imaginou que, como a decisão era local, poderia obter uma liminar para vender nas livrarias do Rio de Janeiro. Conseguiu. Conta que empenhou a aliança de ouro, pediu dinheiro emprestado a amigos, a bancos, e mandou imprimir outros 15 mil exemplares. Enfiou boa parte deles numa kombi e foi para o Rio. "A gente estava morrendo de medo de que a Polícia Rodoviária nos parasse. Era o equivalente a estar transportando drogas", compara. Se fosse parado no estado de São Paulo, iria em cana. Mas chegou ao Rio e distribuiu o material. O livro ficou três dias vendendo — o que explica os exemplares que se acham à venda ainda hoje no Mercado Livre e outros sites, a preços que vão de 250 a 370 reais.

Durou pouco a alegria. Após três dias, os advogados de Roberto Carlos pediram e a 4ª Vara Cível do Rio mandou recolher os exemplares. O editor não se conformava. Traçou a seguinte estratégia: pegava de cinquenta a cem livros e um caixote de maçã, que era o que conseguia carregar, ia sozinho para a avenida Rio Branco e os vendia ali, em pé em cima do caixote, como um mascate. Vendeu inclusive bastante, recorda-se, até que chegou uma ordem de prisão contra ele. Passou a se esconder até que seu advogado revogasse o pedido de prisão. Três delegacias o procuravam.

"Estávamos exauridos financeiramente. Não tínhamos mais forças, era uma luta contra uma montanha. Se você me perguntar como eu sobrevivi, direi: não me lembro", contou o editor. "Essa coisinha ré-ré-ré, humilde, do Roberto Carlos, não é sincera. Ele não tem pudor em exercer o poder", contou Goldkorn.

Segundo relatou o advogado Saulo Ramos no seu livro de memórias *Código da vida*, os exemplares recolhidos de Nichollas Mariano foram incinerados no crematório da Prefeitura de São Paulo. "Era ainda a Constituição de 1967, uma legislação mais autoritária", avaliou o biógrafo Paulo Cesar de Araújo. "Na época, a própria sociedade era mais tolerante com esse tipo de coisa. Soava mais natural proibir livros, por isso ele [Roberto Carlos] fez isso com tanta tranquilidade."

O livro *O Rei e eu* virou lenda — para burlar a vigilância, chegou a ser reeditado com todos os nomes mudados e lançado no mercado com o título de *Eu sou o Rei*, assinado por Adelaide Carraro, a famosa autora de obras eróticas. "Não se trata de censura, porque censura é mais universal, conceitual. Simplesmente o cara não quer que a vida dele seja exposta sem seu consentimento", disse Goldkorn. "Por que essa história não é mais mencionada?", pergunta o escritor. "Porque foi o primeiro caso, acontecido ainda na época da ditadura, quando as liberdades eram ainda muito atreladas à anuência dos militares", considera.

Roberto Goldkorn revelou, em 2013, que tinha se arrependido de ter lançado o livro. "Se você me pergunta de que lado eu fico nessa questão das biografias não autorizadas, não sei responder", afirma. "Não tenho para mim uma definição. A liberdade de expressão não é um valor absoluto, ela também tem limites. Eu pergunto a você: se inventarem um aparelho capaz de projetar todos os seus pensamentos em praça pública, quanto tempo você duraria? Quanto tempo eu duraria como psicoterapeuta? Então, nós todos temos o direito de preservar algumas verdades."

Recém-divorciado e enredado nessas polêmicas judiciais, Roberto buscava reequilibrar sua vida pessoal. Em abril de 1979, após alguns encontros de bastidores com Myrian Rios na TV Globo, onde ela apresentava o musical *Globo de Ouro*, Roberto criou coragem e acabou ligando para a casa da garota. "Posso falar com Myrian?" Ela não reconheceu de imediato. "Quem é?", perguntou. "É o Roberto", respondeu o cantor. "Que Roberto?"

Além de figurar à frente de uma atração da Rede Globo, Myrian agora era uma *starlet* ainda mais cobiçada no mundo social brasileiro: ela tinha sido capa da revista de erotismo *embedded Ele Ela*, em 1978. MYRIAN RIOS E O VENENO DA INOCÊNCIA era a chamada de capa, na qual ela aparecia de top e microshort jeans — no recheio, nua, o ensaio era mais picante. Myrian tinha se tornado um símbolo sexual brasileiro, com seu estilo afrancesado, olhos rasgados e traços delicados que pareciam projetá-la como uma fusão improvável entre Jane Birkin e Isabella Rossellini.

Na época, ele morava numa suíte do hotel Copacabana Palace, que foi onde passaram a se encontrar e logo a viver juntos, dez meses após o início do relacionamento. O caso evoluía, mas durante um ano eles namoraram em segredo. Ela dizia à família que estava saindo com um arquiteto de São Paulo. Quando finalmente o misterioso namorado iria ser apresentado à família, foi organizado um encontro numa suíte do Hotel Brasilton, em São Paulo, com uma produção que lembrou as coletivas de imprensa do artista. A família ficou embevecida com a novidade. Já a imprensa só veio saber do namoro quando os dois já estavam juntos havia um ano, e o casal foi incorporado também de forma rápida à curiosidade pública. "Não houve nenhuma cerimônia, nenhum ritual. Nós nos unimos apenas pelo compromisso do amor", contou a atriz e apresentadora, que mais tarde se ressentiria da falta do "sacramento do matrimônio" em suas memórias.

Ele a chamava de Mirinha, ela o chamava de Preto. Ele, um tanto ciumento, passou a se incomodar com a ideia de que sua mulher tivesse feito um ensaio erótico para uma revista masculina e tentou, com intermediários, comprar os direitos daquela edição para que não circulasse mais. Myrian foi se adaptando aos rituais religiosos da família Braga, mas também levava Roberto a expandir sua visão para além dos muros de um *bandleader* — ele passou a coordenar também a carreira da mulher.

O grande jogador de dados do destino não escolhe as situações em que dispõe seus jogadores. Um ano após gravar o seu grande tributo à mãe, "Lady Laura", Roberto tinha sido "convocado" pelos acontecimentos a compor, às pressas, um tributo também ao pai. O velho Robertino já era octogenário em setembro de 1979 quando, numa queda, quebrou o fêmur e precisou ser operado. Após o acidente, convicto da gravidade e das consequências, Roberto chamou Erasmo e começaram a compor uma canção para o velho relojoeiro. Robertino morreria quatro meses após o acidente, mas ainda conseguiria ouvir a música que o filho compôs para ele, "Meu querido, meu velho, meu amigo".

Myrian ainda estava na fase de ser apresentada aos familiares do novo companheiro quando isso aconteceu. E foi considerada, no funeral, mais uma famosa solidária, mas ela estava ali em outro papel, embora ainda não admitido publicamente. Como naquelas comédias românticas do tipo *Quatro casamentos e um funeral*, de Mike Newell, a realidade estava brincando com a engenharia do tempo e dos acontecimentos, fazendo uma coisa nascer enquanto outra morria, contrapondo alegria e desolação.

Quando Robertino morreu, em janeiro de 1980, o país parecia se dar conta de que aquele tinha sido um personagem meio negligenciado na história — Roberto mal falava do pai, e o temperamento de Robertino era de uma discrição ainda maior que a do filho. Nos últimos anos de vida, segundo contou um amigo, dedicava-se a criar curiós — vendo que o pai não largava aquele hobby, Roberto o presenteou com um pássaro de 25 mil cruzeiros. "Não vejo o pai de Roberto há vinte anos, e o próprio Roberto há quinze anos, mas não poderia deixar de vir", disse o apresentador Chacrinha no velório, no Cemitério São João Batista. O cantor ficou durante toda a madrugada velando o pai, só saiu para descansar em um hotel quando estava amanhecendo. Na hora do enterro houve tumulto, cerca de 3 mil pessoas se espremiam no local, e Roberto mal pôde despedir-se do pai. A mãe de Roberto, Laura, foi empurrada e teve de deixar o local antes do funeral, com medo da confusão.

Roberto se recompôs rapidamente da perda do velho e pôs em marcha uma nova atitude, a de assimilar as aspirações da companheira — ao contrário do relacionamento com Nice, mais secreto e condicionado. Assim, aos 23 anos, Myrian realizaria o sonho de estrear no palco, no Teatro Villa-Lobos, sem o ônus da preocupação financeira. Mas não era uma estreia comum. O musical infantil *O sonho de Alice*, baseado no clássico de Lewis Carroll, era uma produção do Grupo RC, do marido, com músicas de Roberto, Eduardo Lages, Paulo César Valle e César Pezzuoli. "Todo mundo sabe a história de *Alice no País das Maravilhas*, não é?", ela disse.

Só que *O sonho de Alice* é uma adaptação dessa história e de *Alice através do espelho e o que ela encontrou lá*, de Lewis Carroll, numa única peça. Neste sonho, eu sou uma menina de doze anos, reprimida pelos pais e irmãos mais velhos, que, sonhando, entra no mundo da fantasia à procura de sua gata Dinah, e lá se torna exatamente o oposto do que ela é na realidade — uma pessoa adulta e independente.

A mão e a supervisão do marido estavam em todos os detalhes do espetáculo da atriz, da produção à divulgação. "Não consigo imaginar a peça sem a presença dele", ela confidenciou. O êxito daquela superprodução foi tremendo: ingressos eram vendidos com muita antecedência, o trânsito parava nas imediações do teatro antes do espetáculo, crianças formavam filas enormes na porta. A atriz comemorou que, no tempo em que a peça esteve em cartaz, ela conseguia ficar com Roberto de segunda a sexta e trabalhar somente nos fins de semana. Na verdade, para Myrian, a própria existência ficaria para sempre ligada à presença de Roberto, assim como de seus ritos e seus códigos comunitários estritos e rigorosos. E a admissão naquela irmandade já armava uma prova de fogo para a atriz nos próximos dias: o primeiro funeral em família.

Roberto resolveu dar um upgrade em seu repertório de confortos pessoais. E ele só conhece duas coisas materiais que se situam acima de todas as outras: máquinas rodoviárias e máquinas marítimas. Então, ele e Myrian passaram a fazer viagens até Manaus para acompanhar a montagem de equipamentos do *Lady Laura III*, seu novo iate de 1,8 milhão de dólares (quase 10 milhões de reais, no câmbio atual), de 36 metros de comprimento, com cinco suítes, três apartamentos para a tripulação, radar e sonda computadorizados, entre outras excentricidades.

O *Lady Laura III* vinha somar-se a uma flotilha de embarcações que já abrigava outros três barcos, o *Lady Laura*, o *Lady Laura I* e o *Lady Laura II*, todos projetados pelo mesmo engenheiro naval, György Magyary, e quase sempre pilotados pelo comodoro Manoel Valença, ambos amigos pessoais do cantor. Quando finalmente o novo iate chegou à baía da Guanabara, após um mês e meio de viagem, ele foi escoltado por dez barcos da marina e atracou em frente à capela de São Pedro de Alcântara, à vista de seu proprietário. A paixão do cantor pela navegação (que começou no final dos anos 1960 com a aquisição de uma lancha) incorporaria ainda um outro titã dos mares, o *Lady Laura IV*, de 25 milhões de dólares, 115 pés, cinco suítes, escadaria circular e salas de estar e de jantar. O rito sucessório de cada embarcação ajudou a criar uma espécie de troféu paralelo no high society nacional, uma corrida engraçada entre milionários. "No domingo, estarão todos *al mare*, a bordo do iate *Lady Laura*, que Antonio Carlos Santoro comprou de Roberto Carlos", escreveu o colunista Tavares de Miranda. No ano seguinte, o mesmo colunista escreveu: "O governador Paulo Maluf encontrava-se no Guarujá e navegou no barco *Lady Laura*, que Gito Chammas adquiriu de Roberto Carlos".

O disco *Roberto Carlos* de 1980 teve um acontecimento inesperado: por conta de um defeito técnico, "problemas de prensagem", segundo informou a companhia, houve devoluções, por parte de lojistas, de 400 mil cópias. Um prejuízo que foi assimilado pela gravadora, embora mal explicado.

Mas o estado de espírito da boa vida de apaixonado do cantor se refletia na produção artística. "A Myrian tirou o Roberto

Carlos do casulo, levou-o para jantar fora, para dançar, e fez com que ele abrisse o apartamento da Urca para os amigos", contou Ivone Kassu. A abertura emocional reverberava a abertura artística. Em 1982, foi gestado um dos maiores clássicos da história da carreira de Roberto Carlos, "Emoções", assim como um dos mais precoces — em poucos anos, parecia que já existia havia um século, tal sua aceitação. O álbum com a canção, conhecido como *Ele está pra chegar*, alcançou a extraordinária marca de 2 milhões de cópias vendidas, segundo dados da Sony Music. Não foi por acaso: a música-chave do disco teve um background musical extraordinário por baixo de tudo: a presença do pianista, maestro e arranjador norte-americano Salvatore Zito, o Torrie Zito, que tinha trabalhado com nada menos que os dois maiores crooners norte-americanos: Frank Sinatra e Tony Bennett (além de ter feito orquestrações para pioneiros como Perry Como e, suprema coincidência, Bobby Darin, o compositor e intérprete do primeiro grande sucesso de Roberto Carlos, "Splish splash", em 1963).

Torrie Zito tinha iniciado sua carreira no coração do *bebop* norte-americano, numa região próxima das influências da bossa brasileira, especialmente com o flautista Herbie Mann. Mas tinha um leque de habilidades imenso: também era o orquestrador das cordas do disco *Imagine*, de John Lennon, e se juntaria, mais tarde, ao pop mais moderno dos anos 1990, com arranjos para o cantor George Michael.

"Sempre, em todos os meus discos, há uma música em que choro na hora de gravar. Nesse disco, foi essa, 'Emoções'", contou Roberto, ao descrever a sensação de que tinha dado à luz um clássico instantâneo. Vivia, como sempre, na gangorra entre o exercício do poder, do prestígio, e os estilhaços das origens, da escalada árdua. Apesar da fama, do glamour e da vida frenética de superastro, Roberto nunca perdia de vista essa pretensa capacidade de se emocionar, além dos hábitos e dos afetos. Em 1981, sua mãe Laura ainda costumava lhe mandar marmita para o almoço com sua comida preferida (carne assada com molho ferrugem), embora ele já contasse com um séquito de quinze assessores para assuntos diversos.

Por aqueles dias, o compositor Luiz Ayrão, velho amigo e parceiro do Lins de Vasconcelos, estava na sede da gravadora Som Livre, na rua Assunção, em Botafogo, para gravar umas bases. Ele soubera, pelo burburinho na companhia, que Roberto estava gravando alguma coisa no quarto andar. Ayrão estava no terceiro. Como já era de praxe, a chegada e a saída de Roberto eram controladas, ninguém tinha acesso a ele e ao andar onde trabalhava, e isso não se discutia. Ayrão tinha dado um tapa no visual, estava usando barba agora. Aconteceu o seguinte: uma tarde, para ir à lanchonete do quinto andar, ele subiu pelas escadas e, por um momento, entrou no corredor do quarto andar. Exatamente naquele instante, Roberto atravessava em direção ao elevador e os dois olhares se cruzaram durante dez segundos, mas o capixaba virou as costas e continuou a caminhar. Ayrão ficou meio frustrado, subiu e virou à esquerda, entrando na lanchonete. Já tinha até esquecido o episódio quando chegou em casa à noite e a mulher o chamou: "Luiz, o Roberto te ligou". Ayrão ficou no vácuo. "Que Roberto?" Ela: "Como que Roberto, Luiz? O Roberto Carlos. Ele queria falar contigo. Deixou um telefone, toma aqui". Ayrão ligou:

— Ayrão, era você o cara de barba na Som Livre? Mas que coisa, rapaz! Eu não reconheci você. Depois eu perguntei quem era para o pessoal e eles me contaram que era Luiz Ayrão! Bicho, por que você não veio falar comigo?

Conversaram durante um tempão, lembraram os velhos tempos, combinaram um encontro. Ayrão não acreditou, porque a nova condição de superastro de Roberto o colocava sempre numa redoma, e no entanto lá estavam eles de novo falando de música.

— Você vê como é a vida: ele ligou para não deixar furo comigo, para não me deixar pensando que fingiu que não tinha me visto. Esse é o cara. Ele tem um alto senso de lealdade. Nunca despede ninguém da banda, sempre arranja outra ocupação para os músicos.

O autorama da Urca

O possante ronco do motor do Lamborghini Gallardo de 1,5 milhão de reais faz os frequentadores mais bem informados do Bar da Urca, distribuídos na mureta do insular bairro carioca com suas cervejas em isopores, torcerem o pescoço esperançosamente. Pode ser ele, o vizinho mais famoso e excêntrico. No ano de 1980, Roberto Carlos comprou a cobertura do prédio Golden Bay, na avenida Portugal, para si (e o apartamento de baixo para a mãe, Laura). Ele sacramentou então o ritual de levar seus inúmeros carros para passear pelo bairro — há estatísticas que falam em 42 automóveis e motocicletas, outras falam em 48. "O pessoal daqui até apelidou o bairro de Autorama do Roberto Carlos", brinca o cineasta Eduardo Albergaria, que tem sua produtora na vizinhança do cantor.

O passeio mais frequente é em direção à igreja Nossa Senhora do Brasil, a poucos metros de sua casa. Mas ele sempre vai de carro. O bairro que o acolheu é cúmplice de seu amor desmesurado pela privacidade. Certa vez, conta a crônica jornalística, uma repórter de São Paulo resolveu fazer uma campana para presenciar esse passeio mítico do cantor. Achava-se segura, como se disfarçada, em um estabelecimento perto do Golden Bay quando recebeu um telefonema. Era Ivone Kassu, assessora de imprensa do artista (morta em 2012), lhe informando que Roberto sabia que ela estava ali à espreita e que era tempo perdido, ele não sairia naquele dia. "Como você sabe que eu estou aqui?", perguntou a repórter, espantada com aquela cena do tipo James Bond. "Meu amor, a Urca cuida de Roberto Carlos", lhe respondeu Kassu.

Se os discos de Roberto fossem analisados somente por uma canção de destaque, o álbum de 1980 teria dificuldade de ter um hit unânime entre as opções "Amante à moda antiga" ou "A guerra dos meninos". São dois petardos da dupla Roberto e Erasmo. A primeira é um hino do romantismo veterano que Roberto passaria a esgrimir a partir dali; a segunda, outro hino, só que pacifista.

O arranjo original de "Amante à moda antiga" evoca com reverência e competência o universo de Frank Sinatra. Nesse ponto da carreira, enquanto todos se voltavam para a novidade musical, Roberto estava em busca da construção de um repertório de standards forte o suficiente para se definir como o clássico, o consagrado da nova tradição brasileira. As fórmulas norte-americanas pareciam o caminho mais adequado para que ele pudesse construir um songbook com um bom nível de qualidade, largamente conhecido, difundido e apreciado pela classe musical e pelas audiências.

Isso poderia tanto ser conseguido com a cooperação de diversos arranjadores de experiência internacional quanto com compositores talentosos para escrever canções de apelo atemporal. Em busca disso, Roberto volta a utilizar os serviços da dupla Maurício Duboc e Carlos Colla ("Passatempo") e do *hitmaker* Márcio Greyck ("Tentativa"), e inclui uma música do mago Mauro Motta, escudeiro de Raul Seixas (que logo se tornaria seu produtor de total confiança), "Eu me vi tão só" (com parceria de Eduardo Ribeiro). Os arranjos são de Eduardo Lages (além dos gringos Jimmy Wisner, Al Capps, Torrie Zito e Lou Forrestiere). As fotos do álbum são de novo de Darcy Trigo. Roberto convidou o baixista dos Blue Caps, Paulo César Barros, e o cantor Waldir Anunciação para fazer vocais de apoio.

Está nesse álbum a única parceria de Roberto com o produtor e compositor Ronaldo Bôscoli, "Procura-se". "Foi o maior drama. Eu riscava as coisas, colocava outras em cima, ele ficava puto":

— Não se risca nada. Tem que guardar tudo — dizia Roberto. "Foi um duelo. Fiquei totalmente inibido: não pode isso, não pode aquilo, não pode essa palavra, não pode aquela. O resultado final acabou sendo bem ruim. 'Procura-se' é fraquinha. Para se compor com Roberto Carlos, é preciso respeitar todas as suas manias — ou crenças. Mas enfim, pelo menos tenho o grande orgulho de ter conseguido quebrar a hegemonia do Erasmo Carlos, parceiro quase único do rei."

O começo da década também trouxe alguns problemas — eles quase sempre consistiam na contestação de autoria. Aconteceu que, em 1979, em uma de suas viagens pelo mundo, o papa João Paulo II desembarcou na Cidade do México e foi recepcionado por um coral de meninos. Eles cantaram para sua santidade a canção "Amigo", de Roberto Carlos, em espanhol (gravada no disco de Roberto de 1977). Aquele momento, transmitido pela TV, correu o mundo. Em Buenos Aires, um homem chamado Fausto Frontera ouviu a canção e não teve dúvidas: aquela música com que o papa era saudado lhe pareceu idêntica à sua composição "Cortando camino", de 1929.

Frontera buscou um advogado para reivindicar seus direitos. O escritório citou judicialmente a representação de Roberto na Argentina, a Editorial Melograf, assim como o agente Buddy McCluskey, pedindo que fossem trazidos a julgamento na Argentina "terceiros interessados, os compositores Roberto Carlos Braga e Erasmo Esteves, brasileiros, residentes e domiciliados em São Paulo", para responder por perdas e danos. A carta rogatória da Justiça argentina foi acolhida pela Justiça brasileira, e o advogado Saulo Ramos, de Roberto, entrou com um agravo no STF alegando que aquilo subvertia a ordem jurídica. Mas o STF decidiu contrariamente a Roberto Carlos, autorizando o prosseguimento do processo pela Justiça argentina. No final, não ficou demonstrado parentesco entre as canções, era só semelhança mesmo.

Em 2020, a publicação *Billboard* elegeu as cinquenta melhores canções latinas já compostas e, entre músicas de Shakira,

Enrique Iglesias, Ricky Martin e outros, destacava-se "Amigo", de Roberto Carlos, a única de um brasileiro no ranking. "Roberto Carlos escreveu uma série de hits que, vertidos para o espanhol, se tornaram hinos. Ironicamente, 'Amigo', a música escrita para seu amigo e parceiro musical de longa data Erasmo Carlos, pode muito bem ser a mais duradoura delas, abraçada igualmente por homens e mulheres", dizia o texto da *Billboard*.

"Amigo" acabou se colando à bagagem do papa João Paulo II como um ímã. Das 104 viagens que o polonês Karol Wojtyla fez fora da Itália em 26 anos de pontificado, três tiveram o Brasil como destino. Percorreu vinte cidades, todas capitais, com exceção de Aparecida do Norte (SP), onde esteve para consagrar o Santuário Nacional de Nossa Senhora Aparecida. Rio, Brasília e Salvador foram as únicas cidades que o papa visitou duas vezes. No Rio, na segunda visita, reuniu 2 milhões de pessoas no Aterro do Flamengo e recebeu Roberto Carlos. Na segunda vez em Salvador, em 1991, aconteceu algo marcante.

Havia 2500 crianças na ladeira da igreja do Senhor do Bonfim para ver o papa. João Paulo II estava ao lado do cardeal d. Lucas Moreira Neves e de d. Luciano Mendes de Almeida quando ouviu, na rua, muitos meninos e meninas de rua gritando seu nome. Algumas das crianças choravam quando ele lhes acenava. Nesse momento, o coral de recepção entoou "Amigo", de Roberto. Ao final, o papa se dirigiu aos garotos, perguntando: "O papa deve chorar?". Os meninos responderam: "Não!", em coro. "Mas o papa está chorando em seu coração", completou João Paulo II, cujas lágrimas escorriam do rosto.

Em busca daquela fórmula de longevidade instantânea, Roberto talvez tenha gravado, em 1985, o trabalho que cristaliza com mais força a imagem de um Roberto Carlos populalesco, ou "brega". Sob os arranjos, as composições e a produção de Mauro Motta, e embasadas pelo crivo técnico (e a tecladeira) de Lincoln Olivetti e Robson Jorge, a produção sofre um notável esforço de padronização, de submissão a um padrão — embora com referências menores do ponto de vista artístico.

Não é um disco memorável. Nele, destacam-se as canções "A atriz" e "Pelas esquinas de nossa casa", ambas feitas para a sucessora de Nice, Myrian Rios (no videoclipe de "Caminhoneiro", o artista também homenageia a mulher, colocando uma foto dela no painel do caminhão que dirige). Mas há uma coisa sobre os discos menos estimados de Roberto Carlos: todos eles contêm ao menos uma preciosidade. Nenhum abriga apenas irrelevâncias, mesmo quando há uma redundância de recursos que possa sugerir falta de imaginação. A ufanista "Verde e amarelo" foi gravada com o coral da Universidade Santa Úrsula, sob a regência do maestro Marcelo Bussiki. Sua levada é exatamente igual à de "Símbolo sexual", cuja introdução também é igual à de "Só vou se você for", e assim foi se constituindo uma pilha de argumentos para alimentar a má vontade de boa parte da crítica especializada, que a essa altura já dava Roberto como irrecuperável.

"Paz na Terra", com arranjo de Gene Page, é mais uma tentativa de hino pacifista, dessa vez voltado para a condenação de uma possibilidade real levantada pelo armamentismo internacional, a tal Guerra nas Estrelas, um produto final da guerra fria entre União Soviética e Estados Unidos. Foi um programa elaborado pelo ex-presidente Ronald Reagan, que preconizava a criação de um sistema de armas espaciais para impedir um ataque nuclear ao território norte-americano. "Enlouquecidos e em conflito/ Falam de armas no infinito/ Nas estrelas, não/ Eu peço, eu peço/ Não deixem que o azul do céu se inflame." "Da boca pra fora", de Maurício Duboc e Carlos Colla, é a interpretação mais refinada do álbum, uma interpretação que emparelha com algumas das boas do artista.

É essa juventude que quer tomar o poder?

O início dos anos 1980 parecia que vinha para decretar inapelavelmente a obsolescência de Roberto Carlos. As novas bandas que surgiam às pencas no Brasil não demonstravam reverência ao que tinha acontecido antes e estavam basicamente de olho (mais uma vez) no que a *new wave* britânica estava espraiando como modelo pelo mundo. No ano de 1982, especialmente, o rádio começava a tocar grupos que tinham até uma abordagem paródica do antigo rock 'n' roll, como Paralamas do Sucesso e Blitz, no Rio, e Titãs do Iê-Iê, em São Paulo (saída de um evento sintomaticamente chamado A Idade da Pedra Jovem).

Bandas como essas não apenas atestavam um descompromisso com o passado imediatamente anterior, como estavam em busca de um selo de modernidade: ou faziam um som carregado de elementos pós-modernos ou tinham a inflamação típica da atitude de negação do punk rock, ainda em gestação no país — foi o caso, inicialmente, do Legião Urbana, então Aborto Elétrico. É curioso lembrar que o cantor Renato Russo, do Legião Urbana, se incomodou inicialmente com a comparação entre o seu registro vocal e o de Jerry Adriani, um ídolo da Jovem Guarda — mas depois ele passou a curtir a semelhança e acabou se tornando amigo de Jerry.

A maior encenação pública do desrespeito de uma geração em relação a outra se deu exatamente no primeiro evento gigante do rock brasileiro: o Rock in Rio, em 1985. Para simbolizar a geração anterior, a coisa mais certa a fazer seria escalar o maior roqueiro dos tempos da pedra fundamental, Erasmo Carlos. Assim foi feito. Mas havia uma disparidade de forças entre o Brasil e os gringos, e Erasmo de cara notou isso ao ver uma parede de amplificadores num palco giratório. "De quem é isso?", perguntou. "Do Iron Maiden", respondeu alguém.

Ao entrar no palco, já havia mais de 100 mil pessoas à sua frente, o calor era intenso e a animosidade mais ainda. Assim que começou a primeira música, Erasmo passou a ser atingido por copos de plástico, latas vazias, areia, pilhas e outros objetos. "Tive vontade de mandar todos tomarem no cu, mas contei até dez e optei por uma reclamação moderada", contou Erasmo. "Cumpri com má vontade o resto do show e dei graças a Deus quando acabou."

No dia seguinte, ele pressentiu que a coisa pioraria. Estavam escalados Whitesnake, Ozzy Osbourne, Scorpions e AC/DC. "No imaginário dos seguidores da besta, seria erguida uma grande fogueira no palco, onde um sacrifício humano saudaria a chegada triunfal do cultuado mestre. Adivinhem quem seria o sacrificado? Eu", brincou. Houve uma série de incidentes mesmo antes do show (jogaram uísque em Narinha, mulher do cantor), e Erasmo lembrou o protesto de Caetano, com discurso, no festival da Record de 1968. A organização o procurou em seu camarim e comunicou que transfeririam seu show, com receio da reação dos metaleiros da plateia.

Mesmo a antiga correlação de forças que erigiu um panteão de astros da MPB experimentava os ventos da nova estação. Com 40 610 votos, o antigo Midas da produção e divulgação artística, Carlos Imperial, era eleito vereador pelo PDT do Rio de Janeiro, e compunha uma debochada marchinha para o governador eleito, Leonel Brizola: "Ai, ai, ai/ Ô, ô, ô/ Quá, quá, quá/ Deu Brizola, meu amor!".

O vereador é a infantaria, é ele que combate corpo a corpo! Tem que captar as carências da região, deixar de pensar em sua individualidade para pensar como partido. Só tomarei atitudes dentro deste projeto de trabalho! Nunca bebi, nunca fumei na minha vida, nunca usei tóxico. Desde os quinze anos fui Congregado Mariano. Na verdade, a gente vive neste mundo, brinca, é sacana, mas tem que se sentir útil.

Alheio a toda a movimentação, Roberto parecia habitar um mundo paralelo. Não estava nem aí para aquele impulso de renovação do rock nacional que se insinuava para além do fosso de seu indevassável castelo. Sua inflexão foi na busca de um tom menos espalhafatoso e brega do que o que tinha marcado seu disco do ano anterior. A começar pela foto de capa, de Luiz Garrido, Roberto em uma pose mais classuda, cabelo mais harmonioso, um azul mais caudaloso, escuro, um fundo distorcido, o disco *Roberto Carlos* (1982) busca uma sobriedade também no som. "Amiga", com a ajuda elegante de Maria Bethânia ("Amigo, eu te agradeço por sofrer comigo"), é uma pérola.

É esse o disco que abriga um dos maiores sucessos da carreira do artista, "Fera ferida", que em 1987 seria reinventada por Caetano Veloso em um arranjo de cordas e, em 1993, escolhida como tema da novela homônima, ambientada na fictícia Tubiacanga, o que a tornou um daqueles lugares muito conhecidos que só existem na ficção.

Com um sabor country, "Meus amores da televisão" (Roberto/Erasmo) é uma deliciosa balada de voyeur ("E quando me aproximo e me preparo para o beijo do final/ Comercial").

Roberto também revisita dois dos grandes parceiros de composições da fase heroica dos anos 1960: Helena dos Santos e Edson Ribeiro, que assinam juntos "Recordações". É mais pueril o trabalho dos dois, talvez realmente não tivesse mais lugar na lírica que Roberto persegue na década.

No disco de 1984, Roberto recorre novamente a Mauro Motta, um prestidigitador das emoções populares, para a produção. E dessa vez acerta bem no alvo: esse acaba virando o disco do "Caminhoneiro", uma das canções mais difundidas do artista em todas as periferias do Brasil. Mas não é só. Roberto se arrisca numa versão de "And I Love Her", de John Lennon e Paul McCartney, assinada por ele mesmo. "Eu te amo" vira o título dessa versão. De novo, recorre ao maestro Chiquinho de Moraes para os arranjos. "Foi tanto que eu te amei/ E não sabia/ E pouco a pouco eu/ Eu te perdia", canta Roberto.

Outra versão, esta assinada por Lourival Faissal, é "Love Letters", hit de Elvis Presley (composição de Edward Helman e Victor Young) que virou "Cartas de amor", "nas velhas frases que meu coração ditou". A mixagem desse álbum foi de novo feita em Nova York, no Sigma Sound Studios, e a foto é outro close de Luiz Garrido, agora guindado à condição de fotógrafo exclusivo do artista.

Mas, pouco adiante, esse álbum deixaria mais um problema de autoria para Roberto e Erasmo: "Caminhoneiro" foi acusada de mostrar-se demasiado aparentada a uma canção do norte--americano John Hartford, de 1967, intitulada "Gentle on My Mind" (que tinha sido gravada também por Elvis, em 1969). O cantor brasileiro argumentou que a canção foi originalmente concebida para um especial da Globo como uma versão, mas que em 1984, época do especial, ainda não havia acordos internacionais de direitos autorais. Ele passou a dar o crédito a Hartford a partir da constatação, mas no álbum original isso não aparece.

O período parece aprofundar o divórcio entre o legado do antigo iê-iê-iê e a nova geração, coisa que, nesse ano, ficou sintetizada com força na gravação, pelo grupo Patife Band, em 1985, de um inocente hit de Bobby de Carlo de 1966 (composta por Wagner Benatti para o grupo Os Megatons em 1964): "Tijolinho". A regravação da Patife Band era furiosa, uma desconstrução nervosa e sarcástica, atualizando o significado da música para uma crítica virulenta da sociedade brasileira. A Patife Band, interessantíssima experiência artística nacional, impulsionava com seu trabalho o velho rock 'n' roll para uma outra fronteira, mais próxima da sinceridade do punk e da elaboração formal da música erudita. Mas faltava ainda, de uma maneira mais ampla, uma revisão do período em que o rock brasileiro se emancipou das suas influências e versões e passou a construir identidade própria.

"Em primeiro lugar, eu sei que o iê-iê-iê brasileiro tem características próprias que o fazem diferente do iê-iê-iê americano", refletiu Roberto Carlos sobre o fenômeno que encabeçou. "Além disso, no Brasil, o cantor tem uma importância maior que o conjunto, entre outros motivos porque o público brasileiro dá mais valor à letra do que o americano." As circunstâncias fazem o homem, como dizia o filósofo — e também os movimentos artísticos. "Embora se fizesse rock no Brasil desde a década de 1950 e a Jovem Guarda fosse associada ao gênero, o rock nacional se espalhou, verdadeiramente, na atitude tropicalista e na atualização em relação à música global, sempre realizada pelos Mutantes", escreveu o jornalista Hugo Sukman.

Num dia ensolarado de setembro de 1986, sentado diante de um nhoque e de uma taça de vinho alemão, Roberto escutava, numa mesa da cantina La Tavola, no Bixiga, em São Paulo, o empresário Antônio Ermírio de Moraes, este em frente a um prato de peixe com camarões, dizer a ele o quanto apreciava, nos tempos da Jovem Guarda, ouvir pela TV o cantor interpretando "O calhambeque" e "Quero que vá tudo pro inferno".

Pela primeira vez, o cantor quebrava uma velha tradição e declarava apoio público a um candidato político — Ermírio era candidato do PTB ao governo de São Paulo e as eleições seriam dali a dois meses, em 15 de novembro. "Minha decisão de apoiá-lo foi tomada há muito tempo. Só faltava ele ser candidato. Vi uma de suas entrevistas há anos e ele me pareceu ter muita sinceridade e honestidade", dizia o cantor aos jornalistas que documentavam o encontro. O artista prometia, além daquele ato simbólico, também fazer shows, se necessário, para ajudar na campanha, mas recusou a oferta de uma carona no avião do empresário para voltar ao Rio de Janeiro.

Roberto também autorizou a utilização paródica da música "Amigo" na campanha do político. "Antônio Ermírio é o governo que a gente merece/ Com Ermírio estamos nós/ Com Ermírio o povo está."

Foi quando se aproximou a atriz (e então deputada pelo PMDB) Ruth Escobar, que cumprimentou o cantor pelo apoio a Ermírio. Ruth falou que estava feliz de ver o cantor finalmente assumir uma posição política, mas não aliviou: "É melhor ver você aqui do que indo cumprimentar o presidente Sarney pela proibição do filme *Je vous salue, Marie*".

Roberto de fato tinha escrito um telegrama ao então presidente José Sarney, cumprimentando-o pela censura ao filme *Je vous salue, Marie*, de Jean-Luc Godard ("Cumprimento vossa excelência por impedir a exibição do filme *Je vous salue, Marie*, que não é obra de arte ou expressão cultural que mereça a liberdade de atingir a tradição religiosa de nosso povo e o sentimento cristão da humanidade. Deus abençoe vossa excelência", escreveu o cantor, sem ter visto o filme). Seu estímulo àquele ato de censura se devia, obviamente, à fé católica exacerbada em Nossa Senhora, que o impedia inclusive de ver que não se tratava de uma obra sacrílega, mas reverente.

"Não vi e não gostaria de ver. Sou contra esse tipo de filme que mexe com divindades. Acho que deve haver respeito para com a Virgem Maria. Pelo que li sobre o filme, estou de acordo com o presidente Sarney sobre sua proibição." Essa posição monolítica e dura recebeu uma resposta ainda mais contundente de seu principal aliado no mundo intelectual, Caetano Veloso, artista que tinha quebrado resistências e preconceitos contra o cantor capixaba nos anos 1960 e prosseguia fazendo esse esforço de aceitação do seu dom popular. Caetano deplorou "a burrice de Roberto" e foi além: "O telegrama de Roberto Carlos a Sarney envergonha a nossa classe", afirmou o baiano. "Vamos manter uma atitude de repúdio ao veto e de desprezo aos hipócritas e pusilânimes que o apoiaram." Essa divergência causou o afastamento entre os dois artistas, cisma que só veio a ser resolvido muito tempo depois.

O destino, naquele ano, estava disposto a pregar outra peça no cantor. Num dia em que pegava onda em Maresias, no litoral paulista, o surfista Dudu Braga, o Segundinho (filho do artista com Nice), saiu da água com uma sensação estranha. Havia uma mancha preta no seu foco de visão, como se usasse uns óculos sujos. No dia seguinte, a mancha havia aumentado e, de noite, ele estava praticamente cego. Tinha sofrido um deslocamento de retina, que provocou perda progressiva da visão. Duas semanas depois, mudou-se para Houston, Texas, onde havia os melhores especialistas naquele tipo de problema, e passou por sete operações nos Estados Unidos. Não adiantou, foi perdendo progressivamente a visão até ficar com apenas 5% dela.

Roberto ficou ensandecido. Passou a procurar os melhores especialistas do mundo todo. Chegou a ir à Suíça, buscando a cura. Nada dava certo. Ele recorreu a um médium, Zé Arigó, que dizia receber o espírito de um médico, dr. Fritz, e chegou a considerar o filho em processo de recuperação. "O dr. Edson Queiroz tem feito um trabalho espiritual que merece o maior respeito. É um homem dedicado à caridade, através de sua mediunidade." Mas o processo era irreversível e a perda da visão se acentuou.

O disco que Roberto lançou em 1987, outra produção de Mauro Motta (execrado pela crítica especializada), mais uma vez com fotos de Luiz Garrido, é provavelmente o disco que mais dor de cabeça deu a Roberto Carlos em toda a sua carreira. O álbum traz a canção "O careta", que, embora longa, está longe de ser uma grande canção. Prenhe de moralismo, é o elogio da sobriedade e da vontade de ditar regra para cima dos outros, mas sua gravação materializaria um pesadelo para Roberto e Erasmo: sua autoria passou a ser questionada por um outro compositor.

O álbum traz algumas músicas bastante interessantes e subestimadas (ou completamente esquecidas), incluindo um hino ambiental, "Águia dourada" ("Eu sou um índio/ E aqui do asfalto/ Olho no alto"), e mais uma demonstração de fé de Roberto e Erasmo nas versões de sucessos internacionais: a tradução de

"Everybody's Talkin'", batizada no disco como "Todo mundo está falando". Essa canção, composta e gravada em 1966 por Fred Neil, tornou-se um baita sucesso com Harry Nilsson em 1969, quando ele a gravou para a trilha do filme *Perdidos na noite* (*Midnight Cowboy*), que tinha como protagonistas Dustin Hoffman e Jon Voight. É certeira: ficou uma das gravações mais bacanas do álbum, uma pena que ele nunca mais a tenha cantado.

O hit do álbum acabou sendo a funky "Tô chutando lata" (uma gíria perdida no passado, que significava estar à toa). Com marcação forte de contrabaixo e percussão, coro, ataque de metais, é uma canção "festiva", com presunção de animada, em meio a um disco marcado por certa melancolia, uma chuva de dor de cotovelo. "Aventuras" (de Antonio Marcos e Mario Marcos), "Antigamente era assim", "Ingênuo e sonhador", "Canção do sonho bom": o repertório é mais de prostração que de exortação.

No mesmo ano do lançamento do disco, 1987, o compositor e advogado Sebastião Braga tentou forçar Roberto a admitir que era ele, Sebastião, o autor da canção "O careta". O niteroiense enviara a música a Roberto por intermédio do maestro Eduardo Lages. Mas sua reivindicação não foi ouvida, e o rapaz não viu jeito senão entrar com uma ação judicial contra Roberto Carlos e Erasmo Carlos por aquilo que chamou de plágio de sua composição original "Loucuras de amor", lançada em um compacto em 1983. A letra era diferente de "O careta", mas a música era bem parecida (um perito contratado por Sebastião encontrou 48 compassos idênticos). Durante um tempo, por causa da disputa judicial, Roberto fez com que tirassem a música das reedições do seu álbum. Páginas e mais páginas de jornais e revistas foram dedicadas à cobertura do babado, que deixou o cantor mais taciturno e enfezado.

Sebastião tinha boa voz, sua gravação era estruturalmente muito simples, pontuada por coros, e continha um grande apelo popular. A música de Roberto é menos lírica, mais ardida, contém uma dose de revolta, um toque discursivo na interpretação, e termina com um solo de guitarra. Parece inequivocamente um "empréstimo", mas, pelo universo de referências comuns aos compositores, não seria um absurdo total se fosse uma abissal coincidência. Mas o entendimento da Justiça foi diferente.

Em 1996, Braga acabaria ganhando uma rumorosa ação no STJ, que lhe garantiu o direito de ter seu nome incluído na parceria e uma indenização de 2 milhões de reais. "Não vou ser leviano de dizer que a parte financeira não me interessa, mas o resultado valeu muito mais pelo lado moral", ele disse. "Lutei contra o poder econômico para provar isso. Não há o que pague o que ganhei em recuperação moral", afirmou. O advogado de Roberto, o ex-ministro da Justiça Saulo Ramos, esperneou: "É um absurdo, estão aproveitando para extorqui-lo. O compositor primeiro teria que provar os danos que o alegado plágio teria causado".

Mas a batalha, para Sebastião Braga, nunca terminaria. Roberto Carlos entrou com um processo por danos morais contra o compositor, que tinha dado uma entrevista ao jornal *Extra* anunciando que escreveria um livro sobre o caso (o título seria *O rei do plágio: Detalhes e emoções da queda de um mito*). Foi um deslize promovido pelo excesso de confiança. Roberto não gostou nada e movimentou sua brigada jurídica. Ganhou: em 2004, o juiz da 27ª Vara Cível do Rio de Janeiro, Mauro Pereira Martins, condenou Sebastião Braga a indenizar o cantor em 300 mil reais.

Segundo o juiz, o compositor tinha extrapolado em suas reclamações e atingido a honra e a imagem de Roberto Carlos perante a opinião pública. "Revela-se inegável que a expressão 'Rei do Plágio' se afigura lesiva à honra do autor, valendo salientar que o mesmo é artista de renome nacional e internacional, sendo conhecido na mídia como Rei", afirmou o magistrado.

A briga com um titã da música não foi boa para o niteroiense. Em 2005, apenas quatro meses após fazer um acordo com Roberto Carlos para receber 200 mil reais pela autoria de "O careta" (léguas da quantia que tinha imaginado que levaria no início), Sebastião Braga morreu de parada cardíaca em Niterói, aos 49 anos. Uma sobrinha o encontrou na cama, com a cabeça sobre o criado-mudo e a mão no aparelho de telefone. Morava com a mãe, de 85 anos, e uma sobrinha. Foi enterrado no Cemitério São Francisco, em Niterói.

O álbum *Roberto Carlos* (1988) foi gravado com um time de músicos extraordinários do Brasil e dos Estados Unidos (o que incluiu até uma diva da Motown, Phyllis St. James, cuja voz também está no disco do Pink Floyd *A Momentary Lapse of Reason*), no coro de "Todo mundo é alguém". Os créditos impressionam: Oscar Castro Neves, Paulinho da Costa e até Erasmo Carlos (cantando, em "Papo de esquina", emprestado pela Polygram à CBS). Isso tudo e mais uma orquestra de cordas com 33 integrantes e mixagem nos estúdios Record Plant, em Nova York, onde Hendrix e Lennon gravaram.

Claro, eram todos músicos de sessão, escalados pela gravadora para acompanhar gravações de astros. Sua presença não significava proximidade com a estética do artista em estúdio, mas a presença impressionava (e, nos discos seguintes, o retorno desse time mostrou que Roberto passou a estimá-los de verdade como colaboradores). O guitarrista Dean Parks, por exemplo, era figura carimbada nos discos de Cher e Rita Coolidge dos anos 1970, além de figurar em discos de Joe Cocker e T-Bone Burnett. O baixista Abraham Laboriel é pai do baterista Abe Laboriel, que toca com Paul McCartney. O baterista Jeff Porcaro era da seara do rock progressivo e acompanhava Steely Dan, Boz Scaggs e Toto.

O bandoneón do argentino de Rosario radicado em Los Angeles Jorge "Coco" Trivisonno carimba na regravação de "Volver", de Carlos Gardel e Alfredo Le Pera. Trivisonno acompanhou e gravou com gente como Placido Domingo, Stanley Clarke, Armando Manzanero, e se especializou na obra de Astor Piazzolla.

Mas nem sempre mais é o suficiente.

Nenhuma das músicas inéditas desse álbum marcou época — a única que chegou perto disso foi "Se diverte e já não pensa em mim", de Roberto e Erasmo. Tratando de um tema conhecido de sua lírica, a dor de corno, a canção fala de uma musa que está se distanciando, que "canta junto os sucessos do momento/ e se esquece que até bem pouco tempo/ Me cantava seu amor, seu sentimento". Há uma divertida obsolescência tecnológica na rotina do casal ("Usa o fax e o telex/ Movimenta-se sensual no seu vestido").

Por coincidência, em janeiro de 1990, Roberto confirmara que, após onze anos de vida em comum, estava se separando da atriz Myrian Rios, de quem se afastou definitivamente alguns meses depois. Ambos chegaram a um acordo durante uma conversa no apartamento que tinham comprado em Los Angeles. Ela estava fazendo um curso de cinema e vídeo nos Estados Unidos, além de um curso de ginástica aeróbica com Dinah Martin (filha do ator Dean Martin), mas seguia, no entanto, chamando-o de "meu Preto". "Minhas coisas estão todas no lugar, né, Preto? De vez em quando, passo e pego alguma coisa, uma coisinha para o calor do Rio, mas não tem pressa para fazer mudança nenhuma", ela declarou, diante de um repórter, dando o tom amistoso que caracterizou sua separação. As más-línguas diziam que, assim como no casamento anterior entre Roberto e Nice, o ponto fulcral da discórdia tinha sido a mãe do artista. "E Roberto Carlos faz questão de esclarecer que Lady Laura e Myrian Rios têm uma relação 'maravilhosa' e, mesmo depois da separação, telefonam sempre uma para a outra", dizia uma reportagem no jornal *O Globo*.

Em 1991, a guinada sertaneja de Roberto vai se configurar como uma tendência. Ele surge orgulhoso como um peão de Barretos na capa do disco daquele ano, de chapéu de Stevie Ray Vaughan, sorrindo nas fotos de Milton Montenegro. Nesse disco, Mauro Motta (com quem Roberto tinha parcerias desde 1977) se consolida como o produtor da fase em que impera o som mais popular de Roberto, tarefa da qual se incumbiria entre 1983 e 1996 e para a qual retornaria incidentalmente ao longo da década seguinte. E esse álbum carrega "Luz divina", canção que inaugura uma série de composições de catolicismo, por assim dizer, carismático. Roberto manteria, a partir daí, um cuidado especial na seleção desse tipo de música, que já começava a cimentar sua reputação religiosa. A então profana Fafá de Belém, hoje conservadora, participa de uma faixa, "Se você quer".

Mas era mesmo um período de dramas de tribunal para o mais popular artista da música brasileira. Em dezembro de 1992, o jornal *Notícias Populares* iniciou uma ousada campanha na TV. Um *teaser* muito curto anunciava, em horários nobres dos programas de maior audiência, apenas o seguinte: O MAIOR SEGREDO DO PAÍS! AMANHÃ, NO *NOTÍCIAS POPULARES*!

O que o tabloide tinha de tão grandioso para mostrar em uma reportagem? Para compreender, é preciso primeiro voltar até um veterano repórter da casa, Walter Novaes, então editor executivo do periódico, e uma ideia que ele carregava havia anos: em que circunstância Roberto Carlos sofrera o acidente de trem em Cachoeiro de Itapemirim? Novaes defendia, havia anos, que aquele segredo, quando revelado em uma reportagem, acabaria com um dos mais bem cercados mistérios da nação. Vivia defendendo a pauta com os superiores hierárquicos.

O então editor-chefe do *Notícias Populares*, Álvaro Pereira Jr., jovem, ambicioso e refinado, com graduação nos Estados Unidos, "comprou" a ideia de Novaes. Para executá-la, entretanto, escolheu um foca da redação, o repórter Ivan Finotti, ainda inexperiente. Pela primeira vez, seria aberto o borderô do *Notícias Populares* para financiar uma viagem de reportagem (o jornal, baseado na capital paulista, era uma espécie de "patinho feio" do grupo Folha, e não dispunha de grandes investimentos nessa área). Finotti seria enviado a Cachoeiro acompanhado do fotógrafo José Luiz da Conceição — de avião até Vitória e depois de ônibus a Cachoeiro.

Em uma semana na cidade, Finotti, um jornalista de infinitas paciência e perspicácia, tinha conseguido realizar proezas. Localizou as professoras e as freiras que cuidaram de Roberto na sua infância e obteve o boletim escolar do cantor, que registrava um mês de ausências após o acidente. Falou com a viúva do maquinista que vitimara o menino e entrevistou o médico que presumivelmente teria amputado a perna de Roberto Carlos, Romildo Gonçalves.

O tabloide tinha um material explosivo nas mãos, e o trabalharia, evidentemente, segundo sua concepção de jornalismo popular. Foram produzidos oito textos que abririam o iminente ano de 1993 com pompa e circunstância, mas os planos do jornal foram abalados por uma bomba: no dia 28 de dezembro de 1992, no Rio de Janeiro, tinha sido assassinada barbaramente a atriz Daniella Perez, filha da novelista Gloria Perez. Logo se descobriria que seu assassino fora o mais próximo colega de elenco àquela altura, Guilherme de Pádua. Ele passou a ser o assunto mais falado no país, e não a pretensa revelação do periódico. O crime parou o Brasil.

Os títulos das reportagens do *Notícias Populares*, sequioso de juntar-se a um clube de tabloides internacionais que conjugavam a cobertura rastaquera do mundo cão com o *star system*, iam um pouco além do que se concebe como apelativo, e isso se estendia ao trabalho gráfico. Havia o desenho de um serrote saindo e entrando das letras do texto, pingando sangue. Havia um selo no alto ("O maior segredo do país") e desenhos dos trilhos da ferrovia. Segundo a descrição de Finotti, Roberto teria subido em um dos trilhos para ver melhor o momento em que a velha locomotiva fazia uma manobra nas imediações da praça. Ela foi adiante para retornar de ré. Foi quando o teria atropelado. O que os médicos lhe disseram é que ele ficou com um terço da canela. O trabalho do cirurgião para evitar a infecção aumentou a área de amputagem. Segundo contou o dr. Romildo, o garoto, já no hospital, ainda se mostrava preocupado com a sujeira no sapato novo, encostado num canto.

No dia 6 de janeiro de 1993 saiu a primeira reportagem publicada. O título: O DIA EM QUE ROBERTO CARLOS PERDEU A

PERNA. "Só uma força de vontade do tamanho do mundo para explicar que Roberto Carlos, um garoto pobre e com um grave defeito físico, tenha se tornado o maior artista do Brasil. Ele perdeu sua perna esquerda esmagada por um trem na manhã de 19 de junho de 1947, quando tinha pouco mais de seis anos e era conhecido como Zunguinha em sua cidade natal."

Mas o demônio mora nos detalhes, como diz o ditado. O jornal cometia ali uma "barriga" — no jargão do jornalismo, um erro grosseiro. Finotti confiara demais no relato do dr. Romildo e "errou" a perna acidentada do menino. Não era a esquerda, mas a direita. "Não me ocorreu ir atrás para checar isso de novo", ele conta. Quando os advogados de Roberto Carlos, liderados por Saulo Ramos, iniciaram a ofensiva contra o jornal, ele chegou a torcer para que fosse por causa do erro de identificação da perna, mas era chumbo grosso. "Eu tinha esperança de que reclamassem pela informação da perna errada", conta Finotti.

Às 21 horas do dia 8 de janeiro, um oficial de Justiça e os advogados do cantor entraram na redação do jornal com uma ordem judicial para a interrupção da série. Parte da tiragem já estava impressa, e foi necessário parar as máquinas e mudar o clichê do periódico, modificando a capa e o miolo. A página com a reportagem sobre Roberto, que ocupava a contracapa, foi tingida de preto e coberta com a palavra CENSURADO.

A série de reportagens previa oito textos. Haviam sido publicados quatro. ATROPELOU ROBERTO E MORREU NO FOGO, dizia uma das reportagens, referindo-se à forma como morreu o maquinista que dirigia a locomotiva naquela manhã em Cachoeiro de Itapemirim (alguns anos depois do acidente, o carvão da caldeira virou em cima do homem). O jornal, em sua característica de ressaltar o sensacional, via algum tipo de maldição naquilo. Em sua cruzada, Finotti tinha ido até a ala do cemitério em que se enterravam membros amputados. Em Cachoeiro, uma das principais testemunhas da reportagem, o médico

Romildo Gonçalves, incomodado com a repercussão do caso, buscava encerrar o assunto. "Estou muito chateado com o jornal de São Paulo e não vou dizer nada."

O advogado de Roberto, Saulo Ramos, considerou a série como um crime contra a honra do cantor e pediu como indenização um extrato da venda do jornal, o equivalente à tiragem de 100 mil exemplares por dia. Foram quatro dias de publicação, e aquilo podia passar de 1 milhão de reais em dinheiro de hoje. Roberto Carlos entrou com a ação na Justiça alegando danos a sua imagem. A argumentação não estava baseada na publicação de supostas mentiras, como o cantor alegara em outros processos da mesma natureza.

Ao final, a apelação do cantor saiu vitoriosa: o jornal *Notícias Populares* foi condenado em segunda instância pelo Tribunal de Justiça de São Paulo por dois votos a um (os desembargadores Munhoz Soares e Ernani Paiva votaram pela condenação, e Windor Santos pela absolvição do periódico). O tribunal viu indevido devassamento da intimidade do artista, "expondo à curiosidade malsã de bisbilhoteiros um episódio antigo e doloroso da vida do cantor", e o fez com estrépito, apregoando que revelava o "maior segredo do país", e concluiu ainda que o jornal tripudiara sobre o drama pessoal do autor, o que requeria um ato indenizatório.

No acórdão do caso, de relatoria do desembargador Ernani de Paiva, da 6ª Câmara Cível do Tribunal de Justiça em 27 de abril de 1995, o veículo era obrigado a "se abster de publicar a matéria alusiva ao defeito físico do autor, sob pena de pagamento de multa proposta na inicial". O valor da indenização foi fixado em duzentos salários-mínimos. O repórter Ivan Finotti foi isentado na ação, por entender o tribunal que a responsabilidade pela série de reportagens era da empresa.

Contudo, para o desembargador que votou pela absolvição do jornal, inexistiu abuso no exercício da manifestação informativa pelo jornal. Windor Santos considerou a reportagem correta, o linguajar adequado e escreveu que a abordagem jamais resvalou para a injúria ou a ofensa. O juiz ponderou que, se houvesse controvérsia quanto à publicação das reportagens, seria suficiente que fossem juntados documentos pelas partes nos autos para provar suas alegações, única forma de se confirmar que se tratava de um "conteúdo transgressor".

"As notícias se justificam em razão do indiscutível interesse dos leitores sobre fato de todos conhecido, em razão da notoriedade do apelante", argumentou o desembargador. "O sucesso artístico, se traz a fama e a riqueza, representa a quem ele chega a perda do anonimato e a perseguição do ídolo pelos aficionados, que dele querem se acercar e tudo saber."

Os outros dois desembargadores divergiram dessa visão. Citando o livro *O direito de estar só: Tutela penal da intimidade,* de Paulo José da Costa Júnior, a sentença fala que "uma esfera de intimidade, mesmo reduzida, haverá que se assegurar às personalidades notórias, onde possam exprimir-se livremente, sem prestar contas a ninguém".

A defesa do jornal foi feita por Samuel Mac Dowell de Figueiredo e Taís Gasparian. Olhando retrospectivamente para o caso nos dias de hoje, a advogada Taís não vê a fama de Roberto Carlos como um fator decisivo na condenação do periódico: "Na verdade, a situação, à época, era muito diferente da atual. A Constituição Federal de 1988, que traz os princípios de liberdade do pensamento e de expressão, com vedação expressa de censura, era ainda muito recente, tinha cinco anos. Não havia ainda um histórico de jurisprudência protetora da imprensa, ou que a valorizasse. Ao contrário, o país acabava de sair de longo período autoritário, e havia ainda muita apreensão".

Taís também acredita que aquela decisão de 1995 não prevaleceria hoje. "Nesses quase trinta anos, a jurisprudência evoluiu muito, e o STF, com raríssimas exceções, tem funcionado como um verdadeiro guardião da imprensa livre e da liberdade de expressão", afirmou.

Roberto se fechava para a curiosidade alheia, mas não para as novas colaborações. Com a fama, chovia canção na horta do Rei. A compositora Isolda Bourdot, que criou clássicos cantados por Roberto Carlos, como "Outra vez", "Elas por elas" e "Um jeito estúpido de te amar", fazia canções em dupla com o irmão, Milton Carlos. Os dois participaram de festivais de músicas pelo país no final dos anos 1960, mas não com grande êxito. "Nós fazíamos vocais em estúdios e foi num desses trabalhos que tivemos a oportunidade de enviar uma canção nossa para Roberto Carlos. Algum tempo depois, para nossa surpresa, encontramos no jornal os títulos das músicas que fariam parte do disco do Roberto para aquele ano e entre elas estava lá: 'Amigos, amigos' — de Isolda e Milton Carlos", revelou Isolda em seu site.

O grande hit de Isolda, no entanto, seria a música "Outra vez", que começa com Roberto Carlos entoando os versos: "Você foi o maior dos meus casos/ de todos os abraços/ o que eu nunca esqueci". Isolda contou como veio a inspiração: "Foi numa madrugada, uma música desprovida de qualquer ambição futura, uma confidência sincera: 'Outra vez'. Gravei essa canção numa fita entre outras e entreguei para Roberto Carlos". "Outra vez" achou seu caminho para a eternidade a partir dali. "É uma canção que nunca mais me abandonou. Ela já fez parte de trilhas para novelas, foi gravada pela maioria dos nossos intérpretes, instrumentada ou cantada nas mais diferentes interpretações e arranjos, ganhou muitos prêmios, inclusive o de música do ano, e eu sei que sempre vai me acompanhar", afirmou a compositora.

Os ídolos da Jovem Guarda, na maturidade, não fizeram com eficiência essa transição para um novo repertório. Poucos se reciclaram para manter-se no negócio da música. Jerry Adriani, depois de redescoberto pelas novas gerações, ainda assim teve de fazer um intensivão de italiano com Gian Fabra e Carlos Trilha (que o chamava de dom Adriani) para não cometer deslizes nas gravações de "Forza sempre", seu disco em italiano. O resultado impressiona. Mas ele se sentia confortado principalmente por ter conseguido agradar os "legionários" remanescentes, Bonfá e Villa-Lobos. "Eles poderiam simplesmente dizer: bye, bye, velho, você está fora, não vai gravar nada." Jerry Adriani comparou sua trajetória na música a uma estrada. "É cheia de viadutos e às vezes você está por baixo, às vezes por cima", brincou. A pior fase, lembra, foi nos idos de 1975, quando aquela comunidade já era só um pontinho no retrovisor do tempo. "Eu não sabia o que fazer", lembra. Nem ele nem os outros ídolos da Jovem Guarda — à exceção de Roberto Carlos, que soube manter a mística.

Mas o que a década de 1980 negligenciou, a de 1990 se mostrava disposta a resgatar. Apesar de ser um projeto encabeçado pela própria gravadora de Roberto, a Sony Music (ou seja: muito difícil dizer não a ele, especialmente para quem tinha contrato com a empresa), um multifacetado tributo às canções de Roberto Carlos começou a ser urdido na cabeça das bandas (e artistas) mais bem-sucedidas do período.

Após quatro meses de ensaios e pesquisas no cabedal do artista mais popular do país, começou a se definir o repertório de catorze músicas e a escalação do álbum *Rei*, que reciclava clássicos da Jovem Guarda e de Roberto e Erasmo: "É proibido fumar", "Parei na contramão", "Eu te darei o céu", "Sua estupidez", "Eu sou terrível", "Quando". Entre os escalados, estavam Marina Lima ("Por isso corro demais"), Chico Science e Nação Zumbi ("Todos estão surdos"), Toni Platão ("Namoradinha de um amigo meu"), Barão Vermelho ("Quando"), Skank (numa festejada versão *dancehall* de "É proibido Fumar"), João Penca e seus Miquinhos Amestrados (um passeio *rockabilly* por "Eu sou terrível"), Carlinhos Brown (que deu um colorido *afrobeat* a "Eu te darei o céu"), Biquíni Cavadão ("Ilegal, imoral ou engorda"), Blitz ("Sentado à beira do caminho"), banda Vexame ("Cavalgada"), Kid Abelha ("As curvas da estrada de santos"), Cássia Eller ("Parei na contramão") e Paulo Miklos ("Sua estupidez"). O coordenador do tributo estava acima de quaisquer suspeitas: Roberto Frejat, do Barão Vermelho.

"Elas continuam atuais, as letras se adaptam ao nosso tempo. Apenas achei que os arranjos e o instrumental poderiam receber um tratamento mais contemporâneo, com uma linguagem mais atraente para o público novo, que ainda não descobriu a força da música de Roberto", afirmou Frejat.

Eles admitiam o descaso dos anos anteriores com seu passado pioneiro. "A gente realmente percebeu que havia uma lacuna entre a Jovem Guarda e a juventude atual. O trabalho do Frejat vai servir como uma ponte, unindo essas duas gerações. O Roberto adorou a ideia e de cara deu seu aval, preferindo não opinar para não tirar a liberdade dos artistas envolvidos", disse o presidente da gravadora, Roberto Augusto.

Algum tempo após a separação de Myrian Rios, Roberto Carlos fazia um show em Serra Negra, uma estância turística a 150 quilômetros de São Paulo, uma região montanhosa de grande beleza natural. No camarim do show, reapareceu para cumprimentá-lo um rosto conhecido e do qual ele guardava suaves recordações. Era Maria Rita, aquela garota amiga de sua filha, Ana Paula, que ele tinha conhecido quinze anos antes e por quem se encantara. Ela havia esperado pacientemente a hora de revê-lo, e a partir dali os dois passaram a se encontrar com mais frequência, embora a natureza discreta da namorada e sua rígida família impedissem aparições públicas. Nos almoços no restaurante Antiquarius, por exemplo, um dos preferidos do cantor, ele pedia que o maître reservasse um raio de três metros, no mínimo, em volta de sua mesa, para evitar curiosidade. Durante quase três anos, foi um namoro praticamente secreto, mas um ano depois já estavam morando juntos no apartamento de Roberto na Urca — a revista *Veja* publicou que Roberto não queria que a mulher fosse fotografada ou desse entrevistas por razões diferentes da preservação da privacidade. "Roberto não quer que o fato de ter uma namorada firme se torne de domínio público, para não estragar a fantasia das admiradoras", escreveu a revista. Maria Rita concordava: "Roberto tem paixão por suas fãs e é muito carinhoso".

A cerimônia foi na igrejinha da Urca, bairro onde ele vive, e aquela menina que o cantor conhecera numa noite estrelada de 1977 era a agora ativa pedagoga paulistana Maria Rita de Cássia Pinheiro Simões, uma mulher de comportamento contido e de rigorosa formação religiosa. Formada pela Faculdade Integrada Ibirapuera, filha de uma família tradicional, a professora Maria Rita tinha lecionado para crianças até pouco tempo antes em duas escolas municipais paulistanas, Zulmira Cavalheiro e Carlos de Laet, e encarava o magistério como uma missão.

Apaixonado, Roberto compôs então a primeira canção de muitas, com o parceiro Erasmo Carlos, "Eu te amo tanto", dedicada à nova companheira. Após o casamento, a relação de Roberto e Erasmo Carlos ficou ainda mais intermitente. "Ele só queria fazer canções que exaltassem o seu relacionamento com a mulher, e houve um estranhamento. Erasmo não queria mais fazer só isso", contou um amigo comum. "Então Roberto só passou a chamá-lo para compor quando tinha uma encomenda profissional, algo que não havia como contornar." Ambos negam isso, dizem que suas agendas sempre foram assim e não houve um aprofundamento da distância.

Em 1999, Roberto e Erasmo Carlos compuseram a prece "Todas as Nossas Senhoras" (única canção inédita de seu disco daquele ano), em cuja letra lamenta: "Quando eu me sinto aflito/ Nossa Senhora da Paz/ Me dá sua mão, me acalma/ Tranquilidade me traz/ Se uma lágrima me rola/ E o pranto eu não contenha/ Choro nas escadarias/ De Nossa Senhora da Penha". Segundo Erasmo, já foi Maria Rita quem ajudou na pesquisa dos nomes pelos quais Nossa Senhora é conhecida no mundo e que são citados na letra. "Todas as músicas que compusemos nos últimos anos mostramos em primeira mão para ela", disse Erasmo à revista *Época*: "Ela sempre opina e dá sugestões. Maria Rita é nosso melhor ibope".

A abertura para o mundo que Roberto teve durante o período com Myrian Rios foi substituída por uma vida de militância espiritual rígida e purgativa. Sua nova mulher era próxima de grupos de ação doutrinária, e ele já tinha inclinação para esse universo religioso. Em 1994, sob influência de uma militante carismática da alta sociedade paulistana, Maricy Trussardi, Maria Rita conseguiu escalar o marido, por exemplo, para um show beneficente no Hotel Transamérica, em São Paulo, com renda destinada para o Conjunto Paroquial Mãe do Salvador. Passou a frequentar as missas-show e aprofundou o recolhimento social.

Ela também integrava, desde 1992, um grupo chamado O Terço, uma confraria de cinquenta mulheres que se reuniam para rezar todos os dias, fundado, entre outros, por Gloria Severiano Ribeiro. Inicialmente chamado de Nossa Senhora das Graças, o grupo teve o apoio de Roberto em dois shows beneficentes em prol da creche Casa da Criança, sustentada pelas senhoras da associação.

A diferença entre as canções religiosas do Rei e as dos outros é que ele constrói melodias belíssimas para elas, a ponto de um agnóstico se pegar cantando, sem constrangimento, os versos de "Nossa Senhora": "Cuida do meu coração/ Da minha vida / Do meu destino". Talvez isso explique uma vocação que um dia ele confessou: uma vez, no passado, chegou a pensar em se tornar padre, mas diz que isso se deveu mais ao seu estado emocional frágil, não a uma vocação inata.

Eu vejo a religião como uma coisa importante, muito importante. Imaginem vocês se não fosse a Igreja. A gente vê as coisas que estão acontecendo hoje. Imaginem vocês se não existisse a Igreja, não é? Quando eu digo a Igreja, estou falando de todas as religiões, entende? Pra falar, para prevenir, para, enfim, dizer alguma coisa a respeito daquilo que o homem deve ser aqui na Terra.

Eu acredito num mundo novo, eu acredito em tudo o que a Bíblia diz porque eu acredito na palavra de Deus, entende, que está escrita na Bíblia sempre, de alguma forma, ali está a palavra de Deus. Então, eu acredito em todas essas coisas.

Ele dissocia essa religiosidade, energicamente, de qualquer conotação relativa a seu distúrbio, o TOC. Para o cantor, há inclusive uma construção mitológica em torno de suas superstições, estimuladas pela fofoca.

Uma vez eu cheguei a Belém e um cara falou que tinham mudado toda a decoração do hotel porque eu não gostava de marrom. Disseram que eu não gostava de marrom e então tinham trocado tudo, porque os carpetes eram marrons. Mas era um absurdo isso, porque, na realidade, eu posso não usar marrom, mas não vou fazer ninguém trocar carpete de hotel porque é marrom. Aí ele disse que, sim, tinham trocado tudo. "Disseram que foi exigência sua." Mas, depois desse papo todo, cheguei ao hotel logo em seguida, esse papo tinha sido no aeroporto, e o carpete era marrom. Quer dizer, fizeram um folclore em cima...

Outra característica interessante da fama é que ela provoca sempre o aparecimento dos genéricos, artistas que ou imitam ou se valem de semelhanças físicas para desfrutar de algum resquício do calor do astro rei. Isso já tinha sido um caso sério no auge do sucesso do cantor Paulo Sérgio (morto precocemente em 1980), que desfrutou da "rivalidade" criada pela semelhança como se fosse um lado B de Roberto: em vez do Morumbi, comprou uma mansão no Jabaquara, em São Paulo, com sete quartos e piscina iluminada; investiu em carrões (chegou a comprar um Cadillac Limousine 1960 que tinha pertencido ao próprio Roberto) e imóveis, foi visto com *starlets* da corte do Brasa na noite. O caso de Paulo Sérgio é complexo: embora tenha forçado a similaridade com

Roberto para pegar carona no vácuo do seu sucesso, não era propriamente um imitador, tinha voo próprio. Mas Ricardo Braga é um caso divertido de cópia: tinha voz igual, cabelo igual, blusão igual, sobrenome igual, arranjador igual (Chico de Moraes), tudo igual. Fora lançado já como uma brincadeira de TV, em 1978. Mas, como não fosse o bastante, também assumia a clonagem com um repertório espelhado. Foi o que fez no disco *Coração de segunda mão*, de 1981: além de incluir uma canção de cunho religioso, agarrou-se a temas derivativos: "Atriz principal", "Amante da vida", "Amigos apenas".

"Eu comecei a cantar as músicas dele em 1965. Eu o vi na TV, preto e branco, e disse: esse cara sou eu", contou Braga, que tinha catorze anos na época e era de Mogi das Cruzes. "Acredito que sou o divulgador do rei. Mas tenho meus sucessos, gravei doze LPs, trinta CDs", lembra o artista, que tem uma vida inteira colada na rabeira de Roberto Carlos, mas legou alguns sucessos próprios (quase todos em parceria com Marcelo Duran), como "Uma estrela vai brilhar". Como Braga, muitos chegaram a viver dessa aproximação vocal com o cantor capixaba. Em 1990, brilhou por algum tempo a estrela de um rapaz de São João de Meriti, José Carlos de Lira, que era conhecido como J. Carlos, e que enchia ginásios de esporte e casas noturnas com uma mimetização do ídolo Roberto Carlos, após ser descoberto por Leleco Barbosa, o filho do Chacrinha. Mesmo um ídolo da canção brega, o pernambucano Reginaldo Rossi, fazia sua aproximação conceitual com a voz e o universo de Roberto Carlos, mas aí já de uma forma paródica, consciente. Mais recentemente, chama a atenção o show-clone do cantor Carlos Evanney, baiano de Maragogipe, que, além de cantar o exato repertório do ídolo, distribui 180 rosas para as fãs do gargarejo e também copiou o cruzeiro marítimo numa escuna na baía de Guanabara, que passa pelo apartamento do próprio "Rei" na Urca em um dos trechos da viagem.

Um avental de vento

A aparente bolha de equilíbrio da dupla mais prodigiosa da música brasileira pareceu passar ao largo de grandes tragédias, para quem acompanha de longe, mas o que aconteceu sempre foi exatamente o oposto. Tanto Roberto quanto seu parceiro, Erasmo Carlos, viveram momentos dramáticos na vida deles. Isso chegou ao paroxismo em 4 de junho de 1984, quando a mulher de Erasmo, Sayonara Sayão Lobato Esteves, a Narinha, tentou o suicídio dando um tiro de revólver calibre 38 no próprio ventre. No início, Erasmo tentou esconder o acontecido. Mas logo surgiu a versão correta. A bala atingiu o baço, o diafragma, o pulmão e parte do intestino, e Narinha foi salva pela ação rápida da família.

A saga tormentosa de Narinha e Erasmo caiu como uma bomba de nêutrons na sentimentalidade de uma época inteira. Eles tinham sido uma espécie de John & Yoko do rock nacional, uma entidade romântica fundada numa espécie de destinação natural, o primeiro grande amor alternativo, filhos pelados pela casa, beijos em casas quase hippies, despojadas, ausência total de compromissos sociais, chapéu eterno nas colunas de fofocas. Narinha tinha sido a musa das grandes canções do Tremendão, a começar por "Coqueiro verde". "Antes de meus filhos nascerem, costumava dizer que só Narinha era mais importante que a música para mim", disse Erasmo. Eram perfeitos, pensavam os de fora.

Mas havia um drama subterrâneo na casa dos Esteves. A iminente separação do casal não estava sendo bem digerida por Narinha, e ela já tentara se matar antes, o que acabou baqueando o

Tremendão. Um ano depois daquela internação, eles se separaram, e Erasmo foi morar num apart-hotel, além de outros endereços eventuais. Mas houve uma tentativa de reaproximação, estimulada pelos amigos que viam neles um casal símbolo. "Tem que dar certo, Erasmo, tem que dar. Vocês se amam, todos sentem isso. Lute, homem, lute!", disse o comediante Chico Anysio.

Em 1991, após treze anos juntos, eles se separaram definitivamente — ela morreria de parada cardiorrespiratória em sua casa em São Conrado, em 1995.

Em 1992, Erasmo ressurgiu do longo buraco negro em que tinha andado após a separação e lançou um novo disco que parecia definir o seu espírito: *Homem de rua*. O álbum continha canções dos amigos, como Jorge Ben Jor e Sá & Guarabyra, e buscava reconectar o compositor à sua alma gêmea, Roberto. Erasmo não tinha emplacado um sucesso nas rádios desde a canção "Close", de 1984, na qual celebrava uma musa trans, Roberta Close.

A indústria musical não podia nem imaginar um colapso de Erasmo Carlos, pois isso significaria também um blecaute na produção de Roberto Carlos — juntos, eles compunham uma média de doze canções por ano, eram uma mina de ouro. Erasmo parecia mais taciturno do que nunca. "A gente quase não se vê", falou, sobre o parceiro Roberto. "Por isso a gente é tão amigo. É o mesmo segredo da longevidade dos Rolling Stones. Não cobro do Roberto, por exemplo, que ele me ligue no meu aniversário. Quando nos encontramos, é somente para trabalhar."

O gigante Erasmo, que todo mundo tinha se acostumado a ver como um sujeito à prova de choques, o *rocker* indestrutível, estava vivendo mais uma de suas crises, só que dessa vez ele não queria que ela fosse invisível. A primeira crise tinha sido com o fim da Jovem Guarda, à qual ele assistiu calado. "O tropicalismo, então, acabou por me desmontar. Isso foi em 1967, 1968. Eu achava o pessoal com o qual fui envolvido, que nós éramos as pessoas mais loucas do mundo, cabeludos e tal. E de repente tinha gente mais cabeluda que a gente, mais doida que a gente, e com uma consciência muito maior, uma coisa que a gente não tinha", ele comentou, em 1977. "Aí eu não entendi mais nada. Resolvi parar tudo, dei de beber pra burro. Não me entendia. Eu quis mesmo largar tudo de vez, mas os amigos é que me convenceram a continuar."

Não apenas os amigos, mas também sua própria necessidade de expressão. Erasmo se vê como um jornalista, um cronista da época, um psicólogo em busca de destrinchar as nuances do comportamento humano.

Por exemplo: pegamos um tema, um personagem e o que ele gostaria de dizer, como seria o outro lado desse personagem, e assim vamos formando uma história com o cotidiano; daí a identificação das pessoas com a nossa música. Outro dado: quem fala de amor sobrevive sempre. A política muda constantemente, o amor não. O comunista ama, o ditador ama, o amor é para todos, e embora seja uma coisa só, ele se renova dia a dia: cada vez é uma nova vez.

Não seria correto comparar Roberto e Erasmo com Lennon e McCartney; mais adequado seria fazer essa comparação entre eles e Elton John e Bernie Taupin, por exemplo, por causa de sua complementação simbiótica, interdependente — um praticamente alimentou o outro durante todo seu trajeto. Sozinhos, parece que falta algo a algum deles. Lennon e McCartney tiveram carreiras solo absolutamente independentes e distintas.

Em seu esforço de composição, Roberto e Erasmo juram que não têm método, que às vezes tudo parte de um insight qualquer, pouco elaborado.

Às vezes a gente já tem um tema e desenvolvemos a ideia na cabeça. Muito raramente as coisas surgem na hora, o tema surge naquele instante em que sentamos para trabalhar e dizemos: e agora, o que vamos falar? Sempre temos algo pensado. Quando o disco é do Roberto, ele coordena as composições. Já nos meus discos os trabalhos são coordenados por mim. Um sempre ajuda o outro na composição. Mas geralmente a gente faz um laboratoriozinho, um teatrinho, antes de fazer uma música.

Quando ele cita um exemplo, a célebre música "O portão", que fala de um sujeito que está há muito tempo fora de casa, parece o filme *E la nave va...*, de Fellini, na cena em que o barco do oceano vai se deslocando até que o espectador vê que não há mar, é apenas uma grande lona agitada por ventiladores, e não há barco, é apenas uma estrutura de carpintaria com escadas internas:

Aí ele chega em casa; chegou onde? Ao portão. E vamos brincando com o tema, desenvolvendo a ideia, pensando em tudo que poderia acontecer naquele momento. Qual a primeira coisa que o cara vê? O cachorro abanando o rabo. Mas como é que vamos falar isso na música, já que é uma imagem feia? Então vem logo a ideia: o cachorro sorriu latindo. Aí o personagem vai entrando pela casa, encontra o retrato dele amarelado pelo tempo... E vamos desenvolvendo a ideia.

O próprio Erasmo, de quem sempre se esperou um temperamento dessacralizador, inventa em seguida outra cena que não tem nada a ver com a realidade, apenas para rir do seu próprio teatro de rotina de composição: "Agora a mulher chegou, o marido estava com outra, abriu a porta e o que foi que ela viu?", brinca, puxando a ajuda do hipotético parceiro, que emenda: "Foi o sapato do cara". Ao que Erasmo mesmo responde: "Não, foi uma meia de mulher no chão e ela já desconfiou, sentiu um perfume diferente".

Na verdade, o que Roberto e Erasmo fizeram foi invadir compartimentos de uma memória (ou de uma expectativa) que é de todo mundo, e o fazem com tal sem-cerimônia que as portas parecem se abrir para eles de uma forma que não tem sentido na práxis de outros compositores. A simplicidade acaba se tornando complexidade, de tão precisas que são as chaves da sua compreensão. E, no meio de tudo, falam quase sempre do seu conceito de amor. "É como 'Quero que vá tudo pro inferno', o que se diz ali é 'quero meu amor e foda-se o mundo'. Não tem hipocrisia, porque é assim. Era naquela época, é hoje. Mudam o lugar onde você está, a idade, os costumes, mas o amor é o mesmo", diz Erasmo.

Embora habitando um território de controvérsias e com algum condimento libertário, as ousadias da carreira solo de Erasmo sempre conseguiram atravessar com facilidade as barreiras da moralidade e da censura. Ao contrário do que se pensa, foram poucos os seus embates com o filtro comportamental da ditadura militar, por exemplo. Uma vez Erasmo tentou, como intérprete, gravar "Cordilheira", uma composição de Sueli Costa, e a canção acabou integralmente vetada pela censura. Depois houve outra música, chamada "Vida blue", dele próprio, que viu ser recolhida pelo mesmo organismo federal. Mas aí o Gigante Gentil (um apelido que foi colado nele pela cantora Lúcia Turnbull) aprendeu as manhas do negócio. "Houve uma outra (retida), mas eu consegui enganar a censura", contou. A composição se chamava "Patu", que era uma gíria (de pra tu, pra você). O compositor criou um alter ego, um rapaz apaixonado por uma ativista que pedia à amada que, ao menos por uma vez, deixasse de lado uma passeata para fazer amor com ele.

A censura vetou, mas aí eu descobri que os fichários eram organizados pelos nomes das músicas e que, muitas vezes, a proibição partia de um censor que, no momento, não estava com muito humor. Então troquei o nome da canção para "Baby" e deu certo, caiu na mão de outro censor que, só de olhar o título, achou que estava tudo bem. Mas, mesmo assim, a música ficou prejudicada: com a demora, não pôde entrar no disco que estava fazendo na época e foi lançada depois num compacto isolado que não teve repercussão nenhuma.

O cinema ajudou muito a estabelecer essa associação imediata entre Roberto Carlos e Erasmo como um articulador e seu fiel escudeiro. Roberto sempre salientava que Erasmo era um ator nato e, desde o início dos anos 1970, demonstrou publicamente sua vontade de retomar suas incursões no território cinematográfico. "Vai ser um filme diferente e um teste importante para mim", anunciou, já no primeiro ano da nova década, prevendo um retorno breve. "Neste, vou ser um ator, criando um personagem integrado numa história que nada tem a ver com minha vida de cantor. Quero me dedicar aos filmes. Só resta saber se sou ator ou não. Honestamente, ainda não sei."

Em 1987, o parceiro de todos os filmes, o cineasta Roberto Farias, reapareceu nos jornais com uma notícia bombástica: já havia um novo longa-metragem de Roberto Carlos a caminho e tinha tudo definido. Chamava-se *Momento mágico*, custaria meio milhão de dólares, o argumento era de Bráulio Pedroso, teria uma sequência e colocaria Roberto como centro de toda a trama. Roberto disse que separou os meses de maio, junho e julho para dedicar-se às filmagens e faria duas ou três músicas no disco do final de ano para serem incorporadas à trilha sonora. Dezesseis anos após o último filme da trilogia de Farias com os jovem-guardistas (*Roberto Carlos em ritmo de aventura*, de 1968; *Roberto Carlos e o diamante cor-de-rosa*, de 1970; e *Roberto Carlos a 300 km por hora*, de 1971), o cantor se investiria de um novo personagem. O herói seria o pobre funcionário de um zoológico que tinha o dom de conversar com os animais. Por conta de sua atuação como conselheiro sentimental, os animais levam o zoo a se tornar recordista mundial de reprodução em cativeiro. A fama fez os norte-americanos enviarem uma zoóloga espiã para ver o que estava acontecendo, e ela e o funcionário do zoo se apaixonam. Mas os americanos têm outros planos e sequestram um elefante e o levam para Miami, onde Roberto viverá nova aventura para libertar o animal.

"Roberto Carlos gosta de cinema. Os filmes que fizemos devem ter deixado boas recordações para ele. Nesses últimos anos sempre conversamos sobre isso", disse o cineasta Farias após Roberto ter ligado para ele e dito: "Vamos fazer!". Como todos sabem, o filme nunca foi realizado, mas é curioso hoje perceber quantos filmes foram feitos posteriormente com aquele argumento de Bráulio Pedroso: *Animal*, com Rob Schneider; *O zelador animal*, com Kevin James; e mesmo *As aventuras do dr. Dolittle*, de Stephen Gaghan. Este último é baseado na série de livros *The Story of Doctor Dolittle*, do britânico Hugh Lofting, que já tinha servido de base para um filme de 1967, *O fabuloso doutor Dolittle*, estrelado por Rex Harrison e dirigido por Richard Fleischer. Como não se pode sempre atribuir todas as coincidências ao acaso, talvez tenha sido melhor mesmo que Roberto Farias, morto em 2018, nunca tenha filmado esse roteiro.

Cartas já não adiantam mais

Os sintomas de que havia algo errado na região pélvica começaram a atormentar a mulher de Roberto Carlos, Maria Rita de Cássia Simões Braga, em 1998. Em setembro, ela iniciou um tratamento de quimioterapia e radioterapia, com diligente acompanhamento de Roberto, que começou a cancelar todos os eventos da sua agenda para ficar ao lado dela. Foram também aos Estados Unidos para seguir com o tratamento. Chegaram a dar como controlado o câncer, o que levou o cantor a fazer uma jornada de agradecimentos — cantou de forma beneficente no Instituto Nacional do Câncer e no Retiro dos Artistas.

Em outubro de 1999, o cantor chegou a fazer um show na Basílica de Nossa Senhora Aparecida, em Aparecida (SP), como uma forma de agradecer a cura da esposa, sendo assistido por 50 mil fiéis e turistas que acompanhavam as missas. Também foi a um santuário perto de Cachoeiro de Itapemirim acompanhado da mulher.

No entanto, o tumor agressivo voltou um mês depois e Maria Rita foi internada no hospital Albert Einstein, em São Paulo. Roberto também se internou, cancelando de vez a agenda artística. Foi a única vez em 25 anos que ele não gravou o Especial de Natal da Rede Globo.

Em abril de 1999, o artista, imbuído desse espírito de evocação religiosa, lançou a coletânea *Mensagens*, na qual reunia doze de suas chamadas composições "sacras". Era espantoso que, num período tão curto e com uma produção tão abrangente, ele tivesse tido a concentração necessária para escrever tantos hinos religiosos. Abria, evidentemente, com "Jesus

Cristo", e seguia com "Nossa Senhora", "Luz divina", "O terço", "Jesus Salvador", "Aleluia", "Fé", "A montanha", "Estou aqui", "Ele está para chegar" e "Coração de Jesus".

Uma das canções dessa coletânea, "Quando eu quero falar com Deus" (de Roberto e Erasmo), gravada em 1995, soava como uma contraposição a Gilberto Gil e à música que o capixaba encomendou ao baiano, "Se eu quiser falar com Deus" (1981), mas não quis gravar. Gil contou assim sobre o episódio: "O Roberto me pediu uma canção. Do que eu vou falar? Ele é tão religioso — e se eu quiser falar de Deus? E se eu quiser falar de falar com Deus", pensou Gilberto Gil sobre a demanda do amigo. Com aquela ideia na cabeça "e inquirições feitas durante uma sesta", Gil começou a trabalhar o tema, que formulou como uma extensa enumeração de pressupostos: "Se eu quiser falar com Deus, tenho que isso, que aquilo, que aquilo outro". De noite, o tropicalista organizou as frases em três estrofes. Mas Gil não contava com a reação de Roberto quando lhe enviou a canção pronta:

> O que chegou a mim como tendo sido a reação dele, Roberto Carlos, foi que ele disse que aquela não era a ideia de Deus que ele tem. "O Deus desconhecido." Ali, a configuração não é de um Deus nítido, com um perfil claro, definido. A canção, mais filosofal nesse sentido do que religiosa, não é necessariamente sobre um Deus, mas sobre a realidade última, o vazio de Deus: o vazio-Deus.

Roberto nunca gravou aquela canção, o que exacerbou certos ânimos contra o cantor capixaba, gente que já o julgava fundamentalista e careta. Mas Gil, zen por natureza, não se importou. "'Se eu quiser falar com Deus' é uma música que fala de Deus diferente da forma que eu falaria, por isso não gravei", afirmou Roberto.

A canção de Gil é agnóstica e carrega um sopro de libertação espiritual, assim como a outra que escreveu para o artista capixaba, "Era nova", que Roberto também não gravou: "Os cabelos da eternidade/ São mais longos que o tempo de agora/ São mais longos que o tempo de outrora/ São mais longos que o tempo da era nova". Essa composição trata da inutilidade de se decretar o fim de um ciclo para se iniciar outro, seja ele religioso, social ou político.

Já "Quando eu quero falar com Deus" é evidentemente messiânica, não admite a dúvida, a hesitação, está cheia da submissão crente. "Eu a ele imploro/E então sinto sua presença". A religiosidade monolítica de Roberto Carlos, além de dogmática, é também híbrida, admite a reverência ao sagrado instantaneamente em momentos de pressão, e tem origem lá nos conselhos da irmã Fausta do colégio de Cachoeiro, consagrando-se com as bênçãos pessoais dos papas João Paulo II e Bento XVI. Ele a sublima frequentemente em visitas a santuários de fé extremada e a cidadelas da fé trifurcada, nos quais não raro tem tratamento de missionário.

Sua música, por outro lado, desfruta de uma transversalidade poucas vezes encontrada em um intérprete popular em qualquer lugar do mundo — nem mesmo Sinatra ou Elvis conseguiram tamanha mobilidade social. Os *rockers* que ouvem com atenção suas primeiras fusões entre *surf music* e o rock caboclo, dos anos 1960, o cultuam por uma genialidade sazonal; os românticos tradicionais adoram seu *coté* de amante à moda antiga; os adoradores do ritmo creem que ele acendeu o fogo da black music no final dos anos 1960; os crentes o amam por sua presumível capacidade de encurtar caminhos até a divindade, pelo tête-à-tête com o cara lá de cima.

Mas, em 16 de dezembro de 1999, a presença de Roberto seria detectada numa fronteira ainda mais longínqua que todas essas: ele tinha sido o escolhido no coração dos marginalizados dos marginalizados, os travestis do presídio do Carandiru. O responsável pela revelação, embora tenha sido algo ao acaso, foi o estilista Marcelo Sommer. Ao escalar treze travestis para um desfile de alta moda dentro do Pavilhão 6 daquele antigo presídio (hoje desativado), a música que as modelos internas pediram para abrir a passarela foi "Eu te amo, te amo, te amo", de Roberto e Erasmo, entre outras pedras de toque do compositor e seu parceiro Erasmo (para ser justo, também tocaram "Que beleza", de Tim Maia, no encerramento da jornada). Num presídio cujos fantasmas de uma chacina covarde ainda gemiam pelos pátios, aquele desfile irrepetível e solidário soava ainda mais visionário com a música democrática do Brasa invadindo o refeitório, as celas, os corredores e as esperanças numa manhã desigual em São Paulo.

Aquele final do ano seria marcado ainda pela maior prova de fogo que o cantor tinha encarado até aquele momento: às 23 horas do dia 19 de dezembro, sua mulher, Maria Rita, não resistiu a uma longa via crucis hospitalar e morreu no Hospital Albert Einstein, em consequência de um carcinoma (tumor maligno constituído por células epiteliais, que se alastrou pelo seu corpo), segundo o médico José Henrique Germann Ferreira.

Maria Rita tinha 38 anos e estava legalmente casada com Roberto Carlos havia três anos. Fora internada pela segunda vez no Einstein em estado crítico no dia 24 de novembro. Poucos dias depois, foi desenganada pelos médicos. Mas Roberto, movido mais pela fé do que pela evidência científica, afirmava: "Eu não desanimo". Segundo o padre Antônio Maria, que esteve com Maria Rita pouco antes da morte dela, a mulher de Roberto Carlos recebeu a unção às 9h30 daquela noite e não estava mais consciente. O padre diz que apenas pôde confortar Roberto Carlos: "Coragem, meu filho".

Durante o velório, Roberto criou coragem e cantou, ao lado do caixão, "Nossa Senhora", aquela canção que tinha composto já para a mulher. Roberto cantou também "Ave Maria", uma composição do padre Antônio Maria.

O enterro foi tumultuado. Entre 2 mil e 3 mil pessoas, segundo a Polícia Militar, correram para o Cemitério de Vila Mariana, na rua Lacerda Franco, zona sul de São Paulo, onde ela seria sepultada. A multidão aplaudiu a chegada do cantor ao cemitério, por volta das dezesseis horas. "Eu toquei nele e disse: Deus o abençoe", disse a dona de casa Ilá da Guia Lobo, uma das muitas pessoas que se acotovelavam na rua central do cemitério para ver o músico. Roberto Carlos chegou vestindo calça e camisa jeans com colete, no banco da frente de um Versailles. Só esboçou um sorriso ao ser aplaudido freneticamente pela multidão. Mas não disse nada. Um fotógrafo fez uma foto que correu mundo: de óculos escuros, sentado dentro do carro de vidros muito escuros, Roberto tinha a cabeça baixa e lágrimas escorriam por baixo dos óculos de aviador.

Quando eu cheguei ao local, na condição de repórter a serviço do jornal *O Estado de S. Paulo*, me espantei com a cena que presenciei. Havia gente sobre os túmulos, nas lajes, nas cruzes. Helicópteros sobrevoaram o cemitério todo o tempo, e cerca de trezentos homens — oitenta seguranças particulares, mais 120 policiais metropolitanos e sessenta PMs — fizeram cordões de isolamento para impedir o acesso ao cantor. Maria Rita foi enterrada no jazigo da Vila Mariana (família Valdissera), por desejo do pai dela (mais adiante, seria trasladada para outro cemitério, por desejo do marido, para evitar vandalismo). A cerimônia de adeus durou apenas dez minutos. Durante o enterro, Roberto Carlos não falou nada. Manteve-se ao lado do caixão, ajoelhado, e alguns seguranças puseram os casacos a sua volta, formando uma espécie de tapume para tapar a visão da multidão. Quando já estava no carro saindo do cemitério, o cantor fez algo inusitado: voltou e pediu para reabrirem o caixão de Maria Rita. Segundo o padre Jorge Luiz Neves Pereira, o Jorjão, ele abraçou o corpo da mulher e rezou demoradamente. "Ele voltou para se despedir mais uma vez", disse o padre. Segundo familiares, ele voltou porque teria se esquecido de depositar uma medalha junto ao corpo — seria a medalha que o papa João Paulo II abençoou na última visita ao país, em 1997, quando Roberto e a mulher estiveram com ele para receber sua bênção.

Muitas personalidades foram ao cemitério, porém os mais assediados eram os padres cantores — Marcelo Rossi, Jorjão e Antônio Maria —, celebridades cujos cultos e ação doutrinadora tinham notáveis pontos de convergência com a música de fundo gospel de Roberto. "Eu achei muito injusto isso, muito cruel com um homem de fé como ele", disse o apresentador e cantor Ronnie Von. "Eu, que também me considero um homem de fé, me considero balançado; não que tenha perdido a credibilidade", acrescentou Ronnie.

Os padres cantores do entourage de Roberto davam outro relato da situação. "Roberto está com uma força muito grande, uma força que vem da fé", disse o padre Antônio. Segundo ele, o cantor jamais questionou Deus pela perda. "Ele nunca disse 'por quê?'", assinalou o padre. "Ele sabe que Rita fez o caminho de volta para a casa do Pai."

Algum tempo depois, o próprio Roberto contrariaria essa visão, dando razão ao colega Ronnie Von durante uma entrevista: "Não acredito mais nisso de 'fique tranquilo, porque isso é da vontade de Deus'", falou. "Deus não dá a dor, ele dá a endorfina."

Os políticos se esgueiravam pelo cemitério. O prefeito Celso Pitta, cuja administração estava sob pesada vigilância devido a denúncias de irregularidades, afirmou: "Vim aqui para prestar solidariedade em nome do povo de São Paulo". O empresário Antônio Ermírio de Moraes, dono do Grupo Votorantim, a quem Roberto apoiara na campanha para governador, se dizia "surpreso" com o equilíbrio e a calma que o cantor ainda demonstrava, apesar do abatimento. "Roberto e a família estão dando um exemplo de fé e ética para o Brasil", disse o ex-prefeito Paulo Maluf, outro que também esteve no velório.

Maria Dulce do Nascimento Bodelon, então com 52 anos, fez novena durante dezenove dias pela mulher do cantor e rezou um terço durante quarenta minutos na frente do Hospital

Israelita Albert Einstein, no Morumbi, zona sul, no local onde Maria Rita era velada. "Estou fazendo essa oração muito mais para ele porque ela eu sei que está em boas mãos", disse a pernambucana. Ela contou que era fã de Roberto Carlos desde a Jovem Guarda, desde que o viu pela primeira vez em 1969, passeando na avenida Paulista com o parceiro Erasmo Carlos.

Uma das amigas mais próximas de Maria Rita em São Paulo, Maricy Trussardi, também líder do movimento Renovação Carismática Católica, contava que havia composto uma música para a mulher do cantor, a pedido da própria, e que uma de suas filhas tinha cantado a música no velório. Entre outras pessoas, estiveram lá os humoristas Chico Anysio e Tom Cavalcanti e a apresentadora Hebe Camargo. "Roberto nem dormiu esta noite para ficar aproveitando os momentos de lucidez dela", contava uma sempre falante Hebe, que enviou coroas de flores e uma vela gigante com a imagem de Nossa Senhora ao hospital.

Após a morte da mulher do cantor, seguiu-se uma onda de cancelamentos de concertos e compromissos. O artista não estava conseguindo retomar sua rotina. Até que anunciou sua volta.

Em 2000, no Recife, após um ano de luto, retiro e isolamento, o maior cantor popular do país voltava a cantar, o que provocou uma romaria de admiradores em direção à capital pernambucana, que tentavam conseguir um dos 11 mil ingressos para o Ginásio de Esportes Geraldão. Um dos seus fãs mais exaltados, o cantor pernambucano Léo Júnior, postou-se à frente do hotel do cantor com uma carta de quinhentos metros de extensão para ofertar a Roberto.

Às onze horas da noite de sábado, uma hora e meia depois do horário marcado, já era possível ouvir lá de fora da sauna superlotada do Geraldão um coro afinado. "Roberto, cadê você?/ Eu vim aqui só pra te ver!", cantavam os aflitos fãs. Antes de sua chegada, a orquestra atacou o clássico pot-pourri instrumental e então ele entrou, terno branco com camiseta, lenço no bolso do paletó, para cantar a música que tinha virado seu cartão de apresentação: "Emoções".

"Amigos eu ganhei/ Saudades eu senti partindo/ E às vezes eu deixei/ Você me ver chorar /Sorrindo", cantou, com aquela voz poderosa e o timing perfeito, como se nunca tivesse se afastado da cena. "Que prazer rever vocês", disse Roberto, uma frase que repete na abertura de todos os seus shows. Mas, em seguida, ele se referiu à situação pela qual tinha passado. "E vocês logicamente entenderam muito bem as razões", afirmou, causando uma enxurrada de aplausos. "O Brasil me mima muito", afirmou.

O ginásio virou um vale de lágrimas, Roberto duas vezes afastou-se do microfone e parou de cantar para chorar, com a mão no rosto, e muitas fãs choravam com ele. Somente quando cantou o seu pot-pourri de canções da Jovem Guarda, ele pareceu esquecer por um momento suas tragédias pessoais e até brincou com o público. "Naquele tempo eu era feliz e não sabia", disse. "Tempo em que os rapazes pagavam o milk-shake das meninas."

A onipresença da mulher que morrera parecia natural, mas também era reforçada constantemente pelo cantor, que demonstrava uma intenção férrea em mantê-la na ordem do dia de suas preocupações. Além das imagens dela no telão, ele encerrou o show com a música que ele chama de "a canção mais importante da minha vida", que não por acaso é a que deu nome ao seu show de retorno, "Amor sem limite". Na música, ele canta que "tenho esquecido de mim, mas dela eu nunca me esqueço".

Roberto algumas vezes ainda falava como se Maria Rita estivesse viva. "A medida certa do amor é realmente o amor sem limite", filosofou. Nesse esforço, ele anuncia um disco novo, no final do ano, em que pretende fazer uma grande declaração de amor, e no qual condiciona tudo — melodias, harmonias, letras, rimas, palavras — ao esforço de celebração de sua saudade. "Eu pensei em fazer um disco de amor, que seja todo ele uma declaração de amor, que não fale em sofrimento, em dor ou coisa parecida."

Nos intervalos entre as vinte canções, ele disse 58 vezes a palavra "amor". Mesmo que fosse apenas esse seu manifesto, a multidão no Recife seguiria envolvendo o seu ídolo, como um cardume guiando um peixe perdido para fora da lama remexida do fundo de um rio barrento.

Os anos seguintes pareciam propor o mesmo enigma: será que o mais destacado cantor popular do país já estava refeito de sua perda a ponto de encarar um novo desafio? As correntes que o prendiam dolorosamente ao passado recente poderiam ser rompidas para que ele aceitasse liderar um novo salto em direção à modernidade?

Em 9 de maio de 2001, eram 22 horas de uma noite de quarta-feira no Polo de Cine e Vídeo da Barra da Tijuca, no Rio de Janeiro, e uma fila de cerca de cem pessoas se aglutinava em frente ao portão do estúdio onde Roberto Carlos anunciou que gravaria seu especial *Acústico MTV*. Formato mais popular da emissora mais intimamente ligada ao mundo dos jovens nos anos 1990, o *Acústico MTV* tinha reciclado as carreiras de uma infinidade de artistas veteranos, a começar pela de Caetano Veloso e chegando até Jorge Ben e outros. Parecia um passaporte para a renovação automática, o rejuvenescimento.

"Ele mandou buscar a gente", conta a animada piauiense Rosalvi da Costa e Silva, a primeira da fila, ao lado da filha Juliana. "Minha filha é afilhada dele." Rosalvi diz que conheceu Roberto Carlos há 23 anos, num voo entre Brasília e Teresina. Sua filha tinha então três meses e sofria de glaucoma. "Eu o procurei para perguntar como ele estava resolvendo o problema do filho dele, que sofria do mesmo mal." Desde então, ela se tornou uma das raras amigas próximas do cantor.

Um pouco atrás de Rosalvi estava o casal Ciro Gomes e Patrícia Pillar. Logo adiante, Myrian Rios, Malu Mader, Marisa Monte, Cássia Eller, Canisso da banda Os Raimundos. Uma plateia de diversidade calculada, como convinha a uma emissora de reputação mais democrática.

"Eu sou da geração que ouve Roberto Carlos desde criança", garante o cantor Samuel Rosa, do grupo mineiro Skank. Ao gravar "É proibido fumar" no disco-tributo tardio das bandas dos anos 1980, em 1994, o Skank tinha sido uma das que obtivera a melhor repercussão, terminando por ajudar a refazer uma ligação interrompida pelo rock oitentista, credenciando-se inclusive à reverência do compositor e intérprete.

Quando o portão por fim foi aberto, a plateia, majoritariamente VIP, se apressou em garantir sua cadeira cativa. Os seguranças revistaram Ciro Gomes. Mas foi só às 23h30, diante de uma plateia de cerca de duzentas pessoas, que a VJ Marina Person anunciou o primeiro "acústico real" da emissora. Roberto Carlos entra, senta no banquinho e, sozinho ao violão, ataca "Detalhes". Veste paletó azul com camiseta e calça jeans desbotada. "Que prazer rever vocês", afirma. E começa: "Não adianta nem tentar, me esquecer...".

Quando cantou "À noite envolvida...", Roberto fez um lento gesto de afastar o cabelo do rosto com a mão e a voz falhou levemente, quase uma concessão à condição humana, amadora. Entram então uma orquestra de cordas, violões, baixo, piano e bateria. A plateia, reverente, não sabe até que ponto pode aplaudir e ovacionar, o que é permitido e o que é interditado. "Detalhes", com o Rei ao violão após anos sem ser visto com o instrumento em público, não levantou a plateia, mas o número seguinte, "As curvas da estrada de Santos", derrubou as barreiras. Os violonistas da banda do cantor, Aristeu Reis, Paulinho Galvão e Paulo Coelho, mais o baixo acústico de Fernandinho Souza e o tecladinho jovem guarda de Tutuca, simulando um órgão Hammond, causaram furor. Tudo parecia insólito porque tudo era diferente da fórmula.

A plateia acompanhava com palmas a batida irresistível e eterna de "O calhambeque", o sucesso abre-alas do iê-iê-iê. Roberto, que no início parecia sem graça, também já estava mais solto a essa altura. "Vocês me desculpem, mas agora vou-me embora", brinca. "Nem bem cheguei..." E, com a velha entonação, dá o *"bye"* característico da canção de John Loudermilk.

O pianista Antonio Wanderley, um dos músicos que acompanham o cantor há décadas, troca de lugar com o tecladista, Tutuca. Um vai para o piano, outro para o teclado, e começa assim mais um clássico de Roberto, "Parei na contramão". Nesse ponto, o *Acústico MTV* já pode configurar o repertório como um elemento comum ao seu universo de rock 'n' roll. "Parte do repertório foi escolhido pela MTV e é centrado nos anos 1960 e 1970, época em que ele falava diretamente para os jovens", explicava o diretor do especial, Rodrigo Carelli, sem evidentemente imaginar que, num futuro muito próximo, quem deixaria de exibir credenciais para falar em nome dos jovens seria a MTV, e Roberto seguiria sua imperturbável marcha rumo àquela condição que os norte-americanos definem tão precisamente como *"timeless"*, algo além do seu tempo e de todos os tempos.

Começou então o que talvez venha a ser o melhor momento do programa (talvez, porque o perfeccionista anfitrião da noite provavelmente gravaria tudo de novo na noite seguinte): "Por isso eu corro demais". Voz mais solta e melodiosa, Roberto encarava tudo como apenas mais um show, em vez de uma gravação, com aquela vocação inata que Zuza Homem de Mello tão bem detectou em 1968. "Samuel Rosa, dá uma chegadinha aqui", propõe o cantor. Samuel sobe ao palco e é o único vestido com algo preto, um casaco de couro, botas e jeans. Todos os músicos usavam camisas num tom levemente azulado e roupas claras. O cenário, de Kiko Canepa, também era azul. Chega a hora de "É proibido fumar". Mas Samuel não cantou, o *Acústico MTV* foi bem comedido nas participações especiais. Erasmo Carlos, velho parceiro, também ficaria de fora do primeiro dia.

Depois, Antonio Wanderley ao piano e Roberto Carlos de volta ao banquinho, entrou uma versão de "Olha" de grande delicadeza. A seguir, entram bateria e baixo, violoncelo, violinos e um trompete solo após o verso "e viver a vida só de amor".

Oswaldo era o trompetista do cantor. "Debaixo dos caracóis" veio em versão acelerada, com duas vocalistas de apoio, centrada em violão e bateria. O produtor do especial, Guto Graça Mello, fazia sinal para o cantor de que algo dera errado, seria preciso recomeçar. Ali se via o domínio da linguagem absurdo do Brasa: sem interromper a canção, Roberto diz com um movimento de lábios ao produtor: "Amanhã", Guto dá de ombros. O discurso pacifista de "Todos estão surdos" arranca aplausos entusiasmados da plateia. Como apoio, um coro de quatro rapazes que Guto Graça Mello trouxe de Jandira, em São Paulo. Os meninos, mais o órgão e os violões, dão um clima funk-gospel ao arranjo.

"Olha, eu não toco piano, faço alguns acordes que dão para compor e me atrevo a compor tocando piano", explicou Roberto, antes de proporcionar um dos melhores momentos do espetáculo. Sozinho, ele toca "Eu te amo tanto", uma das duas canções do repertório dedicadas à mulher morta, Maria Rita. Ele toca apenas da metade para a extrema esquerda do instrumento, com a delicadeza de um aluno de conservatório tocando "O bife". Termina com lágrimas nos olhos. "Por mais que tenha ensaiado, errei tudo, mas depois eu conserto", desculpou-se.

E vem outra para Maria Rita, "O grude". O cantor assovia o refrão. Em "Um milhão de amigos", ele não aprova o andamento da canção e para tudo. "Vamos de novo, o andamento está um pouquinho lento", afirma. Tutuca conquista de vez a plateia com um solo de teclado em "Eu te amo, te amo, te amo". Depois vem "Além do horizonte", com uma batida de bossa ao violão e coral de coro evangélico ao fundo, sobrepondo-se à batida. O cantor demora para chamar Tony Bellotto para tocar violão em "É preciso saber viver". Parece que se esqueceu do convidado, mas alguém avisa. Com "Emoções", a penúltima da noite, numa interpretação *bluesy*, começa a contagem regressiva — o solo agora é de Antonio Wanderley, que gostou da experiência de fazer um show acústico no território dos "jovens". "Não estranhei nada, achei tudo muito tranquilo", disse Wanderley.

Ao final, uma das exigências sempre presentes do cantor: a canção gospel no set musical, como aquela oração que se faz antes das refeições em famílias de grande religiosidade. "Fiquei muito feliz que ele tivesse optado por 'Jesus Cristo' porque é a mais pop", disse, aparentando alívio, o diretor do especial, Rodrigo Carelli. É a mais funk da noite. De novo com o coro e a marcação forte do baixo de Fernandinho Souza, a canção reaparece renovada. "Esse disco eu dedico a Maria Rita", ele disse, ao concluir, demonstrando cabalmente, no final das contas, que todo aquele esforço para renovar a imagem era exógeno, não estava dentro dele de verdade, o que ainda corroía sua alma era a ausência.

Quem sabe da minha vida sou eu

Roberto Carlos voltou ao centro dos debates nacionais no final de 2006. Dessa vez, o Natal reservava um pacote ingrato para um escritor baiano de Vitória da Conquista radicado em Niterói, Paulo Cesar de Araújo: o cantor tinha se manifestado pela primeira vez em relação a sua primeira grande biografia, *Roberto Carlos em detalhes* (Editora Planeta), escrita por Araújo, e não estava exatamente satisfeito. Em dezembro de 2006, durante sua coletiva anual de imprensa, à frente de duzentos jornalistas, no Hotel Ritz, no Leblon, ele subiu nas tamancas quando foi inquirido sobre o assunto. O livro fora lançado havia alguns dias. É possível que ninguém nunca tenha visto o Rei tão nervoso em público quanto naquela tarde.

"Não li tudo, mas as coisas de que tomei conhecimento me desagradam muito. Há inverdades que me ofendem e à memória de pessoas maravilhosas. A minha história é um patrimônio meu, eu que tinha que fazer esse livro, ninguém vai contar minha história melhor que eu", disse Roberto. Ao ser questionado sobre quais seriam os pontos com os quais não concordava, ele preferiu não falar. "São muitos. Não quero tocar nesse assunto"; ele iria tratar a biografia "de acordo com a lei".

Logo em seguida, em 10 de janeiro, o advogado do cantor, Marco Antônio Bezerra Campos, notificou a editora da publicação no Cartório de Registro Especial de Títulos e Documentos de São Paulo, exigindo a retirada do livro das livrarias, acusando o autor de invasão à privacidade, lesão à honra e uso indevido de imagem. E ajuizou queixa-crime contra o escritor e historiador Paulo Cesar de Araújo, autor do livro.

Em fevereiro, após não ter sua primeira exigência atendida, Roberto mostrou sua teimosa disposição durante uma entrevista no navio de cruzeiros *Costa Fortuna*, atracado em Búzios. "O que a lei me dá direito, será feito", afirmou Roberto. "Ninguém pode contar a minha história. Estou reclamando de invasão de privacidade", acrescentou. Se o livro se ativesse a questões musicais, o artista garantiu, não haveria reclamação. Mas como falava de aspectos de sua vida pessoal, ele seguiria com o processo até onde fosse necessário. Sobre as ondas do Atlântico, o cantor garantiu que não estava, como diziam, mal informado sobre a obra. "Li o livro, sim. E continuo com a mesma opinião", afirmou.

O cantor foi de fato à Justiça. Pediu o recolhimento do livro e, em caso de negativa, 500 mil reais por dia da editora, além da prisão do autor.

Apesar da pressão, o escritor jamais desistiu do seu livro. Professor da rede estadual, de recursos modestos, Paulo Cesar tinha dedicado mais de quinze anos de sua vida à pesquisa e às duzentas entrevistas para a construção do perfil do artista. No dia em que Roberto anunciou sua intenção de processar autor e editora, Araújo, num bistrô do Leblon, se mostrava estupefato: na sua visão, o livro consagrava uma obra extraordinária, os fatos narrados tinham relação com as composições, não houve excessos. Mas foi tudo tão rápido que o escritor não teve tempo de articular uma reação. Em 26 de abril, após cinco horas de audiência no Fórum Criminal da Barra Funda, em São Paulo, a Editora Planeta aceitou as exigências de Roberto e se comprometeu a não reeditar mais o livro, entregar ao cantor os 11 mil exemplares em estoque e recolher os que estavam disponíveis nas livrarias.

A presença de Roberto Carlos na audiência provocou alvoroço no Fórum. Ao menos vinte policiais, dois seguranças privados e oito do tribunal ficaram de prontidão para conter o assédio dos funcionários. Duas cancelas de ferro e faixas foram utilizadas para isolar cerca de cem pessoas, em sua maior parte mulheres, que tentavam dizer algo ao cantor.

"O Paulo Cesar aceitou o acordo pelo carinho que tem pelo Roberto", disse o advogado do autor e da editora, Ronaldo Tovani, à imprensa. "O prejuízo será suportado pela editora e pelo autor." Não era bem verdade que Paulo Cesar tinha aceitado o acordo, ele foi pressionado a isso pelas ameaças e pela sensação de que estava diante de um juiz de assustadora parcialidade, que pediria inclusive autógrafo ao cantor após a sessão.

O acordo pôs fim ao processo de crime contra a honra que corria na 20ª Vara Criminal de São Paulo e à ação cível movida no Rio de Janeiro, que pedia indenização por perdas e danos. O advogado Norberto Flach, defensor do cantor, definiu o acordo como "uma vitória da intimidade do Roberto".

"Já no nascedouro prestamos fim à litigiosidade, que alcançou também a esfera cível", comemorou o juiz Tércio Pires, que teve de pedir a mais de cem funcionários, que pararam suas atividades para ver o cantor, que controlassem os ânimos e fizessem silêncio no Fórum.

É possível que o livro já tivesse vendido, àquela altura, mais de 70 mil cópias, oficial e irregularmente. Isso porque, mesmo após seu banimento, durante anos, foi possível adquiri-lo em lojas virtuais pelo mundo afora. Sua tiragem original, de 60 mil exemplares, tivera os primeiros 30 mil vendidos em livrarias. Do segundo lote, 11700 foram apreendidos e, de acordo com informações dos advogados do cantor, levados a um depósito em Diadema, no ABC paulista.

A partir da ação de Roberto Carlos, cresceu exponencialmente o debate em torno das chamadas biografias não autorizadas, chegando a instâncias pouco atentas a esses assuntos, como o *Jornal Nacional*. A então ex-mulher de Caetano Veloso, a empresária Paula Lavigne, movimentou-se para criar um grupo de lobby legal chamado Procure Saber, que acabou reunindo a nata da MPB em torno da reivindicação de uma legislação de proteção às suas biografias: além de Caetano, Chico, Gil, Djavan, Milton Nascimento e dezenas de outros. O desfecho dessa história significaria uma nova rusga entre Caetano e Roberto Carlos. Começou quando Roberto, insatisfeito com a postura de porta-voz que Paula Lavigne assumiu no grupo, tirou o seu time do campo, mas, antes, sugeriu que a empresária fosse substituída na comunicação pública do coletivo por um dos seus advogados (Marco Antonio Campos; Antônio Carlos de Almeida Castro, o Kakay; Fernanda Gutheil e Ana Paula Barcelos). Caetano ficou tiririca e retrucou em sua coluna no jornal *O Globo*: "RC só apareceu agora, quando da mudança de tom. Apanhamos muito da mídia e das redes, ele vem de Rei. É o normal da nossa vida. Chico era o mais próximo da posição dele; eu, o mais distante", escreveu Caetano. "De minha parte, apesar de toda a tensão, continuo achando que estamos progredindo."

Os estilhaços desse confronto chegaram ao outro lado do Atlântico, à Suíça, de onde o compositor e escritor Paulo Coelho meteu também o seu bedelho na história. Ele disse que tentou alertar os artistas sobre a "armadilha de quinta categoria" em que estavam se metendo. "Essas pessoas, que reputo como dignas e inteligentes, caíram numa armadilha de quinta categoria e apoiaram algo que não condiz com elas", disse. "E, acredito, estão muito arrependidas de ter feito isso. Depois que Roberto Carlos conseguiu o que quis, largou o grupo." E prosseguia Coelho: "Porque, de Roberto Carlos, todo mundo esperava uma atitude assim, mas ninguém esperava do Caetano, do Gil, do Chico".

Sobrou para meio mundo. "Um dos primeiros a falar em veto a biografias não autorizadas foi o Djavan, um cara com quem não conversei, que não conheço direito. Ora bolas, mas quem está interessado na biografia do Djavan?", alfinetou Paulo Coelho.

Longe dos embates estelares, solitariamente, o escritor Paulo Cesar seguiu buscando formas de reivindicar que a Justiça reavaliasse a decisão que baniu seu livro. "Vou argumentar que o livro foi vítima de um erro do julgador", disse o escritor certa vez, reanimado pela decisão final do STF sobre o assunto, em junho de 2015. O Supremo clareou a interpretação que se dava ao artigo 20 do Código Civil, o artigo que embasava decisões de juízes que proibiam biografias. O livro de Paulo Cesar tinha sido punido com base nessa interpretação.

A decisão do STF, após três anos de batalha judicial, mudou a correlação de forças em casos assim. Todos os nove ministros que participaram do julgamento acompanharam a relatora da ação, ministra Cármen Lúcia, que condenou a censura prévia a biografias. "Pela biografia, não se escreve apenas a vida de uma pessoa, mas o relato de um povo, os caminhos de uma sociedade", afirmou. "Essa decisão é histórica e fará justiça a tudo que se vem reivindicando", disse o escritor Ruy Castro. "A luta não é de agora, isso vem desde 2002, ou seja, há treze anos somos obrigados a pedir autorização para publicar as biografias e, muito antes disso, já existia chantagem aos biógrafos", afirmou o escritor.

Mas *Roberto Carlos em detalhes*, a minuciosa biografia de Paulo Cesar, por ser objeto não de uma decisão, mas de um acordo judicial, estava condenada a nunca voltar às livrarias. O autor, jamais conformado, publicaria mais tarde um livro, *O réu e o Rei* (Companhia das Letras, 2014), no qual contaria a saga que foi obrigado a atravessar, falando em primeira pessoa de suas motivações desde que se tornara um admirador da música do cantor capixaba, ainda menino.

A Roberto sobraria a tentativa de amenizar a má impressão que tinha ficado. Em 27 de outubro de 2013, mesmo dia em que morria o bardo do *wild side* nova-iorquino Lou Reed, Roberto Carlos veio a público, em sua própria "casa" (a Rede Globo, portanto de forma institucional), para se posicionar pela primeira vez sobre a corrosiva celeuma das biografias. Surgindo no programa dominical *Fantástico* com semblante grave e evidente ar de irritação, Roberto saiu das cordas para tentar explicar o que o motivava na rejeição ao livro *Roberto Carlos em detalhes* e às biografias em geral. Não convenceu muito. "Aqui e ali soou confuso, algo contraditório, como também estamos acostumados. Em resumo, foi ele mesmo — ainda que nos exaspere muitas vezes, é irracional de nossa parte exigir de Roberto Carlos que não seja Roberto Carlos", escreveu o jornalista Pedro Alexandre Sanches, autor de um ensaio sobre o cantor, *Como dois e dois são cinco*, e expert em sua obra.

Como anotou Sanches, Roberto veio a público em ocasiões em que as controvérsias se tornam maiores do que seu mito com a intenção clara de dar a última palavra. Já tinha feito isso numa entrevista à jornalista Glória Maria, no mesmo programa, para falar do distúrbio de que sofre, o TOC, que explicaria em parte um volume significativo de suas manias e superstições.

Roberto começou a tentar entender um pouco mais sobre sua inflexibilidade e suas obsessões em agosto de 2004. Foi quando uma terapeuta lhe deu o diagnóstico de TOC e iniciou o tratamento com o artista. A partir daí, ele passou a admitir que algumas de suas manias provinham das contingências do problema e a fazer um tipo de terapia pública. "Só não vou usar marrom porque não gosto mesmo", brincou. Foi quando passou a concordar com a derrubada de alguns tabus a que tinha se submetido nos anos anteriores, como a exclusão de seu repertório da canção que o projetou com mais força nos anos 1960, "Quero que vá tudo pro inferno". "É uma canção de amor apenas, que tem uma forma irreverente por causa do refrão", dizia, tentando convencer a si mesmo.

Muitas vezes, o próprio artista resolve revisar, ou arredondar, a opinião que já tinha emitido sobre o assunto que causara celeuma. Em 2007, cobrindo uma entrevista coletiva do cantor sobre o tema dos livros biográficos, me dei conta de que havia uma resposta dele muito contundente que eu não havia destacado no texto geral no qual reportava a conversa. Enviei então uma mensagem ao meu editor na época: "Mestre, esqueci de mais uma declaração importante dele sobre o tema do livro proibido. Será que você consegue acrescentar mais esse parágrafo ao texto de abertura, mesmo cortando um pouco o resto?". Meu editor, que era debochado, brincou: "Claro, sem problemas. Nem vai precisar cortar o box. Que, aliás, você nem mandou ainda...".

Meu editor então acrescentou a última declaração que enviei, da qual eu nem lembrava, e na qual Roberto repetia, como num mantra, a obstinação em defender seu mundo privado:

A Constituição brasileira diz que existe uma diferença entre a liberdade de expressão e a proteção à privacidade. A informação tem valor enquanto é de interesse da nação. A partir de que não haja um interesse, prevalece a proteção à privacidade. Quando pensei em tirar esse livro de circulação, a primeira coisa que fiz foi procurar saber que direitos eu tinha dentro da Constituição. Somente então decidi entrar com a ação.

Apesar do manto da legalidade e da legitimidade, o processo contra Paulo Cesar de Araújo corroeu de forma dolorida a popularidade de Roberto. Aparentemente, ele não perdeu fãs, sua posição é muito sólida entre os admiradores de sua música, mas ganhou detratores e viu espalhar-se uma ideia de que seria um homem intrinsecamente intolerante e arrogante, e pela primeira vez ele se preocupou. Uma ocasião, me lembro de ter atendido um telefonema de sua assessora de imprensa, Ivone Kassu, e ela parecia estar em busca de algum tipo de conselho. "Jota, me diga de verdade: você acha que esse caso está saindo do controle? O que Roberto poderia fazer em relação a essa história? Que tipo de ação, para melhorar essa relação com a opinião pública?".

Ela não falava, evidentemente, em nome dele, mas assuntava para saber quais sugestões poderia levar à mesa de "gestão de crises" do bureau roberto-carliano. Lembro que eu não soube muito bem o que dizer, mas recordo de ter a impressão de que aquilo tinha repercutido de forma muito negativa entre os novos ouvintes de música, que poderia trazer prejuízos no futuro, e respondi a ela que o melhor a fazer seria não deixar que o rancor falasse mais alto, talvez uma reconsideração da proibição fosse um caso a ser pensado. "Kassu, você sabe", eu disse, "que o livro nunca sairá de circulação, que suas informações e ideias serão passadas adiante de uma forma ou de outra, e isso não é algo que Roberto possa controlar." Não era preciso bola de cristal para saber disso, assim como não precisava ser bidu para deduzir que o Olimpo não rejeitaria Roberto por causa daquilo.

"Roberto Carlos não ficaria por tanto tempo no primeiro lugar da estima pública, com absoluta prioridade, se não houvesse entre ele e a alma lírica do seu povo uma comunicação natural de que nasce o encontro permanente dos gostos pela leveza, sinceridade e graça instintiva", ponderou certa vez Austregésilo de Athayde, que por 34 anos presidiu a Academia Brasileira de Letras. A questão é que, entre a alma lírica do povo e o poder de comunicação, existe toda a saga diplomática das ações do cotidiano para se administrar, e quase ninguém consegue fazer isso de forma irrepreensível.

Roberto demonstrava estar sendo, naquela altura da vida, engolfado por sua própria noção do que era uma apólice de tranquila unanimidade. Talvez, por isso mesmo, ao adentrar o território da tecnologia, da música digital, do conteúdo como patrimônio, das lives, ele tenha tentado, mais uma vez, mudar sua imagem e restabelecer seu escudo de proteção.

Emociones

Em 2007, Roberto Carlos iniciou uma nova turnê internacional começando, como sempre, pelos Estados Unidos. Mas por aquela América híbrida, coalhada de fãs cubanos, porto-riquenhos, dominicanos, salvadorenhos. "Quando o Brasil não para pelo futebol, seguramente o faz por qualquer notícia relacionada a Roberto Carlos", escreveu o jornal *El Sentinel* sobre os shows que o cantor brasileiro tinha anunciado que faria em Miami. Apenas o iminente show de Ricky Martin na cidade parecia rivalizar em interesse (ao menos nas comunidades hispânica e brasileira) com o de Roberto Carlos.

Com suas músicas vertidas por ele mesmo para lançamentos em espanhol desde o início da carreira, com *Roberto Carlos canta a la juventud* (1965), além de algumas canções especialmente preparadas para aquela língua, casos de "El gato que está triste y azul" e "Abre las ventanas a el amor", Roberto se tornou progressivamente um dos artistas de maior transversalidade entre os países da América Latina — tão popular entre os expatriados brasileiros quanto entre os nativos de cada país. "Fique mais entre nós e nós o curaremos!", bradou um repórter mexicano durante a coletiva de imprensa do artista em Miami. Muitos dos clássicos de Roberto no Brasil também o são nos países hispânicos, como "Desahogo" ("Desabafo", de 1979) e "Emoções", que nas gravações em espanhol de Roberto parecem adquirir novo sentido: "*Pero yo estoy aquí viviendo este gran momento/ Estando frente a tí, nuevas emociones siento*". Além disso, ele é incensado por suas gravações de clássicos, como "Solamente una vez", "El día que me queiras", "Inolvidable" e "Abrázame así", além de "Sonrie", de Charles Chaplin.

Para Roberto, o repertório em espanhol foi uma consequência natural de sua primeira curiosidade sobre *los hermanos* latinos. "Eu já cantava 'Abrázame así' (de Mario Clavell) em Cachoeiro de Itapemirim, quando tinha dez anos. São inesquecíveis os arranjos do maestro Bebu Silvetti", explicou o cantor brasileiro. Roberto fazia ali, no coração da comunidade latina, uma reverência ao arranjador argentino Bebu Silvetti (radicado no México), com quem trabalhou diversas vezes e que tinha prestígio em dois mundos. Uma dessas colaborações foi justamente no disco *Canciones que amo* (1997), um dos seus trabalhos em espanhol, do qual Silvetti foi o diretor musical.

É também nesse disco, *Canciones que amo*, que Roberto Carlos gravou Tom Jobim, um compositor que ele dizia venerar, pela primeira vez. Mas, curiosamente, em espanhol: "Insensatez" (de Tom e Vinicius de Moraes). Na biografia que escreveu sobre Tom Jobim, Sergio Cabral diz que Roberto muitas vezes pediu a Tom uma canção para gravar, e que o maestro soberano o atendeu em uma delas, oferecendo-lhe "Luiza". Mas o cantor acabou não gravando essa. Em 1978, os dois se apresentaram juntos no Especial de Natal de Roberto, este cantando "Lígia", com Jobim ao piano, e o Maestro Soberano surpreendeu o ensaiado Roberto inserindo versos da primeira versão da letra, que o capixaba desconhecia, mas ficou agradavelmente surpreso ao descobrir.

"Eu gosto de todas as músicas do Tom, mas eu tenho um carinho especial por 'Lígia', porque é uma música que eu, inclusive, tenho cantado em algumas oportunidades", explicou Roberto.

Esse ano, cantei também "Ângela" no show, que é uma música não tão conhecida como "Lígia", mas é lindíssima. Quando ele diz "da janela daquele avião, lá embaixo a Terra é um mapa", é uma música da janela de um avião, de dentro pra fora e de fora pra dentro também. E, de dentro pra fora, lá embaixo a Terra é um mapa, "que agora uma nuvem tapa". Essa só o Tom mesmo, só o Tom pode caminhar nessa praia.

A consolidação do posto de maior vendedor brasileiro de discos no mercado de língua espanhola foi estabelecida homeopaticamente por Roberto, mas ele detestou quando a estrada começou a se tornar de mão dupla e Julio Iglesias, o maior vendedor de discos no mercado espanhol, quis desembarcar na Marina da Glória. O guapo Iglesias, filho de um famoso ginecologista espanhol sequestrado por militantes bascos, ex-goleiro do Real Madrid, já tinha vendido 220 milhões de discos no final dos anos 1990 (superando Madonna e Michael Jackson) e era um sujeito muito preparado: aprendera até a falar português para chegar chegando no promissor mercado brasileiro. Mas Roberto não queria outro cantor cantando de galo no seu terreiro — e vendia cinco vezes mais do que Iglesias no Brasil, tinha cacife para fazer forfait.

Ocorre que a gravadora de ambos era a mesma, a CBS, que tentou três vezes, sem sucesso, marcar um encontro amistoso entre as suas duas potências mercadológicas no iate de Roberto. Roberto se recusou. A estratégia de globalização de Iglesias era engenhosa: ele se mantinha, ano após ano, em excursão permanente por todos os países em que pudesse cantar, ampliando progressivamente sua base e cantando em oito idiomas (inglês, francês, espanhol, japonês, italiano, alemão, um dialeto filipino e agora português).

O mais curioso estava na semelhança de público, temas e interpretação dos dois. Românticos até a medula, de apelos sedutores, milionários e teoricamente mulherengos: todo o marketing de suas carreiras convergia. "O mercado brasileiro é muito grande, e ainda longe de ser totalmente ocupado", dizia o presidente da CBS, Roberto Augusto, que articulava a invasão de

Iglesias no país. "Cabem os dois perfeitamente. E se, algum dia, eles chegarem a se chocar, tenho certeza de que a casa optará pelo Roberto." O presidente da CBS, entretanto, falava abertamente em mudar a imagem do seu mais lucrativo contratado. "Precisamos, acima de tudo, tirar a imagem careta do Roberto. Aproximá-lo do pessoal mais moço, sem perder seu público, que cresceu com ele. Mas já estamos cuidando disso, e com ótimos resultados", afirmou Augusto.

"Estou preparado para cantar para 1 milhão. Em sonhos, para o mundo inteiro. Mas se ninguém quiser, posso cantar para meu pai e minha mãe", dizia um espirituoso Iglesias numa semana em que ambos, ele e Roberto, em 1999, cantavam em São Paulo. Sempre diplomático, ele comentou a pouco expressiva penetração da música do brasileiro no mercado norte-americano: "Ele não quer o mercado americano, está satisfeito em cantar para o seu povo. Eu penso que Roberto Carlos é o maior cantor que nasceu no seu país. Sua voz é indestrutível. Há grandes cantores, como Zezé Di Camargo, mas ele é para sempre, é um desses artistas mágicos, que contam para gerações e gerações", afirmou. "A única rivalidade que tenho é comigo mesmo, porque tenho de estar melhor a cada dia."

Iglesias tinha certa razão sobre Roberto Carlos: a agenda doméstica do cantor brasileiro, que lhe exigia um disco anual, um programa de TV também anual, filhos, carros, iates, demanda de programas de entretenimento e uma turnê nacional sempre muito rentável, evitava que tivesse grandes planos de conquista do mercado externo. Ainda assim, ele estabeleceu a melhor posição de um artista brasileiro no exterior em todos os tempos.

Cinquenta anos esta noite

Para festejar os cinquenta anos de carreira, Roberto Carlos precisava decidir qual era o marco inicial dela. Ele acabou escolhendo a temporada na Boate Plaza, em 1959, como o início profissional, porque foi ali que ganhou o primeiro salário. Se tivesse feito como Pelé e Messi, teria incluído também as partidas amistosas, ou seja, as apresentações na Rádio Cachoeiro, em 1949, 1950, e isso teria colocado umas dez velinhas de aniversário a mais no seu bolo.

Mas cinquenta anos é uma marca admirável e era preciso mesmo fazer algo de grande simbolismo para registrar esse momento. Roberto iniciou então uma série de shows e eventos especiais para imprimir na memória dos fãs a data, em 2009, e um show na cidade natal, Cachoeiro de Itapemirim, certamente seria a cereja do bolo.

No dia 19 de abril de 2009, o jatinho de Roberto Carlos pousou no Aeroporto Municipal Raimundo de Andrade, em Cachoeiro de Itapemirim, às dezessete horas, após fazer um voo de reconhecimento pelos lugares da infância do cantor. Quando voava sobre as pontes, o povo o apontava, já sabia quem estava ali dentro. No aeroporto, sob um calor inclemente, cerca de quinhentas pessoas o esperavam havia três horas em festa, espremidas entre grades, vidros e arames farpados. No pequeno saguão, uns noventa profissionais montavam sua guarda, enquanto a excitação lá ameaçava causar danos ao modesto aeroporto — fãs estouraram um cano de instalação hidráulica nos fundos do aeroporto para beber água, agitavam faixas e cartazes e ameaçavam invadir a pista de pouso.

Vestida com um quepe de capitão de navio, segurando uma faixa na qual declarava sua paixão pelo cantor, a advogada Adnélia

Santos havia dirigido desde o Rio de Janeiro na sexta-feira para ver o ídolo. Tinha rosas tatuadas no braço e, "num lugar que não posso mostrar", as iniciais do nome do cantor. Já havia visto 75 shows dele e exibia fotos e ingressos para provar seu feito. "Não sou louca, apenas vou aonde o amor está", afirmou. Fábio Freitas, de 57 anos, conhecido por ganhar a vida como clone profissional do cantor, e que tinha agitado Cachoeiro nos últimos dias andando de calhambeque pela cidade, cantava músicas do Rei e se gabava de ter ganhado um tapinha nas costas do próprio. Outro fã exibia um cartaz em que dizia: ROBERTO, COLECIONO FOTOS. ME DEIXE TIRAR UMA COM VOCÊ.

A visão da presença do ídolo caminhando na pista rumo ao saguão aumentou a pressão. Cinegrafistas davam cotoveladas uns nos outros para conseguir uma posição mais adequada para a imagem, assim como fotógrafos empurravam uns aos outros com suas lentes. Nos telejornais noturnos, os chefes de reportagem não achariam graça nenhuma em não poder contar com as ansiadas imagens de encerramento, assim como os jornais do dia seguinte não perdoariam quem perdesse a foto de capa.

Uma mureta de grades foi improvisada para o pronunciamento real. Na vidraça do saguão, um menino prensava um filhote de cachorro assustado contra o vidro, uma mulher chorava, centenas gritavam pedindo atenção, três adolescentes imploravam por uma garrafa de água de algum dos jornalistas credenciados no abafado salão. "Eu não sei ser rei, eu só sei cantar", disse Roberto Carlos, numa das muitas generalidades que conseguiu dizer no meio de uma saraivada de gritos que nunca serão ouvidos. Ele definiu como um caso "muito sério de amor" aquele que o unia aos fãs de todo o país e prometeu que aquela não seria, de modo algum, sua última apresentação na terra natal. Roberto arriscou até uma explicação protossociológica sobre o segredo da longevidade de sua carreira: segundo ele, ela reside no fato de que ele compartilha o sentimento do povo e compreende suas predileções.

A presença de Roberto Carlos em sua terra, catorze anos após sua última passagem por lá, mudou a rotina na cidade. Lojas de saldões tocavam suas músicas, a Princesinha dos Calçados expôs suas capas de discos, camelôs se aglomeravam nas imediações do estádio do Sumaré, onde ele cantaria, taxistas leiloavam corridas. Mas nem tudo era a celebração da hegemonia. Na praça Jerônimo Monteiro, mesmo local onde Roberto tinha cantado no início dos anos 1950 como cantor-mirim, cerca de duzentas pessoas se reuniam na boca da noite do dia 18 para ouvir o repertório do outro grande cantor de sua terra, Sérgio Sampaio. O grupo Tangos e Outras Delícias, encabeçado pelo cantor Juliano Gauche, seduzia a plateia com os hits (e a semelhança física do jovem intérprete no palco) do capixaba morto aos 47 anos, ex-parceiro de Raul Seixas e um dos que, segundo a mitologia da MPB, sentiram-se esnobados por Roberto. Tanto que chegou a gravar uma canção-mensagem para o ídolo e conterrâneo Roberto Carlos, "Meu pobre blues":

Que o meu pobre coração
Está ficando um tanto quanto aflito
Pois deve estar pintando o tempo
Em que você começa a gravar
O seu próximo disco
Eu queria tanto ouvi-lo cantar
Eu não preciso de sucesso
Eu só queria ouvi-lo cantar
Meu pobre blues, e nada mais

O show de Roberto seria no dia seguinte. Naquela noite, a lenda dormiria em sua terra, o que suscitava todo tipo de boato. Jantaria na casa de uma tia, iria de madrugada à ponte do Itapemirim sozinho, iria ao lugar do acidente fazer uma oração. O mito o precedia. O comerciante José Carlos Scandiani jurava ter um dia encontrado o cantor passeando incógnito de madrugada pelas margens do Itapemirim. "Acho que deu saudade nele. Eu fui até ele e disse: você é o cara, não é? E ele deu aquela gargalhada dele", contou.

O reencontro de Roberto com seus conterrâneos foi um daqueles raros momentos em que ele parece se reaproximar de suas motivações originais. Com toda a família na plateia, os filhos levando bolo ao palco, um repertório mais surpreendente do que os estandardizados de suas turnês comerciais, parecia um outro artista em cena.

O diagnóstico de que sua figura e suas canções sempre causaram um efeito especial no público feminino é antigo para Roberto. Mas esse efeito de para-raios teve funções distintas ao longo da carreira. No início, ele usou e abusou do *coté* de sedutor; depois dos trinta anos, fortaleceu a figura simbólica que é usualmente associada ao *latin lover*; na maturidade, ressurgiu como o confidente, o homem que guarda os segredos, que exerce a grandeza da discrição com elegância. Com grande cumplicidade, algumas estrelas do mundo da TV e da música o ajudaram a construir essa última imagem. Foi o caso de Hebe Camargo, com seus "selinhos" e lisonjas comprometedoras, que contava ter passado a vida toda esperando um chamado de Roberto para completá-la, como uma alma gêmea. Teve sempre algo de divertido nessa brincadeira, e seus códigos passaram a ser incorporados ao grand monde das futilidades coletivas.

Em 2009, aconteceu o ápice dessa relação entre Roberto e as mulheres. Foi organizado um show de gala no imponente Teatro Municipal de São Paulo com vinte cantoras devotas da música e da mística de Roberto Carlos. Batizado como *Elas cantam Roberto*, teve toda a renda, cerca de 327 mil reais, destinada a uma instituição beneficente voltada para a prevenção do câncer de mama.

O show se inseria nas comemorações dos cinquenta anos de carreira do mais popular cantor brasileiro. Como não poderia deixar de ser, a apresentadora Hebe Camargo abriu a noite, às 21h33, interpretando "Você não sabe" (de Roberto e Erasmo Carlos). Toda de branco, com mangas largas como as de um arcebispo católico, num cenário fundeado por uma cortina feita de pedaços de vidro espelhado, Hebe conquistou o público com sua interpretação. Ao sair, ouviu gritos de "linda" e "gracinha". A seguir, Zizi Possi e sua filha, Luiza, interpretaram a simbólica "Canzone per te", de Sergio Endrigo e Sergio Bardotti, com a qual Roberto Carlos venceu o festival da canção italiana de San Remo em 1968. Depois, Zizi Possi, sozinha, cantou "Proposta".

A cantora Alcione foi uma surpresa, cantando "Sua estupidez" com uma levada de blues, muito interessante. Fafá de Belém cantou "Desabafo" e emocionou com seus excessos vocais e a legitimidade de sua interpretação popular. A cantora lírica Celine Imbert trouxe um tom de ária à noite com sua versão de "À distância". As estrelas máximas do reinado da Jovem Guarda, Wanderléa e Rosemary, foram muito bem recebidas pela plateia. Wanderléa, de saia curtíssima e botas, cantou "Você vai ser o meu escândalo", composta para ela. Cenas de filmes antigos dos tempos do iê-iê-iê apareciam no telão. Rosemary cantou "Nossa canção", de Luiz Ayrão.

O maior contratempo viria na entrada de Daniela Mercury. A cantora baiana se esqueceu de ligar o microfone. Dançou e cantou sem que a voz saísse, até que se deu conta do problema. O show parou, ela sorriu e pediu um técnico, que simplesmente ligou o aparelho. Daniela voltou ao fundo do palco e fez uma nova entrada, dessa vez com caloroso resultado da plateia. Como era tudo a gravação para um show de TV, não teve o menor problema. Cantaram ainda Paula Toller, Marília Pêra, Fernanda Abreu, Sandy, Marina Lima, Claudia Leitte, Nana Caymmi. Ivete Sangalo fecharia a noite, com duas interpretações, e o Rei só entraria no final, cantando "Emoções" e depois cantando com todas as suas convidadas.

Em março de 2010, com fortes dores, a mãe de Roberto, Laura Moreira Braga, deu entrada no Hospital Copa D'Or, no Rio de Janeiro. Estava com infecção respiratória e inspirava muita atenção por causa da idade, 96 anos. Durante um mês, ela ficou sob cuidados dos médicos. Roberto tinha uma agenda internacional marcada, chegou a pensar em cancelá-la.

No dia 17 de abril, um sábado à noite, em turnê pelos Estados Unidos, ele tinha acabado seu show (com 6 mil lugares ocupados) no Radio City Music Hall, mitológico teatro art déco erguido em 1932 na Avenue of the Americas, no coração de Nova York, a poucas quadras do Central Park. O cantor brasileiro estava no camarim esperando o momento de voltar para o bis e fechar com a aguardada "Jesus Cristo". Eram 23h30. Mas, poucos minutos antes, o empresário de Roberto, Dody Sirena, tinha recebido uma ligação do médico Milton Kazuo Yoshino, do hospital Copa D'Or. Ele pedia para avisar ao cantor que sua mãe, Laura Moreira Braga, acabara de falecer.

Roberto não voltou para o bis naquela noite. Pediu que aguardassem sua chegada para o enterro da mãe. Ele embarcou no domingo, chegou na segunda e, na terça, rumou para o Cemitério Jardim da Saudade, em Sulacap, zona oeste do Rio.

Na terça-feira, 20 de abril, um dia após seu aniversário de 69 anos, cerca de quatrocentas pessoas acompanharam a chegada prostrada do artista, ele quieto, elas cantando ruidosamente o refrão de "Jesus Cristo". Só fizeram absoluto silêncio quando ele, ao lado do corpo da mãe, cantou a música que tinha composto para ela, "Lady Laura", enxugando as lágrimas na manga da camisa azul dobrada até o muque. Somente aí a multidão se calou para ouvir. "Quando trabalhávamos de madrugada nos discos, ela sempre aparecia no meio, às duas, três horas, com um saquinho de bala ou um chocolatinho", lembrou o produtor Guto Graça Mello, que trabalhou em diversos discos do artista. Após fazer suas orações, Roberto caminhou pelo cemitério segurando a alça do caixão, tendo atrás de si o irmão, Carlos Alberto, e do lado esquerdo o filho, Rafael. O caixão foi colocado no jazigo, bem ao lado do túmulo da cantora Cássia Eller.

Vestiu azul, sua sorte então mudou

No final de 2010, Roberto ensaiava e burilava sons com Erasmo e o maestro Eduardo Lages em seu estúdio na Urca, ao lado de sua casa, para entrar no disco anual do ano seguinte. Estavam ali em busca de alguma sonoridade quando Roberto, louco para se livrar de um segredo, olhou para o seu maestro (Erasmo já sabia) e confidenciou:

— Bicho, tenho que contar uma novidade: vou ser enredo da Beija-Flor no Carnaval.

A surpresa foi seguida de euforia. Lages na mesma hora se prontificou a fazer, com Erasmo, um samba para o disco, aproveitando, segundo garantia, sua "vasta experiência" no passado do Chiko's Bar (um célebre nightclub que existiu na zona sul do Rio e depois migrou para a Barra da Tijuca). Eles riram, e o entourage de Roberto passou a viver da expectativa daquela grande prova de fogo da cultura nacional: a centralidade de um enredo na avenida mais colorida do mundo.

"Fizemos um samba forte, com disposição, melodia fácil e um refrão muito forte. Foi um trabalho milimétrico, com trechos de 21 músicas do Rei na nossa letra", contou o compositor da escola, J. Velloso, falando sobre o enredo "A simplicidade de um rei".

Meu Beija-Flor, chegou a hora
De botar pra fora a felicidade
Da alegria de falar do Rei
E mostrar pro mundo essa simplicidade

Havia algo de divertidamente contraditório nessa proposta de "mostrar pro mundo essa simplicidade". Se é simplicidade, em tese não precisa de convencimento; se precisa mostrar pro mundo, não é mais simplicidade, é excesso de autoconfiança; se é simples, não aceita controvérsia porque deriva de uma admissão tácita e parece ligeiramente autoritário. O samba, longe de ser distraído, fazia engenhosamente uma reiteração das letras e da respectiva convicção de Roberto sobre seus temas mais queridos. "De todas as Marias vêm as bênçãos lá do céu/ Do samba faço oração, poema, emoção!"

Roberto já tinha sido enredo da Unidos do Cabuçu em 1987. Mas a Beija-Flor de Nilópolis era um outro negócio: além de manter a sincronia do azul, uma das cores oficiais dessas escolas, o Brasa certamente iria pras cabeças, como na expressão popular. Era um lance de alta competitividade (muito embora a Beija-Flor não ganhasse desde 2008). Desde que Joãosinho Trinta mudou a história do Carnaval em 1983 com o enredo "A grande constelação de estrelas negras", a escola passou a figurar, a cada ano, como uma das favoritas potenciais de todo Carnaval.

A primeira façanha da Beija-Flor, naquele ano de 2011, foi tirar Roberto Carlos do isolamento. Ele passou a frequentar os ensaios da escola, que montou para o artista um camarote exclusivo com champanhe D. Pérignon Vintage, safra 1999, de 1500 reais a garrafa. Mas o cantor estava em outra: dispensou o champanhe e tomou reiteradamente seu uisquinho Johnny Walker dezesseis anos com tamborim na mão e olho nas garotas — a uma delas, Raíssa, a rainha de bateria, tocou tamborim para que sambasse e lhe dirigiu galanteios (o marketing dionisíaco dessa imagem tomou conta de todos os periódicos do Brasil, daquele e de outros carnavais).

O clima na escola, que sempre foi de confiança, passou a ser também de curiosidade e euforia. Os motoristas dos carros alegóricos disputaram a primazia de conduzir o Rei da música popular, e os sortudos acabaram sendo Pedro Miranda e Ramiro Vinhosa. "Dirijo alegorias da Beija-Flor há doze anos, mas nunca tive tal alegria", festejou Ramiro.

Na apuração do desfile, a Beija-Flor somou 299,8 pontos, com uma diferença de 1,4 ponto sobre a Unidos da Tijuca, a segunda colocada. "O rei Roberto Carlos deu à Beija-Flor o reinado do Sambódromo", decretou o jornal *O Globo*.

O presidente da Beija-Flor, Farid Abrahão David, atribuía o título à união da comunidade, mas destacava que a escolha do homenageado tinha sido um fator preponderante.

"Quero agradecer à Beija-Flor por me homenagear, fazer o enredo contando a minha vida. Foi uma emoção maravilhosa. Enche o meu coração, deixou-o saltando de alegria", afirmou o cantor ao *Jornal Nacional*.

No dia do desfile das campeãs, havia um pelotão de cinquenta seguranças entre o ônibus-camarim do cantor e o carro alegórico, para que ele subisse. "A campeã voltou!", berravam os foliões. Roberto causou tumulto na chegada e na dispersão.

O cantor, para usar um clichê de Carnaval, mirava tanto a tradição quanto a modernidade naquele ano: com mais de 100 milhões de discos vendidos no Brasil e no exterior até aquele ponto, ele tinha decidido disponibilizar com exclusividade no iTunes os álbuns dos anos 1960, iniciando uma campanha inédita de venda de seu catálogo digital via download pago. Era uma estratégia também para renovar seu público, que já havia muito estava abandonando o formato físico, no qual ele fizera sua carreira. A ação no iTunes começou com a discografia da década de 1960, com os oito álbuns: *Splish splash* (1963), *É proibido fumar* (1964), *Roberto Carlos canta para a juventude* (1965), *Jovem Guarda* (1965), *Roberto Carlos* ("Eu te darei o céu", 1966), *Em ritmo de aventura* (1967), *O inimitável* (1968) e *Roberto Carlos* ("As flores do jardim da nossa casa", 1969).

Longe das canções e mais próximo que nunca dos negócios, Roberto incrementou os empreendimentos imobiliários.

Em 2011, lançou em São Paulo um luxuoso edifício de quarenta andares na avenida Juscelino Kubitschek, sua primeira empreitada no ramo imobiliário. A única polêmica estava nas superstições do cantor: ele insistia, com seus sócios construtores, em eliminar o 13º andar, número que poderia ser sinônimo de má sorte. "Nos Estados Unidos eles não têm problemas em relação a isso, mas aqui está difícil", contou o cantor, que tentava pular direto do 12º para o 14º andar. A Prefeitura de São Paulo recusou o pedido, mas Roberto garantiu que continuaria tentando.

O edifício, batizado com o nome de Horizonte Home and Office (conexão direta com a obra artística, a canção "Além do horizonte", dele e de Erasmo), ainda não existia, um fato corriqueiro no mercado imobiliário. Estava sendo vendido na planta e representava um investimento de 200 milhões de reais. O número 13 não era o único empecilho — a própria mania perfeccionista do cantor fazia com que detalhes do projeto (do arquiteto Itamar Berezin) fossem mudados a todo instante. "Mas ele [Roberto] já está fazendo shows no dia 13", contemporizou o empresário do artista, Dody Sirena.

No mesmo ano, sua ex-mulher, Myrian Rios, aos 52 anos, no gabinete 201 da Assembleia Legislativa do estado do Rio, que ela fizera decorar com imagens de são Miguel Arcanjo e Nossa Senhora de Fátima, denunciando os hábitos da religiosidade adquirida com o ex-companheiro, examinava o saldo de sua atividade parlamentar. Myrian, eleita deputada estadual pelo PDT, fizera sua campanha em consonância com o ideário do movimento Renovação Carismática Católica que tinha empurrado um contingente grande de fiéis para uma prática religiosa próxima dos neopentecostais, radicalizando discursos e comportamentos.

Àquela altura, Myrian tinha proposto vinte projetos de lei, e nenhum chegara a ser votado em plenário. Dos 26 discursos que fez, a ex-senhora Roberto Carlos citou Deus 74 vezes, leu trechos da Bíblia e concedeu títulos para religiosos e políticos. Condenou o uso de preservativos no Carnaval ("É nesse sentido que nós, missionários católicos, não concordamos com a campanha do objeto, da borrachinha, porque, como missionários e filhos de Deus, nós devemos preservar nossa intimidade, o nosso corpo, os nossos sentimentos").

Uma voz na Terra Santa

A mesquita ao lado da sinagoga e da igreja católica, numa espécie de comboio alegórico, compunha o cenário. Do palco, soavam canções em espanhol se misturando a outras em italiano, português e hebraico. A oliveira de papel, o violino klezmer, a bossa nova, o hino gospel: o sincretismo cultural bailava sob uma iluminação de presépio. Numa noite de setembro de 2011, uma quarta-feira quente em Jerusalém, Roberto Carlos acendeu a noite como se tivesse uma menorá gigante nas mãos. Era seu primeiro show no Oriente Médio, e 6 mil pessoas enchiam o anfiteatro Sultan's Pool (um enclave no vale do Hinnon, ao lado da Torre de Davi, próximo ao monte Sião, local da Santa Ceia, e junto às muralhas da Cidade Velha de Jerusalém). Muitos espectadores tinham vindo do Brasil em pacotes turísticos, mas a maioria era mesmo de expatriados que moravam em Israel ou na Palestina.

A grandiosidade do espetáculo, sua logística minuciosa e cronometrada, tudo parecia contradizer a famosa inclinação brasileira para a improvisação, como crê a voz popular. O apoteótico show tinha se iniciado um ano antes, após uma viagem de férias do empresário e sócio de Roberto Carlos, o gaúcho Dody Sirena, um homem de sorriso fácil, mas de gestos tranquilamente calculados, um cultor da gestão segura de riscos. Dody tinha visto o cantor pela primeira vez num show numa praia em Tramandaí, no Rio Grande do Sul. Não era fã, mas a namorada era. Viu que o espetáculo tinha uma monumentalidade que ia além da compreensão do "gostei" ou "não gostei": era simplesmente impossível ficar indiferente a ele. Alguns anos depois, ao ver o desempenho do gaúcho na área de show business, o próprio Roberto o convidou para ser seu agente. Viraram mais que isso: são sócios.

Naquele ano, Sirena tinha passado pela Terra Santa e, encantado com a atmosfera de sacralidade e mistério, imaginou um show do seu mais famoso aliado artístico ali. Ao expor sua ideia ao cantor, Dody diz que sua reação foi a de sempre quando se vê diante de uma proposta interessante: primeiro, ele fica em silêncio; em seguida, faz um comentário bem-humorado, uma brincadeira. Depois, responde com determinação à pergunta "Roberto, podemos considerar essa ideia?": "Sim, gosto muito dessa ideia".

"A intuição de Dody lhe dizia que estava iniciando um grande negócio. Fez um exercício rápido de despesa: com o preço médio dos ingressos em Israel e na Europa (cem a 150 dólares), constatou que num local para 6 mil pessoas teria uma receita de, no máximo, 700 mil dólares, que não pagaria nem a viagem da equipe, muito menos fretar avião, preparar a logística, deduzir impostos, pagar hotel, palco, som, publicidade. Uma coisa era certa: fariam o show mesmo se tivessem que investir dinheiro", contou Léa Penteado, diretora de comunicação da DC Set, em seu livro *Um show em Jerusalém*.

Assim se configurou o famoso show de 2011 em Jerusalém. Mas essa é uma versão mais heroica do que a real. Um ano antes, Roberto Carlos e a administradora de cartões de crédito Credicard tinham feito um acordo de dez anos de benefícios mútuos. Fora lançado, em uma amistosa entrevista coletiva no auditório do Itaú Cultural, na avenida Paulista, um cartão *co--branded* (o primeiro a estampar a imagem de um artista brasileiro, segundo a administradora), e os executivos estimavam lançar um cartão pré-pago para a área do entretenimento, com essa chancela, para 1 milhão de pessoas em cinco anos. Os ingressos para os shows do artista começaram a ser vendidos antecipadamente aos clientes daquele cartão, e a empresa passou a financiar todos os eventos artísticos do cantor, qualquer empreitada que ele decidisse fazer entre os seus setenta e oitenta anos de idade. Ele se apressou a explicar sua visão a respeito de tão confortável situação: "Não penso em aposentadoria porque vou continuar trabalhando, vou continuar cantando". Então, um show em Jerusalém seria mais que um show, seria uma ação promocional de vulto, insuperável naquele momento.

A logística inicial previa que 2 mil brasileiros voariam até a Terra Santa para o espetáculo. Mas a façanha seria voar com o principal convidado da festa.

O voo 42 da El Al ainda deslizava pela pista do Aeroporto Internacional de São Paulo quando a aeromoça anunciou: "Viaja conosco Roberto Carlos, o Rei da música latina". Ele ia de boné na primeira classe, junto com os fãs, que passariam o voo todo tentando obter informações de como viajava o ilustre passageiro, o que tinha comido, se estava acompanhado, qual roupa usava. O cantor não ia a Jerusalém desde as filmagens de *Roberto Carlos e o diamante cor-de-rosa*, em 1968.

Durante cinco dias, Jerusalém recebeu uma sobrecarga de "velhos camaradas" do Brasil, um batalhão de pessoas do tipo que cria intimidade imediata com os comerciantes, que beija muito quem não conhece, que vira amigo da vida toda em cinco minutos. O desembarque brasileiro mudou a vida no mercado da Cidade Velha, nas igrejas, nos balneários. Estavam em todo lugar. Tudo embalado pelas canções de Roberto, que tocavam do restaurante do hotel ao bar da lanchonete do mar Morto.

Roberto cumpriu uma agenda quase de chefe de Estado. "A sua voz chegou a Jerusalém antes de seu corpo", disse a ele o ex-presidente de Israel (de 2007 a 2014), Shimon Peres, quando o cantor entrou em sua casa para uma visita. Prêmio Nobel da Paz de 1994 (ao lado de Yasser Arafat e Yitzhak Rabin), Peres, que havia completado 88 anos um mês antes, elogiou a forma física do artista. Roberto tinha decorado uma saudação em hebraico, *"Shalom aleinu kol ha'olam"* (Paz para nós e para o mundo), e sentaram-se para uma entrevista mútua — o ex-presidente querendo saber de suas canções favoritas e qual tinha sido a primeira que cantara na vida. Roberto então cantarolou o bolero "Amor y más amor", que integrava seu repertório quando cantava na Rádio Cachoeiro. "Israel é um país unido pela música e desunido pelas palavras", disse-lhe o político.

Sem conhecê-lo a fundo, um repórter israelense resolveu inquirir o cantor brasileiro contundentemente sobre seu tema favorito, o amor. Perguntou a Roberto como é que ele sabia que a mulher de sua vida tinha sido Maria Rita, se tivera tantas mulheres. "Quando chegar o amor de sua vida, você saberá", respondeu-lhe o soberano da canção popular brasileira. Mais ou menos o que Thelonious Monk respondeu quando lhe perguntaram o que era o jazz.

Com esses dribles e frases repletas de generalidades, Roberto Carlos mantém-se blindado há pelo menos quatro décadas, quando começou a burilar com mais severidade seus dotes precoces de *media trainer*. Muitas fãs parecem venerá-lo como a uma espécie de sacerdote, homem santo. Já algumas mulheres elegantes, bem-casadas, bem posicionadas profissionalmente, o veem como modelo de homem ideal, seguindo-o mundo afora há anos com uma esperança quente no coração.

Dois dias antes do show, Roberto Carlos foi ao Muro das Lamentações, sítio mais simbólico da fé judaica. No portão, entre os israelenses com suas metralhadoras cotidianas, como se fossem celulares, uma carioca distribuía lenços para as mulheres cobrirem os braços desnudos, como se acentuando aquele paradoxo ecumênico. O cantor chegou numa Mercedes blindada, cercada de policiais, e caminhou até o local rodeado por repórteres (as mulheres brasileiras daquela comitiva ficaram separadas por uma cerca, por conta da tradição). Ali, usando um quipá, ele rezou e gravou a mesma cena duas vezes para um especial de TV, indo e voltando e simulando o mesmo maravilhamento. A surpresa do percurso se deu quando Roberto já ia embora, dando sua tarefa por concluída. Um pequeno grupo de autoridades israelenses, com um homem destacado ao centro, como se fosse um grupo de monges, se aproximou, e Roberto foi chamado para fora do carro. Um intérprete lhe comunicou que Shmuel Rabinovich, rabino-mor do Muro e dos lugares sagrados de Jerusalém, tinha vindo conhecê-lo.

"O rei Salomão, quando construiu esse lugar há mais de 2 mil anos, rezou e pediu a Deus que todas as rezas dos judeus e não judeus acontecessem sem distinções", afirmou Rabinovich ao cantor brasileiro. "Aqueles que receberam o dom de cantar como você canta têm uma força espiritual enorme e com certeza suas vozes chegam aos mundos divinos." Roberto, colhido de surpresa, ficou com os olhos marejados. Os dois se abraçaram, sob os olhares curiosos de judeus ortodoxos, rabinos e turistas, que perguntavam a todos ali quem era aquela figura. "Amém a nós todos", disse o Brasa. Pouco antes de arrancar com a Mercedes, ele abriu o vidro do carro ao ser chamado por duas fãs, que o beijaram e disseram algo ao pé do seu ouvido. Ele sorriu e se foi.

Antes de ir ao Muro, o cantor passeou pelas colunas recém-descobertas do Cardo Bizantino (uma das ruas do comércio da velha Jerusalém, mantidas intocadas sob a terra, e que mostram a forma como eram no século VI a.C.). Na entrada da Basílica do Santo Sepulcro fica a pedra em que, segundo a tradição cristã, o corpo de Jesus Cristo foi deitado após ser retirado da cruz. O cantor ajoelhou-se ao lado da pedra enquanto uma mulher a limpava com um lenço — durante toda sua caminhada de sábado, que concluiu às 7h30, ele não foi reconhecido por gente comum nas ruas. Foi também na basílica, na capela de Santa Helena, sozinho, que ele rezou mais. Segundo contam, santa Helena (mãe do imperador Constantino, convertida ao cristianismo) encontrou a cruz de Cristo, e ao redor dela, na capela do século IV, curou leprosos e outros doentes. Como um pregador de tempos imemoriais, o músico caminhava acompanhado por sua corte e pela afobada imprensa.

Estar ali naquele momento parecia um privilégio sociológico. Os dias muito quentes, os garotos com as metralhadoras por toda a cidade e um choque cultural se insinuando bem ali na frente — a visão beata naïf de Roberto Carlos misturando tudo, o repertório da fé com o repertório pagão, a carga do know-how carnavalesco com o conteúdo sexual, erótico, sentimental. O grande entourage de Roberto se mexia alucinadamente para que nada saísse do lugar — de vez em quando, sua assessora Ivone Kassu parava, exausta, tentando respirar, tal a intensidade da agenda daquela comitiva.

Roberto não demonstrava um interesse exacerbado pela informação teológica, mantinha sua postura de fiel movido apenas pela sinceridade. Sua reverência a Jerusalém se dá, ele explicou, "por tudo que carrega de Jesus". Ao iniciar sua caminhada rumo ao célebre Muro das Lamentações, sagrado para os judeus, ele resumiu assim seu desejo: "Acho que vou agradecer, sabe, bicho?".

Estive entre os espectadores do show em Jerusalém. Quando cheguei à cidade, a primeira providência era hospedar-me (com mais umas dezenas de convidados) num hotel cinco estrelas de Jerusalém, o Mamilla, com suas roupas de cama de algodão egípcio e os banheiros com paredes de vidro de gradação eletrônica. Evidentemente, estava ali por causa do convite da produção, porque é um hotel impraticável para profissionais liberais realmente liberais. No lobby, o primeiro obstáculo: como dizer ao *concierge* que, embora convidado por uma vigorosa ação patrocinada por uma empresa de cartão de crédito, cujos estandartes com sua extração "Emoções" estavam espalhados por toda Jerusalém, eu não tinha um número de cartão de crédito para fazer o check-in? Tive que deixar um depósito em dinheiro.

No período da cobertura, além da maratona de acompanhar um artista de dimensão gigantesca para os brasileiros e a curiosidade em torno de sua visita, as controvérsias giravam em torno de temas que mexem com as suscetibilidades locais. Roberto, para reverenciar a terra, resolveu cantar uma canção que já conhecia (e simples de cantar), "Jerusalém de ouro". Mas descobriu tratar-se de um hino de orgulho israelense, composta em 1967, na época da anexação de parte da Jordânia. Cantá-la poderia parecer ofensivo aos cerca de 250 mil palestinos que viviam na cidade.

No show, ele se vestiu de branco e ambicionou propor um pacto de não agressão — ou, mais que isso, um armistício definitivo entre os que fossem ouvi-lo nessa região em que os garotos andam pelas ruas ou circulam pelos coletivos dia e noite com jeans e metralhadoras. Mas as cerca de 5 mil pessoas que foram ao Sultan's Pool de Jerusalém já eram convertidos, verdadeiros devotos do rapaz de Cachoeiro.

LONG LIVE THE KING, dizia um cartaz nas primeiras fileiras. O público deu um espetáculo à parte. Para ocupar o gargarejo na hora das rosas, algumas garotas tiveram de ficar de joelhos, porque a segurança não aliviou (ao contrário dos shows no Brasil e na América Latina). Entre 80% a 90% da plateia era brasileira, gente segurando cartazes como SHALOM BAHIA, BELÉM DO PARÁ EM ISRAEL, gritando "Eu te amo", usando camisas do Flamengo ou do Botafogo e entoando corais imensos para canções muito conhecidas. Para os brasileiros que vieram de longe, como a médica Esther Longman, noventa anos, do Recife, parecia que Roberto carregava consigo o dom de transformar todo lugar em um território familiar, um show em Jerusalém tinha a mesma atmosfera de intimidade que um show em Jundiaí ou Petrópolis.

Roberto foi saudado, durante sua passagem, tanto pela religião quanto pela política, tanto pelo rabino quanto pelo prefeito. "A cidade do rei Davi saúda o Brasil na sua independência", disse o prefeito da cidade, Nir Barkat, em mensagem no telão, antes do início do show. Foi uma noite povoada de discursos. "Dezessete vezes destruída e dezoito vezes reconstruída, Jerusalém é a cidade do amor, que nada pode aniquilar", disse a apresentadora de TV Glória Maria, que chorou no início da apresentação do show e recebeu beijos e uma rosa do cantor.

"A força da fé nos ajuda a prosseguir", anunciou o cantor. "Cantar é uma forma de oração", continuou. "Aqui em Jerusalém, entre dois desertos, um milagre aconteceu. Aqui nasceu Jesus." Na plateia, alguns famosos, como Tom Cavalcanti, Regina Casé, Bia Aydar, empresários como João Doria Jr. (ainda muito longe da política e das polêmicas de saúde pública) e Pedro Sirotsky. "Meu inglês é meio cais do porto", justificou o cantor, antes de iniciar "Unforgettable", sucesso de Nat King Cole, cuja interpretação teve dancinha com a apresentadora Glória Maria, *hostess* da noite (e, eventualmente, também uma espécie de porta-voz do cantor na televisão). "Dançar com a Glorinha? Um privilégio", disse o músico. A música foi, junto com "Caruso" (sucesso de Pavarotti e Andrea Bocelli), dos momentos menos empolgantes do show multiculturalista, e mesmo o artista se mostrava pouco convicto dessas interpretações.

Em sua cruzada de ecumenismo cultural, Roberto teve a pretensão de chamar a atenção dos lados conflituosos dessa parte do mundo para uma mensagem universal de tolerância, sem medo de parecer naïf. Foi buscar no baú, numa música que ele e Erasmo compuseram quando eram "meninos", a mensagem que queria, segundo afirmou. A música parecia aludir diretamente aos conflitos entre judeus e palestinos. Era "Pensamentos", uma canção do seu disco de 1982 que nunca entrava nos repertórios de seus shows, mas que se encaixava ali no contexto. A letra diz: "Quem me dera que as pessoas que se encontram/ Se abraçassem como velhos conhecidos/ Descobrissem que se amam e se unissem na verdade dos amigos/ E no topo da bandeira/ Estaria no infinito iluminada/ Pela força desse amor/ Luz verdadeira/ Dessa paz tão desejada/ Se as cores se misturam pelos campos/ É que flores diferentes vivem juntas".

Antes de cantar "Eu quero apenas", ele elogiou a cidade anfitriã, na qual convivem judeus, cristãos e muçulmanos: "Cada cor tem seu valor, mas quando as cores estão juntas, o quadro fica muito mais bonito". Quando finalmente se arriscou em

"Jerusalém de ouro", que cantou em português e hebraico com a ajuda de uma orquestra de cordas e um coral israelense, produziu um agradável efeito — que lembrou, guardadas as devidas dimensões, Bruce Springsteen cantando "Sociedade alternativa" no Brasil, em português. Não era impecável, mas era diplomaticamente brilhante. Segundo contou, a canção lhe tinha sido mostrada havia anos pelo apresentador Salomão Schwartzman. Brasileiros que moram em Israel e israelenses elogiaram o hebraico do cantor.

Às 22h30, ele chegou à apoteose clássica de sua performance. Cantou "Jesus Cristo" e jogou as rosas que beijava para a plateia, um rito corriqueiro, mas que parecia ali excêntrico e colorido no meio da profusão de cartazes brasileiros. Como era uma gravação para a TV Globo, Roberto teve de voltar ao palco após o show concluído e refazer duas canções e meia, atendendo ao pedido do diretor Jayme Monjardim. Tirou de letra. Em pleno Oriente Médio, no coração de uma terra conflagrada, era como se um armistício de exageros, com as marcas do sincretismo brasileiro, tivesse sido decretado por algumas horas.

Satisfeitos, os fãs embarcaram nos ônibus para os kibutzim, em direção ao deserto da Judeia e à Jordânia. Pareciam ainda não acreditar que o show tinha acabado, pareciam esperar uma continuidade. Aquelas duas horas no vale ao lado das muralhas de Davi tinham sido precedidas de uma grande rede de relacionamentos e trocas. Em Tel Aviv, durante dois dias, o florista Avi Tal, de 47 anos, preparou duas centenas de rosas vermelhas com os cabos raspados, sem espinhos, para enviar a Jerusalém para o famoso ritual. "Não sei para quem é, mas parece que é famoso, um cantor do Brasil", contou, enquanto preparava as caixas de rosas. Em geral, quando está no Brasil, Roberto Carlos encomenda suas rosas de produtores conhecidos de Holambra ou outros locais. As rosas de Avi seriam as primeiras que ele atiraria de um palco tão longínquo.

A família de Avi Tal estava havia sessenta anos no mercado de Carmel (Shuck Ha'Carmel), em Tel Aviv, uma espécie de Ceasa israelense, e seu rito de trabalho tinha regras que parecem contrapor-se às aberturas da corte de Roberto — ele não permitia, por exemplo, que mulheres entrassem no seu local de trabalho. Não tinha a menor ideia dos versos que o seu cliente manuseava ("Sonhei que entrei no quintal do vizinho e plantei uma flor/ No dia seguinte ele estava sorrindo/ Dizendo que a primavera chegou"). E foi justamente dele a missão de preparar os elementos do ritual final do show de Roberto Carlos, cuja apoteose é a assunção feminina. "Trabalho aqui desde criança, desde que meu pai morreu. Há trinta anos eu sou o cabeça aqui. Essas rosas são uma encomenda muito importante para mim", explicava o sorridente florista. "Pena que aqui não tenhamos nenhuma flor do Brasil."

O último dos confinados

A ironia é que o conceito de isolamento social, para Roberto Carlos, há muito é a rotina, não a exceção. Desde o final dos anos 1970, ele exercita o ensimesmamento com notáveis êxito e capacidade de abnegação. Não é misantropo como Dalton Trevisan nem turrão como J. D. Salinger, mas sua bolha não admite mais que uma dezena de pessoas.

A outra ironia é que o isolamento social causado pela pandemia de Covid-19 em 2020 e 2021, no Brasil, acabou abrindo um pouco mais o mundo de Roberto. "Um dos grandes presentes que eu ganhei nessa pandemia foi estreitar os laços de amizade ainda mais com nosso o Rei Roberto Carlos através do telefone e do WhatsApp. Que bom poder falar com ele", revelou o extasiado cantor sertanejo Daniel, falando a jornalistas a partir do isolamento social em sua casa em Brotas, interior de São Paulo, e festejando a inesperada aproximação com um velho ídolo.

Roberto se aproximou de Daniel, assim como também foi em busca de aproximação com seu público. Para tanto, não havia outro jeito: o Brasa teve de aderir às lives, o que, para um artista que tem horror à improvisação, poderia significar um mergulho na escuridão. A partir de abril de 2020, com a intensificação do isolamento social no Brasil, aconteceu uma explosão das transmissões (presumivelmente) caseiras de artistas em quarentena pelas plataformas da internet. De sambistas como Teresa Cristina a estrelas pop como Ivete Sangalo, passando por exibicionistas incorrigíveis, como o sertanejo Gusttavo Lima, ninguém queria perder um lugar na janelinha, a única possível para quem vivia de música ao vivo.

Na origem, o conceito de *livestream*, transmissão ao vivo na internet, tratava da criação de eventos de caráter amador em uma página e da transmissão por vídeo dessa performance ao vivo e totalmente de graça. Ele só pressupõe três regras básicas: ser simultâneo, não cobrar nada do espectador e não ser produzido (editado, patrocinado etc.). Por conta da pandemia de coronavírus, motivo de sua assunção, também não é recomendado que sejam coletivas ou envolvam aglomerações. Todas essas "leis naturais" das lives foram sendo descumpridas conforme avançava seu domínio, e Roberto Carlos não fugiu à regra.

Para começar, é evidente que Roberto não fez sua inédita live em casa, com um violão e um banquinho. Estava no seu estúdio privado, que montou próximo de sua residência, numa antiga casa que pertenceu a um convento, e se fez acompanhar pelo pianista e maestro Eduardo Lages e o tecladista Tutuca Borba. Criou a segurança técnica necessária para não se expor a riscos, como de hábito. Também foi bem orientado e, com alguns conselhos sanitários, procurou demonstrar civilidade e cuidado com a saúde pública. Ao contrário do presidente no qual apostou suas fichas na eleição de 2018, Jair Bolsonaro, e sua política negacionista, Roberto estimulou o uso da máscara em circunstâncias sociais. "É muito importante para se proteger. Não gosto nem de falar o nome", afirmou, referindo-se ao vírus da Covid-19. De camisa azul com estampas floridas, calça branca, Roberto fazia a conexão entre as antigas manhãs de domingo e sua plateia de duzentas pessoas na Rádio Cachoeiro, em 1950, e o globalizado YouTube de 2020 (e o consequente mundo furioso dos *haters* de redes sociais, exército do negativismo e do negacionismo).

Como Pelé, Roberto é em geral comedido quando instado a comentar algo sobre o universo da política. Jamais expressa uma opinião que o torne demasiadamente simpático ao mandatário em questão ou o coloque no papel de crítico exacerbado de determinado governo. E é evidente que, a cada novo ciclo político, é inquirido a respeito. "Acho que ela está indo bem. É uma luta grande, ela tem que ser muito forte realmente pra impor tudo aquilo que ela pensa", disse, em 2011, sobre o governo de Dilma Rousseff. Quatro anos depois, entretanto, pegou mais pesado: "A gente fica esperando e não acontece nada. Não entendo de política para saber se impeachment é solução, mas tem que resolver de alguma forma". Essa fórmula se repete de tempos em tempos, mas é possível dizer que o cantor demonstrou se sentir, instantaneamente, mais próximo da gestão de Jair Bolsonaro do que de qualquer outra pregressa, talvez identificando alguma coincidência de princípios com o aceno conservador do governo. Ele e o empresário, Dody Sirena, fizeram questão de divulgar uma foto ao lado do então ministro da Justiça de Bolsonaro, Sergio Moro, e da mulher deste, Rosângela. A identificação se mostraria mais evidente em uma coletiva de imprensa da qual participou um jornalista da *Folha de S.Paulo*, em fevereiro de 2020, a bordo do navio de cruzeiro *MSC Fantasia*, cujas passagens custavam entre 4 mil e 11 mil reais por pessoa. O repórter perguntou, inicialmente, o que Roberto achava da declaração do ministro da Economia, Paulo Guedes, que, ao ver o dólar estourar a marca de cinco reais, sugeriu aos brasileiros que fizessem turismo interno, que fossem à cidade de Roberto Carlos, Cachoeiro de Itapemirim.

"Agradeço ao Paulo Guedes. É bom até para a economia da cidade, né? É uma cidade linda, entre montanhas, tem um rio que atravessa a cidade toda. Tem algo especial lá. É uma cidade simples, mas muito atraente", respondeu o cantor. Sobre o presidente, ele opinou:

> Bolsonaro é muito bem-intencionado, mas tem tido muitas dificuldades com quase todos que estão à volta dele. Sergio Moro e Guedes acho que estão sempre colaborando. Ele está tendo muita dificuldade em realizar o que propôs. Eu torço para o Brasil, então torço para que ele faça o que pretende fazer e que disse que ia fazer.

Entre o vento e o veto, a vida de Roberto segue uma rotina de interdições da realidade há muito tempo. Foi o que descobriu, recentemente, o compositor e cantor Nando Reis, ex-integrante do grupo Titãs. Ao se aventurar no lançamento de um disco em tributo ao grande mestre de gerações da música popular brasileira, Nando descobriu que a tarefa de conseguir o aval do autor seria mais complicada do que pensava e ultrapassava o simples ato de autorizar.

O obstáculo quase intransponível para Nando chegar ao final de seu álbum *Não sou nenhum Roberto, mas às vezes chego perto* (2019), dedicado ao repertório do cantor capixaba, foi, ironicamente, um hino religioso. Por não ter gostado da gravação de Reis, Roberto Carlos não permitiu que lançasse no disco a canção "Nossa Senhora" ("Nossa Senhora/ Me dê a mão/ Cuida do meu coração"). Ocorre que Nando Reis, que é ateu, não queria cantar os versos que realçam o dogma religioso e preferiu gravar a música com a técnica do *scat singing* em cima das notas da composição: "Nanananana/ Nananana/ Nananananana". Uma intransigência de ateu, assim como Roberto tem os seus preciosismos de católico. Mas, como este último é o dono da canção, vetou que fosse lançada assim, e a versão em vinil do álbum saiu sem a canção, substituída por "Como vai você" (de Antonio Marcos e Mario Marcos), gravada por Roberto em 1972.

Não foi o único veto que Roberto impôs à versão em vinil do disco. Em "Me conte a sua história", Nando teve que tirar, sem explicação aparente, um texto seu que declama a certa altura — acabou substituindo-o por um vocalise da cantora Céu. Eis o trecho que ficou de fora: "E o frio daquela noite escura/ Misturado com o calor de nossos corpos entrelaçados/ Deixava o vidro embaçado/ Onde a ponta de seu dedo pequenino/ Riscou as iniciais dos nossos nomes/ Dentro de um coração respingado". Também foi extirpada, por exigência do compositor, uma fala de Jorge Mautner no início da versão de Nando de "A guerra dos meninos". Por ironia, tratava-se de um texto bíblico, extraído do Evangelho de Lucas.

As canções haviam sido gravadas e lançadas no ano anterior com autorização de Roberto — na ocasião, o único pedido negado a Nando foi a regravação de "Detalhes". Mas, ao ouvir o disco após o lançamento, Roberto Carlos se sentiu aborrecido com as inovações e pediu as mudanças.

O veto à "Nossa Senhora" de Nando não é a primeira ocasião em que Roberto faz prevalecer seu conceito do que expresse melhor a fé na existência da mãe de Jesus. Suas convicções religiosas, que já o tinham impelido a recusar a gravação da composição "Se eu quiser falar com Deus", de Gilberto Gil, intensifica o revisionismo em relação à própria obra.

Um misto de religiosidade e manifestações atribuídas ao TOC impulsiona Roberto a querer, inclusive, fazer um esforço revisionista em obras já consagradas, sobre as quais tenha alguma capacidade de ingerência. Foi isso que o levou a vetar a gravação de "Quero que vá tudo pro inferno" a qualquer um que pedisse ("80% dos artistas de pop-rock", segundo contou seu empresário Dody Sirena). Mais: em 2002, ele conseguiu uma proeza: desautorizou o uso dessa canção na reedição do disco que Nara Leão gravou em 1978 dedicado a ele, ... *E que tudo mais vá pro inferno*. O álbum foi relançado com uma faixa a menos e teve que ser rebatizado, chamado agora de *Debaixo dos caracóis dos seus cabelos*. É uma particular ofensa histórica, porque se trata de um trabalho que se insere na história e nas escolhas de outra artista, a gigantesca Nara Leão, e Roberto força um expurgo nessa trajetória.

As idiossincrasias implicam uma espécie de descontinuidade estética, coisas que são extirpadas e voltam, palavras e canções que somem para nunca mais voltar, frases que não mais podem ser ditas. Foi somente em 2016, depois de mais de trinta anos, que Roberto voltou a cantar a palavra "inferno". Poucos anos antes, tinha conseguido cantar o verso original

"Se o bem e o mal existem/ Você pode escolher", da música "É preciso saber viver". Ele passara décadas cantando "Se o bem e o bem existem" para evitar a palavra "mal". Foi convencido de que isso era um exagero, mas ao menos era uma hesitação da área artística, não tinha uma motivação legalista, que são as que deixam a maior mágoa nos intérpretes.

O afã de evitar imagens ou cenas que contivessem alguma conotação "sacrílega" fez com que, em 2018, ele chegasse a reconsiderar a participação da atriz Marina Ruy Barbosa em seu especial da Rede Globo no final do ano. A jovem atriz, musa da estação, vivia uma personagem na novela *O sétimo guardião* que as superstições de Roberto viam como sendo "meio bruxa". Ele resolveu reconsiderar sua absurda premonição, e a ruiva surgiu deslumbrante cantando "Na paz do seu sorriso" na tela da TV — mas a garota tremia feito vara verde enquanto cantava com ele, certamente intimidada por aquela ameaça de veto tão inquisidora.

Porém a fé de Roberto e o TOC não são os únicos motivos para que ele seja visto como um compositor que não libera suas canções facilmente. Muitas vezes, ele apenas deseja proteger o que identifica como possíveis danos à sua imagem.

Foi por isso, por exemplo, que impediu que músicas suas fossem utilizadas na trilha da série *Narcos*, sobre a trajetória do traficante colombiano Pablo Escobar. O uso da música na cena não seria apenas uma construção ficcional: em entrevista ao jornal *Folha de S.Paulo*, em 2013, o irmão de Pablo, Roberto Escobar, contou que o traficante e a mãe de ambos foram grandes admiradores do brasileiro (na biografia *Matando Pablo: A caçada ao maior fora da lei que se tem notícia*, de 2002, o escritor Mark Bowden relatou que Pablo Escobar mantinha em sua casa uma jukebox só com canções do artista). A assessoria do cantor justificou o veto da canção na trilha da série de José Padilha: "Ele [Roberto] analisou a série, viu onde entraria a música e achou que não tinha nada a ver".

Outro momento ruidoso em que Roberto foi acusado de exercer sua influência censória foi quando a TV Globo exibiu o filme *Tim Maia*, de Mauro Lima, com Babu Santana. Roberto havia se queixado da cena em que, já famoso, era retratado recebendo Tim (seu amigo de infância e adolescência) a contragosto, num camarim, após esnobá-lo flagrantemente. Na cena, após esperar Roberto em vão no corredor, o cantor passa por Tim, que lhe pede ajuda, e um de seus assessores atira dinheiro amassado para o tijucano, que tinha ido até São Paulo em desespero somente para pedir ajuda ao agora famoso amigo que comandava o *Jovem Guarda*. Na exibição na TV aberta, a cena foi retirada, o que causou a revolta do diretor. "Aos seguidores que não viram Tim Maia no cinema sugiro que não assistam essa versão que vai ao ar hoje e amanhã na Globo. Trata-se de um subproduto que não escrevi daquele modo, nem dirigi ou editei", protestou Mauro Lima.

Mas houve casos de vetos que não tiveram a ver nem com preservação de imagem, nem com TOC, tampouco com religião. Roberto não permitiu a execução de uma versão que o grupo Aviões do Forró fez do seu megahit "Esse cara sou eu", uma das músicas mais tocadas do Brasil. O cantor e compositor Zé Renato nunca recebeu resposta para o pedido de autorização das músicas compostas pelo Rei que gostaria de incluir em *É tempo de amar*, disco que fez em 2008 com repertório da Jovem Guarda. "Não é que as autorizações tenham sido negadas, mas é que não chegaram. O tempo foi passando, e a gente teve que decidir por outro repertório", contou Zé Renato. "Até cheguei a cantar músicas dele no show, mas não pude gravar. Pena, porque 'Namoradinha de um amigo meu' foi a primeira música que eu aprendi no violão. Mas tá tudo bem, tudo certo, vida que segue."

E a cantora Paula Fernandes não pôde incluir em seu DVD de 2014 os duetos que gravou com o cantor — a cantora, que foi galanteada pelo artista durante um especial de Natal e se tornou mais próxima dele, disse acreditar que a responsabilidade era mais da gravadora de Roberto. Não acreditou que ele pudesse exercer com tanta severidade seu poder de dizer não. Poucos artistas podem se vangloriar de terem recebido uma carta branca irrestrita do artista. Um deles foi Cauby Peixoto, com quem Roberto iniciou sua carreira lá no fim dos anos 1950. Em 2009, Cauby, então com 78 anos, lançou o disco (e o show) *Cauby interpreta Roberto* para o qual pediu que Roberto liberasse doze canções. Contam que a autorização chegou em 48 horas — era a primeira liberação irrestrita desde que Bethânia gravara *As canções que você fez pra mim*, em 1993. Mas, em geral, é quase sempre "não".

É possível até dizer que o cantor sabota a si mesmo com esses vetos e o preciosismo. Quando ele topou que uma editora (recomendada por seu empresário, Dody Sirena), a Toriba, investisse num portentoso livro fotobiográfico, um *coffee table book* de tiragem limitada, caríssimo, destinado a colecionadores, ele mesmo não esperava que fosse dar tanto trabalho aos editores. O livro *Roberto Carlos* foi anunciado como concluído em 2011, em Israel, mas só foi lançado em 2014. O problema era o preciosismo do cantor, que aprovou todas as fotos e vetou textos com os quais não concordava, embora relatassem passagens consagradas de sua trajetória. "Só consigo liberar algo quando não aguento mais olhar para ele", teria dito Roberto aos editores. "Se tiver texto, vai levar uns dez anos para ser aprovado", afirmou o empresário do cantor, Dody Sirena, que conhece bem seu comportamento. No final, o livro saiu com algumas letras manuscritas, recuperadas de fãs e do acervo pessoal do artista, uma seleção de fotos rigidamente avaliada e um preço astronômico: 4500 reais. Em vez de ampliar a compreensão acerca da música e da vida do artista, acabou elitizando ainda mais essa possibilidade.

O problema é que a névoa dos vetos chegou a atingir territórios nunca antes alcançados: a vida dos homônimos. Quem sentiu bem a mão implacável do senso de justiça do Brasa foi um modesto corretor de imóveis de Vila Velha, no Espírito Santo, Roberto Carlos Vieira. Irmão de Renato Carlos, Ronaldo Carlos e Roseana Carla, Roberto não era, como se pode deduzir, filho de pais admiradores do cantor Roberto Carlos. O homônimo nascera em 1961, quando o cantor ainda não era famoso, e foi apenas uma excentricidade dos pais pôr Carlos como segundo nome em todos os filhos. Ao abrir sua empresa Roberto Carlos Imóveis no início dos anos 2000 na avenida Gil Veloso, em Vila Velha, Roberto Carlos Vieira não esperava chamar a atenção de um conterrâneo tão famoso.

Mas, em 2015, Vieira recebeu uma notificação da Justiça: um advogado da empresa de direitos autorais de Roberto Carlos, o Braga, informava que entraria com um processo contra ele para que deixasse de usar o nome Roberto Carlos Imóveis na empresa e no site. Vieira tentou entrar em negociação, mas não houve acordo: um dia, foi acordado no escritório por oficiais de Justiça. Ou fechava tudo, ou seria obrigado a pagar mil reais de multa diária e ainda poderia ser preso.

"Implorei para o advogado de Roberto retirar a ação, mas ele insistiu", conta Vieira, que conseguiu um defensor em um grupo de amigos no aplicativo WhatsApp. Ele teve a empresa fechada por quase dois anos e hoje dirige Uber em Vila Velha. "Tive um baque financeiro muito grande, tirei minhas filhas das escolas, meu casamento acabou. Poderia ter sido resolvido de outra forma", ele avalia. Em novembro de 2016, a juíza Celina Dietrich Trigueiros Teixeira Pinto julgou improcedentes os pedidos da empresa de Roberto Carlos, a Editora Musical Amigos Ltda., e deu ganho de causa a Vieira. Segundo o ex-corretor de imóveis, Roberto Carlos recorreu.

O ex-corretor, que nunca falou com Roberto Carlos, entrou com uma ação de reparação de danos. "Vale a pena, cara?", ele pergunta, mandando recados ao cantor. "O que você leva de bom pra você com isso, cara?", prossegue. Ele diz que as canções de Roberto também fazem, como de quase todo o país, parte de sua infância e adolescência, e que ainda acredita que o cantor não saiba a forma de abordagem de seus advogados. "Você deveria conversar com todos os Robertos Carlos que existem no país e que processou para ouvir as versões deles em relação à abordagem de seus advogados", reclama.

A fria profissionalização dos seus negócios acabou levando Roberto a criar, como boa parte dos milionários brasileiros, empresas internacionais para facilitar os fluxos de recursos de lá para cá e vice-versa. Isso lhe causou ao menos um dissabor: em 2016, quando foram divulgados os documentos do que ficou conhecido como o escândalo Panama Papers, o nome de Roberto Carlos Braga surgiu no bojo das divulgações (assim como os do jogador argentino Lionel Messi e do francês Michel Platini).

A empresa em que ele constava como acionista era a offshore Happy Song ("canção feliz", em português). A assessoria de imprensa do cantor correu para informar que a Happy Song declarara suas atividades e rendimentos à Receita Federal e ao Banco Central e que Roberto, embora mantivesse investimentos em empresas no Brasil e no exterior, o fazia com correção. "Para o desenvolvimento e manutenção dessa íntegra e sólida carreira, das diversas atividades correlatas, e por questões estratégicas do negócio, o sr. Roberto Carlos efetua investimentos em empresas no Brasil e no exterior", afirmou a nota.

A offshore Happy Song, da qual Roberto era sócio, tinha sido fundada em 2011, no Panamá, e seus diretores eram Reynaldo Ramalho, José Carlos Romeu e Marco Antonio Castro de Moura Coelho. O nome de Roberto Carlos foi registrado em 2015 nos papéis. Não se detectou irregularidades, mas a simples disseminação dessa informação já ajudou a inserir o cantor num rol de suspeição eterna.

É interessante notar que o Brasil é geralmente mais severo com Roberto Carlos do que com seus gestores públicos. Um político que pisa na bola costuma ser reeleito, mas um movimento em falso de um grande ídolo popular (uma frase infeliz, um deslize num programa de TV, negligência com um parente pobre, o embate jurídico com o noticiário) faz com que de imediato ele passe de ídolo a criticado (ou até contestado). Nesse sentido, Pelé talvez tenha sido o herói mais continuamente reavaliado, isso por conta de certo egoísmo na vida privada, a negação da paternidade, a indiferença com os netos; mas Roberto nunca foi dickensiano, sempre abraçou todo o seu entourage desde o princípio e aceitou as contraprovas do DNA com alegria e atenção.

Roberto conhece bem a dupla face da fama e passou a controlá-la progressivamente ao longo dos anos com um remédio amargo: o isolamento voluntário, a misantropia. Quanto mais acossado, mais ele se recolheu, até tornar seu bairro de adoção no Rio de Janeiro, a Urca, uma espécie de principado do Brasa.

Em 2014, Roberto se viu novamente no centro de um grande tribunal popular. Isso aconteceu porque ele resolveu contrariar o velho ditado que diz: "Onde se ganha o pão não se come a carne". Ao fazer um contrato de patrocínio milionário com o fabricante de carnes Friboi, esqueceu um detalhe importante: tinha declarado publicamente que não comia carne. Ainda assim, aceitou fazer um comercial de TV para o frigorífico fingindo que comia um bife.

Foi preciso começar um tipo de campanha "esqueçam o que eu declarei". A empresa de carnes chegou a fazer um cartaz em que afirmava: "Você sabia que... Ao contrário do que muitos pensam, o Rei já não era totalmente vegetariano há muitos anos. Consumia aves, peixes e ovos — adorava frutos do mar?".

O patrocinador fez o seu papel. Na abertura de sua turnê de sete apresentações em São Paulo, no Espaço das Américas, a carne estava presente em todo lugar, desde o telão até o filé aperitivo na mesa, de *hostess* com bandeirolas da Friboi até painéis para fotos de fãs com o Rei ao fundo. Havia um desequilíbrio de forças nesse comércio compulsório, o fã acabou virando uma commodity. Cerca de 9 mil pessoas lotaram o Espaço das

Américas, pagando ingressos que iam de 150 a 540 reais. Havia *flyers* anunciando a chegada de Roberto a Las Vegas, no próximo dia 6 de setembro, e anúncios no telão vendiam os pacotes para a temporada que ele faria na MGM Grand Garden Arena, na capital americana dos jogos de azar (palavra que Roberto preferia que não fosse escrita nem pronunciada, por conta de suas superstições). Também se anunciava o *coffee table book* de Roberto, agora com o preço de 6500 reais. O "footing" no show do Rei também é uma disputa encarniçada, porque sua plateia VIP é sempre um paraíso de paparazzi. Na segunda fila do show da Friboi, o ex-piloto Emerson Fittipaldi se via obrigado a fazer mais de setenta selfies com os fãs, que faziam fila.

Naquele show em particular, havia uma pequena novidade cênica, algo que já estava presente no seu show de fim de ano para a TV Globo: taças de champanhe foram distribuídas para a primeira fila antes que Roberto cantasse "Champagne", portentoso sucesso romântico de Peppino di Capri, a "nova" canção de uma temporada cada vez mais rara em novidades. Mas dessa vez o roteiro, sem os produtores da TV, não foi respeitado por todos: as fãs do Rei não esperaram a senha de "Jesus Cristo" e invadiram o gargarejo antes de "Champagne", o que deixou Roberto especialmente contrariado — afinal, é uma canção que requer intimismo e silêncio. Ele mandou as fãs algumas vezes silenciarem, mas não adiantou. O cantor chegou mesmo a resmungar com elas, parecendo perder a paciência, porém ao final declarou seu amor incondicional por aquela relação tão extremada. Roberto joga suas redes no mar com os pés fincados nessa embarcação sólida, o afeto que essa parcela de seu público dedica a ele, e não é aconselhável perder a paciência com o navio.

A questão que o dia de hoje propõe sobre Roberto Carlos, após mais de sessenta anos de carreira, não é a sentença que se pode emitir acerca de tudo que produziu. É muito diversa e complexa sua trajetória, imbrica-se com quase tudo que se fez de mais relevante (e também esquecível) no mundo musical brasileiro.

A questão é se ele ainda tem capacidade de extrair e ofertar aos seus admiradores (e mesmo aos detratores) alguma outra pequena joia forjada do alto de sua grande experiência artística e seu privilegiado background musical. Não é uma questão ínfima.

Há um bom tempo ele não trabalha mais com matéria-prima bruta; é como se sua manufatura tivesse se contentado com as traquitanas que são cuspidas por uma nova e assombrosa máquina de impressão 3-D. Com as baterias voltadas mais para o ramo empresarial desde o final dos anos 1990, pondo em segundo plano o aspecto da criação musical, foi uma surpresa (até para a gravadora Sony Music) quando, em novembro de 2012, um disco de Roberto com apenas quatro faixas, *Esse cara sou eu*, alcançou a marca de 1,5 milhão de cópias — recorde colossal que não era atingido desde os anos 1980.

Era um duplo assombro porque já se sabia, àquela altura, que o baque na indústria musical que vinha se processando com as mudanças tecnológicas havia doze anos não era reversível. O faturamento global cairia 3,9%, passando para 15 bilhões de dólares, em 2013, de acordo com a IFPI, embora crescessem as vendas digitais.

Aquele fenômeno localizado da música de Roberto mostrava ainda alguns sinais de vitalidade do mercado, como se fosse a descoberta de um antídoto. Não que se tratasse de um disco excepcional, mas mostrava ainda intacta a capacidade de *hitmaker* do cantor. *Esse cara sou eu* era o tema da novela das nove global daquele ano, de Gloria Perez, amiga do cantor. Tudo era excepcional naquele fenômeno: as músicas de Roberto já tinham embalado os romances de 37 casais de novela até ali, e a dupla vivida pelos atores Rodrigo Lombardi (Théo) e Nanda Costa (Morena) não parecia guardar nenhum componente extraordinário, mas a música colou neles. O ator Rodrigo Lombardi observou:

Cresci ouvindo Roberto Carlos. Quando me apaixonei pela primeira vez, durante a adolescência, foi ao som do Rei. E, de repente, ter uma música dele feita para um personagem meu é muito bacana. É para sempre. Meu filho vai mostrar ao neto a canção feita para o personagem do pai. As próximas gerações vão dizer: tinha um cara na minha família que era ator e essa era a música dele numa novela. Essa história será eternizada. É emocionante, uma sensação maravilhosa, saber que o Brasil inteiro está escutando uma canção feita pelo Roberto para um personagem que eu fiz.

O lançamento que continha a canção da novela era um EP (Extended Play), com apenas quatro canções: o *funk melody* inédito "Furdúncio" (Roberto e Erasmo); "Esse cara sou eu"; e duas canções antigas: "A volta" (hit dos VIPs em 1964 que já fora tema do personagem Jatobá na novela *América*) e "A mulher que eu amo" (usada na novela *Viver a vida* como tema de Helena, personagem da atriz Taís Araújo).

"Esse cara sou eu" virou uma praga nacional, como disseram alguns críticos: "O cara que pensa em você toda hora/ Que conta os segundos se você demora/ Que está todo tempo querendo te ver/ Porque já não sabe ficar sem você/ E no meio da noite te chama/ Pra dizer que te ama/ Esse cara sou eu".

A novidade era uma velha novidade: o *funk melody* "Furdúncio", um mergulho de Roberto no universo que Claudinho e Buchecha tornaram massivo no país. O funk é um ritmo do qual Roberto se aproximava cuidadosamente desde 2006, quando fez um convite ao MC Leozinho para participar do seu show anual, e em alto-mar, certa madrugada, cercado de funkeiras vigorosas, cantou e dançou com Leozinho o funk "Se ela dança, eu danço", na boate do seu cruzeiro "Emoções", agindo como se estivesse cometendo uma absurda transgressão, um sorriso clandestino no rosto.

A letra de "Furdúncio" é mais "família" e diz assim: "Onde ela vai eu vou/ Onde ela está/ Eu estou/ E cada dia mais doido por ela eu sou/ Eu sempre imaginei aquilo tudo pra mim/ Mas só acreditei quando ela disse que sim".

No ano seguinte, entretanto, viu-se que o entusiasmo tinha sido prematuro. Roberto voltou com um disco de remixes de suas canções entregues a produtores e DJs, o que deixou frustrados alguns fãs mais esperançosos. "Sim, é Roberto Carlos dando soquinhos na voz: 'Quando eu estou aqui aqui aqui. Eu vivo esse momento lindo lindo lindo'. É Roberto Carlos tocando em boate tendo as curvas da estrada de Santos iluminadas por feixes de luz verdes, azuis e laranja. É Roberto Carlos, o 'cara', caramelizado com passos combinados na pista de dança", escreveu o injuriado colunista Jairo Borges. Essa parecia ser a tônica dos próximos tempos, agora escorada em torno de anticlímax e interdições.

Acostumado ao escrutínio constante, Roberto construiu diques em torno de si para evitar o transbordamento das críticas. Assim, também erigiu seu próprio júri popular, quase sempre alheio ao outro júri, o social. Sabendo que todas as suas manifestações são alvo de exame, debate, rejeição ou aprovação imediatos, ele se preparou para ser também inclemente. É o que marca mais dolorosamente o período que poderia ser chamado de "maturidade" do artista: o veto e o martelo rigoroso da lei.

Quase sempre, a atitude que se propõe ante o artista de Cachoeiro é binária: se você está com ele, você está contra mim; se está comigo, não pode aliviar para ele. "Escrevi uma crônica comentando o desdém que a crítica dedica ao cantor Roberto Carlos e ao escritor Paulo Coelho. Acho um milagre a sobrevivência dos dois, pois, se dependesse da mídia especializada, eles estariam morando sob a ponte, esmolando e rogando pragas contra o mundo", afirmou, em 2000, o escritor Carlos Heitor Cony, acrescentando: "Não é bem assim. Tanto um como outro têm um público fiel, não tomam conhecimento das críticas, vão em frente, não retaliam e, quando podem, ajudam os outros".

A ideia de se julgar um artista estabelecendo sempre uma oposição entre o período mais fértil e o período mais árido de sua produção parece fundar-se no mesmo princípio que baliza o conceito de obsolescência etária, algo que cai aos pés de qualquer análise da obra de um Jorge Luis Borges ou um Carlos Drummond de Andrade, para ficar em dois exemplos óbvios. Hierarquizar a importância do artista levando-se em conta seus eventuais acertos ou erros políticos, muitos deles sazonais, também não parece leal; acertos ou erros políticos são uma razão em si — eles produzem consequências no tempo e no tecido social que talvez sejam mais profundas do que seu próprio artífice é capaz de medir ou avaliar.

Num cenário de política movediça, tensionada por estratégias de reprodução de mentiras em série e com reputações em movimento para lá e para cá, a outrora confortável neutralidade de Roberto parece, nos tempos que correm, ter deixado de ser um trunfo; o clima de acelerada dilapidação das garantias democráticas e jurídicas talvez seja ainda mais intenso que na época da ditadura, pulverizando a binariedade de escolha que propunha aquele momento. E Roberto Carlos, que viveu tanto tempo se equilibrando no parapeito do muro da isenção política, pode ter chegado ao momento em que não se trata mais de neutralidade política, mas de um humanismo fundamental.

Também não se trata mais de um julgamento condicionante: pelo impacto de sua obra, cujo alcance se espraia em todas as direções e todas as percepções que a sociedade brasileira tem de si mesma, Roberto Carlos já angariou a legitimidade de um artista cuja voz absorveu os anseios, as demandas, as angústias, as confusões, os delírios, os preconceitos e as artimanhas de liberação do meio de onde ele emergiu. Para o país, sua obra tem funcionado como um espelho que reflete não apenas o que sentimos, mas o que somos ou fomos. Como se, à revelia da inexorabilidade do progresso (tecnológico, humano e comportamental), o Brasil tivesse se apegado a Roberto Carlos como uma espécie de porto seguro sentimental, uma apólice de seguro que cobre os eventuais danos das artimanhas do gosto, da novidade compulsória e das modas de baixa estação.

Discografia

NACIONAIS

1959 (Polydor, 1959)

"João e Maria" (Carlos Imperial/Roberto Carlos)
"Fora do tom" (Carlos Imperial)
Produzido por Carlos Imperial

1960 (Columbia, 1960)

"Canção do amor nenhum" (Carlos Imperial)
"Brotinho sem juízo" (Carlos Imperial)
Produzido por Carlos Imperial

Louco por você (Columbia, 1961)

"Não é por mim" (Carlos Imperial/Fernando Cesar)
"Olhando estrelas" ("Look for a Star") (Mark Antony. Versão: Paulo Rogério)
"Só você" (Edson Ribeiro/Renato Côrte-Real)
"Mr. Sandman" (P. Ballard. Versão: Carlos Alberto)
"Ser bem" (Carlos Imperial)
"Chore por mim" ("Cry Me a River") (Arthur Hamilton. Versão: Julio Nagib)
"Louco por você" ("Careful, Careful") (Lee Pockriss/Paul Vance. Versão: Carlos Imperial)
"Linda" (Bill Caesar/Carlos Imperial)
"Chorei" (Carlos Imperial)
"Se você gostou" (Carlos Imperial/Fernando Cesar)
"Solo per te" (A. Mimeo. Versão: Roberto Côrte-Real)
"Eternamente" ("Forever") (Bob Marcucci/Peter De Angelis. Versão: Carlos Imperial)
Produzido por Carlos Imperial

Malena (Columbia, 1962)

"Fim de amor" ("Run Around Sue") (Ernie Maresca/Dion DiMucci. Versão: Gilberto Rochel)
"Malena" (Rossini Pinto/Fernando Costa)
Produzido por Astor Silva

Susie (CBS, 1962)

"Susie" (Roberto Carlos)
"Triste e abandonado" (Hélio Justo/Erly Muniz)
Produzido por Astor Silva

Roberto Carlos (CBS, 1963)

"Parei na contramão" (Roberto Carlos/Erasmo Carlos)
"Quero me casar contigo" (Carlos Alberto/Adilson Silva/Claudio Moreno)
"Splish splash" (Bobby Darin/Murray Kaufman. Versão: Erasmo Carlos)
"Só por amor" (Luiz Ayrão)
"Na lua não há" (Helena dos Santos)
"É preciso ser assim" (Roberto Carlos/Erasmo Carlos)
"Onde anda o meu amor" (Hélio Justo/Erly Muniz)
"Nunca mais te deixarei" (Paulo Roberto/Jovenil Santos)
"Professor de amor" ("I Gotta Know") (Matt Williams/Paul Evans. Versão:
    Marcos Moran)
"Baby, meu bem" (Hélio Justo/Titto Santos)
"Oração de um triste" (José Messias)
"Relembrando Malena" (Rossini Pinto)
Produzido por Evandro Ribeiro

É proibido fumar (CBS, 1964)

"É proibido fumar" (Roberto Carlos/Erasmo Carlos)
"Um leão está solto nas ruas" (Rossini Pinto)
"Rosinha" (Oswaldo Audi/Athayde Julio)
"Broto do jacaré" (Roberto Carlos/Erasmo Carlos)
"Jura-me" (Jovenil Santos)
"Meu grande bem" (Helena dos Santos)
"O calhambeque" ("Road Hog") (John D. Loudermilk/Gwen Loudermilk.
    Versão: Erasmo Carlos)
"Minha história de amor" (José Messias)
"Nasci para chorar" ("Born to Cry") (Dion DiMucci. Versão: Erasmo Carlos)
"Amapola" (Lacalle/Roberto Carlos)
"Louco não estou mais" (Roberto Carlos/Erasmo Carlos)
"Desamarre o meu coração" ("Unchain My Heart") (Agnes Jones/Freddy
    James. Versão: Roberto Carlos)
Produzido por Evandro Ribeiro

Roberto Carlos canta para a juventude (CBS, 1965)

"História de um homem mau" ("Ol' Man Mose") (Louis Armstrong/Zilner
    T. Armstrong. Versão: Roberto Rei)

"Noite de terror" (Getúlio Côrtes)
"Como é bom saber" (Helena dos Santos)
"Os sete cabeludos" (Roberto Carlos/Erasmo Carlos)
"Parei... olhei" (Rossini Pinto)
"Os velhinhos" (José Messias)
"Eu sou fã do monoquíni" (Roberto Carlos/Erasmo Carlos)
"Aquele beijo que te dei" (Edson Ribeiro)
"Brucutu" ("Alley-Oop") (D. Frazier. Versão: Rossini Pinto)
"Não quero ver você triste" (Roberto Carlos/Erasmo Carlos)
"A garota do baile" (Roberto Carlos/Erasmo Carlos)
"Rosita" (Francisco Lara/Jovenil Santos)
Produzido por Evandro Ribeiro

Jovem Guarda (CBS, 1965)

"Quero que vá tudo pro inferno" (Roberto Carlos/Erasmo Carlos)
"Lobo mau" ("The Wanderer") (Ernie Maresca. Versão: Hamilton Di Giorgio)
"Coimbra" (Raul Ferrão/José Galhardo)
"Sorrindo para mim" (Helena dos Santos)
"O feio" (Getúlio Côrtes/Renato Barros)
"O velho homem do mar" (Roberto Rei)
"Eu te adoro, meu amor" (Rossini Pinto)
"Pega ladrão" (Getúlio Côrtes)
"Gosto do jeitinho dela" (Othon Russo/Niquinho)
"Escreva uma carta, meu amor" (Pilombeta/Tito Silva)
"Não é papo pra mim" (Roberto Carlos/Erasmo Carlos)
"Mexerico da Candinha" (Roberto Carlos/Erasmo Carlos)
Produzido por Evandro Ribeiro

Roberto Carlos (CBS, 1966)

"Eu te darei o céu" (Roberto Carlos/Erasmo Carlos)
"Nossa canção" (Luiz Ayrão)
"Querem acabar comigo" (Roberto Carlos)
"Esqueça" ("Forget Him") (M. Anthony. Versão: Roberto Côrte-Real)
"Negro gato" (Getúlio Côrtes)
"Eu estou apaixonado por você" (Roberto Carlos/Erasmo Carlos)
"Namoradinha de um amigo meu" (Roberto Carlos)
"O gênio" (Getúlio Côrtes)
"Não precisas chorar" (Edson Ribeiro)
"É papo firme" (Renato Corrêa/Donaldson Gonçalves)
"Esperando você" (Helena dos Santos)
"Ar de moço bom" (Niquinho/Othon Russo)
Produzido por Evandro Ribeiro

Em ritmo de aventura (CBS, 1967)

"Eu sou terrível" (Roberto Carlos/Erasmo Carlos)
"Como é grande o meu amor por você" (Roberto Carlos)
"Por isso corro demais" (Roberto Carlos)
"Você deixou alguém a esperar" (Edson Ribeiro)
"De que vale tudo isso" (Roberto Carlos)
"Folhas de outono" (Francisco Lara/Jovenil Santos)
"Quando" (Roberto Carlos)
"É o tempo de amar" (José Ari/Pedro Camargo)
"Você não serve pra mim" (Renato Barros)
"E por isso estou aqui" (Roberto Carlos)
"O sósia" (Getúlio Côrtes)
"Só vou gostar de quem gosta de mim" (Rossini Pinto)
Produzido por Evandro Ribeiro

O inimitável (CBS, 1968)

"E não vou mais deixar você tão só" (Antonio Marcos)
"Ninguém vai tirar você de mim" (Edson Ribeiro/Hélio Justo)
"Se você pensa" (Roberto Carlos/Erasmo Carlos)
"É meu, é meu, é meu" (Roberto Carlos/Erasmo Carlos)
"Quase fui lhe procurar" (Getúlio Côrtes)
"Eu te amo, te amo, te amo" (Roberto Carlos/Erasmo Carlos)
"As canções que você fez pra mim" (Roberto Carlos/Erasmo Carlos)
"Nem mesmo você" (Helena dos Santos)
"Ciúme de você" (Luiz Ayrão)
"Não há dinheiro que pague" (Renato Barros)
"O tempo vai apagar" (Paulo César Barros/Getúlio Côrtes)
"Madrasta" (Beto Ruschel/Renato Teixeira)
Produzido por Evandro Ribeiro

Roberto Carlos (CBS, 1969)

"As flores do jardim da nossa casa" (Roberto Carlos/Erasmo Carlos)
"Aceito seu coração" (Puruca)
"Nada vai me convencer" (Paulo César Barros)
"Do outro lado da cidade" (Helena dos Santos)
"Quero ter você perto de mim" (Nenéo)
"O diamante cor-de-rosa" (Roberto Carlos/Erasmo Carlos)
"Não vou ficar" (Tim Maia)
"As curvas da estrada de Santos" (Roberto Carlos/Erasmo Carlos)
"Sua estupidez" (Roberto Carlos/Erasmo Carlos)
"Oh! Meu imenso amor" (Roberto Carlos/Erasmo Carlos)
"Não adianta" (Edson Ribeiro)

"Nada tenho a perder" (Getúlio Côrtes)
Produzido por Evandro Ribeiro

Roberto Carlos narra Pedro e o Lobo, op. 67, Prokofiev, com a New York Philharmonic, regência Leonard Bernstein (CBS, 1970)

"Pedro e o Lobo, op. 67, narração de Roberto Carlos"
"Rossini: Semiramis"
"Weber: Oberon" (Ouverture)

Roberto Carlos (CBS, 1970)

"Ana" (Roberto Carlos/Erasmo Carlos)
"Uma palavra amiga" (Getúlio Côrtes)
"Vista a roupa meu bem" (Roberto Carlos/Erasmo Carlos)
"Meu pequeno Cachoeiro" ("Meu Cachoeiro") (Raul Sampaio)
"O astronauta" (Edson Ribeiro/Helena dos Santos)
"Se eu pudesse voltar no tempo" (Pedro Paulo/Luis Carlos Ismail)
"Preciso lhe encontrar" (Demétrius)
"Minha Senhora" (Roberto Carlos/Erasmo Carlos)
"Jesus Cristo" (Roberto Carlos/Erasmo Carlos)
"Pra você" (Silvio Cesar)
"120... 150... 200 km por hora" (Roberto Carlos/Erasmo Carlos)
"Maior que o meu amor" (Renato Barros)
Produzido por Evandro Ribeiro

Roberto Carlos (CBS, 1971)

"Detalhes" (Roberto Carlos/Erasmo Carlos)
"Como dois e dois" (Caetano Veloso)
"A namorada" (Maurício Duboc/Carlos Colla)
"Você não sabe o que vai perder" (Renato Barros)
"Traumas" (Roberto Carlos/Erasmo Carlos)
"Eu só tenho um caminho" (Getúlio Côrtes)
"Todos estão surdos" (Roberto Carlos/Erasmo Carlos)
"Debaixo dos caracóis dos seus cabelos" (Roberto Carlos/Erasmo Carlos)
"Se eu partir" (Fred Jorge)
"I Love You" (Roberto Carlos/Erasmo Carlos)
"De tanto amor" (Roberto Carlos/Erasmo Carlos)
"Amada amante" (Roberto Carlos/Erasmo Carlos)
Produzido por Evandro Ribeiro

Roberto Carlos (CBS, 1972)

"À janela" (Roberto Carlos/Erasmo Carlos)
"Como vai você" (Antonio Marcos/Mario Marcos)

"Você é linda" (Roberto Carlos/Erasmo Carlos)
"Negra" (Maurício Duboc/Carlos Colla)
"Acalanto" (Dorival Caymmi)
"Por amor" (Roberto Carlos/Erasmo Carlos)
"À distância" (Roberto Carlos/Erasmo Carlos)
"A montanha" (Roberto Carlos/Erasmo Carlos)
"Você já me esqueceu" (Fred Jorge)
"Quando as crianças saírem de férias" (Roberto Carlos/Erasmo Carlos)
"O divã" (Roberto Carlos/Erasmo Carlos)
"Agora eu sei" (Edson Ribeiro/Helena dos Santos)
Produzido por Evandro Ribeiro

Roberto Carlos (CBS, 1973)

"A cigana" (Roberto Carlos/Erasmo Carlos)
"Atitudes" (Getúlio Côrtes)
"Proposta" (Roberto Carlos/Erasmo Carlos)
"Amigos, amigos" (Isolda/Milton Carlos)
"O moço velho" (Silvio Cesar)
"Palavras" (Roberto Carlos/Erasmo Carlos)
"El día que me quieras" (Carlos Gardel/Alfredo Le Pera)
"Não adianta nada" (Fred Jorge)
"O homem" (Roberto Carlos/Erasmo Carlos)
"Rotina" (Roberto Carlos/Erasmo Carlos)
Produzido por Evandro Ribeiro

Roberto Carlos (CBS, 1974)

"Despedida" (Roberto Carlos/Erasmo Carlos)
"Quero ver você de perto" (Benito di Paula)
"O portão" (Roberto Carlos/Erasmo Carlos)
"Ternura antiga" (Dolores Duran/José Ribamar)
"Você" (Roberto Carlos/Erasmo Carlos)
"É preciso saber viver" (Roberto Carlos/Erasmo Carlos)
"Eu quero apenas" (Roberto Carlos/Erasmo Carlos)
"Jogo de damas" (Isolda/Milton Carlos)
"Resumo" (Mario Marcos/Eunice Barbosa)
"A deusa da minha rua" (Newton Teixeira/Jorge Faraj)
"A estação" (Roberto Carlos/Erasmo Carlos)
"Eu me recordo" ("Yo te recuerdo") (Armando Manzanero. Versão:
    Roberto Carlos)
Produzido por Evandro Ribeiro

Roberto Carlos (CBS, 1975)

"Quero que vá tudo pro inferno" (Roberto Carlos/Erasmo Carlos)
"O quintal do vizinho" (Roberto Carlos/Erasmo Carlos)
"Inolvidable" (Julio Gutierrez)
"Amanheceu" (Benito di Paula)
"Existe algo errado" (Maurício Duboc/Carlos Colla)
"Olha" (Roberto Carlos/Erasmo Carlos)
"Além do horizonte" (Roberto Carlos/Erasmo Carlos)
"Elas por elas" (Isolda/Milton Carlos)
"Desenhos na parede" (Beto Ruschel/César de Mercês)
"Seu corpo" (Roberto Carlos/Erasmo Carlos)
"El humahuaqueño" (Zaldivar)
"Mucuripe" (Belchior/Fagner)
Produzido por Evandro Ribeiro

Roberto Carlos (CBS, 1976)

"Ilegal, imoral ou engorda" (Roberto Carlos/Erasmo Carlos)
"Os seus botões" (Roberto Carlos/Erasmo Carlos)
"O progresso" (Roberto Carlos/Erasmo Carlos)
"Preciso chamar sua atenção" (Roberto Carlos/Erasmo Carlos)
"O dia a dia" (Nenéo/Fred Jorge)
"Pelo avesso" (Isolda/Milton Carlos)
"Você em minha vida" (Roberto Carlos/Erasmo Carlos)
"A menina e o poeta" (Wando)
"Comentários" (Maurício Duboc/Carlos Colla)
"Minha tia" (Roberto Carlos/Erasmo Carlos)
"Um jeito estúpido de te amar" (Isolda/Milton Carlos)
"Por motivo de força maior" (Getúlio Côrtes)
Produzido por Evandro Ribeiro

Roberto Carlos (CBS, 1977)

"Amigo" (Roberto Carlos/Erasmo Carlos)
"Nosso amor" (Mauro Motta/Eduardo Ribeiro)
"Falando sério" (Maurício Duboc/Carlos Colla)
"Muito romântico" (Caetano Veloso)
"Solamente una vez" (Agustín Lara)
"Ternura" ("Somehow It Gotta Be Tomorrow") (Estelle Levitt/Kenny
        Karen. Versão: Rossini Pinto)
"Cavalgada" (Roberto Carlos/Erasmo Carlos)
"Não se esqueça de mim" (Roberto Carlos/Erasmo Carlos)
"Jovens tardes de domingo" (Roberto Carlos/Erasmo Carlos)
"Pra ser só minha mulher" (Ronnie Von/Tony Osanah)

"Outra vez" (Isolda)
"Sinto muito, minha amiga" (Roberto Carlos/Erasmo Carlos)
Produzido por Evandro Ribeiro

Roberto Carlos (CBS, 1978)

"Fé" (Roberto Carlos/Erasmo Carlos)
"A primeira vez" (Roberto Carlos/Erasmo Carlos)
"Mais uma vez" (Maurício Duboc/Carlos Colla)
"Lady Laura" (Roberto Carlos/Erasmo Carlos)
"Vivendo por viver" (Márcio Greyck/Cobel)
"Música suave" (Roberto Carlos/Erasmo Carlos)
"Café da manhã" (Roberto Carlos/Erasmo Carlos)
"Tente esquecer" (Isolda)
"Força estranha" (Caetano Veloso)
"Por fin mañana" (Armando Manzanero)
"Todos os meus rumos" (Fred Jorge)
Produzido por Evandro Ribeiro

Roberto Carlos (CBS, 1979)

"Na paz do seu sorriso" (Roberto Carlos/Erasmo Carlos)
"Abandono" (Ivor Lancelotti)
"O ano passado" (Roberto Carlos/Erasmo Carlos)
"Esta tarde vi llover" (Armando Manzanero)
"Me conte a sua história" (Maurício Duboc/Carlos Colla)
"Desabafo" (Roberto Carlos/Erasmo Carlos)
"Voltei ao passado" (Mauro Motta/Eduardo Ribeiro)
"Meu querido, meu velho, meu amigo" (Roberto Carlos/Erasmo Carlos)
"Costumes" (Roberto Carlos/Erasmo Carlos)
"Às vezes penso" (Eduardo Lages/Paulo Sérgio Valle)
Produzido por Evandro Ribeiro

Roberto Carlos (CBS, 1980)

"A guerra dos meninos" (Roberto Carlos/Erasmo Carlos)
"O gosto de tudo" (Roberto Carlos/Erasmo Carlos)
"A ilha" (Djavan)
"Eu me vi tão só" (Mauro Motta/Eduardo Ribeiro)
"Passatempo" (Maurício Duboc/Carlos Colla)
"Não se afaste de mim" (Roberto Carlos/Erasmo Carlos)
"Procura-se" (Roberto Carlos/Ronaldo Bôscoli)
"Amante à moda antiga" (Roberto Carlos/Erasmo Carlos)
"Tentativa" (Márcio Greyck)
"Confissão" (Eduardo Lages/Paulo Sérgio Valle)
Produzido por Evandro Ribeiro

Roberto Carlos (CBS, 1981)

"Ele está pra chegar" (Roberto Carlos/Erasmo Carlos)
"Simples mágica" (Regininha)
"As baleias" (Roberto Carlos/Erasmo Carlos)
"Tudo para" (Roberto Carlos/Erasmo Carlos)
"Doce loucura" (Maurício Duboc/Carlos Colla)
"Cama e mesa" (Roberto Carlos/Erasmo Carlos)
"Emoções" (Roberto Carlos/Erasmo Carlos)
"Quando o sol nascer" (Mauro Motta/Eduardo Ribeiro)
"Eu preciso de você" (Roberto Carlos/Erasmo Carlos)
"Olhando estrelas" (Eduardo Lages/Paulo Sérgio Valle)
Produzido por Evandro Ribeiro

Roberto Carlos (CBS, 1982)

"Amiga" (Roberto Carlos/Erasmo Carlos)
"Coisas que não se esquece" (Mauro Motta/Eduardo Ribeiro)
"Fim de semana" (Roberto Carlos/Erasmo Carlos)
"Pensamentos" (Roberto Carlos/Erasmo Carlos)
"Quantos momentos bonitos" (Maurício Duboc/Carlos Colla)
"Meus amores da televisão" (Roberto Carlos/Erasmo Carlos)
"Fera ferida" (Roberto Carlos/Erasmo Carlos)
"Como é possível" (Sérgio Sá/Isolda)
"Recordações" (Edson Ribeiro/Helena dos Santos)
"Como foi..." (Eduardo Lages/Paulo Sérgio Valle)
Produzido por Evandro Ribeiro

Roberto Carlos (CBS, 1983)

"O amor é a moda" (Roberto Carlos/Erasmo Carlos)
"Recordações e mais nada" (Roberto Carlos/Fred Jorge)
"Estou aqui" (Roberto Carlos/Erasmo Carlos)
"Preciso de você" (Mauro Motta/Eduardo Ribeiro)
"Me disse adeus" (Eduardo Lages/Paulo Sérgio Valle)
"Você não sabe" (Roberto Carlos/Erasmo Carlos)
"O côncavo e o convexo" (Roberto Carlos/Erasmo Carlos)
"No mesmo verão" (Roberto Carlos/Erasmo Carlos)
"Perdoa" (Roberto Carlos/Erasmo Carlos)
"A partir desse instante" (Maurício Duboc/Carlos Colla)
Produzido por Mauro Motta

Roberto Carlos (CBS, 1984)

"Coração" (Roberto Carlos/Erasmo Carlos)
"Eu e ela" (Mauro Motta/Robson Jorge/Lincoln Olivetti)

"Aleluia" (Roberto Carlos/Erasmo Carlos)
"Lua nova" (Roberto Carlos/Erasmo Carlos)
"Cartas de amor" ("Love Letters") (Edward Heyman/Victor Young. Versão: Lourival Faissal)
"Caminhoneiro" ("Gentle on My Mind") (John Hartford. Versão: Roberto Carlos/Erasmo Carlos)
"Eu te amo" ("And I Love Her") (John Lennon/Paul McCartney. Versão: Roberto Carlos)
"Sabores" (Mauro Motta/Cláudio Rabello)
"As mesmas coisas" (Maurício Duboc/Carlos Colla)
Produzido por Mauro Motta

Roberto Carlos (CBS, 1985)

"Verde e amarelo" (Roberto Carlos/Erasmo Carlos)
"De coração pra coração" (Mauro Motta/Robson Jorge/ Lincoln Olivetti/Isolda)
"Só vou se você for" (Roberto Carlos/Erasmo Carlos)
"Paz na Terra" (Roberto Carlos/Erasmo Carlos)
"Contradições" (Eduardo Lages/Paulo Sérgio Valle)
"Pelas esquinas da nossa casa" (Roberto Carlos/Erasmo Carlos)
"Símbolo sexual" (Roberto Carlos/Erasmo Carlos)
"A atriz" (Roberto Carlos/Erasmo Carlos)
"Você na minha mente" (Mauro Motta/Lincoln Olivetti/Robson Jorge/ Carlos Colla)
"Da boca pra fora" (Maurício Duboc/Carlos Colla)
Produzido por Mauro Motta

Roberto Carlos (CBS, 1986)

"Apocalipse" (Roberto Carlos/Erasmo Carlos)
"Do fundo do meu coração" (Roberto Carlos/Erasmo Carlos)
"Amor perfeito" (Michael Sullivan/Paulo Massadas/Lincoln Olivetti/ Robson Jorge)
"Quando vi você passar" (Mauro Motta/Isolda)
"Eu sem você" (Mauro Motta/Carlos Colla)
"Nega" (Roberto Carlos/Erasmo Carlos)
"O nosso amor" (Roberto Carlos/Erasmo Carlos)
"Tente viver sem mim" (Mauro Motta/Robson Jorge/Lincoln Olivetti)
"Aquela casa simples" (Roberto Carlos/Erasmo Carlos)
"Eu quero voltar pra você" (Eduardo Lages/Paulo Sérgio Valle)
Produzido por Mauro Motta

Roberto Carlos (CBS, 1987)

"Tô chutando lata" (Roberto Carlos/Erasmo Carlos)
"Menina" (Roberto Carlos/Erasmo Carlos)
"Águia dourada" (Roberto Carlos/Erasmo Carlos)
"Coisas do coração" (Eduardo Lages/Paulo Sérgio Valle)
"Canção do sonho bom" (Mauro Motta/Robson Jorge/Lincoln Olivetti/
    Ronaldo Bastos)
"O careta" (Roberto Carlos/Erasmo Carlos/Sebastião Braga)
"Antigamente era assim" (Roberto Carlos/Erasmo Carlos)
"Ingênuo e sonhador" (Maurício Duboc/Carlos Colla)
"Aventuras" (Antonio Marcos/Mario Marcos)
"Todo mundo está falando" ("Everybody's Talkin'") (Fred Neil. Versão:
    Roberto Carlos/Erasmo Carlos)
Produzido por Mauro Motta

Roberto Carlos (CBS, 1988)

"Se diverte e já não pensa em mim" (Roberto Carlos/Erasmo Carlos)
"Todo mundo é alguém" (Roberto Carlos/Erasmo Carlos)
"Se você disser que não me ama" (Roberto Carlos/Erasmo Carlos)
"Como as ondas do mar" (Marcos Valle/Carlos Colla)
"Se o amor se vai" ("Si el amor se va") (Roberto Livi/Bebu Silvetti. Versão:
    Roberto Carlos/Carlos Colla)
"Papo de esquina" (Roberto Carlos/Erasmo Carlos)
"Eu sem você" (Mauro Motta/Carlos Colla)
"O que é que eu faço" (Roberto Carlos/Erasmo Carlos)
"Toda vã filosofia" (Guilherme Arantes)
"Volver" (Carlos Gardel/Alfredo Le Pera)
Produzido por Mauro Motta

Roberto Carlos ao vivo (CBS, 1988)

"Proposta" (Roberto Carlos/Erasmo Carlos)
"Emoções" (Roberto Carlos/Erasmo Carlos)
"Lobo mau" ("The Wanderer") (Ernie Maresca. Versão: Hamilton Di
    Giorgio)/"Eu sou terrível"/"Amante à moda antiga" (Roberto Carlos/
    Erasmo Carlos)
"Canzone per te" (Sergio Endrigo/Sergio Bardotti)
"Outra vez" (Isolda)
"Seu corpo"/"Café da manhã"/"Os seus botões"/"Falando
    sério"/"O côncavo e o convexo"/"Eu e ela"
"Detalhes" (Roberto Carlos/Erasmo Carlos)
"Imagine" (John Lennon)
"Ele está pra chegar" (Roberto Carlos/Erasmo Carlos)

Roberto Carlos (CBS, 1989)

"Amazônia" (Roberto Carlos/Erasmo Carlos)
"Tolo" (Roberto Carlos/Erasmo Carlos)
"O tempo e o vento" (Roberto Carlos/Erasmo Carlos)
"Se você me esqueceu" ("Si me vas a olvidar") (Roberto Livi. Versão:
    Carlos Colla)
"Pássaro ferido" (Roberto Carlos/Erasmo Carlos)
"Nem às paredes confesso" (Artur Ribeiro/Ferrer Trindade/Maximiano
    de Souza)
"Só você não sabe" (Roberto Carlos/Erasmo Carlos)
"Sonríe" ("Smile") (Charles Chaplin/John Turner/Geoffrey Parsons.
    Versão: Roberto Livi)
"Se você pretende" (Mauro Motta/Carlos Colla)
Produzido por Mauro Motta

Roberto Carlos (CBS, 1990)

"Super herói" (Roberto Carlos/Erasmo Carlos)
"Meu ciúme" (Michael Sullivan/Paulo Massadas)
"Por ela" ("Por ella") (Jose Manuel Soto Alarcon. Versão: Biafra/Aloysio Reis)
"Pobre de quem me tiver depois de você" (Roberto Carlos/Erasmo Carlos)
"Cenário" (Eduardo Lages/Paulo Sérgio Valle)
"Quero paz" (Roberto Carlos/Erasmo Carlos)
"Um mais um" (Gilson/Carlos Colla)
"Porque a gente se ama" (Roberto Carlos/Erasmo Carlos)
"Como as ondas voltam para o mar" (Roberto Carlos/Erasmo Carlos)
"Mujer" (Roberto Livi/Salako)

Roberto Carlos (CBS, 1991)

"Todas as manhãs" (Roberto Carlos/Erasmo Carlos)
"Primeira dama" (Roberto Carlos/Erasmo Carlos)
"Se você" ("Si piensas... si quieres...") (Alejandro Vezzani/Roberto Livi)
"Não me deixe" (Marcos Valle/Carlos Colla)
"Oh, oh, oh" (Roberto Livi/Salako)
"Luz divina" (Roberto Carlos/Erasmo Carlos)
"Pergunte pro seu coração" (Michael Sullivan/Paulo Massadas)
"Diga-me coisas bonitas" (Roberto Carlos/Erasmo Carlos)
"Mudança" (Biafra/Nilo Pinta/Aloysio Reis)
Produzido por Mauro Motta

Roberto Carlos (CBS, 1992)

"Você é minha" (Roberto Carlos/Erasmo Carlos)
"Mulher pequena" (Roberto Carlos/Erasmo Carlos)

"De coração" (Eduardo Lages/Paulo Sérgio Valle)
"Você como vai?" ("E tu come stai?") (Claudio Baglioni. Versão: Roberto Carlos/Erasmo Carlos)
"Dito e feito" (Altay Veloso)
"Herói calado" (Roberto Carlos/Erasmo Carlos)
"Eu preciso desse amor" (Roberto Carlos/Erasmo Carlos)
"Você mexeu com a minha vida" (Mauro Motta/Paulo Sérgio Valle)
"Dizem que um homem não deve chorar" ("Nova Flor"/"Los hombres no deben llorar") (Palmeira/Mario Zan/Roberto Carlos/Erasmo Carlos)
"Una en un millón" (Alejandro Vezzani/Roberto Livi)
Produzido por Mauro Motta

Roberto Carlos (CBS, 1993)

"O velho caminhoneiro" (Roberto Carlos/Erasmo Carlos)
"Coisa bonita" (Roberto Carlos/Erasmo Carlos)
"Hoje é domingo" (Nenéo/Dalmo Belote)
"Obsessão" (Roberto Carlos/Erasmo Carlos)
"Nossa Senhora" (Roberto Carlos/Erasmo Carlos)
"Tanta solidão" (Mauro Motta/Marcos Valle/Paulo Sérgio Valle)
"Se você pensa" (Roberto Carlos/Erasmo Carlos)
"Parabéns" (Altay Veloso)
"Mis amores" (Roberto Livi/Bebu Silvetti)
Produzido por Mauro Motta

Roberto Carlos (CBS, 1994)

"Alô" (Roberto Carlos/Erasmo Carlos)
"Quero lhe falar do meu amor" (Roberto Carlos/Erasmo Carlos)
"O taxista" (Roberto Carlos/Erasmo Carlos)
"Custe o que custar" (Edson Ribeiro/Hélio Justo)
"Jesus salvador" (Roberto Carlos/Erasmo Carlos)
"Meu coração ainda quer você" (Mauro Motta/Robson Jorge/Paulo Sérgio Valle)
"Quando a gente ama" (Roberto Carlos/Erasmo Carlos)
"Silêncio" (Beto Surian)
"Eu nunca amei alguém como eu te amei" (Eduardo Lages/Paulo Sérgio Valle)
Produzido por Mauro Motta

Roberto Carlos (CBS, 1995)

"Amigo não chore por ela" (Roberto Carlos/Erasmo Carlos)
"O charme dos seus óculos" (Roberto Carlos/Erasmo Carlos)
"O coração não tem idade" (Roberto Carlos/Erasmo Carlos)

"Pra ficar com você" (Mauro Motta/Carlos Colla)
"Quando eu quero falar com Deus" (Roberto Carlos/Erasmo Carlos)
"Romântico" (Roberto Carlos/Erasmo Carlos)
"Nunca te esqueci" (Eduardo Lages/Paulo César Valle)
"Quase fui lhe procurar" (Getúlio Côrtes)
"Sonho de amor" (Fernando de Souza/Mário Avellar/Edilson Campos)
Produzido por Mauro Motta

Roberto Carlos (Sony Music, 1996)

"Mulher de 40" (Roberto Carlos/Erasmo Carlos)
"Cheirosa" (Roberto Carlos/Erasmo Carlos)
"Quando digo que te amo" (Roberto Carlos/Erasmo Carlos)
"Amor antigo" (Roberto Carlos/Erasmo Carlos)
"Como é grande o meu amor por você" (Roberto Carlos)
"O terço" (Roberto Carlos/Erasmo Carlos)
"Tem coisas que a gente não tira do coração" (Roberto Carlos/
    Erasmo Carlos)
"Comandante do seu coração" (Roberto Carlos/Erasmo Carlos)
"Assunto predileto" (Eduardo Lages/Paulo Sérgio Valle)
"O homem bom" (Paulo Sete/Clayton Querido)
Produzido por Mauro Motta

Roberto Carlos (Sony Music, 1998)

"Meu menino Jesus" (Roberto Carlos)
"O baile da fazenda" (Roberto Carlos)
"Eu te amo tanto" (Roberto Carlos)
"Vê se volta para mim" (Eduardo Lages/Paulo Sérgio Valle)
"De tanto amor" (ao vivo) (Roberto Carlos/Erasmo Carlos)
"Debaixo dos caracóis dos seus cabelos" (ao vivo) (Roberto Carlos/
    Erasmo Carlos)
"Nossa canção" (Luiz Ayrão)
"Amada amante" (Roberto Carlos/Erasmo Carlos)
"Falando sério" (Maurício Duboc/Carlos Colla)
"Outra vez" (Isolda)
Produzido por Eduardo Lages

Mensagens (Sony Music, 1999)

"Jesus Cristo" (Roberto Carlos/Erasmo Carlos)
"Nossa Senhora" (Roberto Carlos/Erasmo Carlos)
"Luz divina" (Roberto Carlos/Erasmo Carlos)
"O terço" (Roberto Carlos/Erasmo Carlos)
"Jesus salvador" (Roberto Carlos/Erasmo Carlos)

"Aleluia" (Roberto Carlos/Erasmo Carlos)
"Fé" (Roberto Carlos/Erasmo Carlos)
"A montanha" (Roberto Carlos/Erasmo Carlos)
"Estou aqui" (Roberto Carlos/Erasmo Carlos)
"Ele está pra chegar" (Roberto Carlos/Erasmo Carlos)
"Quando eu quero falar com Deus" (Roberto Carlos/Erasmo Carlos)

30 grandes sucessos: volumes I e II (Sony Music, 1999)

"Todas as Nossas Senhoras" (Roberto Carlos/Erasmo Carlos)
"Detalhes" (Roberto Carlos/Erasmo Carlos)
"Lady Laura" (Roberto Carlos/Erasmo Carlos)
"Quando eu quero falar com Deus" (Roberto Carlos/Erasmo Carlos)
"Como é grande o meu amor por você" (Roberto Carlos)
"O calhambeque" ("Road Hog") (John D. Loudermilk/Gwen Loudermilk.
    Versão: Erasmo Carlos)
"Não quero ver você triste" (Roberto Carlos/Erasmo Carlos)
"Nossa Senhora" (Roberto Carlos/Erasmo Carlos)
"Debaixo dos caracóis dos seus cabelos" (Roberto Carlos/Erasmo Carlos)
"O portão" (Roberto Carlos/Erasmo Carlos)
"Fera ferida" (Roberto Carlos/Erasmo Carlos)
"Como vai você" (Antonio Marcos/Mario Marcos)
"Proposta" (Roberto Carlos/Erasmo Carlos)
"Cavalgada" (Roberto Carlos/Erasmo Carlos)
"Outra vez" (Isolda)
"Canzone per te" (Sergio Endrigo/Sergio Bardotti)
"Todas as Nossas Senhoras" (Roberto Carlos/Erasmo Carlos)
"Eu te amo tanto" (Roberto Carlos)
"Jesus Salvador" (Roberto Carlos/Erasmo Carlos)
"Quero lhe falar do meu amor" (Roberto Carlos/Erasmo Carlos)
"Emoções" (Roberto Carlos/Erasmo Carlos)
"Amigo" (Roberto Carlos/Erasmo Carlos)
"Caminhoneiro" ("Gentle on My Mind") (John Hartford. Versão: Roberto
    Carlos/Erasmo Carlos)
"Falando sério" (Maurício Duboc/Carlos Colla)
"Desabafo" (Roberto Carlos/Erasmo Carlos)
"Amada amante" (Roberto Carlos/Erasmo Carlos)
"Assunto predileto" (Eduardo Lages/Paulo Sérgio Valle)
"Café da manhã" (Roberto Carlos/Erasmo Carlos)
"Mulher de 40" (Roberto Carlos/Erasmo Carlos)
"Alô" (Roberto Carlos/Erasmo Carlos)
"Aleluia" (Roberto Carlos/Erasmo Carlos)

Amor sem limite (Sony Music, 2000)

"O grande amor da minha vida" (Roberto Carlos)
"Amor sem limite" (Roberto Carlos)
"O grude (um do outro)" (Roberto Carlos)
"O amor é mais" (Roberto Carlos)
"Eu te amo tanto" (Roberto Carlos)
"Tudo" (Martinha)
"Tu és a verdade, Jesus" (Roberto Carlos/Erasmo Carlos)
"Mulher pequena" (Roberto Carlos/Erasmo Carlos)
"Quando digo que te amo" (Roberto Carlos/Erasmo Carlos)
"Momentos tão bonitos" (Eduardo Lages/Paulo Sérgio Valle)
Produzido por Guto Graça Mello e Mauro Motta

Acústico (Sony Music/MTV, 2001)

"Além do horizonte" (Roberto Carlos/Erasmo Carlos)
"As curvas da estrada de Santos" (Roberto Carlos/Erasmo Carlos)
"Parei na contramão" (Roberto Carlos/Erasmo Carlos)
"Detalhes" (Roberto Carlos/Erasmo Carlos)
"Por isso eu corro demais" (Roberto Carlos)
"É proibido fumar" (Roberto Carlos/Erasmo Carlos)
"Todos estão surdos" (Roberto Carlos/Erasmo Carlos)
"Eu te amo tanto" (Roberto Carlos)
"O grude (um do outro)" (Roberto Carlos)
"Eu te amo, te amo, te amo" (Roberto Carlos/Erasmo Carlos)
"O calhambeque" ("Road Hog") (John D. Loudermilk/Gwen Loudermilk.
      Versão: Erasmo Carlos)
"É preciso saber viver" (Roberto Carlos/Erasmo Carlos)
"Emoções" (Roberto Carlos/Erasmo Carlos)
"Jesus Cristo" (Roberto Carlos/Erasmo Carlos)
Produzido por Guto Graça Mello

Roberto Carlos (Sony Music, 2002)

"Seres humanos" (Roberto Carlos/Erasmo Carlos)
"Emoções" (Roberto Carlos/Erasmo Carlos)
"Como é grande o meu amor por você" (Roberto Carlos)
"Amor perfeito" (Michael Sullivan/Paulo Massadas/Lincoln Olivetti/
      Robson Jorge)
"Parei na contramão" (Roberto Carlos/Erasmo Carlos)
"Força estranha" (Caetano Veloso)
"E por isso estou aqui" (Roberto Carlos)
"Proposta" (Roberto Carlos/Erasmo Carlos)
"Luz divina" (Michael Sullivan/Paulo Massadas/Lincoln Olivetti/Robson Jorge)

"Eu te amo tanto" (Roberto Carlos)
"Amor sem limite" (Roberto Carlos)
"Jesus Cristo" (Roberto Carlos/Erasmo Carlos)
"Se você pensa" (Roberto Carlos/Erasmo Carlos)
"O calhambeque" ("Road Hog") (John D. Loudermilk/Gwen Loudermilk.
    Versão: Erasmo Carlos)

Pra sempre (Sony Music, 2003)

"Pra sempre" (Roberto Carlos)
"Todo mundo me pergunta" (Roberto Carlos)
"Acróstico" (Roberto Carlos)
"Com você" (Roberto Carlos)
"O encontro" (Roberto Carlos)
"Como eu te amo" (Mauro Motta/Carlos Colla)
"O cadillac" (Roberto Carlos/Erasmo Carlos)
"Seres humanos" (Roberto Carlos/Erasmo Carlos)
"História de amor" (Lula Barbosa/Pedro Barezzi)
"Eu vou sempre amar você" (Eduardo Lages/César Augusto)
Produzido por Guto Graça Mello e Mauro Motta

Pra sempre (Sony Music, 2004, ao vivo no Pacaembu)

"Emoções" (Roberto Carlos/Erasmo Carlos)
"Café da manhã" (Roberto Carlos/Erasmo Carlos)
"Ilegal, imoral ou engorda" (Roberto Carlos/Erasmo Carlos)
"O calhambeque" ("Road Hog") (John D. Loudermilk/Gwen Loudermilk.
    Versão: Erasmo Carlos)
"O cadillac" (Roberto Carlos/Erasmo Carlos)
"Acróstico" (Roberto Carlos)
"Olha" (Roberto Carlos/Erasmo Carlos)
"Os seus botões" (Roberto Carlos/Erasmo Carlos)
"Outra vez" (Isolda)
"Pra sempre" (Roberto Carlos)
"Cavalgada" (Roberto Carlos/Erasmo Carlos)
"É preciso saber viver" (Roberto Carlos/Erasmo Carlos)
"Coração" (Roberto Carlos/Erasmo Carlos)
"Jesus Cristo" (Roberto Carlos/Erasmo Carlos)
"A volta" (Roberto Carlos/Erasmo Carlos)

Roberto Carlos (Sony Music, 2005)

"Promessa" (Roberto Carlos/Erasmo Carlos)
"A volta" (Roberto Carlos/Erasmo Carlos)
"O amor é mais" (Roberto Carlos)

"Arrasta uma cadeira" (Roberto Carlos/Erasmo Carlos)
"O baile da fazenda" (com Dominguinhos) (Roberto Carlos)
"Coração sertanejo" (Neuma Morais/Neon Moraes)
"Índia" (José Asunción Flores/Manuel Ortiz Guerrero)
"Meu pequeno Cachoeiro" (Raul Sampaio)
"Loving You" (Jerry Leiber/Mike Stoller)
Produzido por Guto Graça Mello

Duetos (Sony Music, 2006)

"Tutti Frutti"/"Long Tall Sally"/"Hound Dog"/"Blue Suede
    Shoes"/"Love Me Tender" (com Erasmo Carlos)
"Ternura" ("Somehow It Got to Be Tomorrow") (com Wanderléa)
"Lígia" (com Tom Jobim)
"Coração de estudante" (com Milton Nascimento)
"Sua estupidez" (com Gal Costa)
"Mucuripe" (com Fagner)
"Amazônia" (com Chitãozinho & Xororó)
"Desabafo" (com Ângela Maria)
"Se você quer..." ("Si piensas si quieres") (com Fafá de Belém)
"Rei do gado" (com Sérgio Reis e Almir Sater)
"Se eu não te amasse tanto assim" (com Ivete Sangalo)
"Alegria, alegria" (com Caetano Veloso)
"Além do horizonte" (com Jota Quest)
"Jovens tardes de domingo"

Roberto Carlos e Caetano Veloso e a música de Tom Jobim (Sony Music,
2008, ao vivo no Auditório do Ibirapuera)

"Garota de Ipanema" (Antonio Carlos Jobim/Vinicius de Moraes)
"Wave" (Antonio Carlos Jobim)
"Águas de março" (Antonio Carlos Jobim)
"Por toda minha vida" (Antonio Carlos Jobim/Vinicius de Moraes)
"Ela é carioca" (Antonio Carlos Jobim/Vinicius de Moraes)
"Inútil paisagem" (Antonio Carlos Jobim/Aloysio de Oliveira)
"Meditação" (Antonio Carlos Jobim/Newton Mendonça)
"O que tinha de ser" (Antonio Carlos Jobim/Vinicius de Moraes)
"Insensatez" (Antonio Carlos Jobim/Vinicius de Moraes)
"Por causa de você" (Antonio Carlos Jobim/Dolores Duran)
"Lígia" (Antonio Carlos Jobim)
"Corcovado" (Antonio Carlos Jobim)
"Samba do avião" (Antonio Carlos Jobim)
"Eu sei que vou te amar"/"Soneto da fidelidade" (Antonio Carlos Jobim/
    Vinicius de Moraes)

"Tereza da praia" (Antonio Carlos Jobim/Billy Blanco)
"Chega de saudade" (Antonio Carlos Jobim/Vinicius de Moraes)
Produzido por Guto Graça Mello

Elas cantam Roberto Carlos (Sony Music, 2009)

"Você não sabe" — Hebe Camargo
"Canzone per te" — Luiza Possi
"Proposta" — Zizi Possi
"Sua estupidez" — Alcione
"Desabafo" — Fafá de Belém
"À distância" — Celine Imbert
"Se você pensa" — Daniela Mercury
"Você vai ser o meu escândalo" — Wanderléa
"Nossa canção" — Rosemary
"Todos estão surdos" — Fernanda Abreu
"120... 150... 200 km por hora" — Marília Pêra
"As curvas da estrada de Santos" — Paula Toller
"Como dois e dois" — Marina Lima
"As canções que você fez pra mim" — Sandy
"Só você não sabe" — Mart'nália
"Do fundo do meu coração" — Adriana Calcanhotto
"Falando sério" — Claudia Leitte
"Não se esqueça de mim" — Nana Caymmi
"Força estranha" — Ana Carolina
"Olha" — Ivete Sangalo
"Emoções" — Roberto Carlos
"Como é grande o meu amor por você" — Todos os artistas juntos

Emoções sertanejas (Sony Music, 2010)

"À distância" — Milionário & José Rico
"Proposta" — César Menotti & Fabiano
"As curvas da estrada de Santos" —Nalva Aguiar
"Eu te amo, te amo, te amo" — Gian & Giovani
"Alô" — Martinha
"Desabafo" — Bruno & Marrone
"Caminhoneiro" — Dominguinhos e Paula Fernandes
"Todas as manhãs" — Sérgio Reis
"O quintal do vizinho" — Almir Sater
"Esqueça" ("Forget Him") — Elba Ramalho
"Jesus Cristo" — Victor & Leo
"Eu disse adeus" — Roberta Miranda
"O portão" — Zezé Di Camargo & Luciano
"Quando" — Zezé Di Camargo, Luciano e Daniel

"Do fundo do meu coração" — Daniel
"Sentado à beira do caminho" — Rionegro & Solimões
"Por amor" — Leonardo
"Eu preciso de você" — Chitãozinho & Xororó
"É preciso saber viver" — Leonardo e Chitãozinho & Xororó
"Como é grande o meu amor por você"
"Eu quero apenas"

Roberto Carlos em Jerusalém (Sony Music, 2012, CD duplo)

"Emoções" (Roberto Carlos/Erasmo Carlos)
"Além do horizonte" (Roberto Carlos/Erasmo Carlos)
"Qué será de ti"/"Como vai você" (Antonio Marcos/Mario Marcos)
"Como é grande o meu amor por você" (Roberto Carlos)
"Detalhes/Detalles/Detagli/You Will Remember Me" (Roberto Carlos/
    Erasmo Carlos)
"Outra vez" (Isolda)
"Eu sei que vou te amar"/"Soneto da fidelidade"
"Mulher pequena"/"Mujer pequeña"
"Pensamentos" (Roberto Carlos/Erasmo Carlos)
"Ave Maria"
"Lady Laura" (Roberto Carlos/Erasmo Carlos)
"Olha" (Roberto Carlos/Erasmo Carlos)
"Proposta" (Roberto Carlos/Erasmo Carlos)
"Falando sério" (Maurício Duboc/Carlos Colla)
"Desabafo" (Roberto Carlos/Erasmo Carlos)
"Eu quero apenas" (Roberto Carlos/Erasmo Carlos)
"Unforgettable" (Irving Gordon)
"O portão" (Roberto Carlos/Erasmo Carlos)
"Caruso" (Lucio Dalla)
"Jerusalém toda de ouro"/"Yerushalayim Shel Zarav"
"A montanha" (Roberto Carlos/Erasmo Carlos)
"Jesus Cristo" (Roberto Carlos/Erasmo Carlos)

Esse cara sou eu (Sony Music, 2012)

"Esse cara sou eu" (Roberto Carlos)
"Furdúncio" (Roberto Carlos/Erasmo Carlos)
"A mulher que eu amo" (Roberto Carlos)
"A volta" (Roberto Carlos/Erasmo Carlos)

Remixed — *EP* (Sony Music, 2013)

"Fera ferida"
"Se você pensa"

"O portão"
"É proibido fumar"
"É preciso saber viver"

Duetos 2 (Sony Music, 2014)

"Papo de esquina" (com Erasmo Carlos)
"Estranha loucura"/"Falando sério"/"Sufoco"/"Além do
    horizonte"/"Meu ébano"/"Nega" (com Alcione)
"Que maravilha" (com Jorge Ben Jor)
"Como é grande o meu amor por você" (com Daniela Mercury)
"Amor I Love You" (com Marisa Monte)
"Angela"/"Eu e ela" (com Neguinho da Beija-Flor)
"Ela só pensa em beijar" (com MC Leozinho)
"Papai me empreste o carro"/"Parei na contramão"/"Flagra"/"Splish
    splash"/"Mania de você"/"Cama e mesa"/"Baila comigo"/"Garota do
    Roberto"/"É papo firme" (com Rita Lee, Roberto Carvalho e Beto Lee)
"O portão" (com Zezé Di Camargo e Luciano)
"Olha" (com Camila Pitanga)
"Amor perfeito" (com Claudia Leitte)
"A paz" ("Heal the World") (com Roupa Nova e Coral dos Canarinhos
    de Petrópolis)

Roberto Carlos em Las Vegas (Sony Music, 2015)

"Abertura"
"Emoções"
"Como vai você"/"Qué será de ti"
"Detalhes"/"Detalles"
"Desabafo"/"Desahogo"
"Mulher pequena"/"Mujer pequeña"
"Proposta"
"O côncavo e o convexo"
"O calhambeque" ("Road Hog")
"Canzone per te"
"Un gato en la oscuridad"
"I'm in the Mood for Love"
"Breakfast"/"Café da manhã"
"Cavalgada"
"Esse cara sou eu"
"Aquarela do Brasil"
"El día que me quieras"
"Amigo"/"Amigo"
"Jesus Cristo"

Primeira fila (Sony Music, 2015)

"Emoções"
"A volta"
"O portão"
"Cama e mesa"
"And I Love Her"
"À distância"
"Detalhes"
"As curvas da estrada de Santos"
"Ilegal, imoral ou engorda"
"Eu te amo, te amo, te amo"
"Arrastra una silla" (com Marco Antonio Solís)
"Propuesta"
"Amigo"
"Amada amante"
"Mujer pequeña"
"Lady Laura"
"Jesús Cristo"

Primeira fila (Sony Music, 2015)

"Emociones"
"Amigo"
"Detalles"
"Amada amante"
"Tu regreso"
"El portón"
"Lady Laura"
"And I Love Her"
"Cama y mesa"
"Mujer pequeña"
"La distancia"
"Propuesta"
"Te amo, te amo, te amo"
"Ilegal, inmoral o engorda"
"Arrastra una silla" (com Marco Antonio Solís)
"Las curvas de Santos"
"Jesús Cristo"

Roberto Carlos (Sony Music, 2017)

"Sereia"
"Chegaste"
"Vou chegar mais cedo em casa"
"Sua estupidez"

INTERNACIONAIS

Canta a la juventude (CBS, 1965)

"Es prohibido humar" ("É proibido fumar") "É proibido fumar" (Roberto
Carlos/Erasmo Carlos)
"Un león se escapó" ("Um leão está solto nas ruas") (Rossini Pinto)
"Rosa, Rosita" ("Rosinha") (Oswaldo Audi/Athayde Julio)
"La chica del gorro" ("Broto do jacaré") (Roberto Carlos/Erasmo Carlos)
"Júrame" ("Jura-me") (Jovenil Santos)
"Mi gran amor" ("Meu grande bem") (Helena dos Santos)
"Mi cacharrito" ("Road Hog") (John D. Loudermilk/Gwen Loudermilk.
Versão: Erasmo Carlos)
"Mi história de amor" ("Minha história de amor") (José Messias)
"Naci para llorar" ("Born to Cry") (Dion DiMucci/Erasmo Carlos)
"Amapola" (Lacalle/Roberto Carlos)
"Loco no soy más" ("Louco não estou mais") (Roberto Carlos/Erasmo Carlos)
"Desamarra mi corazón" ("Unchain My Heart") (Agnes Jones/Freddy
James. Versão: Roberto Carlos)
Produzido por Evandro Ribeiro

En español (CBS, 1973)

"La ventana" ("A janela")
"Qué será de ti" ("Como vai você")
"La montaña" ("A montanha")
"Estás tan linda" ("Você é linda")
"Por amor" ("Por amor")
"Mi cacharrito" ("Road Hog")
"Una palabra amiga"
"Nunca más te dejaré triste amor"
"Ciudad"
"La palabra adiós"
"Detalles" ("Detalhes")

Quiero verte a mi lado (CBS, 1974)

"Quiero verte a mi lado"
"Juego de damas"
"Es preciso saber vivir"
"Usted" ("Você")
"Despedida" ("Despedida")
"Yo te recuerdo" (Armando Manzanero)
"Resumen" ("Resumo")
"Ternura antigua" ("Ternura antiga")
"El portón" ("O portão")

"Yo solo quiero" ("Eu quero apenas")
"El tiempo borrará" ("O tempo vai apagar")
"Quiero verte a mi lado" ("Quero ver você de perto")
"Como es grande mi amor" ("Como é grande o meu amor por você")

El día que me quieras (CBS, 1974)

"Actitudes"
"Propuesta" ("Proposta")
"Amigos, amigos" ("Amigos, amigos")
"Palabras" ("Palavras")
"La gitana" ("A cigana")
"El día que me quieras"
"El hombre" ("O homem")
"Rutina" ("Rotina")
"Sueño lindo" ("Sonho lindo")
"El show ya terminó"

Tu cuerpo (CBS, 1976)

"Tu cuerpo" ("Seu corpo")
"El humahuaqueño"
"Que se vaya todo al infierno" ("Quero que vá tudo pro inferno")
"Inolvidable"
"No te quiero ver triste" ("Não quero ver você triste")
"Detrás del horizonte" ("Além do horizonte")
"Será el destino quien dirá" ("Elas por elas")
"Mira" ("Olha")
"El jardín del vecino" ("O quintal do vizinho")
"Existe un problema entre los dos" ("Existe algo errado")

San Remo 1968 (CBS, 1976)

"Canzone per te" (Sergio Endrigo/Sergio Bardotti)
"Eu daria a minha vida" (Martinha)
"Maria, carnaval e cinzas" (Luiz Carlos Paraná)
"Você me pediu" (Luiz Fabiano)
"Com muito amor e carinho" (Eduardo Araújo/Chil Deberto)
"Sonho lindo" (Maurício Duboc/Carlos Colla)
"Un gatto nel blu" (Toto Salvio)
"O show já terminou" (Roberto Carlos/Erasmo Carlos)
"Ai que saudades da Amélia" (Ataulfo Alves/Mario Lago)
"Custe o que custar" (Edson Ribeiro/Hélio Justo)
"Eu amo demais" (Renato Corrêa)
"Eu disse adeus" (Roberto Carlos/Erasmo Carlos)
Produzido por Evandro Ribeiro

En español (CBS, 1977)

"El progreso" ("O progresso")
"La niña y el poeta" ("A menina e o poeta")
"Um modo estúpido de amar" ("Um jeito estúpido de te amar")
"Eres reservada" ("Pelo avesso")
"Los botones" ("Os seus botões")
"Necesito llamar su atención" ("Preciso chamar sua atenção")
"Ilegal, inmoral o engorda" ("Ilegal, imoral ou engorda")
"Mi tia" ("Minha tia")
"Tu em mi vida" ("Você em minha vida")
"Comentarios" ("Comentários")

Roberto Carlos (CBS, 1978)

"Amigo"
"Solamente una vez"
"Muy romántico" ("Muito romântico")
"Hablando en serío" ("Falando sério")
"Ternura" ("Somehow It Got to Be Tomorrow")
"Cabalgata" ("Cavalgada")
"No te olvídes de mí" ("Não se esqueça de mim")
"Siento mucho amiga mía" ("Sinto muito minha amiga")
"Hacerte mi mujer" ("Pra ser minha mulher")
"Otra vez" ("Outra vez")
"Aquellas tardes de domingo" ("Jovens tardes de domingo")

Roberto Carlos (CBS, 1979)

"Fe" ("Fé")
"La primera vez" ("A primeira vez")
"Una vez más" ("Mais uma vez")
"Viviendo por vivir"
"Lady Laura"
"Música suave" ("Música suave")
"Desayuno" ("Café da manhã")
"Por fin mañana"
"Intenta olvidar" ("Tente esquecer")
"Fuerza extraña" ("Força estranha")
"Todos tus rumbos" ("Todos os meus rumos")

Mi querido, mi viejo, mi amigo (CBS, 1980)

"La paz de tu sonrisa" ("Na paz do teu sorriso")
"Abandono"

"El año passado" ("No ano passado")
"Esta tarde ví llover"
"Cuentame tu historia" ("Me conta a sua história")
"Desahogo" ("Desabafo")
"Hoy volví al pasado" ("Eu voltei ao passado")
"Mi querido, mi viejo, mi amigo" ("Meu querido, meu velho, meu amigo")
"Costumbre" ("Costumes")
"A veces pienso" ("Às vezes penso")

Roberto Carlos (CBS, 1981)

"La guerra de los niños" ("A guerra dos meninos")
"El sabor de tudo" ("O gosto de tudo")
"La isla" ("A ilha")
"Me vuelves loco"
"Pasatiempo" ("Passatempo")
"No te apartes de mí" ("Não se afaste de mim")
"Se busca" ("Procura-se")
"Amante a la antigua"
"Y tengo que seguir" ("Tentativa")
"Confesión" ("Confissão")

Roberto Carlos (CBS, 1981)

"Honestly" ("Falando sério")
"At Peace in Your Smile" ("Na paz do seu sorriso")
"Loneliness"
"Sail Away"
"Niagara"
"Buttons on Your Blouse" ("Os seus botões")
"Breakfast" ("Café da manhã")
"Come to Me Tonight"
"You Will Remember Me" ("Detalhes")
"It's Me Again"
Produzido por Nick de Caro

Roberto Carlos (CBS, 1982)

"El esta al llegar" ("Ele está pra chegar")
"Simple-mágica" ("Simples mágica")
"Ballenas" ("As baleias")
"Todo para" ("Tudo para")
"Dulce locura" ("Doce loucura")
"Necesito tu amor" ("Eu preciso de você")
"Emociones" ("Emoções")

"Mirando estrellas" ("Olhando estrelas")
"Cama y mesa" ("Cama e mesa")
"Quando o sol nascer"

Roberto Carlos (CBS, 1983)

"Amiga"
"Viejas fotos" ("Coisas que não se esquece")
"Mi fin de semana" ("Fim de semana")
"Pensamientos" ("Pensamentos")
"Momentos" ("Quantos momentos bonitos")
"Mis amores de televisión" ("Meus amores de televisão")
"Fiera herida" ("Fera ferida")
"Misteríos" ("Como é possível")
"Recuerdos" ("Recordações")
"Como fue..." ("Como foi...")

Roberto Carlos (CBS, 1984)

"El amor y la moda" ("O amor e a moda")
"Recuerdos y ya más nada" ("Recordações e mais nada")
"Estoy aquí" ("Estou aqui")
"No te puedo olvidar" ("Preciso de você")
"Dijiste adiós" ("Me disse adeus")
"Tu no sabes" ("Você não sabe")
"Cóncavo y convexo" ("O côncavo e o convexo")
"Pleno verano" ("No mesmo verão")
"Perdóna" ("Perdoa")
"A partir de este instante" ("A partir deste instante")

Roberto Carlos (CBS, 1985)

"Corazón" ("Coração")
"Yo y ella" ("Eu e ela")
"Aleluya" ("Aleluia")
"Luna nueva" ("Lua nova")
"Cartas de amor" ("Love Letters")
"Camionero" ("O velho caminhoneiro", "Gentle on My Mind")
"Yo te amo" ("And I Love Her")
"Sabores" ("Sabores")
"Las mismas cosas" ("As mesmas coisas")

Roberto Carlos (CBS, 1986)

"Verde e amarelo"
"De corazón a corazón" ("De coração pra coração")

"Si tú vas también yo voy" ("Só vou se você for")
"Paz en la tierra" ("Paz na Terra")
"Contradicciones" ("Contradições")
"Por las calles de nuestra casa" ("Pelas esquinas da nossa casa")
"Símbolo sexual" ("Símbolo sexual")
"La atriz" ("A atriz")
"Dentro de mi mente" ("Você na minha mente")
"De boca hacia a fuera" ("Da boca pra fora")

Nuestro amor (CBS, 1987)

"Apocalipsis" ("Apocalipse")
"Desde el fondo de mi corazón" ("Do fundo do meu coração")
"Amor perfecto" ("Amor perfeito")
"Cuando hoy te vi passar" ("Quando vi você passar")
"Cuando no estas" ("Eu sem você")
"Negra" ("Nega")
"Como te irás sin mí" ("Tente viver sem mim")
"Aquella casa humilde" ("Aquela casa simples")
"Quiero volver a ti" ("Eu quero voltar pra você")

Volver (CBS, 1988)

"Telepatia" ("Tô chutando lata")
"Tristes momentos"
"Volver"
"Antiguamente era así" ("Antigamente era assim")
"Ingenuo y soñador" ("Ingênuo e sonhador")
"Si el amor se va"
"Mis amores"
"Aventuras" ("Aventuras")
"Cosas del corazón" ("Coisas do coração")

Sonríe (CBS, 1989)

"Si me vas a olvidar" ("Se você me esqueceu")
"Se divierte y ya no piensa en mi" ("Se diverte e já não pensa em mim")
"Sonríe" ("Smile")
"Águila dorada" ("Águia dourada")
"Abre las ventanas al amor"
"Si me dices que ya no me amas más" ("Se você disser que não me ama")
"Todo el mundo es alguien" ("Todo mundo é alguém")
"Que es lo que hago" ("O que é que eu faço")
"Vivir sin ti" ("Eu sem você")

Pájaro herido (CBS, 1990)

"Pájaro herido" ("Pássaro ferido") (Roberto Carlos/Erasmo Carlos)
"Mujer"
"Amazonia" ("Amazônia")
"El tonto" ("O tolo")
"Oh, oh, oh, oh"
"Tengo que olvidar" ("Tenho que esquecer")
"Me has hechado al olvido" (Roberto Livi/Rudy Pérez)
"El tiempo y el viento" ("O tempo e o vento") (Roberto Carlos/Erasmo Carlos)
"Poquito a poco" (Roberto Livi/Salako)
"Só você não sabe" (Roberto Carlos/Erasmo Carlos)

Serie de oro: Un gato en la oscuridad (CBS, 1990)

"Un gato en la oscuridad"
"Amada amante"
"Jesucristo" ("Jesus Cristo")
"Yo te amo, yo te amo, yo te amo" ("Eu te amo, te amo, te amo")
"Rosa, Rosa"
"Mi cacharrito" ("Road Hog")
"Una palabra amiga"
"Nunca más te dejaré triste amor"
"Ciudad"
"La palabra adiós"
"Detalles" ("Detalhes")

Roberto Carlos (CBS, 1991)

"Super héroe" ("Super herói")
"Tú eres mía" ("Você é minha")
"No me dejes" ("Não me deixe")
"Todas las mañanas" ("Todas as manhãs")
"Escenario" ("Cenário")
"Luz divina"
"Dime unas cosas bonitas" ("Diga-me coisas bonitas")
"Y tú como estás?" ("Você como vai?") ("E tu come stai?")
"Pregúntale a tu corazón" ("Pergunte pro seu coração")
"Dicho y hecho" ("Dito e feito")

Roberto Carlos (CBS, 1993)

"Mujer pequeña" ("Mulher pequena")
"Tú eres mía" ("Você é minha")
"No me dejes" ("Não me deixe")

"Todas las mañanas" ("Todas as manhãs")
"Escenario" ("Cenário")
"Luz divina"
"Dime unas cosas bonitas" ("Diga-me coisas bonitas")
"Y tú como estás?" ("Você como vai?") ["E tu como stai?"]
"Pregúntale a tu corazón" ("Pergunte pro seu coração")
"Dicho y hecho" ("Dito e feito")

Inolvidables (CBS, 1993)

"Amigo"
"Desahogo" ("Desabafo")
"Un millón de amigos" ("Um milhão de amigos")
"Inolvidable"
"La distancia"
"Lady Laura"
"Propuesta" ("Proposta")
"Amante a la antigua"
"El día que me quieras"
"Amada amante"

Las canciones que yo amo: 40 grandes exitos (CBS, 1995)

"Amigo"
"La distancia" ("À distância")
"Amada amante"
"Namoradinha de um amigo meu"
"Detalles" ("Detalhes")
"Actitudes"
"El gato que está triste y azul" ("Un gatto nel blu")
"Un millón de amigos" ("Eu quero apenas")
"Sentado ala vera del camino"
"Eu daria minha vida"
"Canzone per te"
"Ana"
"Todas las mañanas" ("Todas as manhãs")
"El progreso" ("O progresso")
"Esta tarde vi llover"
"Si piensas... si quieres" (participação de Rocío Dúrcal)
"El día que me quieras"
"Imagine"
"Jesucristo" ("Jesus Cristo")
"Sonríe" ("Smile")
"Lady Laura"
"Amante a la antigua" ("Amante à moda antiga")

"120… 150… 200 km por hora"
"Mi querido, mi viejo, mi amigo" ("Meu querido, meu velho, meu amigo")
"Vista a roupa meu bem"
"Desde el fondo de mi corazón" ("Do fundo do meu coração")
"Amiga"
"Cama y mesa" ("Cama e mesa")
"Usted ya me olvidó" ("Você já me esqueceu")
"Solamente una vez"
"Desahogo" ("Desabafo")
"De corazón a corazón" ("De coração pra coração")
"Por ella"
"Camionero" ("Caminhoneiro")
 Una palabra amiga
"Te amo, te amo, te amo"
"Del otro lado de la ciudad"
"Intenta olvidar" ("Tente esquecer")
"La ventana" ("A janela")
"Volver"

Serie de oro: El día que me quieras (Sony Music, 1996)

"La gitana" ("A cigana")
"Actitudes"
"Proposta"
"Amigos, amigos"
"El joven viejo" ("O moço velho")
"Palabras" ("Palavras")
"El día que me quieras"
"No adelanta nada" ("Não adianta nada")
"El hombre" ("O homem")
"Rutina" ("Rotina")

Roberto Carlos: Canciones que amo (Sony Music, 1997)

"Abrázame así" (Mario Clavell)
"Adiós" (Eddie Woods/Enric Madriguera)
"Niña" (Bebu Silvetti/Silvia Riera Ibañez)
"Las muchachas de la plaza España" (Mario Ruccione/A. Marchionne)
"El manicero" (Moisés Simon)
"Coração de Jesus" (Roberto Carlos/Erasmo Carlos)
"Mi carta" (Mario Clavell)
"Esta tarde vi llover" (Armando Manzanero)
"Insensatez" (Antonio Carlos Jobim/Vinicius de Moares/Roberto Carlos)
"Se me olvidó otra vez" (Juan Gabriel)

30 grandes canciones (Sony Music, 2000)

"Emociones"
"Detalles"
"Jesucristo"
"Un millón de amigos"
"La distancia"
"El día que me quieras"
"Qué será de ti"
"Propuesta"
"Amada amante"
"La paz de tu sonriso"
"Cama y mesa"
"Desahogo"
"Si el amor se va"
"Desayuno"
"No te apartes de mí"
"Luz divina"
"Amigo"
"Lady Laura"
"Mujer pequeña"
"La montaña"
"Amante a moda antigua"
"Abrázame asi"
"Esta tarde vi llover"
"Simbolo sexual"
"Por ella"
"El gato que está triste y azul"
"Tengo que olvidar"
"Cóncavo y convexo"
"El amor y la moda"
"Camionero"

Línea azul, vol. 1: La distancia (Sony Music, 2003)

"La ventana" ("A janela")
"Qué será de ti" ("Como vai você")
"La montaña" ("A montanha")
"Estás tan linda" ("Você é linda")
"Por amor"
"La distancia" ("À distância")
"Usted ya me olvidó" ("Você já me esqueceu")
"Negra" ("Nega")
"Las flores del jardín de nuestra casa" ("As flores do jardim de nossa casa")
"Te dije adiós" ("Eu disse adeus")

"Un gato en la oscuridad"
"Amada amante"
"Jesucristo" ("Jesus Cristo")
"Detalles" ("Detalhes")

Línea azul, vol. II: El día que me quieras (Sony Music, 2003)

"La gitana" ("A cigana")
"Actitudes"
"Propuesta" ("Proposta")
"Amigos, amigos"
"El joven viejo" ("O moço velho")
"Palabras" ("Palavras")
"El día que me quieras"
"No adelanta nada" ("Não adianta nada")
"El hombre" ("O homem")
"Rutina" ("Rotina")
"Traumas"
"El show ya terminó"
"Mi cacharrito" ("Road Hog")
"Yo te amo, yo te amo, yo te amo" ("Eu te amo, te amo, te amo")

Línea azul, vol. III: Yo te recuerdo (Sony Music, 2003)

"Quiero verte a mi lado"
"Juego de damas"
"Es preciso saber vivir"
"Usted" ("Você")
"Despedida"
"Yo te recuerdo"
"Resumen"
"Ternura antigua"
"El portón"
"Yo solo quiero"
"El tiempo borrará"
"Como es grande mi amor por ti"
"Quiero que todo vaya al infierno" ("Quero que vá tudo pro inferno")
"Existe un problema entre los dos" ("Existe algo errado")
"Detras del horizonte" ("Além do horizonte")
"Tu cuerpo" ("Seu corpo")

Línea azul, vol. IV (Sony Music, 2003)

"Amigo"
"Solamente una vez"

"Nuestro amor" ("O nosso amor")
"O amor morreu"
"Hablando en serío" ("Falando sério")
"Ternura" ("Somehow It Got to Be Tomorrow")
"Cabalgata"
"No te olvídes de mí" ("Não se esqueça de mim")
"Siento mucho amiga mía" ("Sinto muito minha amiga")
"Hacerte mi mujer" ("Pra ser minha mulher")
"Otra vez"
"Aquellas tardes de domingo"
"El progreso" ("O progresso")
"Un modo estúpido de amar" ("Um jeito estúpido de te amar")
"Los botones" ("Os seus botões")
"Ilegal, inmoral o engorda" ("Ilegal, imoral ou engorda")

Línea azul, vol. V: Desahogo (Sony Music, 2003)

"La paz de tu sonrisa" ("Na paz do teu sorriso")
"Abandono"
"El año passado" ("No ano passado")
"Esta tarde ví llover"
"Cuentame tu historia" ("Me conta a sua história")
"Hoy volví al passado" ("Eu voltei ao passado")
"Mi querido, mi viejo, mi amigo" ("Meu querido, meu velho, meu amigo")
"Costumbre" ("Costumes")
"A veces pienso" ("Às vezes penso")
"Fé"
"Lady Laura"
"Música suave"
"Desayuno" ("Café da manhã")

Línea azul, vol. VI: La guerra de los niños (Sony Music, 2003)

"La guerra de los niños" ("A guerra dos meninos")
"El sabor de todo" ("O gosto de tudo")
"La isla" ("A ilha")
"Me vuelves loco"
"Pasatiempo" ("Passatempo")
"No te apartes de mí" ("Não se afaste de mim")
"Se busca" ("Procura-se")
"Amante a la antigua" ("Amante à moda antiga")
"Y tengo que seguir" ("Tentativa")
"Confesión" ("Confissão")
"Amiga"

"Mi fin de semana" ("Fim de semana")
"Mis amores de televisión" ("Meus amores da televisão")
"Fiera herida" ("Fera ferida")

Línea azul, vol. VII: Emociones (Sony Music, 2003)

"El esta al llegar" ("Ele está pra chegar")
"Todo para" ("Tudo para")
"Dulce locura" ("Doce loucura")
"Necesito de tu amor" ("Eu preciso de você")
"Emociones" ("Emoções")
"Mirando estrellas" ("Olhando estrelas")
"Cama y mesa" ("Cama e mesa")
"El amor y la moda" ("O amor e a moda")
"Recuerdos y ya más nada" ("Recordações e mais nada")
"Cóncavo y convexo" ("O côncavo e o convexo")
"Pleno verano" ("No mesmo verão")
"Perdona" ("Perdoa")

Línea azul, vol. VIII: Volver (Sony Music, 2003)

"Telepatia" ("Tô chutando lata")
"Tristes momentos"
"Volver"
"Antiguamente era asi" ("Antigamente era assim")
"Ingenuo y soñador" ("Ingênuo e sonhador")
"La vida te ofrece otras cosas" ("O careta")
"Si el amor se va"
"Mis amores"
"Aventuras" ("Aventuras")
"Cosas del corazón" ("Coisas do coração")
"Corazón" ("Coração")
"Yo y ella" ("Eu e ela")
"O velho caminhoneiro"
"Yo te amo" ("And I Love Her")

Línea azul, vol. IX: Sonríe (Sony Music, 2003)

"Si me vas a olvidar"
"Se divierte y ya no piensa em mí" ("Se diverte e já não pensa em mim")
"Sonrisa" ("Smile")
"Aguila dorada" ("Águia dourada")
"Abre las ventanas al amor"
"Si me dices que ya no me amas más" ("Se você disser que não me ama")

"Todo el mundo es alguien" ("Todo mundo é alguém")
"Que es lo que hago" ("O que é que eu faço")
"Vivir sin ti" ("Eu sem você")
"Negra"
"Amor perfecto" ("Amor perfeito")
"Símbolo sexual" ("Símbolo sexual")
"Por las calles de nuestra casa" ("Pelas esquinas da nossa casa")

Línea azul, vol. x:Pájaroherido (Sony Music, 2003)

"Pájaro herido" ("Pássaro ferido")
"Mujer"
"Amazonia" ("Amazônia")
"El tonto" ("O tolo")
"Oh, oh, oh, oh"
"Tengo que olvidar"
"El tempo y el viento" ("O tempo e o vento")
"Poquito a poco"
"Mujer pequeña" ("Mulher pequena")
"Luz divina"
"Uma casita blanca"

Grandes êxitos (Sony Music, 2007)

"Emociones" ("Emoções")
"Mi cacharrito" ("Road Hog")
"El gato que está triste y azul" ("Un gatto nel blu")
"Qué será de ti" ("Como vai você")
"La distancia" ("À distância")
"Amada amante"
"Detalles" ("Detalhes")
"Mujer pequeña" ("Mulher pequena")
"Lady Laura"
"Amigo"
"Propuesta" ("Proposta")
"Cóncavo y convexo" ("Côncavo e convexo")
"Si el amor se va"
"Desahogo" ("Desabafo")
"Cama y mesa" ("Cama e mesa")
"Un millón de amigos" ("Um milhão de amigos")

En vivo (Sony Music, 2008)

"Intro" (Medley)
"Emociones"

"Qué será de ti"
"Cama y mesa"
"Detalles"
"Desahogo"
"El día que me quieras"
"O calhambeque" ("Mi cacharrito")
"Mujer pequeña"
"Acróstico"
"Propuesta"
"Cóncavo y convexo"
"La distancia"
"Amigo"
"Jesus Cristo"
"Amada amante"
"Un gato em la oscuridad" ("Un gatto nel blu")
"Yo solo quiero" ("Un millón de amigos")

I miei successi (Sony Music, 2010)

"La gitana" ("A cigana")
"Actitudes"
"Proposta"
"Amigos, amigos"
"El joven viejo" ("O moço velho")
"Palabras" ("Palavras")
"El día que me quieras"
"No adelanta nada" ("Não adianta nada")
"El hombre" ("O homem")
"Rutina" ("Rotina")

I miei successi (Sony Music, 2010)

"Testardolo"
"Lady Laura"
"Tu meraviglia"
"Non scordarti di me"
"Il lento"
"Amico"
"Io ti ricordo"
"Solo con te"
"Io ti propongo"
"Canzone per te"
"A che serve volare"
"La donna di um amico mio"

"Amore mi sbagliai"
"Amato amore"
"L'artista"
"Lo show è già finito"
"Tanti amici"
"Attitudini"
"Il mio difetto è di volerti troppo bene"
"Frammenti"

Amor sin límite (Sony Music, 2018)

"Que yotevea"
"Esa mujer" (com Alejandro Sanz)
"Regreso"
"Llegaste"
"Cuando digo que te amo" ("Quando digo que te amo")
"Luz divina" ("Luz divina")
"Comandante de tu corazón" ("Comandante do seu coração")
"Por siempre" ("Por sempre")
"Amor sin límite" ("Amor sem limite")
"Mujer de 40" ("Mulher de 40")

Amor sin límite (Sony Music, 2018, deluxe)

"Que yo te vea"
"Esa mujer" (com Alejandro Sanz)
"Regreso"
"Llegaste"
"Cuando digo que te amo" ("Quando digo que te amo")
"Luz divina" ("Luz divina")
"Comandante de tu corazón" ("Comandante do seu coração")
"Por siempre" ("Por sempre")
"Amor sin límite" ("Amor sem limite")
"Mujer de 40" ("Mulher de 40")
"Esa mujer" ("Essa mulher") (com Alejandro Sanz)
"Chegaste" (com Jennifer Lopez)

Fontes e referências bibliográficas

Livros

ANDRADE, Mário de. *Ensaio sobre música brasileira*. Org. de Flávia Camargo Toni. São Paulo: Edusp, 2020.

ARAÚJO, Paulo César de. *Roberto Carlos em detalhes*. São Paulo: Planeta, 2006.

_____. *O réu e o rei: Minha história com Roberto Carlos, em detalhes*. São Paulo: Companhia das Letras, 2014.

CALADO, Carlos. *Tropicália: A história de uma revolução musical*. São Paulo: Ed. 34, 1997.

CANÇADO, Beth. *Letras de todas as músicas de Roberto Carlos com cifras*. Brasília: Corte, 1997.

CARLOS, Erasmo. *Minha fama de mau*. São Paulo: Objetiva, 2009.

CARLOS, Roberto. *Roberto Carlos em prosa e verso, em quatro volumes*. São Paulo: Formar, 1967.

CASTRO, Ruy. *Ela é carioca: Uma enciclopédia de Ipanema*. São Paulo: Companhia das Letras, 1999.

FONTE, Bruna; MENESCAL, Roberto. *Essa tal de bossa nova*. São Paulo: Prumo, 2012.

LIMA, Maik Rene; LEPARDI, Giancarlo; MOREIRA, Denis; CAMPOS JR., Celso. *Nada mais que a verdade: A extraordinária história do jornal Notícias Populares*. São Paulo: Summus, 2011.

MACIEL, Luiz Carlos; CHAVES, Ângela. *Eles e eu: Memórias de Ronaldo Bôscoli*. Rio de Janeiro: Nova Fronteira, 1994.

MARIANO, Nichollas. *O rei e eu*. Rio de Janeiro: Ediplan, 1979.

MARTINHO, Erazê. *Carlito Maia: A irreverência equilibrista*. São Paulo: Boitempo, 2003.

MAZZOLENI, Florent. *As raízes do rock*. São Paulo: Companhia Editora Nacional, 2012.

MEDEIROS, Jotabê. *Raul Seixas: Não diga que a canção está perdida*. São Paulo: Todavia, 2019.

MELO, Diogo Barreto. "Jesus Cristo, eu estou aqui: A polêmica em torno do uso das camisas no Carnaval de chumbo do Recife (1971)". Disponível em: <http://www.encontro2010.rj.anpuh.org/resources/anais/8/1276428474_ARQUIVO_[RESUMO]Encontro_Anpuh_Rio_2010-_-DiogoBarreto.pdf>. Acesso em: 17 mar. 2021.

MESSIAS, José. *Sob a luz das estrelas*. São Paulo: Madras, 2008.

MIDANI, André. *Música, ídolos e poder: Do vinil ao download*. Rio de Janeiro: Nova Fronteira, 2008.

MONTEIRO, Denilson. *Dez, nota dez! Eu sou Carlos Imperial*. São Paulo: Planeta, 2008.

MONTEIRO, Denilson; NASSIFE, Eduardo. *Chacrinha: A biografia*. São Paulo: Leya, 2014.

MORAIS, Fernando. *O mago*. São Paulo: Planeta, 2008.

NETO, Lira. *Maysa: Só numa multidão de amores*. São Paulo: Companhia das Letras, 2017.

PENTEADO, Léa. *Um show em Jerusalém: O Rei na Terra Santa*. Rio de Janeiro: Globo, 2011.

PILAGALLO, Oscar. *Folha explica: Roberto Carlos*. São Paulo: Publifolha, 2009.

RENNÓ, Carlos (Org.). *Gilberto Gil: Todas as letras*. São Paulo: Companhia das Letras, 1996.

RIOS, Myrian. *Eu, Myrian Rios*. São Paulo: Editora Canção Nova, 2003.

SANCHES, Pedro Alexandre. *Como dois e dois são cinco: Roberto Carlos (& Erasmo & Wanderléa)*. São Paulo: Boitempo, 2004.

SOUZA, Tárik. *Sambalanço, a bossa que dança: Um mosaico. Samba 100 anos 1916-2016*. São Paulo: Kuarup Música, 2016.

SUKMAN, Hugo. *Histórias paralelas: 50 anos de música brasileira*. São Paulo: Casa da Palavra, 2011.

TAUBKIN, Myriam; PROETTI JÚNIOR, Reinaldo; WERNECK, Humberto. *Violões Di Giorgio: Os primeiros 100 anos*. São Paulo: Di Giorgio, 2008.

TERRA, Renato; CALIL, Ricardo. *Uma noite em 67: Entrevistas completas com os artistas que marcaram a era dos festivais*. São Paulo: Planeta, 2012.

TINHORÃO, José Ramos. *Música popular: Um tema em debate*. São Paulo: Ed. 34, 1997.

VELOSO, Caetano. *Verdade tropical*. São Paulo: Companhia das Letras, 1997.

VIDOSSICH, Edoardo. *Jazz na garoa*. Rio de Janeiro: Associação Amadores do Jazz, 1966.

Artigos e reportagens

"60 ANOS de emoções: Roberto Carlos, o mensageiro do amor". *Manchete*, Rio de Janeiro, abr. 2001.

"A noite de Roberto". *Jornal da Tarde*, São Paulo, 5 abr. 1968.

"DE cantor mirim a majestade". *A Gazeta*, 18 abr. 2009.

"E assim surgiu Jesus Cristo". *Na Poltrona*, São Paulo, abr. 2004

"HISTÓRIAS de Roberto em Cachoeiro". *A Tribuna*, Vitória, 17 abr. 2016.

"JAZZ & bossa estão no drink". *O Globo*, Rio de Janeiro, 26 mar. 1966.

"JOVEM Guarda no seu dia mais triste, era Roberto dando adeus". *Jornal da Tarde*, São Paulo, 15 jan. 1968.

"*LADY Laura III*, o novo iate de Roberto Carlos, chega ao Rio". *O Globo*, Rio de Janeiro, 26 out. 1987.

"MONOQUÍNI a partir de hoje vai dar autuação e cadeia". *O Globo*, Rio de Janeiro, 28 set. 1972.

"MULTIDÃO não deixa Roberto Carlos ver o enterro do pai". *O Globo*, Rio de Janeiro, 29 jan. 1980.

"NO cinema, a 300 km por hora". *A Gazeta*, Vitória, 18 abr. 2009.

"NOVAMENTE com os Cariocas, Booker Pittman e seu jazz". *O Globo*, Rio de Janeiro, 22 nov. 1956.

"O adeus do rei a sua amada". *Caras*, São Paulo, 24 dez. 1999.

"QUANDO os reis se encontram. Orlando Silva e Roberto Carlos: reis da canção brasileira". *Intervalo*, Rio de Janeiro, jun. 1966.

"QUASE mataram o Erasmo". *Jornal da Tarde*, Rio de Janeiro, 17 jan. 1967.

"ROBERTO Carlos deixa o iê-iê-iê pelo samba e vai casar breve!". *Gazeta de Notícias*, Rio de Janeiro, 6 jan. 1968.

"ROBERTO Carlos é papo furado". *Realidade*, São Paulo, maio 1967.

"ROBERTO Carlos volta de Nova York para o enterro da mãe". *O Globo*, Rio de Janeiro, 19 abr. 2010.

"ROBERTO Carlos, a história de um rei". *Cartaz*, n. 1, 1971.

"ROBERTO Carlos: 50 anos de carreira". *Contigo*, São Paulo, n. 8, 1991.

"ROBERTO Carlos: a rebelião da juventude". *Realidade*, São Paulo, n. 2, maio 1966.

"ROBERTO contra os bandidos". *O Estado de S. Paulo*, São Paulo, 6 jun. 1968.

"RONNIE Von quer ser o novo rei do iêiêiê". *Intervalo*, Rio de Janeiro, jul. 1966.

"TODA a fortuna do sr. Braga". *Realidade*, São Paulo, n. 63, jun. 1971.

"ZUNGUINHA, agora, voa mais alto". *O Globo*, Rio de Janeiro, 6 fev. 1971.

GUEDES, Ruy. "Surfando as ondas do rádio". *Aqui Notícias*, 11 ago. 2012.

LICHOTE, Leonardo. "'Nananana' não, 60 anos de obsessões no reinado de Roberto Carlos". *El País*, São Paulo, 23 out. 2020.

LIMA, João Gabriel de; LEITE, Virginie. "Calhambeque atômico". *Veja*, São Paulo, 26 jan. 1994.

MARTINS, Marilia; FONSECA, Rodrigo "Roberto Carlos volta à casa onde nasceu". *A Tribuna*, Vitória, 22 abr. 2009.

MEDEIROS, Jotabê. "Enterro de Maria Rita é acompanhado por 3 mil pessoas". *O Estado de S. Paulo*, São Paulo, 20 dez. 1999.

_____. "Apesar da discrição de sempre, cantor fala de questões delicadas". *O Estado de S. Paulo*, São Paulo, 13 nov. 2000.

_____. "O amigo de fé no centro dos extremos". *O Estado de S. Paulo*, São Paulo, 3 set. 2011.

_____. "O culpado é o mordomo". *O Estado de S. Paulo*, São Paulo, 5 nov. 2013.

MOFATI, Renato. "POLÊMICA: Roberto Carlos nasceu ou não em Mimoso do Sul?". *Mimoso in Foco*, 11 jan. 2021.

MOTTA, Nelson, "No tributo a Erasmo, justiça a um talento e um milagre do amor". *O Globo*, Rio de Janeiro, 26 jun. 1980.

ROHTER, Larry. "Songs by a Man with Heart Mean Christmas in Brazil". *The New York Times*, Nova York, 24 dez. 2003.

VIANNA, Luiz Fernando. "Roberto Carlos faz 70 de olho no futuro". *O Globo*, Rio de Janeiro, 17 abr. 2011.

Entrevistas e depoimentos

Antonio Aguillar
Caçulinha
Claudette Soares
Ed Carlos
Eduardo Araújo
Foguinho (The Jordans)
Gercy Volpato
Getúlio Côrtes
Higner Mansur
Ivan Finotti
Jean-Claude Bernardet
João Donato
José Luiz Conceição
Karin Rodrigues
Lafayette
Liebert (The Fevers)
Luiz Ayrão
Luiz Carlos Siqueira (The Angels/The Youngsters)
Marco Antonio Mallagoli
Netinho (The Clevers/Os Incríveis)
Paulo César Barros (Renato e seus Blue Caps)
Ricardo Alexandre
Rick Loudermilk
Roberto Carlos Vieira
Roberto Menescal
Sergio Becker (The Angels/The Youngsters)
Sonia Maia Rosa
Taís Gasparian
Wanderley Cardoso
Zé Renato

Índice remissivo

XI Congresso do Partido Comunista Soviético (1922), 256

A

"À distância..." (canção), 312, 404
"À janela..." (canção), 312
Abdala, Sabra, 39
Abertura 1912 (Tchaikóvski), 187
"Abolição 1860-1980" (canção), 301
Aborto Elétrico (banda), 345; *ver também* Legião Urbana
"Abrázame así" (canção), 36, 397
Abreu, Dener Pamplona de, 291
Abreu, Fernanda, 404
AC/DC (banda), 346
Academia Brasileira de Letras, 395
"Acalanto" (canção), 312
Acústico MTV (especial de 2001), 383, 385, 387
"Adeus, ingrata" (canção), 216
Adonias Filho, 327
Adoráveis Trapalhões, Os (programa de TV), 216
Adriani, Jerry, 167, 168, 213, 215, 217-9, 255, 345, 361-2
Aflalo, Armando, 88
"Afrika" (canção), 211
Agnaldo Timóteo, 290
Aguenta o rojão (filme), 74
"Águia dourada" (canção), 351
Aguillar, Antonio, 73, 107, 112, 116, 118-9, 169, 209, 211, 239, 245
Aides, Rômulo Rubens, 29
Albergaria, Eduardo, 340
Alcione, 404

Alegre (ES), 17, 18, 39, 278
Alegria de viver (filme), 74, 166
"Aleluia" (canção), 376
"Além do horizonte" (canção), 309, 319, 386, 409
Alencar, César de, 104, 121
Alencar, Mário, 306
Alfredinho (flautista), 257
Alice no País das Maravilhas (Carroll), 336
Alicinha (colega de Roberto Carlos), 32
"alienados" *versus* "engajados" (Jovem Guarda *versus* MPB), 184-6, 225-6, 245, 272-3
Almeida, d. Luciano Mendes de, 343
Almeida, Joel de, 92
Almeida, Luís Pinheiro de, 108
Almirante (sambista), 257
Alta sociedade (filme), 232
Alta Tensão (programa de TV), 204
Alvarenga e Ranchinho, 47
Alves, Ataulfo, 47, 168, 224
Alves, Carmélia, 61
Alves, Cleide, 227
Alves, Francisco, 162
Alves, Geraldo, 224, 267
"Amada amante" (canção), 290, 317
"Amante à moda antiga" (canção), 341
"Amante da vida" (canção), 367
"Amapola" (canção), 188
Amaral (gerente do Hotel Plaza), 84
Amazonas, João, 25
"Amélia" (canção), 224
América (telenovela), 434
América Latina, 9, 50, 110, 292, 396, 417
American Bandstand (programa de TV norte-americano), 97
american dream, 125, 165

Américo (taxista), 121
"Amiga" (canção), 347
"Amigo de fé" (canção), 349
"Amigo" (canção), 315, 342-3
"Amigos apenas" (canção), 367
"Amigos, amigos" (canção), 361
Amor sem limite (álbum de 2001), 323
"Amor sem limite" (canção), 382
"Amor y más amor" (canção), 38, 414
Amor, amor (Love, love) (canção), 106
"And I Love Her" (canção), 348
Andrade, Alex de, 87
Andrade, Edmundo, 82
Andrade, Evandro, 237
Andrade, Leny, 266
Andrade, Romir Pereira de, 234
Angela Maria, 85, 122, 234
"Ângela" (canção), 397
Angélica (apresentadora), 111
Angels, The, 164-5, 173-5, 187; *ver também* Youngsters, The
Animal (filme), 374
Animals, The, 231
Anka, Paul, 118, 120, 181, 211, 274
Antonelli, Eduardo, 265
Antonio Adolfo, 301
Antônio Carlos e Jocafi, 167
Antonio Claudio, 74
Antônio Marcos, 167, 280, 312, 352, 424
Antonio Maria (cronista), 87
Antônio Maria, padre, 378, 380
Antonucci, Márcio, 231
Antonucci, Ronald, 199, 231
Anunciação, Waldir, 341
Anysio, Chico, 241, 369, 381
Ao balanço das horas (filme), 73
APA (empresa de Roberto Carlos e Sérgio Castilho), 263
Aparecida do Norte (SP), 343
Apollo Theater (Nova York), 302
"Aquele beijo que eu te dei" (canção), 31
Arafat, Yasser, 413
Aragão, Renato, 216
Araújo, Eduardo, 97-102, 105, 165, 167, 193, 205, 209, 219, 238-40, 299
Araújo, Guilherme, 295-6

Araújo, Paulo Cesar de, 12, 28-30, 73, 88, 99, 323, 333, 388-9, 394
Araújo, Severino, 57
Araújo, Taís, 434
Argentina, 36, 93, 199, 212, 264-5, 309, 342
Arigó, Zé (médium), 351
Arlênio Lívio, 54, 61-3, 68, 71, 77
Arlete (dançarina), 117
Armstrong, Louis, 178, 274, 276
Arrabal, Fernando, 321
Arturzinho (cantor), 215
Ary Tel (dançarino), 117
Assembleia Legislativa do Rio de Janeiro, 205, 409
Astor e seu Conjunto, 57, 106
"Astronauta, O" (canção), 181-2
Astros do Disco (programa de TV), 120, 223
Ataíde, Eduardo, 319
Athayde Julio, 188
Athayde, Austregésilo de, 395
"Atitudes" (canção), 318
Atlântida Cinematográfica, 53, 74-5
Ato Institucional nº 5 (1968), 281
"Atriz principal" (canção), 367
"Atriz, A" (canção), 344
Audi, Oswaldo, 188
Avalon, Frankie, 171
Avalons, The, 209
Aventuras do dr. Dolittle, As (filme), 374
"Aventuras" (canção), 352
Avila, Ary Sant'Anna, 327
Aviões do Forró, 427
Aydar, Bia, 418
Ayrão, Darcy, 54
Ayrão, Luiz, 54-5, 57, 180-1, 280-2, 339, 404
Azevedo, Isaías de, 39
Azevedo, José Geraldo (Zé Nanico), 39
Azevedo, Valdir, 59

B

Babulina (Jorge Duílio Lima Menezes), 54, 69

"Baby" (canção), 291, 295, 373
Bacharach, Burt, 299, 316
Baez, Joan, 288
Bahia, 47, 126, 252-3
Baiano (cantor), 59
Baker, Chet, 90
"Bamba, La" (canção), 254
Banco do Estado do Rio de Janeiro, 281
"Banda, A" (canção), 205, 246
"Banho de lua" (canção), 121, 166
Bar Alaska (Cachoeiro de Itapemirim), 35
Barão Vermelho, 362
Barbosa (jogador de futebol), 21
Barbosa, Adoniran, 224
Barbosa, Leleco, 367
Barcelos, Ana Paula, 391
Bardot, Brigitte, 43
Bardotti, Sergio, 274-5, 404
Barkat, Nir, 417
Barra Limpa (restaurante de Roberto Carlos em São Paulo), 248
Barreto, Marly, 39, 42
Barrios, Gregorio, 36
Barriquinha (trompetista), 83, 87
Barros, Constantino Pereira de, 48
Barros, Edinho, 52-3
Barros, Paulo César, 52-3, 55, 115-6, 120-1, 169, 194, 237, 282, 299, 304, 310, 341
Barros, Renato, 52-3, 55, 164, 169, 174, 194, 243, 255, 280, 282
Barros, Théo de, 246, 287
Barroso, Ary, 68, 84, 221
Basie, Count, 90
Basílica de Nossa Senhora Aparecida (SP), 343, 375
Basílica do Santo Sepulcro (Jerusalém), 415
Batista, Léo, 241
Beatles, 9, 107, 109-12, 172, 174-6, 178, 192-3, 195, 205, 220, 223, 225-6, 228, 251, 255, 270, 272, 274, 287, 306
"beatnik" (movimento cultural), 286
Beatniks, The, 203, 243
Bechet, Sidney, 89
Bechi, Gino, 36

Becker, Alfredo, 164
Becker, Cacilda, 239
Becker, Carlos, 164-5, 173-4, 187
Becker, Sergio, 164-5, 173-5
Beco das Garrafas (Rio de Janeiro), 53, 86, 222, 316
Beija-Flor (escola de samba), 406-8
Belchior, 23, 309
Bellotto, Tony, 386
Benatti, Wagner, 348
"Bênção, Ti'Amélia, A" (Vinicius de Moraes), 58
Benedek, László, 108
Benito di Paula, 266, 309
Bennett, Tony, 193, 338
Bento XVI, papa, 377
"Benzinho" (canção), 279
Berlinck, Horácio, 259
Bernardes, Fátima, 50
Bernardet, Jean-Claude, 270-1
Bernie, Claude, 88
Bernstein, Leonard, 308
Berry, Chuck, 70, 164, 187, 307
Betting, Joelmir, 73
"bicho" (expressão), 202
Bide (flautista), 257
big bands, 53
Bilac, Olavo, 52
Bill (irmã de Wanderléa), 260
Bill Caesar (codinome de Carlos Imperial), 106
Bill Haley, 70-1, 73, 118, 229
Billboard (revista), 171, 190, 342-3
Biografia do ié-ié (Pinheiro de Almeida), 108
biografias não autorizadas, debate sobre, 390-2
Biquíni Cavadão, 320, 362
"Biquíni de bolinha amarelinho" (canção), 106
Bittencourt, Sérgio, 279
"Black Limousine" (canção), 192
black music, 256, 282, 299, 301, 304, 377
Black Rio (banda carioca), 299
Blitz (banda), 345, 362

Blota Junior, 72
Blue Caps *ver* Renato e seus Blue Caps
"Blue Train" (canção), 191
blues, 23, 299, 386, 404
Boate Cave (São Paulo), 207, 232, 276
Boate Lancaster (São Paulo), 210
Boate Monsieur Pujol (Rio de Janeiro), 316
Boate Plaza (Rio de Janeiro), 60, 83, 86-8, 90-2, 98, 102, 161, 170, 210, 300, 311, 400
Bob du Pac, 214
Bobby di Carlo, 176, 255, 348
Bocelli, Andrea, 418
Bodelon, Maria Dulce do Nascimento, 380
"Boi Barnabé, O" (canção), 33
boleros, 36, 38, 41, 83, 107, 112-4, 164-5, 182, 219, 227, 234, 267, 414
Bolinha (dançarino), 117
Bolívia, 289, 290
Bolsonaro, Jair, 422-3
"Bom rapaz, O" (canção), 213, 216
Bonfá, Marcelo, 362
Boone, Pat, 54
"Bop a Lena" (canção), 69
Borba, Emilinha, 39, 57, 162, 168, 234
Borba, Robson, 343
Borel, Fernando, 38
Borges, Itamar, 277
Borges, Jairo, 435
Borges, Jorge Luis, 436
"Born to Be With You" (canção), 115
Bororó (cantor), 84
Bôscoli, Ronaldo, 85, 93, 309, 313-4, 316, 325, 341
Bossa Broto (programa de TV), 252
Bossa Jazz Trio, 258
bossa nova, 42, 55, 77, 84-6, 88-9, 91, 93, 100-2, 162, 173, 187, 206, 225-7, 234, 262-3, 267, 275, 293, 411
Botafogo (time), 21
Botelho Jr., Waldemar (Fogueira), 209-10, 213
Bouquin, Jean, 43
Bourdot, Isolda, 361

Bowden, Mark, 426
"BR-3" (canção), 301
Braga, Carlos Alberto (irmão de Roberto Carlos), 16, 19, 22, 79, 81, 263, 405
Braga, Laura Moreira (mãe de Roberto Carlos), 16-9, 22, 24, 26, 31-3, 39, 42-3, 46, 48, 49-50, 58-60, 68, 81, 84, 123, 207-8, 225, 335, 338, 340, 355, 404-5
Braga, Lauro Roberto (irmão de Roberto Carlos), 16, 19, 21, 46, 263
Braga, Maria Rita de Cássia Simões (esposa de Roberto Carlos), 321-3, 363-5, 375, 378-9, 381-2, 386-7, 414
Braga, Ney, 326
Braga, Norma (irmã de Roberto Carlos), 16, 19, 24-7, 40, 46, 47, 59, 263, 277
Braga, Ricardo, 367
Braga, Robertino (pai de Roberto Carlos), 16-7, 19, 22, 25-7, 43, 46, 48, 49, 55, 59, 81, 263, 324, 335
Braga, Roberto Carlos II (Segundinho, filho de Roberto Carlos), 31, 290-1, 325, 351
Braga, Rubem, 18, 23
Braga, Sebastião, 352-4
Brando, Marlon, 108
Bravos morrem de pé, Os (filme), 88
Brazilian Bitles, 124, 205, 228
"Break my Mind" (canção), 191
brega, música, 281, 343, 367
"Brigas nunca mais" (canção), 89
Brito, Nazareno de, 102
Brizola, Leonel, 346
"Brotinho sem juízo" (canção), 100-1
"Broto do jacaré" (canção), 187
"Broto legal" (canção), 166
Brotos Comandam, Os (programa de rádio), 96
Brotos no 13 (programa de TV), 247
Brown, James, 301
Bruni, Lívio, 74
Buarque, Chico, 246, 259, 266-7, 272-3, 287, 391
Buca *ver* Pittman, Booker
Bucci, Eugênio, 256

Buenos Aires, 87, 212, 264, 342
"Built for Speed" (canção), 192
Burdon, Eric, 189
Burle, José Carlos, 35
Burnett, T Bone, 354
Burton, Richard, 232
"Bus Stop" (canção), 175
Buscapé (músico), 82
Bussiki, Marcelo, 344

C

Cabral, Sergio, 397
Cachaça Calhambeque, 203
cachês de Roberto Carlos, 79, 315
cachimbo de Roberto Carlos, 320
Cachoeiro de Itapemirim (ES), 12, 15-9,
    25, 28, 37, 43, 48, 63, 126-7, 178, 205,
    278, 312, 356, 358, 375, 397, 400, 423
Caçulinha (músico), 224-5
"Café da manhã" (canção), 324-5
Caldas, Silvio, 68
Calhambeque (calça), 203
Calhambeque (marca), 202-3
"Calhambeque, O" (canção), 188, 190-2,
    197, 202, 227, 259, 349, 384
Camargo, Francisco, 40
Camargo, Hebe, 381, 403-4
Camargo, Luciano, 40
Camargo, Zezé Di, 40, 399
"Caminhoneiro" (canção), 347-8
Campello, Celly, 73, 102, 106, 111, 121,
    125, 165-6, 196, 237, 260, 264
Campello, Tony, 73, 121, 165
Campeonato Paulista de Futebol
    (1965), 201
Campos, Augusto de, 226
Campos, Cidinha, 220
Campos, Didu Souza, 114
Campos, Jaci, 63
Campos, Marco Antônio Bezerra,
    388, 391
Campos, Roberto, 200
Canadá, 214, 216, 302
"Canção do amor demais" (canção), 100

"Canção do amor nenhum" (canção), 100
"Canção do jornaleiro" (canção), 214
Canciones que amo (disco de 1997), 397
"Canções que você fez pra mim, As"
    (canção), 280, 428
Candido, Antonio, 18
candomblé, 165
Canecão (Rio de Janeiro), 45, 175, 309,
    311, 315-6
Canepa, Kiko, 385
Canhoto do Cavaquinho, 59
Caninha (sambista), 257
Canisso (dos Raimundos), 383
Canova, Fausto, 176
Canuto, Armando, 230, 308, 318
"Canzone" (canção), 274
"Canzone per te" (canção), 274, 276, 404
Capiba (Lourenço da Fonseca Barbosa),
    36
capitalismo, 185
Capps, Al, 326, 341
Carandiru, presídio do (São Paulo), 377
"Carango, O" (canção), 239
Caravana Musical (Rádio Cachoeiro), 39
Caravita, Renato, 69
Cardo Bizantino (Jerusalém), 415
Cardoso, Elizeth, 100, 257
Cardoso, Fernando Henrique, 321
Cardoso, Sylvio Tullio, 109, 221
Cardoso, Wanderley, 167, 213-8, 220, 244
"Careful, Careful (Handle Me with
    Care)" (canção), 106
Carelli, Rodrigo, 385, 387
"Careta, O" (canção), 351-3
Cariocas, Os, 47
Carlin, Peter Ames, 110
Carlinhos (organista), 302
Carlinhos Brown, 362
Carlinhos Caçula, 24
Carlos José, 162
Carlos Magno, Paschoal, 68
"Carlos Swann" (coluna em O Globo), 184
Carmel, mercado de (Shuck
    Ha'Carmel, Tel-Aviv, 420
Carmelo, dr. (advogado), 117
Cármen Lúcia (ministra do STF), 392

Carnaval, 80, 87, 165, 235, 275, 304-5, 406-8, 410
Carneiro, Luis Orlando, 88
Carneiro, Newton, 305
Carraro, Adelaide, 333
Carrilho, Altamiro, 59
"Carro velho" (canção), 254
Carroll, Lewis, 336
Carroll, Toni, 87, 91
"Cartas de amor" (canção), 348
"Caruso" (canção), 418
Carvalho, Eleazar de, 307
Carvalho, Mauro, 260
Carvalho, Olivinha, 85
Carvalho, Paulo Machado de, 196-7, 203, 266, 272, 292
"Casa Bianca" (canção), 274
Casa do Estudante (Cachoeiro de Itapemirim), 42
Cascata, J., 257
Cascudo (palhaço), 36
Casé, Regina, 418
Cash Box (revista), 268-9
Caso dos irmãos Naves, O (filme), 270
Cassiano (cantor), 299
Cassiano, padre, 61
Cassino do Estoril (Portugal), 193
Cassotto, Sam, 170
Cassotto, Walden Robert, 170; ver também Darin, Bobby
Castelo Branco, Humberto de Alencar, 184
Castilho, Carmem, 277
Castilho, Rita de Cássia, 277
Castilho, Sérgio, 263, 267, 277
Castro, Antônio Carlos de Almeida (Kakay), 391
Castro, Dulcino Monteiro de, 28
Castro, Lúcio Pereira de, 222
Castro, Ruy, 85, 392
Castro-Neves, Oscar, 83
Catedral de São Pedro (Cachoeiro de Itapemirim), 43
Cauby interpreta Roberto (disco e show de 2009), 428
Cavalcanti, Edgard ver Barriquinha

Cavalcanti, Flávio, 103, 192, 268
Cavalcanti, Péricles, 297
Cavalcanti, Tom, 381, 418
"Cavalgada" (canção), 315
Cavern Club, The (Liverpool), 178
Caymmi, Dorival, 47, 312
Caymmi, Nana, 404
Cazaquistão, 63
CBS (gravadora), 31, 104-5, 115-6, 123, 162, 165-6, 173, 186, 227, 229, 231, 234, 237, 249, 254, 279, 283, 308, 317, 325, 354, 398-9
Celentano, Adriano, 274
Celestino, Vicente, 168
Célia (cantora), 266
Cemitério de Vila Mariana (São Paulo), 378-9
Cemitério Jardim da Saudade (Rio de Janeiro), 405
censura, 184, 269, 330, 333, 350, 372-3, 392
Central do Brasil, 52
Cerqueira, Mozart, 35, 39
Céu (cantora), 424
Chacon, José Edward Gomes, 166
Chacrinha (Abelardo Barbosa), 103-4, 116, 179, 185, 214, 216, 225, 241, 295, 335, 367
"Chame o táxi" (canção), 111
Chammas, Gito, 337
"Champagne" (canção), 432
Chantecler, 111
Chaplin, Charles, 397
Chauby, Jean-Loup, 214
Chaves, João Carlos Muller, 269
Chávez, Herman, 289
"Che me ne faccio del latino" (canção), 111
Checker, Chubby, 96, 220
"Chega de saudade" (canção), 101
Chelsea Hotel (Nova York), 198
Cher, 354
Chico Science, 310, 362
Chiko's Bar (Rio de Janeiro), 406
Chile, 309
China (músico), 54, 77

Chininha (garota menor de idade), 239
Chiquinho do Acordeão, 314
Chordettes, The, 115
"Chorei" (canção), 113
choro/chorinho, 58, 59
Cidadão Carioca, Roberto Carlos como (1966), 205
Cidadão Paulistano, Roberto Carlos como (1966), 269
Cidinho Cambalhota (dançarino), 117
"Cigana, A" (canção), 318
Cine Art Palácio (São Paulo), 73
Cine Imperator (Rio de Janeiro), 50-1
Cine Teatro Santo Antônio (Cachoeiro de Itapemirim), 26
Cinema Novo, 74, 285
Cinquetti, Gigliola, 274
"Ciúme de você" (canção), 57, 280-2
Clark, Petula, 220
Clark, Stanley, 354
Clark, Walter, 241
Claudinho e Buchecha, 434
Clavell, Mario, 36, 397
Clay, Luis Carlos, 215
Clemente, Ari, 72
Clever Show (programa de TV), 211
Clevers, The, 56, 173, 209, 211-2; *ver também* Incríveis, Os
Clito (dançarino), 117
Clodovil, 289
"Close" (canção), 369
Clube de Brotos (programa de TV), 169
Clube do Guri (programa de TV), 58
Clube do Rock (seção do programa de TV *Meio-Dia*), 63, 78, 96, 103-4, 117
Clube dos Artistas (programa de TV), 207
Clube dos Garotos (programa de rádio), 73
Clube União Recreativo Sorocabense, 238
Coasters, The, 170, 254
Cobel, 325
Cocker, Joe, 354
Cocó, my darling (peça de Dercy Gonçalves), 219-20
Código Civil, 392

Código da vida (Saulo Ramos), 333
Código Penal, 195
Coelho, Marco Antonio Castro de Moura, 430
Coelho, Nilson Ferreira, 65
Coelho, Paulo (escritor), 391, 435
Coelho, Paulo (violonista), 384
Coelho, Romildo, 30
Colagrossi, Fernanda, 195
Cole, Nat King, 418
Colégio Brasil (Niterói), 47-8
Colégio Jesus Cristo Rei (Cachoeiro de Itapemirim), 32, 34, 45, 377
Colégio Cedom (São Paulo), 231
Colla, Carlos, 313, 325, 341, 344
Columbia Records, 105, 107, 118, 120, 161-2, 231, 249
Como dois e dois são cinco (Sanches), 393
"Como dois e dois" (canção), 308
"Como é grande o meu amor por você" (canção), 290
"Como vai você" (canção), 312, 424
Como, Perry, 107, 338
comunismo, 185, 241
Confecções Camelo, 259
Congregação das Irmãs de Cristo Rei, 32
Conjunto Alvorada, 111
Conselho Nacional de Direitos Autorais (CNDA), 326-8
Constantino, imperador romano, 415
Continental (gravadora), 101-2, 105-6
"Convite de amor" (canção), 123
Cony, Carlos Heitor, 49, 435
Coolidge, Rita, 354
Cooper, Bradley, 113
Copa do Mundo de 1958 (Suécia), 72
Copacabana (gravadora), 165
Copacabana Palace (Rio de Janeiro), 114, 164, 235, 334
"Coqueiro verde" (canção), 368
"Coração de Jesus" (canção), 376
Coração de segunda mão (disco), 367
Corcodel, Philippe, 89
"Cordilheira" (canção), 372
Cordovil, Hervé, 196

Cordovil, Ronald *ver* Ronnie Cord
Coringa, Um, 47
Corinthians (time), 72
coroa de Roberto Carlos, leilão da, 225
Corpo dos Fuzileiros Navais, 205
Corrêa, Nilo, 42
Correio da Manhã (jornal), 123-4, 226
"Cortando camino" (canção), 342
Côrte-Real, Roberto, 104-5, 107, 114, 161, 248
Côrtes, Gerson *ver* Gerson King Combo
Côrtes, Getúlio, 44, 52-3, 194, 234, 254-5, 280, 293, 301, 310
Costa Fortuna (navio), 389
Costa, Alaíde, 221
Costa, Carlos Augusto Bambino, 331
Costa, Fernando, 118
Costa, Francisco Chagas da, 36
Costa, Gal, 287, 295-7
Costa, Nanda, 433
Costa, Paulinho da, 354
Costa, Sueli, 372
Costa e Silva, Juliana da, 383
Costa e Silva, Rosalvi da, 383
Costa Júnior, Paulo José, 360
Costello, Frank, 170
country music, 189-90
Covid-19, pandemia de, 421-2
Cravo Albin, Ricardo, 88
"Cravo brigou com a rosa, O" (cantiga de roda), 229
Crazys, The, 72
Credicard, 412
crenaques, índios, 20
Cristo *ver* Jesus Cristo
Crush Hi-Fi (programa de TV), 74
Cruz, Claudionor, 59
Cugat, Xavier, 267
Curi, Ivon, 216
"Curvas da estrada de Santos, As" (canção), 294, 298, 384
"Custe o que custar" (canção), 31

D

D'Angelo, Norival, 243
"Da boca pra fora" (canção), 344
"Da Jovem Guarda a João Gilberto" (Augusto de Campos), 226
Damasceno, Walter, 82
Daniel (cantor sertanejo), 421
Dantas, Zé, 207
Darin, Bobby, 118, 170-2, 338
Davi, rei de Israel, 417
David, Farid Abrahão, 408
De Angelis, 113
"De tanto amor" (canção), 311
Dean, James, 70, 108
Debaixo dos caracóis dos seus cabelos (disco de Nara Leão), 425
"Debaixo dos caracóis dos seus cabelos" (canção), 296, 298, 308, 386
Dedé (Anderson Marques), 60-1, 66-7, 79
Dee, Sandra, 171
"Deixa de banca" (canção), 224
Dejtiar, Helio, 198
Demétrius (cantor), 177, 209
Deriquém, Moacyr, 48
"Desabafo" (canção), 396, 404
"Desafinado" (canção), 62
"Desahogo" (canção), 396
"Desamarre o meu coração" (canção), 188
"Detalhes" (canção), 308, 317, 384, 425
"Deusa" (canção), 41
Di Giorgio (fábrica de violões em São Paulo), 287
Di Giorgio, Hamilton, 209, 232
"Dia a dia, O" (canção), 121
"Día que me quieras, El" (canção), 271, 318, 396
Diana (cantora), 162, 261
"Diana" (canção), 118, 120
Diário da Noite (jornal), 198
Diário de Pernambuco (jornal), 305-6
Diário de São Paulo (jornal), 198
Diários Associados, 241
Dias, Esmeraldina (Dina), 229
Diegues, Carlos (Cacá), 285
Dimas (jogador de futebol), 21

Dion and the Belmonts, 188
Direito, Carlos Alberto, 327
"Disparada" (canção), 246
Distel, Sacha, 274
ditadura militar (1964-85), 184-6, 227,
281, 304, 330, 333, 372, 436
"Divã, O" (canção), 45, 312
Divino Bar (restaurante carioca), 67-70
divórcio, lei do (1977), 290
Djavan, 391
"Do outro lado da cidade" (canção), 299
"Doce de coco" (canção), 216
Dois filhos de Francisco (filme), 40
Dois na Bossa (programa de TV), 197
Domingo, Placido, 354
Donato, João, 83-6, 88
Donga (sambista), 257
Doors, The, 192, 231
Dória Jr., João, 418
Dorsey, Tommy, 53
Dr. Jivago (filme), 287
"Dream Lover" (canção), 171
"Drive My Car" (canção), 192
Drummond de Andrade, Carlos, 436
"Dry Boys, The, 97
Duboc, Maurício, 313, 325, 341, 344
Duprat, Rogério, 296
Duran, Dolores, 59, 307, 317-8
Duran, Marcelo, 367
Dutra, Altemar, 39, 280
Dutra, Eurico Gaspar, 25, 68
Dylan, Bob, 288

E

"É de manhã" (canção), 236
"É inutile" (canção), 232
E la nave va... (filme), 371
"É meu, é meu, é meu" (canção), 280
"E não vou mais deixar você tão só"
(canção), 280
"É preciso saber viver" (canção), 386, 426
É proibido fumar (disco de 1964), 80,
183, 186-8, 233, 318, 408
"É proibido fumar" (canção), 362, 384-5

É proibido proibir (disco), 191
... E que tudo mais vá pro inferno (disco
de Nara Leão), 95, 425
É tempo de amar (disco), 427
"É uma brasa, mora!" (expressão), 201
Earle, Steve, 189
Eça, Luizinho, 53, 85-6
Ed Carlos, 208, 213, 267, 284
Ed Wilson, 53, 85, 194, 215, 224
Ediplan (editora), 328-9
Editora Musical Amigos Ltda, 429
Editora Planeta, 388-9
Einhorn, Mauricio, 86
"Ela é carioca" (canção), 234
Elas Cantam Roberto (show paulistano
de 2009), 403-4
"Elas por elas" (canção), 361
Ele Ela (revista), 334
"Ele está para chegar" (canção), 376
Elgart au go go (disco), 107
Elis Regina, 102, 106, 195, 197, 202, 217,
223, 225-6, 245, 257-8, 264, 266-8,
270, 272, 282, 294, 314, 318
Elis Regina in London (disco de 1969), 294
Elizabeth II, rainha da Inglaterra, 225
Eller, Cássia, 383, 405
Elpídio, Fats, 87, 91
"Emoção" (canção), 231-2
"Emoções" (canção), 338, 382, 386, 396,
404, 416
"Emoções" (cruzeiro de Roberto
Carlos), 434
Encontro com os Anjos (programa de
TV), 164
Endrigo, Sergio, 274, 275, 404
"engajados" *versus* "alienados" (MPB
versus Jovem Guarda), 184-6, 225-
6, 245, 272-3
Época (revista), 364
"Era nova" (canção), 377
Erasmo Carlos, 44, 51-2, 62, 64-6, 71-
2, 74-8, 91, 95, 97-101, 115, 117-8,
125, 167-8, 170-1, 174, 177, 183, 186-
8, 190-1, 193-7, 199-202, 205, 208-
10, 214-5, 225-7, 230, 232-6, 238-9,
245, 248-51, 255, 258, 262, 266.

Erasmo Carlos (*continuação*) 271, 277-8, 280, 284, 292, 294-7, 306, 310, 312, 315, 319, 323-4, 341-5, 348, 351-2, 354-5, 362, 364, 368-70, 372, 376, 378, 381, 385, 404, 409, 434

Escobar, Pablo, 426

Escobar, Roberto, 426

Escobar, Ruth, 321, 350

Escola Ultra (Rio de Janeiro), 59, 61, 69, 71, 76, 77

Escolha Você o Melhor (programa de rádio), 127

"Escreva uma carta, meu amor" (canção), 82, 230, 234

Espaço das Américas (São Paulo), 431, 432

especiais de Natal de Roberto Carlos (Rede Globo), 318, 375, 397, 428

espiritismo, 43, 303, 351

Espírito Santo, 5, 12, 15, 20, 71, 104, 111, 126, 178, 429

"Esqueça" (canção), 243

Esse cara sou eu (EP de 2012), 433

"Esse cara sou eu" (canção), 427, 433-4

"Esta nega qué me dá" (canção), 257

Estado de S. Paulo, O (jornal), 11, 73, 116, 260, 379

Estados Unidos, 75, 77, 89, 128, 164, 171, 189-90, 212, 232, 237, 243, 267, 271, 285-6, 289, 300, 302, 304, 310-1, 323, 326, 344, 351, 354-6, 375, 396, 405, 409

"Este seu olhar" (canção), 224

Esteves, Erasmo *ver* Erasmo Carlos

"Estou aqui" (canção), 376

Estrela do Norte (time), 21

"Estrela vai brilhar, Uma" (canção), 367

Estudante e o terrorismo, O (Muricy), 185

Estúdio V (programa de TV), 169

Estúpido cupido (disco), 237

"Estúpido cupido" (canção), 121, 166

"Eternamente" (canção), 113

"Eu daria a minha vida" (canção), 261

"Eu em teus braços" (canção), 224

"Eu já fui uma brasa" (canção), 224

"Eu quero é botar meu bloco na rua" (canção), 25

"Eu quero twist" (canção), 210

"Eu só tenho um caminho" (canção), 310, 317

"Eu sou fã do monoquíni" (canção), 194-5

Eu sou o Rei (Adelaide Carraro), 333

"Eu sou terrível" (canção), 249, 251, 362

"Eu te adoro" (canção), 230

"Eu te adoro meu amor" (canção), 234

"Eu te amo" (canção), 249, 348, 417

"Eu te amo tanto" (canção), 386

"Eu te amo, te amo, te amo" (canção), 280, 378, 386

"Eu te darei o céu" (canção), 176, 242-3, 362, 408

Eu, Myrian Rios (autobiografia), 322

Europa, 108, 191, 193, 211, 216, 237, 274, 276-7, 286, 294, 311, 412

Evanney, Carlos, 367

Everly Brothers, The, 164

"Everybody's Talkin'" (canção), 352

Excelsior a Go Go (programa de TV), 220

Extra (jornal), 353

F

Fabra, Gian, 361

Fabuloso Doutor Dolittle, O (filme), 374

Façanha, Edgard, 195

Faculdade Paulista de Medicina, 240

Fafá de Belém, 356, 404

Fagner, 309

"Fais attention" (canção), 214

Faissal, Lourival, 348

Faithfull, Marianne, 190

"Falando sério" (canção), 315

"Fale baixinho" (canção), 216

Famintas de amor (filme), 171

Fantástico (programa de TV), 27, 392

Faria, Betty, 216

Faria, Reginaldo, 251

Farias, Roberto, 251, 373-4

"Farinhada" (canção), 207

Farney, Cyll, 75
Farney, Dick, 75
Fats Domino, 96
Fausta de Jesus Hóstia, irmã, 32, 377
Favoritos da Nova Geração (programa de TV), 165, 167-8
"Faz só um mês" (canção), 240
"Fé" (canção), 324, 376
Feather, Leonard, 86
Federação Paulista de Futebol (FPF), 196
Feijão e o sonho, O (telenovela), 322
Fellini, Federico, 371
Fenit (Feira Nacional da Indústria Têxtil), 202
Fera ferida (telenovela), 347
"Fera ferida" (canção), 347
Fermata (editora musical), 209
Fernandes, Paula, 113, 427-8
Fernando César, 113
Ferraz, Manoel Figueiredo, 269
Ferreira, Aurino, 83, 88
Ferreira, Durval, 85
Ferreira, José Henrique Germann, 378
Festa das crianças (disco), 82
"Festa de arromba" (canção), 168, 196, 228
Festival da Juventude (programa de TV), 195
Festival de Cannes, 274
Festival de música Miden (França), 248
Festival de San Remo (1968), 274, 276-7, 404
Fevers, The, 53, 55-6, 63, 199, 209, 215
Fifinha (amiga de Roberto Carlos), 26-9, 31
Figueiredo, Samuel MacDowell de, 360
Fino da Bossa (programa de TV), 195, 272, 313
Fino, O (programa de Elis Regina), 272
Finotti, Ivan, 29, 356-9
Finotti, Valdir, 170
"Flamenco" (canção), 232
Flamengo (time), 21
Fleischer, Richard, 374
Flintstones, Os (desenho animado), 80

"Flores do jardim da nossa casa, As" (canção), 298, 408
Focus (companhia brasileira de dança), 172
Folha de Londrina (jornal), 10
Folha de S.Paulo (jornal), 326, 423, 426
Fomm, Joana, 317-8
Fon Fon e Sua Orquestra, 87
Fonseca, Alceu Nunes, 126-7
Fonseca, Magda, 116, 126-8, 232, 235, 329
"Fora do tom" (canção), 92-3, 101
"Força estranha" (canção), 324
Forrestiere, Lou, 341
Forte de Copacabana (Rio de Janeiro), 205
Forza sempre (disco), 362
Fourneaut, William, 72
França, 108, 214, 248, 311
Franco, Moacyr, 235, 322
Franzotti, Rogério, 34, 45
Fred Jorge, 120-1, 312, 318, 326
Freedman, George, 74
Freitas, Fábio, 401
Frejat, Roberto, 192, 362-3
Frente Única — Noite da Música Popular Brasileira (programa de TV), 272
Friaça (jogador de futebol), 21
Friboi (fabricante de carnes), 431-2
Frontera, Fausto, 342
Fuíca, 39
funk, 53, 75, 256, 282, 293, 304, 386-7, 434
"Furdúncio" (canção), 434
futebol, 34, 45, 128, 185, 195-6, 201, 234, 277, 317, 326, 396

G

Gaghan, Stephen, 374
"Galos, noites e quintais" (canção), 23
Galvão, Paulinho, 384
Gama, Thildo, 253
Garbo, Greta, 58
Garcia, Chiara de, 77
Gardel, Carlos, 354

"Garota de Ipanema" (canção), 234
Garrido, Luiz, 347-8, 351
Garrincha (jogador de futebol), 198-9
Gasparian, Thaís, 360
Gaube, Monique, 214
Gauche, Juliano, 402
Gazeta, A (jornal), 198
Gebara, Dido, 87
Geisel, Ernesto, 290, 321
Genial (editora), 184
"Gentle On My Mind" (canção), 348
"Georgia On My Mind" (canção), 244
Gerry and the Pacemakers, 109
Gerson King Combo, 52, 53, 301
Getz, Stan, 267
Giane (cantora), 220
Gil, Gilberto, 23, 272, 287, 301, 376, 391, 425
Gil, Paulo, 235
Gilberto, Astrud, 267
Gilberto, João, 53, 55, 77, 84, 86, 88-9, 92-3, 100-1, 169, 216, 226, 267
Gillespie, Rita, 220
Ginásio de Esportes Geraldão (Recife), 381-2
Ginsberg, Allen, 286
Global Editora, 329
Globo de Ouro (programa de TV), 333
Globo Repórter (programa de TV), 270
Globo Sportivo, O (jornal), 22
Globo, O (jornal), 22, 109, 184, 221, 242, 258, 296, 355, 391, 408
Glória Maria (jornalista), 393, 417-8
Gnattali, Alexandre, 173
Gnattali, Radamés, 173
Godard, Jean-Luc, 350
Godoi, José Gomes de, 28
Golden Boys, 55-6, 124, 167, 205, 209
Goldkorn, Roberto, 328-30, 332-3
Goldsboro, Bobby, 285
golpe militar (1964), 183, 214
Gomes, Antônio Vieira *ver* Tony Tornado
Gomes, Ciro, 383-4
Gomes, Pepeu, 252
Gonçalves, Dercy, 166, 220

Gonçalves, Nelson, 59
Gonçalves, Romildo, 28, 30, 357, 358, 359
Gonzaga, Carlos, 116, 120-1, 165
Gonzaga, Chiquinha, 58
Gonzaga, Luiz (Gonzagão), 24, 47, 59
Good, Jack, 220
"Gosto do jeitinho dela" (canção), 234
Graça Mello, Guto, 386, 405
Gracindo, Paulo, 39
Grammy (prêmio), 171, 190
Granda, Bienvenido, 61
"Grande amor da minha vida, O" (canção), 323
Grande cidade, A (filme), 285
"Grande Constelação de Estrelas Negras, A" (samba-enredo da Beija-Flor, 1983), 407
Grande Gincana Kibon (programa de TV), 214
Grande Otelo, 68
Grande vedete, A (filme), 166
Grant, Earl, 230
Grant, Hugh, 11
Gray, Paul, 286
Greyck, Márcio, 325, 341
Griffin, Ken, 106
Grillo, irmãos, 37
"Groundhog" (canção), 190
"Grude, O" (canção), 386
Grupo Alceu Nunes da Fonseca & Cia. Ltda, 126
Grupo RC, 336
guarânias, 165
Guedes, Paulo, 423
"Guerra dos meninos, A" (canção), 341, 425
Guimarães, José, 260
Guinle, Jorginho, 88, 114, 235
Gustavo, Miguel, 63
Gutheil, Fernanda, 391

H

Hamilton IV, George, 189
Hammond B3 (órgão), 230

Handy, W. C., 23
Happy Song (offshore), 430
Hard Day's Night, A (filme), 110, 270, 287
"Hard Headed Woman" (canção), 170
Harlem (Nova York), 300, 302
Harrison, Rex, 374
Hart, Clyde, 90
Hartford, John, 348
Haskel, Jimmy, 318
Hayworth, Rita, 235
hebraico, 411, 413, 419
Heck, Sylvio, 183, 184
Helena, santa, 415
Help! (filme), 251
Hendrix, Jimi, 354
Hepburn, Audrey, 17
Herman's Hermits, 175
hip-hop, 52
hippies, 286, 368
"História de um homem mau, A" (canção), 178, 233, 276
Hoffman, Dustin, 352
Höfner (baixo), 237
Hoje É Dia de Rock (programa de TV), 52-3, 76, 125, 182
Hoje Tem Espetáculos (programa de TV), 266
Holden, William, 51
Hollywood, 11, 17, 37, 171
"Homem, O" (canção), 43
Homem de Mello, Zuza, 223, 246, 385
Homem de rua (disco), 369
"Homem, O" (canção), 318
"Honey (I Miss You)" (canção), 285
Hooker, John Lee, 23
Hora e a vez de Augusto Matraga, A (filme), 285
Horizonte Home and Office (São Paulo), 409
Horne, Bill, 87
Horne, Lena, 90
Hospital Copa D'Or (Rio de Janeiro), 404-5
Hospital Israelita Albert Einstein (São Paulo), 375, 378, 380-1

Hotel Ritz (Rio de Janeiro), 388
Hotel Transamérica (São Paulo), 365
"Hound dog" (canção), 72

I

"I Should Have Know Better" (canção), 232
"I Was Born To Cry" (canção), 188
Ianni Júnior, 213
Ideals, The, 76, 300
Idelson, Elisa, 266
"iê-iê-iê", primeiro registro do uso do termo (França, 1963), 108
iê-iê-iê, 56, 103, 107-12, 123, 125, 162, 165, 167, 173, 175-6, 184, 187, 193, 196, 208-9, 213-4, 220-1, 226, 228-9, 231, 233, 236, 240, 245, 256, 272-3, 277, 280, 285, 292-3, 297, 305, 348-9, 384, 404
Iglesias, Enrique, 343
Iglesias, Julio, 172, 398-9
Igreja Católica, 242, 288, 305
Igreja Nossa Senhora do Brasil (Rio de Janeiro), 340
Igreja Nossa Senhora do Brasil (São Paulo), 283-4
"Ilegal, imoral ou engorda" (canção), 320
Imagine (disco), 338
Imbert, Celine, 404
Imperial, Carlos, 20-1, 63-4, 76, 77, 91-4, 96-106, 112-4, 117, 122, 124-5, 178, 181-2, 210, 221, 233, 239-40, 245, 247-9, 255, 329, 346
Imperial, Gabriel, 98-9
Imperial, Maria José, 98
Increíbles, Los, 199, 212
Incríveis, Os, 56, 198-9, 260-1
"Indian Reservation"(canção), 189
Inglaterra, 109, 176, 189, 286
Inimitável Roberto Carlo, O (disco de 1968), 242, 279-80, 282, 408
"Inolvidable" (canção), 397
"Insensatez" (canção), 397

Instituto Brasileiro do Café (IBC), 164
Instituto Nacional do Câncer, 375
Intervalo (revista), 245, 282
Irlanda, 262
Iron Maiden, 346
Ismail, Luiz Carlos, 79-80
Israel, 12
Israel, 411-20, 428
Isto é Renato e seus Blue Caps (disco), 107
Itabira Hotel (Cachoeiro de Itapemirim), 35
Itália, 166, 274, 311, 343
Italianíssimo, O (disco), 213
Itaocara (RJ), 48
Itapemirim, rio, 19, 22-4, 46
"Itsy Bitsy Teenie Weenie Yellow Polka Dot Bikini" (canção), 106
iTunes, 112, 408

J

J. Carlos (José Carlos de Lira), 367
Jackson (secretário de César de Alencar), 121-2
Jackson do Pandeiro, 59
Jackson, Michael, 398
James, Kevin, 374
Jayme (jogador de futebol), 21
jazz, 53, 83, 86-90, 107, 114-5, 178, 276, 288, 414
Jazz na garoa (Vidossich), 90
Je vous salue Marie (filme), 350
"Jeito estúpido de te amar, Um" (canção), 361
Jerusalém, 411-19
"Jerusalém de ouro" (canção), 416-7, 419
Jesus Cristo, 43, 99, 415-6, 418, 425
"Jesus Cristo" (canção), 302, 304, 306-7, 375-6, 387, 405, 419, 432
"Jesus Salvador" (canção), 376
Jet Black's, The, 56, 111, 119, 167, 173, 175-6, 198-9, 209, 224, 231, 278
"Jet Black" (canção), 176
Joaíma (MG), 240
João da Bahiana, 257

"João e Maria" (canção), 92, 101
João Paulo II, papa, 342-3, 377, 379-80
João Penca e seus Miquinhos Amestrados, 362
Joãosinho Trinta, 407
Jobim, Tom, 84, 86, 92, 100-1, 234, 287, 397
Joe Primo, 119, 209
John, Elton, 370
Johnny Alf, 85-6
Johnny Hallyday (Jean-Philippe Smet), 108
Johnson, Robert, 23
Jones, Jennifer, 51
Jones, Norah, 190
Jordânia, 417, 419
Jordans, The, 73-4, 116, 119-20, 199, 209-12, 231
Jorge Ben (Jor), 69, 83, 202, 208, 225, 229, 244, 262, 267, 369, 383
Jornal do Brasil, 44
Jornal Nacional (telejornal), 390, 408
José Roberto, 255
"jovem guarda", origem russa da expressão, 256-7
Jovem Guarda, 43, 76, 95, 110, 122, 125, 165, 168, 185-6, 197-200, 202-3, 205, 208, 212, 219-21, 225-6, 231, 236-8, 240, 245, 247, 255-62, 270, 277, 281-2, 286, 295, 300-1, 307, 316, 345, 349, 361-3, 369, 381-2, 404, 427
Jovem Guarda (disco de 1965), 82, 230, 233, 318, 408
Jovem Guarda (programa de TV), 76, 112, 198, 201, 204, 206-7, 209, 212, 215, 223, 242, 244, 256, 264, 270, 275, 292, 295, 427
Jovem Guarda Administrações e Participações, 202
Jovita (avó de José Messias), 241
Joyce Theatre (Nova York), 172
"Juju balangandã" (canção), 84
Jules & Jim (filme), 125
Juliano, Randal, 120

Júlio (pianista), 311
"Juntos" (canção), 113

K

Kassu, Ivone, 11-2, 340, 394, 416
Kátia (cantora), 214
Kelly, Grace, 17
King, Don, 264
Kitt, Eartha, 274
Klutsis, Gustav, 257
Krasnodon (Ucrânia), 257
Krenak, Ailton, 20
Kubitschek, Juscelino, 74, 164

L

Laboriel, Abe (baterista), 354
Laboriel, Abraham (baixista, pai de
    Abe), 354
Lacalle, 188
Lacerda, Carlos, 43-4
Lacerda, Carlos E. (artista), 308
"Lacinhos cor-de-rosa" (canção), 166
Lady Francisco, 330
Lady Gaga, 113
Lady Laura (I-VI, iates de Roberto
    Carlos), 337
"Lady Laura" (canção), 45, 324, 335, 405
Lafayette (tecladista), 229-31, 234, 243,
    255, 310
Lafayette apresenta Dina Lucia (disco),
    229
Lafayette apresenta seus sucessos (discos),
    231
Lages, Eduardo, 48, 314, 336, 341, 352,
    406, 422
Lago, Mario, 216
Lanat, Mariano, 252
Lane, Virginia, 57
"Largo da Segunda-Feira" (canção), 66
Lavigne, Paula, 390-1
Lázaro (empresário) ver Margulies,
    Marcos Lázaro

Le Pera, Alfredo, 318, 354
Lean, David, 287
"Leão está solto nas ruas, Um" (canção),
    186-7
Leão, Nara, 95, 185, 205, 272-3, 316, 425
Lee, Peggy, 107
Lee, Rita, 192
Lee, Sandy, 87, 91
Legião Urbana, 345, 362
Lei Afonso Arinos (1951), 198
Leitte, Claudia, 404
Lemos, Lauro, 40
Lencione Filho, 176
Lênin, Vladímir, 256
Lenine, 123
Lennon, John, 109, 176, 227, 232, 338,
    348, 354, 368, 370
Leno (cantor), 185, 255
Lentine (violonista), 257
Leo Jaime, 320
Léo Júnior, 381
Leopoldina Railway, 16, 37, 52
Les & Larry Elgart (duo de jazz), 107
"Let's Twist Again" (canção), 96
Lewgoy, José, 251
licensing, noção de, 202-3, 266
Liceu Muniz Freire (Cachoeiro de
    Itapemirim), 32
Lichote, Leonardo, 78
Liebert (dos Fevers), 53, 55-6, 209
"Lígia" (canção), 397
Lilian (cantora), 185, 255, 261
Lima, Gusttavo, 421
Lima, Marina, 362, 404
Lima, Mauro, 427
Lima Júnior, Walter, 48, 285
Lincoln, Ed, 91, 300
"Linda" (canção), 106, 113
Lins, Ivan, 318
Lira Neto, 247
Lisboa, 268
Liszt, Liszt, 34
Little Green Apples (disco), 285
"Little Red Corvette" (canção), 192
Little Richard, 61, 63, 70, 77, 229, 307
Liverpool (Inglaterra), 109, 286

lives de Roberto Carlos (2020), 422
Livi, Roberto, 264
"Lobo mau" (canção), 225
Lobo, Edu, 259, 273
Lobo, Fernando, 327
Lobo, Ilá da Guia, 379
Lofting, Hugh, 374
"Lollipop" (canção), 115
Lombardi, Rodrigo, 433
Londres, 274, 296-7
"Long Tall Sally" (canção), 77
Longman, Esther, 417
Lopes, Carlos Alberto (Sossego), 169
Lopes, Rosita Thomaz, 195
Lopez, Trini, 188
Lord Hotel (São Paulo), 198, 207-8, 232, 236, 266
Lorraine, Sam, 211
Los Angeles (Califórnia), 325, 354-5
"Louco não estou mais" (canção), 115
Louco por você (disco), 105-7, 112-3, 161
"Louco por você" (canção), 125
"Loucuras de amor" (canção), 352
Loudermilk, John D., 189-91, 385
Louis Armstrong and His Orchestra (discos), 178
"Love Letters" (canção), 348
Lucas, Evangelho de, 425
Lugar chamado Notting Hill, Um (filme), 11
Luis Henrique, 215
"Luiza" (canção), 397
"Lula-lá" (slogan), 201
lundus, 59
Luz del Fuego (Dora Vivacqua), 36-7
"Luz divina" (canção), 355-6
Luz, Índio do Brasil, 37

M

Macedo, Aurélio, 216
Macedo, Eliana, 75
Macedo, Watson, 74, 166
"Mack the Knife" (canção), 171
Mader, Malu, 383

Madi, Tito, 307
Madonna, 398
"Madrasta" (canção), 282
Magaldi, Carlos, 201-2, 257, 259
Magaldi, Maia & Prosperi (agência de publicidade), 201-2, 257, 259, 270-1
Magalhães, Yoná, 50
Magyary, György, 337
Maia, Carlito, 197, 200-2, 256-7, 271
Maia, Tim, 61-4, 67, 70-1, 75-7, 83, 91, 100, 243-5, 293, 298-301, 378, 427
Maias, Os (Eça de Queirós), 21
"Mais uma vez" (canção), 325
Maksoud Plaza (São Paulo), 11, 115
Malena (disco), 117-8
"Malena" (canção), 118, 120, 122, 125, 127
Mallagoli, Marco Antonio, 110
Maluf, Paulo, 337, 380
Mamilla Hotel (Jerusalém), 416
Manchete (revista), 27, 43, 287, 298
Manga, Carlos, 204, 255, 292
Manhães, Elaine, 33
Manito (saxofonista), 199, 211
Mann, Herbie, 338
Mansfield, Jane, 37
Manzanero, Armando, 354
Manzarek, Ray, 231
Marangoni, Maria Angélica, 39
Marceau, Marcel, 316
"Marcha Contra a Guitarra Elétrica" (São Paulo, 1967), 258, 273
marchas/marchinhas, 33, 87, 165, 182, 346
"Marcianita" (canção), 166
Marconifon (radiotransmissor), 41
Marcos Lázaro Produções Ltda., 266
Marcucci, 113
Margulies, Marcos Lázaro, 216, 241, 264-8, 271, 277-8, 292, 315
Maria Bethânia, 273, 295, 347, 428
Maria Diva (mãe de Erasmo Carlos), 65, 168, 177
Maria Gladys, 76-7, 117
"Maria" (canção), 221

"Maria, Carnaval e cinzas" (canção), 245, 275
"Maria e o samba" (canção), 91, 210
Mariano, César Camargo, 222
Mariinha (dançarina), 117
Marinha Americana, 34
Marinha Brasileira, 37, 81
Marinho, Elizabeth, 242
Marinho, família, 241
Marinho, Roberto, 242
Marinho, Stella Goulart, 242
Marinho, Tião, 87, 91
Marinho, Valdir, 87
Marinho, Zé, 87
Marino, Ted Boy, 216
Mário Jorge (dançarino), 117
Mario Marcos, 312, 352, 424
Marlene (cantora), 162, 165, 168
Martin, Dean, 355
Martin, Dinah, 355
Martin, Ricky, 343, 396
Martinelli, Ana Paula, 275-6, 323, 363
Martinelli, Antonio Carlos, 275-6
Martinha (cantora), 248-9, 255, 261, 277-8, 283, 287, 292
Martinho da Vila, 50
Martins, Mauro Pereira, 353
Martins, Vitor, 327, 328
Marvin, Hank B., 176
Massari, Sylvia, 244
"Matando a miséria a pau" (canção), 229
Matando Pablo: a caçada ao maior fora- -da-lei que se tem notícia (Bowden), 426
Mathis, Johnny, 267
Mautner, Jorge, 312, 424
Maysa, 90, 246-7, 266, 315
Maysa (Lira Neto), 247
MC Leozinho, 434
McCartney, James, 109
McCartney, Paul, 109, 111, 227, 232, 237, 262, 348, 354, 370
McCluskey, Buddy, 342
McQueen, Steve, 37
"Me conte a sua história" (canção), 424

"Me leva, me leva seu Rafael" (canção), 257
Medalha, Marília, 48
Medellín (Colômbia), 426
Médico e o monstro, O (Stevenson), 102
Megatons, Os, 348
Meio-Dia (programa de TV), 63
Mendes, Sérgio, 48
Menescal, Roberto, 93-5
"Menina linda" (canção), 232
"Menina moça" (canção), 83
Menino de engenho (filme), 285
"Menino e a rosa, O" (canção), 229
Mensagens (coletânea de 1999), 375
Mercury, Daniela, 404
Messaggero, Il (jornal), 277
Messi, Lionel, 400, 430
Messias, José, 165-9, 174, 186, 241
"Meu amor" (canção), 230
"Meu grande bem" (canção), 186
"Meu grito" (canção), 290
"Meu nome é Gal" (canção), 296
"Meu Pajeú" (canção), 24
"Meu pequeno Cachoeiro" (canção), 303-4
"Meu pobre blues" (canção), 402
"Meu querido, meu velho, meu amigo" (canção), 335
"Meus amores da televisão" (canção), 347
"Mexerico da Candinha" (canção), 230, 235
México, 117, 216, 271, 342, 397
MGM Grand Garden Arena (Las Vegas), 432
Michael, George, 338
Midani, André, 250, 268-9
Midnight Cowboy (filme), 352
Miele, Luís Carlos, 309, 313-6, 325
Mignone, Helena Gonçalves, 34
Miklos, Paulo, 362
"Milhão de amigos, Um" (canção), 386, 418
Milito, Osmar, 85
Miller, Glenn, 53
Milton Banana, 53, 85, 87
Milton Carlos, 361

Mimeo, A., 114
Mimoso do Sul (ES), 15-6, 18, 39, 123
Mimoso em Foco (periódico), 29
Minas Gerais, 20, 47, 97, 200, 218, 240
Mineo, Sal, 220
Mingo (guitarrista), 211-2
"Minha fama de mau" (canção), 228
"Minha história de amor" (canção), 186
"Minha namorada" (canção), 216
Minha sogra é da polícia (filme), 74
"Minha tia" (canção), 58
minissaia, lançamento da, 260
Ministério da Fazenda, 49, 174
Miranda, Pedro, 408
Miranda, Stela de, 239
Miranda, Tavares de, 220, 337
Mississippi, rio, 23
Missouri, rio, 23
Moacyr TV (programa de TV), 322
"Moço velho, O" (canção), 318
"Moço, toque um balanço" (canção), 229
Modinhas Populares (revista), 60
Modugno, Domenico, 274
Molodaia gvárdiia (Jovem Guarda, editora soviética), 256
Momentary Lapse of Reason, A (disco), 354
Momento mágico (filme), 373-4
Monde, Le (jornal), 108
Monjardim, Jayme, 419
Monk, Thelonious, 414
monoquíni, lançamento do, 195
"Montanha, A" (canção), 312, 376
Monte, Marisa, 383
Monteiro, Doris, 57
Montenegro, Milton, 355
Montez, Chris, 101
Moraes, Antônio Ermírio de, 349-50, 380
Moraes, Chiquinho de, 313-4, 318, 348, 367
Moraes, Vinicius de, 58, 100-1, 318, 397
Morais, José Carlos de (Tico-Tico), 289
Moran, Marcos, 117
Morandi, Gianni, 111
Moreira, Antônia (Antonica/Tunica, tia de Roberto Carlos), 17, 24, 40, 58

Moreira, Augusto Souza (Augusto Maquinista, tio de Roberto Carlos), 17
Moreira, Cid, 241
Moreira, Francisco (tio de Roberto Carlos), 17
Moreira, José, 29
Moreira, Jovina (Dinda, tia de Roberto Carlos), 46-7, 49
Moreira, Lucineide, 39
Moreira, Zito (tio de Roberto Carlos), 31
Moreschi, Primo *ver* Joe Primo
Morgana, 90
Morin, Edgar, 108-9
Moro, Rosângela, 423
Moro, Sérgio, 423
Morricone, Ennio, 176
Morumbi (São Paulo), 291, 311, 323, 326, 366, 381
Motta, Mauro, 341, 343, 347, 351, 355
Motta, Nelson, 290
Moura, Paulo, 83
MPB, 13, 64, 102, 185, 221-2, 225, 245, 264, 272-3, 281, 299, 310, 318, 346, 390, 402
"Mr. Sandman" (canção), 113, 115
MSC Fantasia (navio), 423
"Mucuripe" (canção), 309
Mug (boneco de pano), 259-60
"Muito romântico" (canção), 42
Mulher que eu amo, A (filme), 170
"Mulher que eu amo, A" (canção), 434
Muqui, rio, 15-6, 24
Muricy, Antônio Carlos da Silva, 185
Muro das Lamentações (Jerusalém), 12, 271, 414, 416
Murray the K, 172
Museum of Modern Art (MoMA, Nova York), 257
Música popular: Um tema em debate (Tinhorão), 51
"Música suave" (canção), 324
Musidisc, 87, 91
"Mustang Sally" (canção), 192
Mutantes, Os, 295, 349

N

"Na lua não há" (canção), 181-2
Na onda do iê-iê-iê (filme), 216, 220
"Na paz do seu sorriso" (canção), 426
Nação Zumbi, 362
"Namoradinha de um amigo meu"
    (canção), 243, 316-7, 362, 427
Não adianta nada (disco), 128
"Não adianta nada" (canção), 121, 318
"Não é papo pra mim" (canção), 233-4
"Não é por mim" (canção), 113
"Não fico mais aqui" (canção), 277
"Não há dinheiro que pague" (canção),
    280, 282
*Não sou nenhum Roberto, mas às vezes
    chego perto* (álbum), 424
"Não tem jeito" (canção), 123
"Não vou ficar" (canção), 298-9
Narcos (série de TV), 426
Narinha (Sayonara Sayão Lobato
    Esteves, mulher de Erasmo
    Carlos), 323, 346, 368
"Nasci para chorar" (canção), 188
Nascimento, Milton, 23, 391
Nashville (Tennessee), 189-90
Nashville Teens, The, 189
Nazareth, Ernesto, 58
"Negra" (canção), 313
negritude na MBP, 293, 299, 301-2
"Negro gato" (canção), 44, 176, 254-5
Neil, Fred, 352
Nélio (Cornélio, amigo de Roberto
    Carlos), 24
Nelson, Bob, 33-4
"Nem mesmo você" (canção), 280, 282
Nenéo, 121, 293, 299
Netinho (baterista), 199, 211-2
"Neurastênico" (canção), 102
Neuzinha (musa da turma da Matoso), 69
Neves, d. Lucas Moreira, 343
Neves, Ezequiel, 227
Neves, Mário Castro, 87
Neves, Oscar Castro, 354
Neves, Wilson das, 294
New York Philharmonic, 307

New York Times, The (jornal), 9, 172
Newell, Mike, 335
Newman, Paul, 171
Nichollas Mariano, 81, 128, 274, 326,
    328, 333
Nilsson, Harry, 352
Nilton César, 215
Nilza (dançarina), 117
"Ninguém vai tirar você de mim"
    (canção), 280
Ninos (banda), 252
Niquinho (músico), 234
Niterói (RJ), 17, 46-50, 58, 59, 79, 217,
    306, 353-4, 388
"No Milk Today" (canção), 175
Noborutaki (artista japonês), 266
Nogueira, João, 50
Nogueira, Zé, 35-6, 42
Noite de Gala (programa de TV), 125
Noite de seresta, Uma (disco), 162
"Noite de terror" (canção), 80, 194
Noite do meu bem, A (filme), 318
Noka do Acordeon, 82
Norris, Land, 190
"Nossa canção" (canção), 57, 404
"Nossa Senhora" (canção), 365, 376, 378,
    424-5
"Nosso ranchinho" (canção), 257
Notícias Populares (jornal), 28-9, 331,
    356-9
Nova York, 170, 198, 257, 300, 302, 319,
    325, 348, 354, 405
Novaes, Walter, 356
Nunes, Clara, 165

O

"O que eu faço do latim?" (canção), 111
Odair José, 123, 162, 255
Odeon (gravadora), 92, 209, 221, 313
Ofélia (mulher de Buca), 90
"Ol' Man Mose" (canção), 178
"Olha" (canção), 385
"Olho d'agua grande" (canção), 23
"Olinda, cidade eterna" (canção), 36

Oliveira, Aloysio de, 92
Oliveira, Dalva de, 168
Oliveira, Humberto, 78
Oliveira, Wellington, 62
Olivetti, Lincoln, 343
Onda é boogaloo, A (disco), 299
Ono, Yoko, 368
"optei" (slogan), 201
Orbison, Roy, 109, 190
Ordem do Mérito Cultural, Roberto
 Carlos agraciado com a (2002), 321
Ordem do Rio Branco, Roberto Carlos
 agraciado com a (1976), 320-1
Oriente Médio, 411, 419
Orlandivo, 91
Orquestra Brasileira de Espetáculos, 230
Orquestra Sinfônica Brasileira, 308
Orquestra Tabajara, 57
Osbourne, Ozzy, 346
Oswaldo (trompetista), 386
Ourives, rio, 23
"Outra vez" (canção), 315, 361
Owens, Frank, 326

P

Pacheco Lins, José (maestro
 Pachequinho), 173, 299
Padilha, José, 426-7
Padilla, 211
Padre e a moça, O (filme), 285
Pádua, Guilherme de, 357
Pagano Sobrinho, 72
Page, Gene, 344
Paiva, Ernani, 359
Paiva, Miller de, 240
Pajeú, rio, 24
"Palavra adeus, A" (canção), 121
"Palavras" (canção), 318
Palestina, 411, 417
Palmeiras (time), 12, 201
Panama Papers (escândalo de 2016), 430
Panteras, Os (The Panthers), 119, 252-
 3, 283
"Papai me empresta o carro" (canção), 192

"Papo de esquina" (canção), 354
Parada Carioca (programa de rádio), 127
Paralamas do Sucesso, 345
Paraná, 10, 14, 89, 199, 255, 304
Paraná, Luiz Carlos, 245
"Pare o casamento" (canção), 227
"Parei na contramão" (canção), 80, 174-
 5, 177, 183, 253, 362, 385
"Parei, olhei" (canção), 253
Parker, Coronel, 264
Parks, Dean, 354
Partido Naturista Brasileiro, 37
Pascoal, Bruno, 66
Pascoal, Hermeto, 23
Pass, Joe, 115
"Passatempo" (canção), 341
Passine, Rose, 251
Patife Band, 348
Pato Fu, 310
"Patricia" (canção), 170
"Patu" (canção), 372
Paulo Sérgio (cantor), 18, 42, 215, 278-
 80, 291, 302, 366-7
Pavão, Albert, 111-2
Pavão, Meire, 111-2
Pavão, Theotônio, 111-2
Pavarotti, Luciano, 418
Pavone, Rita, 165, 211, 220
"Paz na Terra" (canção), 344
PCB (Partido Comunista do Brasil), 25
PDT (Partido Democrático Trabalhista),
 346, 409
Peck, Gregory, 88
Pedrinho (dos Fevers), 53, 55
Pedroso, Bráulio, 373-4
"Pega ladrão" (canção), 234
Peixoto, Cauby, 39, 63, 74, 82, 90, 122,
 217, 234-5, 264, 428
Pelé (jogador de futebol), 72, 102, 400,
 422, 431
Pendarvis, Leon, 326
Penedo, Dalton, 30
"Pensamentos" (canção), 418
Peppino di Capri, 432
Pêra, Marilia, 404
Perdidos na noite (filme), 352

Pereira, Jorge Luiz Neves (padre Jorjão), 379-80
Pereira, Juvenal, 11
Pereira Jr., Álvaro, 356
Peres, Shimon, 413
Pérez Prado, 170
Perez, Daniella, 357
Perez, Gloria, 357, 433
Perón, Juan Domingo, 264
Person, Luiz Sérgio, 270
Person, Marina, 384
Pescaria, A (disco), 227-8
Pessoa, Marcelo, 304
Petite Fleur (disco), 87, 91
Petrobras, 166
Pettenati, Gianni, 274
Pezzuoli, César, 336
Philips (gravadora), 76, 294
Phonogram, 269
Piazzolla, Astor, 354
Pignatari, Francisco "Baby" Matarazzo, 291
Pillar, Patrícia, 383
Pilombeta (Sebastião Ladislau da Silva), 81-2, 234, 293
Pinheiro, Gil, 43
Pink Floyd, 354
Pinto, Joel, 41
Pinto, Rossini, 118, 122-4, 127, 178, 186-7, 234
pirataria, 203, 317
Pires, Jairo, 283
Pires, Paulo, 330
Pitta, Celso, 380
Pittman, Booker, 87-91
Pixinguinha, 59, 257
plágio, acusações de, 107, 352-3
Platini, Michel, 430
Plaza Boate Jazz Clube *ver* Boate Plaza (Rio de Janeiro)
Plopschi, Miguel, 56
PMDB (Partido do Movimento Democrático Brasileiro), 350
Pockriss, Lee, 106
"Pode vir quente que eu estou fervendo" (canção), 209, 240

política, Roberto Carlos e a, 63, 222, 250, 281, 308-9, 326, 350, 422-3, 436
Polydor, 92, 101, 295
Polygram, 95, 250, 269, 354
"Poor Little Fool" (canção), 170-1
pop internacional, 166
Porcaro, Jeff, 354
"Portão, O" (canção), 371
Porto Rico, 271
Porto, Sérgio, 259, 306
Portugal, 108, 193, 259, 268
Possi, Luiza, 404
Possi, Zizi, 404
Powell, Baden, 85
Powell, Teddy, 188
Poyares, Carlos, 39, 59
Prá ganhar meu coração (disco), 281
"Praia, A" (canção), 225
Prazeres, Heitor dos, 214
Prêmio Personalidade Artística do Ano (1967), 248
Presley, Elvis, 9, 34, 40, 54, 61, 63, 70, 77, 79, 127, 170, 172, 209, 214, 264, 307, 348, 377
"Preste atenção" (canção), 214
Price, Alan, 231
"Primeira vez, A" (canção), 324
Prince (cantor), 192
Procure Saber (grupo de lobby legal), 390
Programa da Tarde (programa de TV), 213
Programa do Guri (programa de TV), 85
Programa Aí vem o Pato (programa de rádio), 73
Programa Júlio Rosemberg (programa de TV), 217
Programa Silvio Santos (programa de TV), 215
Prokófiev, Serguei, 308
"Promessa, A" (canção), 215
"Proposta" (canção), 318
Prosperi, Carlos, 201
Provetti, José (Gato), 175-7
PT (Partido dos Trabalhadores), 201
PTB (Partido Trabalhista Brasileiro), 349
"Pushing Too Hard" (canção), 261

Q

Quadros, Jânio, 123, 240
"Quando" (canção), 362
"Quando as crianças saírem de férias" (canção), 312
"Quando eu quero falar com Deus" (canção), 376-7
Quant, Mary, 260
Quarrymen, The, 9; *ver também* Beatles
"Quase fui lhe procurar" (canção), 280
Quatro Ases, Os, 47
Quatro casamentos e um funeral (filme), 335
"Que beleza" (canção), 378
"Que hágo con el latin?" (canção), 111
"Queen of the Hop" (canção), 171
Queirós, Eça de, 21
Quem foi que disse que eu não faço samba (disco), 91
"Querem acabar comigo" (canção), 243
"Quero que vá tudo pro inferno" (canção), 128, 230, 235-6, 242, 269, 292, 349, 393, 425
"Quero só te ver sorrindo" (canção), 277
"Quero ter você perto de mim" (canção), 299
Quinn, Anthony, 124
Quinta Avenida (programa de TV), 169
"Quintal do vizinho, O" (canção), 309, 319
Quinteto Villa-Lobos, 316

R

Rabin, Yitzhak, 413
Rabinovich, Shmuel, 415
racismo, 198
Rádio 9 de Julho, 73
Rádio Cachoeiro, 33-5, 38-9, 42, 127, 179, 400, 414, 422
Rádio Carioca, 126, 328
Radio City Music Hall (Nova York), 405
Rádio Cultura de Araraquara, 126

Rádio Eldorado, 123
Rádio Globo, 116, 179, 332
Rádio Guanabara, 96-7, 167
Rádio Mayrink Veiga, 53, 55, 58, 81
Rádio MEC, 49
Rádio Metropolitana, 170
Rádio Nacional, 47, 53, 58, 61, 104, 116, 119, 182, 235
Rádio Record, 224
Rádio Sul Fluminense, 126
Radiotécnica Marconi, 41
Raimundos, Os, 383
Raíssa (rainha de bateria), 407
Ramalho, Reynaldo, 430
Ramos, Saulo, 331, 333, 342, 353, 358-9
Randolph, Zilner, 178
Rangel, Lúcio, 89
Raulzito e Os Panteras, 119, 283
Ravel, Ginette, 214
Ray Charles, 188
Ray, Nicholas, 108
Rayol, Agnaldo, 90, 225
Rayol, Reynaldo, 224
RC3 (conjunto musical de Roberto Carlos), 119, 174-5, 230
RC7 (conjunto musical de Roberto Carlos), 120, 175, 302
RC9 (conjunto musical de Roberto Carlos), 120, 311
RCA Victor (gravadora), 166, 230
Reagan, Ronald, 344
Realidade (revista), 200, 222
Rebelde sem causa (filme), 108
Rebels, The, 74, 209
Recife (PE), 12, 168, 225, 304-6, 381, 383, 417
Record Plant (estúdio de Nova York), 354
"Recordações" (canção), 347
Rede Globo *ver* TV Globo
redes sociais, 236, 422
Reed, Lou, 392
Regiane (cantora), 209
Regional de Mozart Cerqueira (conjunto musical), 39
Regional do Miranda (conjunto musical), 224

Rei (coletânea de 1994), 362

Rei do plágio: Detalhes e emoções da queda de um mito, O (Sebastião Braga), 353

Rei e eu, O (programa de TV), 274

Rei e eu: Minha vida com Roberto Carlos, O (Nichollas Mariano), 274, 328-30, 333

Reino da Juventude (programa de TV), 112

Reis do iê-iê-iê, Os (filme), 110, 270, 287

Reis, Aristeu, 384

Reis, Nando, 424, 425

Reis, Sérgio, 209, 277

"Relicário, El" (canção), 211

Renato e seus Blue Caps (banda), 52, 63, 107, 164, 167-9, 173-5, 185, 194, 212, 216, 228, 233, 237, 254-5, 283, 341

Reno, Teddy, 211

Renovação Carismática Católica, 381, 409

Retiro dos Artistas (Rio de Janeiro), 375

Réu e o Rei, O (Araújo), 392

"Rêve d'amour" (peça pianística de Liszt), 34

Revista do Rádio, 235

RGE (gravadora), 208, 227-8, 245, 303

"Riacho do Navio" (canção), 24

"Riacho, um caminho, Um" (canção), 23

Ribeirão Preto (SP), 66

Ribeiro, Demerval Gomes (seu Dezinho), 40

Ribeiro, Edson (Edinho), 22, 29, 31, 56, 114, 122, 280, 347

Ribeiro, Eduardo, 341

Ribeiro, Evandro, 161-3, 166, 174, 178, 183, 231, 268, 279, 303, 322

Ribeiro, Pery, 266

Ribeiro, Solano, 319

Richards, Cliff, 176

Rio Branco, barão do, 321

Rio de Janeiro, 16, 24, 31, 35, 46, 49-50, 52, 55-6, 64-5, 70-1, 79, 81, 102, 105, 114, 126, 161-2, 179, 182, 193, 195, 204-5, 214, 231, 236, 239, 243, 260, 275, 281, 283, 303, 306, 330, 332, 346, 349, 353, 357, 383, 390, 401, 404, 431

Rio Grande do Sul, 411

Rios, Myrian, 321-2, 333-7, 344, 355, 363, 365, 383, 409

Ritmos da Juventude (programa de rádio), 116

Ritmos para a Juventude (programa de rádio), 73, 119, 169

Rivelli, José, 41

"Road Hog" (canção), 190

"Roadhouse Blues" (canção), 192

Roberta Close, 369

Roberto Augusto, 363, 398

Roberto Carlos (disco de 1966), 408

Roberto Carlos (disco de 1969), 298-9, 408

Roberto Carlos (disco de 1970), 302

Roberto Carlos (disco de 1971), 243, 308

Roberto Carlos (disco de 1972), 312

Roberto Carlos (disco de 1973), 318

Roberto Carlos (disco de 1975), 319

Roberto Carlos (disco de 1976), 320

Roberto Carlos (disco de 1977), 342

Roberto Carlos (disco de 1978), 324

Roberto Carlos (disco de 1980), 337

Roberto Carlos (disco de 1981), 338

Roberto Carlos (disco de 1982), 347

Roberto Carlos (disco de 1983), 121

Roberto Carlos (disco de 1984), 347

Roberto Carlos (disco de 1985), 343-4

Roberto Carlos (disco de 1988), 354

Roberto Carlos (disco de 1999), 364

Roberto Carlos (livro fotobiográfico de 2014), 428

Roberto Carlos a 300 km por hora (filme), 373

Roberto Carlos canta a la juventud (disco de 1964), 396

Roberto Carlos canta para a juventude (disco de 1965), 194, 408

Roberto Carlos e o diamante cor-de-rosa (filme), 298, 373, 413

Roberto Carlos em detalhes (Araújo), 28, 73, 99, 323, 388, 392-3

Roberto Carlos em prosa e verso (livro de poemas), 241-3

Roberto Carlos em ritmo de aventura (disco de 1967), 408

Roberto Carlos em ritmo de aventura (filme), 251, 373

Roberto Carlos Imóveis (de um homônimo capixaba), 429

Roberto Carlos narra Pedro e o lobo, op. 67, de Prokófiev (disco), 308

"Roberto Carlos, rei da Jovem Guarda, príncipe da melancolia" (Lacerda), 43

Roberts, Julia, 11

rock 'n' roll, 16, 52, 57, 68, 71, 73, 106, 108, 111, 113, 118, 121, 173, 189, 191, 194, 213, 219, 231, 237, 239, 270, 345, 348, 385

rock brasileiro, 13, 63-4, 116, 165, 176, 187-8, 190, 193, 229, 260, 331, 345, 347, 349, 368

"Rock and roll em Copacabana" (canção), 63

Rock Around the Clock (filme), 73

Rock in Rio (show de 1984), 345

"Rock presidencial" (canção), 123

rockabilly, 191, 192, 228, 362

Roda, Ricardo, 111

Rodrigues, Airton, 207

Rodrigues, Elcio, 24

Rodrigues, Jair, 165, 197, 225, 272-3

Rodrigues, Karin, 270

Rodrigues, Lolita, 207

Ródtchenko, Aleksandr, 257

Rohter, Larry, 9

Rolling Stone (revista), 312

Rolling Stones, 124, 172, 176, 192, 306, 369

"Romaria" (canção), 282

Romênia, 56

Romeu, José Carlos, 430

Rondon, Cândido, marechal, 20

Ronnie Cord, 106, 176, 190, 192, 196, 198

Ronnie Self, 69

Ronnie Von, 193, 213, 219, 243, 266, 277, 380

Ronstadt, Linda, 190

Rooney Jr., Mickey, 220

Roosevelt, Franklin, 58

Rosa, Samuel, 384-5

"Rose and a Baby Ruth, A" (canção), 190

Rosemary (cantora), 50, 167, 197-8, 203, 209, 220, 255, 266, 329, 404

Rosemberg, Julio, 169

"Rosinha" (canção), 188

Rossi, Cleonice (Nice), 275-6, 288-91, 297-8, 321, 323, 329, 336, 344, 351, 355

Rossi, d. Agnelo, 242

Rossi, Edmundo, 275

Rossi, Marcelo, padre, 380

Rossi, Minerva, 275

Rossi, Reginaldo, 367

Roth, David Lee, 189

"Rotina" (canção), 318

"Roubaram a mulher do Rui" (canção), 165

roupas da Jovem Guarda, 260

Rousseff, Dilma, 423

Rozenblit, José, 102

"Rua Augusta" (canção), 176, 192

Rubem (violonista), 257

Ruschel, Beto, 282

Russell, Bobby, 285

Russo, Othon, 234

Ruy Barbosa, Benedito, 322

Ruy Barbosa, Marina, 426

S

Sá & Guarabyra, 369

Sabino, Walter, 29

Salão de Sinuca dos Nemer (Cachoeiro de Itapemirim), 35

Salim (pai de Wanderléa), 124

Salinger, J. D., 421

Salomão, rei de Israel, 415

Salomão, Waly, 226

Salvador (BA), 88, 119, 252, 283, 343

Salvador, Dom, 301

Salve Jorge (telenovela), 433

samba, 36, 68, 82, 83, 93, 102, 181-2, 221, 224, 227, 234, 257, 260, 273-4, 296, 406-

samba-canção, 100, 229, 307
sambalanço, 91, 222, 227, 229
samba-rock, 221, 256
Samico, Armando, 305
Sampaio, Raul, 39, 228, 303
Sampaio, Sérgio, 25, 42, 402
Sanches, Ari, 224
Sanches, Pedro Alexandre, 393
Sandy (cantora), 404
Sangalo, Ivete, 254, 404, 421
Santana, Babu, 427
Santana, Luan, 113
Santomauro, Tony, 207
Santoro, Antonio Carlos, 337
Santos (SP), 12
Santos FC (time), 102, 201
Santos, Adnélia, 400-1
Santos, Helena dos, 181-2, 186, 280, 282, 293, 347
Santos, Paulo Walter Leme dos, 238
Santos, Paulo, 308
Santos, Roberto, 285
Santos, Silvio, 215-6, 218
Santos, Windor, 359-60
São João de Icaraí, barão de, 48
São Paulo, 11, 31, 36, 46, 66, 71, 73, 90, 104, 107, 115-6, 119-20, 125-6, 165, 169, 177, 193, 198, 200, 204-7, 209, 213-5, 219-20, 228, 231-2, 236, 238-9, 242, 244-5, 248, 258, 260, 263, 266-7, 269, 273, 275-6, 278, 283, 287-8, 290-2, 311, 313, 321-2, 330-2, 333, 340, 342, 345, 349, 359, 363, 365-6, 375, 378-81, 386, 388-90, 399, 403, 409, 413, 421, 427, 431
São Paulo Dixielanders (grupo amador), 90
São Paulo S/A (filme), 270
Saps (Serviço de Alimentação da Previdência Social), 77-8
Sarney, José, 350
Sartre, Jean-Paul, 49
"Satisfaction" (canção), 123
Sawyer, Tom, 22
Scaggs, Boz, 354
Scandiani, José Carlos, 402

scat singing, 224, 424
Schmidt, Yedda, 195
Schneider, Rob, 374
Schubert, Franz, 193
Schwartzman, Salomão, 419
Scorpions (banda), 346
"Se diverte e já não pensa em mim" (canção), 354-5
"Se ela dança, eu danço" (canção), 434
"Se eu partir" (canção), 121
"Se eu quiser falar com Deus" (canção), 376, 425
"Sé muy bien que vendrás" (canção), 36
"Se todos fossem iguais a você" (canção), 101
"Se você gostou" (canção), 113
"Se você pensa" (canção), 280, 294-5, 297
Sedaka, Neil, 165, 181, 220
Seeds, The, 261
Segal, C., 211
Segunda Guerra Mundial, 16, 257
Seibert, Brian, 172
Seixas, Raul, 123, 162, 167, 252-5, 341, 402
Selmita, 227
Selvagem, O (filme), 108
"Sem medo de ser feliz" (slogan), 201
"Sem o teu carinho" (canção), 168
Sementes da violência (filme), 40
"Sentado à beira do caminho" (canção), 284
Sentinel, El (jornal), 396
"Ser bem" (canção), 113-4
"Serenata do adeus" (canção), 221
Sergimirim, rio, 23
Sérgio Murillo, 105, 161, 165-6, 215, 227
Serrão, Waldir, 253
"Sete cabeludos, Os" (canção), 70
Sétimo guardião, O (telenovela), 426
Shadows, The, 169, 175-6
Shakira, 343
"Shallow" (canção), 113
Sharp, Bobby, 188
"She Loves You" (canção), 109-10, 112
Shell, 220, 224
Shopping Iguatemi, 220

Show do Dia 7 (programa de tv), 272
Siénkin, Serguei, 257
Sigma Sound Studios (Nova York), 348
Silva, Astor, 57, 173
Silva, Edy, 115-6, 120, 207
Silva, João Pereira da ("João Brasil"), 48
Silva, Marques da, 34
Silva, Moreira da, 57
Silva, Orlando, 59, 168, 282
Silva, Romeu, 87
Silva, Tito, 82, 234
Silva, Walter, 86
Silva Filho, José Mariano da, 127-8; *ver também* Nichollas Mariano
Silvetti, Bebu, 397
Silvinha (cantora), 261
Silvino, Paulo, 100
"Símbolo sexual" (canção), 344
Simeão, padre, 306
Simões Neto, Armando, 269
Simões, Jeremy Valdissera Pinheiro, 364
Simões, Luiz César Pinheiro, 364
Simonal, Wilson, 68, 97-8, 117, 167, 209, 221-2, 225, 229, 236, 249, 259-60, 266-9, 272
Simplicidade de um rei, A (samba-enredo da Beija-Flor, 2011), 406
Sinatra, Frank, 96, 171-2, 193, 314, 338, 341, 377
Sinatra Jr., Frank, 267
Siqueira, Luiz Carlos, 187
Sirena, Dody, 405, 409, 411-2, 423, 425, 428
Sirotsky, Pedro, 418
Skank (banda), 362, 384
Snakes, The, 69, 77, 78, 277
"Só você" (canção), 114
"Só vou se você for" (canção), 344
Soares, Claudette, 85-7, 311-2
Soares, Elza, 198, 224
Soares, Jô, 270
Soares, Munhos, 359
"Sociedade Alternativa" (canção), 419
"Solamente una vez" (canção), 396
Solino, Eunice *ver* Fifinha (amiga de Roberto Carlos)

"Solo per te" (canção), 113-4
Som Livre (gravadora), 339
Som Livre Exportação (programa de tv), 318-9
Sommer, Marcelo, 377
"Songs by a Man With Heart Mean Christmas in Brazil" (Rohter), 9
Sonho de Alice, O (musical infantil), 336
"Sonrie" (canção), 397
Sony Music, 362, 433
soul music, 53, 75, 256, 293, 298-9
Sousa, John Philip, 34
Souza e Silva, Argemiro Pedro (Miro), 69
Souza, Fernandinho, 384, 387
Spinaci, Annarita, 274
Spínola e Castro, Renato, 30, 32, 45
Splendore, Maria Stella, 291
Splish splash (disco), 174, 181, 186, 408
"Splish splash" (canção), 118, 125, 169-73, 175, 177, 179, 183, 197, 213, 227-8, 253, 338
Sport Recife (time), 102
Springsteen, Bruce, 419
Sputniks, The, 62-4, 69, 71, 75, 91, 243
SSS contra a Jovem Guarda (filme), 270
St. James, Phyllis, 354
Staroup (jeans), 202
Steely Dan, 354
STF (Supremo Tribunal Federal), 342, 392
Story of Doctor Dolittle, The (Lofting), 374
"Strada nel bosco, La" (canção), 36
Stray Cats, 192
"Sua estupidez" (canção), 298-9, 362, 404
Subaé, rio, 23
Suécia, 72
Suíça, 351, 391
Sukman, Hugo, 349
Sullivan, Ed, 110
Sunshines, The, 187
superstições de Roberto Carlos, 284, 366, 393, 409, 426, 432
Suplício de uma saudade (filme), 51
surf rock, 172, 187, 191
"Susie" (canção), 31, 56-7, 125

504

Swinging Blue Jeans, The, 178
Swinging London, 260
Sylvio Cesar, 318

T

Tal, Avi, 419-20
Também somos irmãos (filme), 35
Tangos e Outras Delícias (grupo), 402
Taumaturgo, Jair de, 52-3, 56, 81, 96
Taupin, Bernie, 370
"Taxman" (canção), 111
Taylor, Liz, 232
Tchaikóvski, Piotr Ilitch, 187
Teatro Municipal de São Paulo, 403
Teatro Opinião (companhia carioca), 225
Teatro Paramount (São Paulo), 72, 273-4
Teatro Record (São Paulo), 261, 267, 292
Teatro Villa-Lobos (Rio de Janeiro), 336
Teixeira Pinto, Celina Dietrich Trigueiros, 429
Teixeira, Celso, 317
Teixeira, Oscar (Biquinho), 207-8; *ver também* Ed Carlos
Teixeira, Renato, 282
Tel Aviv (Israel), 12, 419-20
Teletour (programa de TV), 200
Telles, Sylvinha, 85
Temple, Shirley, 58
"Tentativa" (canção), 341
Terceiro, Octávio, 76, 77
"Terço, O" (canção), 376
Terço, O (confraria católica feminina), 365
Teresa Cristina, 320, 421
Tereza (vizinha de Roberto Carlos no Rio), 56
"Ternura" (canção), 227
Ternurinha *ver* Wanderléa
"Three Cool Cats" (canção), 254
Tia Amélia (Amélia Batista Nery), 58
Tião das Marmitas, 54, 61; *ver também* Maia, Tim

Tibério Gaspar, 301
"Tijolinho" (canção), 348
Tijucanos do Ritmo, 62
Tim Maia (disco de 1971), 299
Tim Maia (filme), 427
Tinhorão, José Ramos, 51
Tinoco, Teresa, 48
Titãs (banda), 424
Titãs do Iê-Iê-iê (banda), 345
"Tô chutando lata" (canção), 352
"Tobacco Road" (canção), 189
"Todas as Nossas Senhoras" (canção), 364
"Todo mundo é alguém" (canção), 354
"Todo mundo está falando" (canção), 352
"Todos estão surdos" (canção), 310, 317, 362, 386
"Todos os meus rumos" (canção), 121, 326
Toller, Paula, 404
Tony e Frankye, 255
Toni Platão, 362
Tony Tornado, 52, 81, 117, 255, 299, 300, 301
"Toque um balanço, moço" (canção), 229
Toriba (editora), 428
Torre de marfim (Arrabal), 321
Torres, Maria Lucila, 331
Torres, Rafael, 331
Toth, Luiz, 124, 228
Toto (banda de rock), 354
Tranquilino, Alberico, 290
transtorno obsessivo-compulsivo (TOC), 113, 393, 425-7
Trapalhões, Os (grupo cômico), 216
"Traumas" (canção), 44-5, 317
travestis, 377-8
Tremendão (restaurante de Erasmo Carlos em São Paulo), 248
Tremendão *ver* Erasmo Carlos
Trevisan, Dalton, 421
Trigo, Darcy, 325, 341
Trilha, Carlos, 361
"Trilogia do dólar" (filmes), 176
Trindade, Edson, 69, 71, 77
Trio Esperança, 205, 227
Trio Los Panchos, 61
Trio Ternura, 301

Trivisonno, Jorge "Coco", 354
Troféu Miden (França), 248
Tropicalismo, 206, 226, 258, 294-7, 324, 349, 369, 376
"Trovões de antigamente" (Rubem Braga), 23
Truffaut, François, 125
Trussardi, Maricy, 365, 381
Tuca (cantora), 266
"Tudo que sonhei" (canção), 82
"Turma da Tijuca, A" (canção), 66
Turnbull, Lúcia, 372
"Tutti Frutti" (canção), 63, 77
Tutuca (tecladista), 384-6, 422
TV Bandeirantes, 244
TV Continental, 164, 179-80
TV Cultura, 266
TV Excelsior, 104, 195, 219-20, 225, 232, 241, 247
TV Globo, 233, 241, 268, 270, 318-9, 333-4, 375, 392, 419, 426-7, 432
TV Itapoan, 252
TV Paulista, 215
TV Record, 74, 112, 195-7, 199, 201, 203-4, 209, 211-3, 219, 223, 244-5, 247, 266, 268, 270, 272, 274, 278, 287, 292
TV Rio, 56, 104, 167, 239, 241, 247
TV Tupi, 58, 63, 117, 220, 241
Twelve Sides (disco), 190
Twiggy, 260
twist, 96, 173, 211
Tyson, Mike, 264

U

Ucrânia, 257
"Última canção" (canção), 279
Última Hora (jornal), 198
"Unchain My Heart" (canção), 172, 188
"Unforgettable" (canção), 418
"União Soviética, 25, 62, 256-7, 344
Unidos da Tijuca (escola de samba), 408
Unidos do Cabuçu (escola de samba), 407
Universidade Santa Úrsula, coral da, 344

Urca (Rio de Janeiro), 118, 340, 363-4, 367, 406, 431
Uruguai, 309

V

Vaccaro Netto, Miguel, 209, 258
Valadão, Jece, 35, 318
Valença, Manoel, 337
Valens, Ritchie, 254
Valle, Paulo César, 336
Valsa da despedida" (canção), 292
Vampires, The, 119, 176
Vance, Paul, 106
Vandré, Geraldo, 246, 272-3
Vanoni, Ornella, 274
Vanusa, 261
"Vaqueiro Alegre" (canção), 33
Vargas, Getúlio, 43, 47
"Varre varre vassourinha" (jingle), 123
Vartan, Sylvie, 220
Vasco da Gama (time), 12, 21, 201
Vasconcellos, Renata, 27
Vasconcelos, Ary, 88, 296-7
Vaughan, Sarah, 311, 316
Vaughan, Stevie Ray, 355
Veja (revista), 330, 363
Velha Guarda, A (disco), 257
"Velho homem do mar, O" (canção), 233
Veloso, Caetano, 23, 42, 86, 273, 287, 295-8, 301, 308, 318, 324-5, 347, 350, 383, 390-1
Veloso, J., 406
vendagem dos discos de Roberto Carlos, 237, 315, 317, 319, 338, 398, 408
Ventures, The, 56, 164, 176
"Verde e amarelo" (canção), 344
Vexame (banda), 362
"Vida blue" (canção), 372
Vida e obra de Johnny McCartney (disco), 255
Vida sorri assim, A (disco), 73
Vidas estranhas (filme), 277
Vidossich, Edoardo, 90

Vieira, Lita, 39, 42
Vieira, Roberto Carlos, 429
Villa, Claudio, 36
Villa-Lobos, Dado, 362
Villarreal, Juan Manuel, 231
Villela, Célia, 165, 166, 187
Vinhosa, Ramiro, 408
vips, Os (dupla), 199, 231-2, 255, 434
vips, The (filme), 232
Virgem Maria, 350, 425
"Vista a roupa meu bem" (canção), 302
Vitória (es), 12, 15, 18, 28, 44, 356
Viva a Brotolândia (disco), 106, 264
Vivacqua, Dora *ver* Luz del Fuego
"Vivendo por viver" (canção), 325
Viver a Vida (telenovela), 434
"Você" (canção), 299
"Você é linda" (canção), 312
"Você já me esqueceu" (canção), 121, 312
"Você me acende" (canção), 209
"Você não sabe" (canção), 404
"Você vai ser o meu escândalo" (canção), 404
Voight, Jon, 352
Volpato, Gercy, 5, 38-9, 178-80
Volpato, Hermínio, 38
Volpato, Maria Leonor (Lôra), 38-9, 178-80
"Volta, A" (canção), 232-3, 434
"Volver" (canção), 354
"Vou lhe contar" (canção), 261
"Vou recomeçar" (canção), 295-6

W

Waal, A. de, 211
Waldemar (cavaquinista), 257
Waldirene (Anabel Fraracchio), 261, 278
Wanderléa, 113, 124-5, 167, 197, 199, 201-7, 215-6, 224, 226-7, 247-8, 255, 258, 260-1, 266, 270, 271, 277-8, 280, 292, 330, 404
Wanderléa (disco de 1967), 261

Wanderley, Antonio, 385-6
Wanderley, Luiz, 179-80
Wanderte, Wanderbil, Wanderbelle, Wanderlô, Wanderley (irmãos de Wanderléa), 124
"Washington Post" (marcha americana), 34
Webb, Jimmy, 306
Webster, Ben, 90
Whitesnake, 346
Wilson Simonal (disco de 1966), 221
Wilson, Norro, 190
"Wipe Out" (canção), 176
Wise, Robert, 171
Wisner, Jimmy, 318, 326, 341
Wonder, Stevie, 302, 316
Wonderful Boys, The, 194, 255
Wood, Ron, 71

X

Xavier, Chico, 43

Y

"Yakety Yak" (canção), 170
"Yeah Yeah Yeah" (canção), 107
Yoshino, Milton Kazuo, 405
Young (gravadora), 209
Young, Victor, 348
Youngsters, The, 56, 119, 165, 173-5, 187-8, 230, 233-4
YouTube, 422

Z

Zé Renato, 427
Zelador animal, O (filme), 374
Zito, Salvatore (Torrie), 338, 341

Crédito das imagens

p. 129 (1971): Mondadori Portfolio/ Bridgeman Images/ Fotoarena

p. 130 [acima]: Arquivo/ CB/ D.A Press

p. 130 [abaixo] (23 mar. 1969): Arquivo/ Estadão Conteúdo

p. 131 (25 abr. 1966): Ronaldo Moraes/ O Cruzeiro/ EM/ D.A Press

p. 132 (1969): Abraham Lincoln/ Abril Comunicações S.A.

p. 133 (29 ago. 1969): Arquivo/ Agência O Globo

p. 134 (1968): José Antônio/ Abril Comunicações S.A.

p. 135 (19 jan. 1968): W. Santos/ CPDoc JB

p. 136 (1967): Foto Editora Globo/ Agência O Globo

p. 137 (15-17 jul. 1966): Arquivo/ Agência O Globo

p. 138 (1966): Foto Editora Globo/ Agência O Globo

p. 139 [acima]: Reprodução/ Acervo pessoal Gercy e Maria Leonôr Volpato

p. 139 [abaixo]: Arquivo/ CB/ D.A Press

p. 140 (1968): Foto Rolls Press/ Popperfoto via Getty Images/ Getty Images

p. 141 [acima, à esq.]: Caricatura de Roberto Carlos
por Nássara. Cortesia de Oscar Barbosa

p. 141 [acima, à dir.] (30 out. 1969): Arquivo/ Estadão Conteúdo

p. 141 [abaixo] (25 abr. 1966): Arquivo O Cruzeiro/ EM/ D.A Press

p. 142: Arquivo/ Estadão Conteúdo/ Reprodução Nino Andrés

p. 143 (10 nov. 2011): Marcos Arcoverde/ Estadão Conteúdo

pp. 144 e 145 (13 out. 1966): Alberto Jacob/ CPDoc JB

p. 146 [acima] (1966): Reprodução/ Acervo
pessoal Gercy e Maria Leonôr Volpato

p. 146 [abaixo]: Cortesia de Rick Loudermilk

p. 147 [acima] (13 set. 1968): Fernando Seixas/ O Cruzeiro/ EM/ D.A Press

p. 147 [abaixo] (1977): Paulo Salomão/ Abril Comunicações S.A.

p. 148 [acima] (1968): Paulo Salomão/ Abril Comunicações S.A.

p. 148 [abaixo] (14 nov. 1973): Ari Gomes/ CPDoc JB

p. 149: Jorge Butsuem/ Abril Comunicações S.A.

p. 150 [acima] (22 out. 1997): Raimundo Valentim/ Estadão Conteúdo

p. 150 [abaixo] (12 out. 1999): Sérgio Tomisaki/ Agência O Globo

p. 151 (20 abr. 1976): Adão Nascimento/ Estadão Conteúdo

p. 152 (15 maio 1968): Arquivo O Cruzeiro/ EM/ D.A Press

p. 153 [acima] (6 mar. 1984): Ricardo Chaves/ Abril Comunicações S.A.

p. 153 [abaixo] (22 dez. 1995): Marina Malheiros/ Estadão Conteúdo

p. 154 (1971): Arquivo EM/ D.A Press
p. 155 (20 abr. 1968): Darcy Trigo/ O Cruzeiro/ EM/ D.A Press
p. 156 [acima, à esq.]: DR/ Copyright © CBS. Reprodução Nino Andrés
p. 156 [acima, à dir.]: Armando Canuto. DR/ Copyright
© CBS. Reprodução Nino Andrés
p. 156 [centro, à esq.]: Armando Canuto. DR/
Copyright © CBS. Reprodução Nino Andrés
p. 156 [centro, à dir.]: Nicanor Lopes Martinez. DR/
Copyright © CBS. Reprodução Nino Andrés
p. 156 [abaixo, à esq.]: Darcy Trigo. DR/ Copyright
© CBS. Reprodução Nino Andrés
p. 156 [abaixo, à dir.]: Armando Canuto. DR/
Copyright © CBS. Reprodução Nino Andrés
p. 157: Armando Canuto. DR/ Copyright © CBS. Reprodução Nino Andrés
p. 158 [acima]: DR obra inspirada na foto de Armando Canuto. DR/
Copyright © Sony Music Entertainment. Reprodução Nino Andrés
p. 158 [abaixo]: Armando Canuto. DR/ Copyright
© CBS. Reprodução Nino Andrés
p. 159 [acima, à dir.]: DR/ Copyright © CBS. Reprodução Nino Andrés
p. 159 [acima, à esq.]: DR/ Copyright © CBS. Reprodução Nino Andrés
p. 159 [centro, à dir.]: Armando Canuto. DR/ Copyright © CBS.
Reprodução Nino Andrés
p. 159 [centro, à esq.]: Armando Canuto. DR/
Copyright © CBS. Reprodução Nino Andrés
p. 159 [abaixo, à esq.]: DR/ Copyright © CBS. Reprodução Nino Andrés
p. 159 [abaixo, à dir.]: DR/ Copyright © Sony Music
Entertainment. Reprodução Nino Andrés
p. 160 (1970): Mondadori Portfolio/ Rino Petrosino/
Bridgeman Images/ Fotoarena

*Todos os esforços foram feitos para encontrar os detentores de
direitos autorais das fotos incluídas neste livro. Em caso de eventual
omissão, a Todavia terá prazer em corrigi-la em edições futuras.*

© Jotabê Medeiros, 2021

Todos os direitos desta edição reservados à Todavia.

Grafia atualizada segundo o Acordo Ortográfico da Língua Portuguesa de 1990, que entrou em vigor no Brasil em 2009.

capa
Elohim Barros
Renata Mein
tratamento de imagens
Carlos Mesquita
pesquisa iconográfica
Ana Laura Souza
leitura jurídica
Taís Gasparian
preparação
Leny Cordeiro
checagem
Luiza Miguez
Marcella Ramos
índice remissivo
Luciano Marchiori
revisão
Huendel Viana
Ana Maria Barbosa

Dados Internacionais de Catalogação na Publicação (CIP)

— —

Medeiros, Jotabê (1962-)
Roberto Carlos: Por isso essa voz tamanha: Jotabê Medeiros
São Paulo: Todavia, 1ª ed., 2021
512 páginas

ISBN 978-65-5692-123-5

1. Biografia 2. Perfil biográfico 3. Roberto Carlos 4. Música brasileira I. Título

CDD 780.92

— —

Índice para catálogo sistemático:
1. Biografia: Perfil biográfico 780.92

todavia
Rua Luís Anhaia, 44
05433.020 São Paulo SP
T. 55 11. 3094 0500
www.todavialivros.com.br

fonte
Register*
papel
Pólen soft 80 g/m²
impressão
Ipsis